사용후핵연료 갈등

사용후핵연료 갈등

초판 1쇄 인쇄 2021년 11월 19일
초판 1쇄 발행 2021년 11월 25일

지은이 정정화
펴낸이 정해종
편　집 현종희
디자인 유혜현

펴낸곳 ㈜파람북
출판등록 2018년 4월 30일 제2018 – 000126호
주소 서울특별시 마포구 토정로 222 한국출판콘텐츠센터 303호
전자우편 info@parambook. co. kr **인스타그램** @param. book
페이스북 www. facebook. com/parambook/ **네이버 포스트** m. post. naver. com/parambook
대표전화 (편집) 02 – 2038 – 2633 (마케팅) 070 – 4353 – 0561

ISBN 979 – 11 – 90052 – 84 – 9 93300
책값은 뒤표지에 있습니다.

사용후핵연료 갈등

불편한 진실과 해법

정정화 지음

파람북

| 서문 |

사용후핵연료, 어떻게 해결할 것인가?

[#1] 2020년 10월 7일 오후 국회 본관 534호실, 21대 국회 국정감사가 시작된 첫날 증인으로 채택되어 국감장에 출두했다. 사용후핵연료 관리정책 재검토위원장을 맡아 1년 동안 공론화를 주관하다 사퇴한 뒤 국감장으로 불려가는 심정이 착잡했다. 월성원전 맥스터 증설 반대단체에서는 '공론조작' 의혹을 제기하며 산업부와 재검토위원회 책임자를 위계에 의한 공무집행방해 혐의로 검찰에 고소장을 제출한 상태였다.

국감장에 출석해 증인 선서를 하는 순간, 만감이 교차했다. 위원장의 사퇴가 자칫 '공론화 무용론'으로 번지지 않을까 우려되었다. 위원회가 아직 활동 중이었고 정부에 권고안도 제출하지 않은 마당에 필자의 증언이 후폭풍을 몰고 오지는 않을까 고심했다. 어찌하다 공론화가 이 지경이 되었을까, 조작 의혹까지 받게 되었을까 생각하면 참담하기 그지없었다.

탈핵단체와 일부 언론으로부터 '최악의 공론화', '비밀작전 공론화', '밀실 공론화'라는 비판을 접하고는 한동안 잠을 이룰 수가 없었다. 왜 이토록 혹독한 평가를 받게 되었는지, 깊은 자성과 함께 책임을 통감하게 되었다. 공론화 과정의 우여곡절과 첨예한 이해대립이 투명하게 공개되어야 반면교사로 삼을 수 있을 텐데, 속기록도 공개되지 않아 외부에서는 위원회의 활동 내막을 알 길도 없었다. 무거운 심정으로 이 책을 집필하게 된 동기이다.

[#2] 사용후핵연료 공론화는 2014년과 2020년 두 차례 실시되었다. 박근혜 정부에 이어 문재인 정부의 공론화도 영구처분장과 중간저장시설을 같은 장소에 '집중형'으로 건설하라는 것이 권고안의 핵심이었다. 그러나 언제쯤 처분장을 마련할 수 있을지, 부지확보는 가능한지 누구도 장담할 수 없는 것이 현실이다. 그래서 기존 원전 부지에 '장기' 보관할 수밖에 없다는 것이 사용후핵연료의 '불편한 진실'이다. 당장 해결할 방도가 없으니 '임시' 저장하면서 덮어두자는 것이다. 하지만 언젠가는 외부로 반출될 것이라는 '희망고문'이나 요식적인 공론화로는 이 문제를 풀 수가 없다.

사용후핵연료는 '원전의 아킬레스건'으로 불린다. 원전 가동으로 발생하는 부산물인 사용후핵연료(고준위방사성폐기물)를 처리할 곳이 없으면 원전 가동이 중단될 수밖에 없기 때문이다. 그래서 사용후핵연료는 탈원전과 친원전 진영이 부딪히는 최대 격전지이다. 탈원전 진영에서는 사용후핵연료를 처리할 방법이 없으니, 당장 원전 가동을 중단하라고 요구하고 있다. 이에 맞서 원자력계에서는 사용후핵연료는 지금까지 원전으로 혜택을 입은 우리 세대 모두가 책임지고 해결해야 할 국가적 과제라고 반박하고 있다.

최근 탄소중립 실현을 위해 원전의 중요성이 부각되고 있지만, 정작 최대 현안인 사용후핵연료 문제에 대해서는 정부와 원자력계 모두 침묵하고 있다. 차세대 원전으로 불리는 소형모듈원자로(SMR)에서도 사용후핵연료는 여전히 발생하기 때문에 처분시설을 마련하지 못하면 기존 원전과 동일한 전철을 답습할 수밖에 없다. SMR의 안전성과 경제성에 대해서도 탈원전 ·

친원전 진영 간의 논쟁이 치열하고, 이에 대한 언론보도의 이념적 · 정치적 편향성도 심각한 수준이다.

[#3] 책을 쓰면서도 '책임감과 불편함' 사이에서 오락가락하다가 출판을 그만둘까, 몇 번이나 망설였다. 그러던 어느 날, 후임 위원장이 권고안을 발표하면서 "위원회 구성과 운영과정에서 발생했던 갈등도 숨기지 않고 아주 솔직하게 담았다"라며 "이런 과정들을 모두 공개하고 공유함으로써 계속 이 작업을 이어가는 사람들이 어떤 것에 주의해야 할지, 어떤 것을 발전시켜야 할지를 아는 배움의 기회가 될 수 있도록 많은 내용을 담게 되었다"는 인터뷰(머니투데이, 2021. 3. 19.) 에 용기를 얻었다. 이 책의 출판 목적을 정확하게 대변해 주었기 때문이었다. 위원회의 권고안이나 백서에서는 담지 못한 '불편한' 내용도 이 책에서는 다루고 있다. 독자들이 정부나 재검토위원회의 공식 발간물과 이 책을 보완해서 읽는다면 더 큰 '배움의 기회'를 가질 수 있을 것으로 기대한다.

이 책은 총 4부로 구성되어있다. 1부 〈두 번째 반쪽 공론화〉가 가장 민감하고 '불편한' 부분이다. 재검토위원회의 의견수렴 과정과 민낯을 진솔하게 담아내는 와중에 함께 고생했던 위원들과 지원단에 행여 누가 되지 않을까 노심초사했지만, 그래도 불편한 내용이 있다면 너그럽게 양해해 주시기를 부탁드린다. 이 책 본문에 언급된 발언 요지는 위원회 홈페이지에 공개된 회의록을 인용하였고, 영문 이니셜은 실명과 다르다는 것을 밝힌다. 의견수렴 활동에 대한 서술은 필자의 주관적인 판단이나 평가오류를 줄이기 위해 언론보도를 주로 활용하였다.

2부 〈방폐장 부지선정의 흑역사〉는 과학기술처와 원자력연구소가 동해안 일대에 방폐장 부지를 물색하던 1986년부터 문재인 정부의 재검토위원회에 이르기까지 40여 년의 어두운 역사를 더듬고 있다. 안면도 사태와 부안 사태 등으로 얼룩진 부지선정의 과오와 정책실패는 부끄러운 역사이지만, 우리 모두가 함께 짊어지고 해결해야 할 과업이기도 하다. 박근혜 정부의 공론화 평가와 숙의민주주의 이론 등은 필자의 기존 연구논문을 인용하였다. 2부 4장에서는 〈공론화의 성공조건〉을 분석틀로 박근혜 · 문재인 정부 공론화의 한계와 문제점을 제시하였다.

3부 〈해외 방폐장 부지선정 사례〉는 영구처분장 부지를 확보한 핀란드, 스웨덴, 프랑스와 수차례의 시도에도 불구하고 번번이 부지확보에 실패한 영국, 미국, 일본, 독일, 캐나다 등 원전 운영국가들의 딜레마를 정리하였다. 선진국으로 불리는 이들 국가들도 초기에는 정부가 일방적으로 밀어붙이는 DAD(decide-announce-defend) 방식을 답습했다는 사실은 방폐장 확보가 얼마나 어려운지를 말해준다고 하겠다. 3부 4장에서는 방폐장 부지를 확보해 성공사례로 회자되고 있는 핀란드와 스웨덴의 여건이 우리나라와 얼마나 다른지도 분석하였다. 해외 공론화의 시사점과 최근 경향을 우리나라에 어떻게 접목할 수 있을지 고민하였다.

4부 〈쟁점과 해법, 그리고 과제〉는 이 책에서 말하고 싶은 핵심으로 가장 역점을 두고 서술하였다. 집필하는 동안 이 책에 등장하는 많은 관계자들을 '불편하게' 할 수 있는 1부를 삭제하고 2부, 3부, 4부만으로 출판할 생각도 했었다. 그러나 1부의 맥락을 알지 못하면, 4부에서 제시한 '해법'의 논거와 설득력이 떨어질 수밖에 없다고 판단했다. 2부와 3부 또한 국내외 사례분석을 통해 4부에서 대안을 모색하기 위해 거쳐야 하는 작업이었다. 4부 1장에서는 재검토위원회의 의견수렴 과정에서 불거진 쟁점을 중심으로 정리하였고, 2장에서 해법을 마련해 보았다. 말미에는 정책적 과제로 필자가 오래전부터 주장해온 '국가공론화위원회' 설립을 강조하였다.

당초에는 이 책에서 다양한 공론화 기법과 적용, 방폐장 이외의 국내외 공론화 사례도 두루 다룰 계획이었지만 워낙 분량이 방대해지고 논점도 흐려져 차후로 미루었다. 후속편《공공갈등과 공론화》에서는 신고리 5·6호기 공론화 이후 우리 사회에서 갈등해결기제로 우후죽순처럼 활용되고 있는 공론화의 문제점과 대안을 집중적으로 짚어볼 계획이다. 한국사회의 갈등구조와 공공갈등, 공론화와 정책의 정당성, 국내외 공론화 사례 등 3부로 구성될 후속편은 조만간 출간할 예정이다.

이 책을 쓰는 동안 코로나19 여파로 외부 활동을 자연히 줄일 수 있었고, 서재에 칩거할 수 있는 시간이 많았던 것도 출판에는 도움이 되었다. 동화작가인 아내는 집에서 조용히 집필에만 몰두할 수 있도록 배려해 주었고, 번거로운 교정작업도 마다하지 않았다. 이 자리를 빌어 감사와 사랑을 전한다. 짧지 않은 세월을 갈등현장에서 부대끼고 연구하면서 새삼 깨달은 것은 가족의 소중함이다. 얼마 전 미국에서 박사학위를 받고 대학교수로 새 삶을 시작한 아들과 취업을 앞두고 있는 딸에게도 아버지의 사랑을 전한다.

2021년 11월

누거(陋居) 서재에서 저자

| 차례 |

3장 호랑이 등에 올라타다

4장 국감장 도마에 오른 공론화

2부 방폐장 부지선정의 흑역사

1장 안면도 사태에서 경주 방폐장까지

2장 박근혜 정부의 공론화위원회

3장 문재인 정부의 재검토위원회

4장 숙의민주주의와 두 차례 공론화의 한계

3부 해외 방폐장 부지선정 사례

1장 각국의 사용후핵연료 관리실태

2장 영구처분장 부지확보국가

3장 부지 미확보 국가의 딜레마

4장 해외 사례의 특징과 시사점

4부 쟁점과 해법, 그리고 과제

1장 사용후핵연료 갈등의 쟁점

2장 사용후핵연료 갈등의 해법

3장 법률적 · 정책적 과제

1부
두 번째 '반쪽 공론화'

1장

험난한 출범식

1. 뒷문으로 들어간 첫 회의

2019년 5월 29일, 재검토위원회 출범식은 탈핵단체의 시위로 출발부터 삐거덕거렸다. 이날 오후 2시 서울 선릉역 인근 위워크(WeWork) 타워 13층에 마련된 사무실에서 열린 첫 회의는 고준위핵폐기물전국회의 회원들이 1층 현관을 가로막고 시위를 벌이는 바람에 정문으로 출입할 수가 없었다. 인근 식당에서 점심식사를 함께한 위원들은 테헤란로 뒷골목으로 이어진 상가를 거쳐 빌딩 뒤편으로 걸어갔다. 대기한 지원단의 안내로 L층 주차장과 연결된 엘리베이터를 기다리면서 탈핵단체에 붙잡혀 자칫 출범식이 무산될지도 모른다는 우려가 스쳤다.

이날 시위는 시민사회계에서 '탈핵운동의 본산'으로 불리는 전남 영광의 탈핵단체와 월성원전이 위치한 경북 경주의 환경단체 회원들이 상경해 재검토위원회의 해체를 촉구하는 성명서를 낭독하며 구호를 외쳤다. 시위대와의 충돌 없이 무사히 엘리베이터를 타고 사무실로 들어섰지만 위원들의 표정은 굳어 보였다.

출범식에는 산업통상자원부 장관이 참석해 위촉장을 수여했다. 장관은 인사말에서 "위원회의 공정하고 중립적인 운영을 위해 적극적으로 지원할 것이며 원활한 의견수렴을 진행해 줄 것"을 당부했던 것으로 기억된다. 재검토위원회는 산업부 산하 자문기구로 설치되었기 때문에 장관이 위촉장을 수여한 것이다. 이날 출범식에는 원자력환경공단(KORAD) 이사장도 참석했다. 원자력환경공단은 중·저준위와 고준위 방사성폐기물을 관리하는 기관이기도 하지만, 재검토위원회의 활동을 행정적·재정적으로 지원하는 역할을 맡았다. 전국 및 지역 의견수렴을 위한 수십억 원의 예산은 물론, 위원들의 회의수당 등 경비도 이 기관에서 관리하는 방사성폐기물관리기금에서 충당되었다. 위원회 사무실도 원자력환경공단이 임대하였고, 지원단의 대부분도 원자력환경공단 직원으로 꾸려졌다.

첫 회의에서 가장 중요한 안건은 위원장 선출이었다. 규정에 따르면 위원장은 위원 중에서 호선하게 되어 있었다. 공론화위원회의 위원장 선출은 위원회의 성패를 좌우할 정도로 매우 중요한 사안이라는 점을 익히 알고 있었다. 특히 이해관계자들 간의 갈등이 첨예하게 대립하는 이슈일수록 위원장이 공정하고 중립적으로 위원회를 운영하지 못할 경우, 결과에 대한 수용성 저하로 실패할 수밖에 없기 때문이다. 공론화를 의뢰한 정부나 외부로부터의 압력이나 간섭을 막아내 독립성을 확보하지 못할 경우도 마찬가지다.

대표적인 실패 사례가 박근혜 정부에서 실시했던 사용후핵연료 공론화위원회라고 할 수 있다. 당시 산업부에서 미리 위원장을 내정하고 첫날 회의에서 밀어붙이려 하자 환경단체 위원 2명이 위원장 선임과정의 비민주성과 경주 방폐장 부지선정에 책임이 있는 인사가 위원장에 선정된 것을 받아들일 수 없다며 출범식 당일 사퇴하는 사태가 벌어졌다.(한국일보, 2014. 10. 31.) 이후 진행된 공론화 과정에 시민사회계에서 참여를 전면 거부함으로써 '반쪽 공론화'라는 꼬리표가 달리게 되었다. 박근혜 정부에서 추진했던 1차 공론화의 문제점을 보완하기 위해 출범한 재검토위원회가 위원장 선출과정에서부터 전철을 답습할 수는 없는 노릇이었다.

첫날 회의에서 위원장 선출을 위한 임시위원장을 맡게 되었다. 통상 임시위원장은 연장자가 맡는 것이 관례인데, 최고령자인 Y위원이 당일 회의에 조금 늦게 참석하는 바람에 차순위 연장자인 필자가 진행하게 되었다. 여느 자문위원회처럼 연장자라는 이유만으로 위원장을 맡아서는 안 된다고 판단해 후보 추천에 앞서 각자 자기소개와 앞으로의 포부를 밝혀달라고 부탁했다. 차례로 돌아가는 발언 순서에 따라 필자도 소견을 말했다. 공론화를 제대로 해보고 싶다는 의욕도 숨기지 않았다. 필자 외에는 다른 후보 추천이 없어서 만장일치로 위원장에 선출되었다. 앞으로 갈 길이 험난한데 위원들의 전폭적인 지지를 받고 싶었던 것이다. 그러나 위원들의 생각이 필자와는 한참 다르다는 것은 나중에야 알게 되었다.

2. 중립적 위원회의 탄생 배경

위원장으로 1년 동안 활동하면서 가장 곤혹스러웠던 일은 탈핵단체의 지속적인 위원회 해체와 위원장 사퇴 요구였다. 중립적 인사로 구성된 위원회를 해체하고 이해관계자들이 참여하는 위원회로 재구성하라는 압박이었다.

탈핵단체들은 위원회 구성을 문제 삼아 출범 초기부터 공론화 과정 참여를 전면 거부하고 장외투쟁을 이어나갔다.

필자는 공론화위원회는 다양한 의견을 수렴하는 절차관리기구이기 때문에 반드시 이해관계자 중심으로 구성할 필요는 없다고 판단했다. 오히려 이해관계에서 벗어난 중립적 인사들이 보다 공정하고 원활하게 절차를 관리할 수 있을 것으로 보았다. 다만, 의견수렴을 위한 절차설계와 논의과정에는 반드시 이해관계자들의 참여가 보장되어야 한다. 다양한 의견을 가진 이해관계자들이 포괄적으로 참여하고, 이들에 대한 대표성이 확보되어야 공론화가 성공할 수 있기 때문이었다.

산업부에서 중립적 위원회를 구성하기로 결정한 배경에는 보다 현실적인 이유가 작용한 것으로 보였다. 사용후핵연료 문제는 원전 정책을 둘러싼 근본적인 가치와 신념이 충돌하는 영역인 데다 이해관계도 매우 복잡하게 얽혀있어 합의나 조정이 쉽지 않다는 점이다. 박근혜 정부의 공론화위원회도 원전지역주민대표와 환경단체 등 이해관계자 중심으로 꾸려졌지만, 환경단체 추천위원 2명은 출범식 첫날에 사퇴했고 나중에 4명이 더 탈퇴해 최종적으로 15명 가운데 9명만 남게 되었다.

재검토위원회 출범에 앞서 6개월 동안 활동했던 재검토준비단도 환경단체(3명), 원자력계(3명), 원전지역주민대표(5명), 정부 추천(4명) 등 총 15명으로 구성되었지만, 핵심 쟁점에 대해서는 결론을 내리지 못하고 위원회로 공을 넘겼다. 21차례의 회의가 진행되는 동안 일부 위원들은 자기 진영의 이해관계가 반영되지 않으면 회의장을 박차고 나가는 등 파행이 거듭되었다.

산업부에서는 이해관계자들로 위원회를 구성할 경우, 재검토준비단과 마찬가지로 접점도 찾지 못하고 위원 사퇴 등으로 공론화 일정을 완료하지 못할 수도 있다고 판단했을 것이다.[1] 여기에다 신고리 5 · 6호기 공론화와 대입제도 개편 공론화위원회가 중립적 인사로 구성된 점도 작용하였다. 대신 위원회 산하에 3개 분과위원회를 설치해 이해관계자들이 참여하도록 문호를 열어두었다. 그러나 탈핵단체들이 심의 · 의결권도 없이 자문역할만 하는 분과위원회에 들어올 리가 없었다.

시민사회계의 요구

중립적 위원회 구성에 대해 시민사회계에서 극구 반대하는 근원에는 산업부에 대한 깊은 불신이 자리하고 있었다. 산업부가 2018년 5월 재검토준비단을 발족하면서 시민사회계가 참여할 경우 요구사항을 전폭적으로 수용하겠다는 약속을 저버렸다는 것이다. 박근혜 정부의 사용후핵연료 공론화가 시민사회계의 불참으로 '반쪽 공론화'로 전락한 한계를 보완하기 위해 재공론화를 실시하는 만큼, 시민사회계의 목소리를 적극적으로 반영하겠다는 말을 믿고 참여했으나 산업부 의도대로 위원회를 구성했다는 주장이다.(탈핵단체 면담, 2019. 9.)

재검토준비단은 위원회 구성방안에 대해 전원 중립적 인사로 구성하는

---

1 박근혜 정부의 사용후핵연료 공론화위원장도 이해관계자 중심으로 위원회를 구성한 것과 관련해 "이해당사자는 위원으로 참석하지 않아도 공론화 프로그램을 통해 얼마든지 참여할 수 있음에도 불구하고 원전소재지역 대표들이 위원으로 참여했고, 여기에 원전소재지역 특별위원회까지 운영해 갈등의 소지가 있을 수밖에 없었다"고 회고했다.(홍두승, 2016)

방안부터 이해관계자가 일정 비중으로 참여하는 방안 등 다양한 논의가 있었지만 합의안을 제시하지 못했다. 이에 따라 "정부는 재검토준비단 논의과정에서 제시된 의견들을 종합적으로 참고하여 재검토위원회를 구성하고 그 역할 범위를 획정하기 바란다"고 제안하였다.(재검토준비단 정책건의서, 2018) 따라서 위원회 구성에 대해서는 준비단이 산업부에 위임했기 때문에 시민사회계에서 이의를 제기할 여지가 없어 보였다

하지만 논의과정을 살펴보면 속사정이 드러난다. 준비단은 20차 회의에서 재검토위원회의 위원 구성을 △원전소재 5개 기초지자체 각 1명, △시민환경단체 추천 3명, △원자력계 추천 3명, △정부 추천 4명으로 하는 방안에 '가합의'했다.(재검토준비단 20차 회의 속기록, 2018. 11. 7.) 이 방안에는 환경단체와 원전지역은 물론 원자력계도 동의한 것으로 기록되어있다.

반전은 마지막 회의인 21차(2018. 11. 12.)에서 일어났다. 20차 회의에 불참했던 정부 추천 K위원이 '가합의'안에 강한 반대 의사를 표명하면서 합의에 실패한 것으로 기록되어있다. 환경단체 위원으로 준비단에 참여했던 L씨도 "20차 회의에 불참했던 정부측 위원이 21차 회의에서 반대 의사를 표시했기 때문"이라고 밝혔다.(서울파이낸스, 2019. 7. 4.) 시민사회계에서는 준비단의 의결방식은 전원 합의가 기본원칙이었지만, '가합의'안이 '다수안'으로 제시되었음에도 불구하고 산업부가 중립적 위원회를 구성한 것은 '신뢰를 저버린 처사'라는 것이다. 이후 산업부와 탈핵진영 간의 긴 전쟁이 시작되었다.[2]

---

2 시민사회계에서 이해관계자들의 위원회 참여를 강하게 요구한 배경에는 공론화 의제, 의견수렴 방법과 범

이러한 상황에서 시민사회계의 참여를 유도하기 위한 특단의 대책이 필요했다. 분과위원회 참여도 거부했기 때문에 보다 많은 권한과 역할을 부여할 필요가 있었다. 원전소재지역 · 시민사회계 · 원자력계에서 각 5명씩 참여하는 이해관계자 협의체 구성을 제안했다.[3] 협의체에서 의견수렴과 관련된 사항에 대해 합의할 경우 전적으로 수용할 것이며, 정책권고안 작성도 협의체와 사전에 조율하겠다고 약속했다. 다만, 협의체에서 일정한 기한 내에 쟁점에 대해 합의하지 못할 경우에는 위원회가 최종결정하겠다는 단서를 달았다.

이해관계자 협의체 구성안은 8차 회의(2019. 9. 4.)에서 의결되어 각 진영에 공문으로 발송되었다. 원전소재지역과 원자력계에서는 협의체에 참여하겠다는 의사를 통보해왔으나 시민사회계는 이마저도 거부해 이해관계자 협의체 구성도 무산되었다.

위원회 역할에 대한 상반된 인식

중립적 위원회 구성을 둘러싼 갈등이 공론화의 발목을 잡게 된 것은 위원회의 역할에 대한 시각 차이에서도 기인한다. 중립적 위원회 구성을 주장하는 측에서는 공론화는 국민 의견을 있는 그대로 수렴하는 과정이므로, 그 결과를 취합 · 정리해 정부에 전달하는 역할에 그쳐야 한다는 입장이다. 재

위 등 핵심 사안에 대한 합의가 이루어지지 않은 상태에서 중립적 인사들이 결정하는 것에 매우 강한 불신을 가지고 있었다. 실제로는 중립 위원회 뒤에 숨은 산업부가 모든 것을 좌지우지할 것으로 우려했다.

3 이해관계자 협의체 구성에 대해서는 준비단에서도 재검토위원회를 중립적 인사로만 구성할 경우 이해관계자의 참여가 배제되는 문제점을 보완하기 위해 소통협의회를 운영하는 방안도 논의되었다.

검토위원회가 의견수렴 결과에 대해 자체적인 판단을 덧붙이거나 빼지 말아야 일반국민의 사회적 수용성을 높일 수 있다는 것이다. 특히 재검토위원회의 파행을 방지하고 원활한 운영을 위해서는 각 진영의 입장을 대변할 수밖에 없는 이해관계자의 참여를 배제하는 것이 바람직하다는 주장이다.(재검토준비단 정책건의서, 2018)

반면, 이해관계자의 참여가 필요하다는 측에서는 단일 의제를 다룬 신고리 5 · 6호기 등 과거의 공론화와는 달리, 사용후핵연료 이슈는 매우 복잡하고 수많은 의제를 논의해야 한다는 점을 강조했다. 위원회가 단순히 절차관리만 하는 경우 전문성 부족과 기술적 한계 등으로 제대로 권고안을 도출할 수 없다는 것이다. 중립적 인사로만 구성된 위원회는 상충된 의견을 종합적으로 판단하고 조정하는 데 어려움이 있으므로, 이해관계자가 직접 참여하여 공론화 결과를 검토하고 이해관계자들이 받아들일 수 있는 권고안을 도출하는 것이 수용성을 높일 수 있다는 주장이다.

재검토준비단 논의과정에서 전자의 경우는 주로 원자력계와 정부 추천 위원들이 강조하였고, 후자는 환경단체와 원전소재지역 위원들이 요구하였다. 원자력계 위원들은 논의 초반에는 이해관계자의 참여를 주장하였으나 마지막 21차 회의에서는 중립적 위원회 구성으로 입장을 바꾸었다.(재검토준비단 21차 회의 속기록, 2018. 11. 12.)

위원회의 역할에 대해서는 재검토위원회에서도 지속적인 논쟁거리였다. 이해관계자들이 불참한 상태에서 공론화를 제대로 진행하기 위해서는 위원회가 적극적으로 갈등조정 역할을 맡아야 한다는 입장과, '주어진 조건'에서 의견수렴을 위한 절차관리만 수행하면 된다는 견해가 팽팽하게 대립하였다.

여기서 '주어진 조건'이란 수차례의 요청에도 불구하고 시민사회계에서 스스로 공론화 과정 참여를 거부했기 때문에 위원회가 굳이 균형을 유지해줄 의무가 없다는 것이다. 한국갈등학회 추천위원 3명을 포함해 5명은 시민사회계의 참여를 지속적으로 설득해야 한다는 입장이었고, 나머지 위원들은 대개 후자에 속했다. 결과적으로 필자를 포함해 전자의 입장을 견지했던 5명은 중도에 사퇴하였다.

3. '재검토'에 숨은 뜻

위원회 출범 초기부터 지원단에서는 '공론화'라는 용어를 사용하지 않고 '재검토'라는 말을 고집했다. '공론화'라는 의미가 필요할 경우에는 굳이 '의견수렴'이라고 못을 박았다. 공론화 전문가를 초청한 간담회의 명칭도 '의견수렴 전문가'로 정정되었다. 산업부가 '재검토'라는 용어에 집착하는 배경에는 박근혜 정부의 권고안을 '재검토'하는 수준이지, 원점에서 '재공론화'하는 것이 아니라는 의미를 담고 있다.

산업부에서는 박근혜 정부의 공론화위원회처럼 사용후핵연료에 대한 전반적인 관리방안을 제시해 달라는 것이 아니라, 영구 · 중간 · 임시저장 시설에 대한 일반국민과 지역주민의 의견만 물어달라는 것이었다. 따라서 위원회의 역할도 지난 정부의 공론화에 대한 '재검토' 수준에서 활동해 달라는 주문이었다. 전문가검토그룹에 참여한 원자력계 인사들도 박근혜 정부의 권고안에서 미진한 부분만 '재검토'하면 된다는 입장이었다.[4] 이에 대해 시민사회계 전문가들은 사용후핵연료 재처리 여부를 포함해 원전 정책 전반에 대해 논의해야 한다고 맞섰다.[5]

위원들도 회의 때마다 공론화의 의미와 위원회의 역할을 둘러싸고 설전이 이어졌다. 재검토위원회의 출범 배경과 목적이 "주요 이해관계자의 의견수렴을 바탕으로 사용후핵연료 관리정책에 대한 사회적 합의 기반을 마련하고, 일반국민과 지역주민의 의견을 공정하게 수렴하기 위함"(4차 회의록, 2019. 7. 10.)이었지만, 접근방법에 대한 편차가 매우 심했다. 특히 위원회의 진퇴를 논의한 29차 회의(2020. 6. 24.)에서는 그간의 인식 차이가 확연하게 드러났다.

> "위원회가 해야 하는 것은 공론화이며, 공론화의 핵심은 이해당사자의 참여를 통한 숙의이고 사회적인 합의입니다. 공론화의 성패는 이해당사

---

4 원자력계 S교수는 2020년 10월 KTV 유튜브 생중계방식으로 진행된 전국 의견수렴 결과설명 및 정책토론회에서 "위원회는 '재검토'와 '공론화'에 대한 용어의 혼선이 있었다"며 "논의의 초점을 2015년 공론화위원회의 권고안에서 미흡했던 부분에 대한 '재검토'에 한정해야 함에도 불구하고 실제로는 재공론화 방식으로 추진되었다"고 지적했다. S교수는 또 "전국 이슈는 긴 호흡으로 접근해야 하고 임시저장시설 확충이라는 지역 이슈는 현안 해결에 역점을 두어야 하는데 재검토위원회가 둘 다 추진하다보니 한계에 봉착하게 되었다"고 평가했다.(재검토위원회 정책토론회 자료집, 2020. 10. 30.)

5 탈핵진영에서는 '재검토'에 대해 다음과 같이 비판하였다. "문재인 정부의 공약사업 가운데 하나인 고준위핵폐기물 재공론화는 '재검토'라는 수상한 이름으로 시작되었다. 우리는 이전 정권에서 만든 '권고문'을 백지화하고 처음부터 다시 공론화하자고 요구하였지만 그들의 속셈은 따로 있었다. '재검토'란 이전에 했던 어떤 행위를 다시 들여다보고 부족한 부분을 보완할 때 쓰는 말이다. 재검토 결과 이전에 논의했던 것을 완전 폐기하고 새로 해야겠다는 결론이 나올 수도 있지만, 산업부는 처음부터 박근혜 정부가 만든 '권고안'을 '보완'하는 수준에서 공론화를 하겠다는 의도를 숨기지 않았다"고 비판했다.(탈핵신문, 2020. 8. 20.)

자의 참여와 국민적 합의를 도출할 수 있느냐 여부인데, 지금 구조는 이해당사자도 없고 사회적 합의를 도출하기 어렵다는 점입니다. 따라서 개인적으로 공론화가 실패할 것이 우려되기 때문에 여기서 활동을 중단할 것을 제안합니다."(A위원, 10차 회의록, 2019. 10. 2.)

"공론화는 시민의견을 수렴하여 갈등을 최소화하거나 예방하기 위한 시도입니다. 갈등을 조기에 대응하고 예방하기 위해 처음부터 모든 이해당사자들이 참여하는 형태가 필요합니다. 이해관계자를 모으는 것이 사전과정인데, 현재 그 과정이 안 되어있는 상황입니다. 시민사회계가 공론화에 참여할 때까지 논의를 보류하고 기다릴 것인지, 참여를 촉구하면서 시민사회계의 공백을 메울 수 있는 방안을 추진할 것인지를 결정해야 합니다."(B위원, 11차 회의록, 2019. 10. 23.)

"사용후핵연료 관리정책은 다양한 이해관계자들이 오랜 기간에 걸친 숙의과정을 통해 합리적 해법을 찾아야 한다고 생각합니다. 이해당사자 간의 원활한 소통을 위해서는 이에 상응하는 위원회 지원 구조가 갖춰지고, 민간부문에서 비상임 위원뿐만 아니라 지원단에도 참여할 수 있는 방안을 고려하면 좋을 것 같습니다."(C위원 사퇴서, 2020. 5. 25.)[6]

---

6 가장 먼저 위원직을 사퇴한 C위원은 출범 초기부터 이해관계자의 위원회 참여와 소통을 지속적으로 주장했다. 소통TF 위원으로 시민단체와의 가교역할을 맡기도 했던 C위원은 2020년 2월 사퇴 의사를 밝혔으나 2020년 5월 27일 자로 공식 처리되었다.

A, B, C 세 위원은 '공론화'의 핵심 구성요소는 다양한 이해관계자의 참여이며, 이를 위해서는 시민사회계의 참여를 적극적으로 유도해야 한다는 입장이었다. 특히 A위원은 시민사회계가 계속해서 불참할 경우 위원회 해체를 논의해야 한다는 강경파였다. 이에 비해 위원회의 역할을 '재검토'에 두는 위원들은 이해관계자들 간의 갈등 해결이나 조정이 아니라, 현 상태에서 의견수렴에만 초점을 두어야 한다고 강조했다.

"위원회는 갈등을 관리하고 해결하는 것이 아니고, 최종 정책을 결정하는 것도 아닙니다. 공론화 과정은 정책결정에 필요하고 도움이 되는 자료와 의견들을 생산하는 과정으로, 위원회에 이해당사자가 직접 참여하는 것은 문제가 있습니다."(D위원, 11차 회의록, 2019. 10. 23.)

"공론조사를 통해 정책결정에 필요한 자료를 모으는 것과 갈등을 해결하는 것을 혼동해서는 안 된다고 생각합니다. 공론장은 참여할 의지가 있는 사람들이 참여하는 것이지 참여하지 않으면서 판을 흔드는 것에 위원회가 흔들릴 필요는 없다고 봅니다. 그간 여러 번 말씀드렸지만 위원회는 갈등 해결의 장이 아니고, 절차를 마련해서 공정하게 실행하고 관련 자료를 모으는 것이 역할입니다."(D위원, 29차 회의록, 2020. 6. 24.)

"앞으로 국내에서 사용후핵연료 관리정책에 대한 재검토를 여러 번 더 해야 할 수도 있을 것입니다. 재검토위원회는 시작점일 수 있습니다. 한계는 존재하지만 이러한 경험이 쌓여가는 것이기 때문에 재검토위원회는 그대로 진행하는 것이 좋다고 생각합니다."(E위원, 29차 회의록, 2020. 6. 24.)

위원회의 역할이 갈등 해결이 아니라 공정한 절차관리라고 강변했던 위원들도 최종권고안을 작성하면서 의견수렴 과정에서 불거진 갈등을 치유하지 못해 난관에 봉착했다는 표현이 곳곳에 등장한다. 앞서 발언한 A, B, C위원 등이 중도에 사퇴한 이후 남은 위원들도 고심이 많았던 흔적이 역력해 보인다.

"… 월성원전 지역 의견수렴은 첨예한 갈등의 과정을 거쳤습니다. … 지역 의견수렴 범위에 대한 입장대립이 가장 심하였습니다. … 사용후핵연료 임시저장시설의 정의에 대한 법적·제도적 미비도 주요한 갈등 원인이었습니다. … 임시저장시설 설치에 따른 보상 문제도 새로운 갈등 이슈로 부각되었습니다. … 재검토위원회는 임시저장시설과 관련한 공정한 의견수렴을 위해 최대한 노력하였음에도 이러한 갈등들이 빚어진 데 대해 아쉽게 생각하며, 갈등을 치유하지 못한 상태에서 (경주를 제외한 나머지) 원전지역을 대상으로 임시저장시설 확충에 대한 의견수렴을 계속하는 것은 적절치 않다는 공감대를 이루었고, 기타 지역에 대한 의견수렴은 이번 재검토위원회에서는 진행하지 않는 것으로 최종 의결하였습니다."(재검토위원회 권고안, 2021: 68-70)

4. '달리는 기차 위에 중립은 없다'

2019년 7월 3일 오후, 국회 의원회관 제2간담회실에서는 고준위핵폐기물전국회의가 주최하는 공론화 토론회가 열렸다. 출범식 날 위원회가 입주한 빌딩 앞에서 시위를 주도했던 그 단체이다. '당면한 고준위 핵폐기물 공론화, 무엇이 문제이고 어떻게 풀어가야 하는가?'라는 주제로 열린 이날 토론회에는 대표 H씨와 공동집행위원장 등 탈핵진영의 주요 인사들이 대거 참석하는 자리였다. 그렇지 않아도 한번 만나볼 작정이었는데 때마침 한자리에 모인다길래 무조건 달려갔다. 물론 불청객이었다.

아니나 다를까 이날 토론회는 산업부와 위원회에 대한 성토장이었다. 첫 번째 발제자는 재검토준비단 위원으로 참여했던 환경단체 L대표. 그는 "정부는 이해당사자들이 참여할 경우 재검토위원회가 깨지게 될 것을 가장 우려했다"며 "국민적 참여와 공감대를 형성해야 하는데 링 밖에서 논쟁하느라 판이 짜여지지도 않아 흥행에서는 이미 망한 상태"라고 꼬집었다. 두 번째 발제를 맡은 지역 환경단체 L사무국장도 "재공론화가 시민사회의 요구와 지지로 추진되었음에도 불구하고 첫 단추를 잘못 끼워 시민사회로부터 외면받고 있다"며 "산업부는 대통령의 공약 정신으로 복귀해 재검토위원회를 다시 구성하는 작업부터 해야 한다"고 목소리를 높였다.

토론자로 나선 K박사는 "핵폐기물을 더 이상 임시보관할 곳이 없다면 대안이 마련될 때까지 '원전 모라토리엄'(가동 중단)을 선언해야 한다"며 독일이 1970년대 말 원전사업자가 관리방안을 제시하지 못하자 5년간 신규원전 건설을 허가하지 않은 사례를 예로 들었다. 환경단체 L팀장도 "임시저장소가 포화돼 핵발전소를 가동할 수 없다면 중단하는 것이 답"이라며 "산업부가 갈등을 피해 빨리 처리하기 위해 이해당사자를 배제한 채 임시저장시설을 확충하기 위한 수순밟기로 공론화를 진행하려고 한다"고 성토했다. 중립적 인사로만 위원회를 구성해 임시저장시설을 확보하려는 산업부의 꼼수라는 지적도 제기되었다.(이투뉴스, 2019. 7. 4.)[7]

사회자가 재검토위원장이 참석했다고 소개한 탓인지 위원회 해체와 재구성을 촉구하는 목소리가 한층 강했다. 토론회장에 마련된 보조의자에 앉아있던 필자는 발언 기회가 주어지자 "제가 사퇴해야 공론화가 성공할 수 있다면 언제든지 기꺼이 사퇴하겠다"며 강하게 나갔다. 이 말을 마치자마자 토론자 중 한 명이 "그렇다면 지금 당장 사퇴하라"고 되받았다. 면전에서 사퇴를 요구할 정도로 분위기는 살벌했다. 작정하고 호랑이 굴에 들어갔지만 험난한 앞길이 훤히 내다보였다.

재검토준비단에도 참여했던 L교수는 이날 좌장을 맡아 토론회를 진행하면서 '달리는 기차 위에 중립은 없다'며 산업부가 구성한 중립적 위원회의 한계를 지적했다. 차별받는 흑인들의 편에 서서 싸운 미국의 민권운동가 하워드 진(1922~2010)의 자전적 에세이(《You can't be neutral on a moving train》)

---

7 박근혜 정부의 사용후핵연료 공론화위원회에 대해서도 당시 탈핵단체와 진보언론은 동일한 어조로 비판했다. 한겨레신문(2014. 11. 12.)은 '사용후핵연료 공론화, 이제라도 제대로 하자'라는 사설을 통해 "애초 공론화위는 출범할 때부터 시민 · 환경단체 쪽 위원이 사퇴한 데다 참여적 방식과는 거리가 먼 활동을 해왔다. 이 때문에 박근혜 정부 임기 안에 중간저장시설을 착공한다는 대통령직인수위원회의 일정에 맞춘 '짜맞추기 공론화'라는 비판도 받았다"며 "이제라도 공론화를 제대로 해야 한다. 민주적으로 위원을 새로 뽑아 충분히 논의해야 한다. 그것이 시간과 비용을 아끼는 길이다"고 지적했다.

제목을 인용한 것이다. 무서운 속도로 어딘가를 향해 달려가는 기차 위에 서 있다는 것은 이미 특정 목표와 방향을 받아들였다는 뜻이므로 '기차 위에서 중립적인 체 객관을 가장하는 것은 위선'이라는 의미를 담고 있다. L교수는 "중립이란 것 자체가 정치적이며, 중립이 정말 가능한가"라고 반문했다. 준비단 논의과정에서도 환경단체 위원들은 "중립적 위원들이 정부의 의중을 많이 대변할 수밖에 없다"며 불신을 감추지 않았다.(재검토준비단 21차 회의 속기록, 2019. 11. 12.) 그렇다면 과연 재검토위원회 위원들은 얼마나 중립적이었을까?

위원 선정과정을 보면…

재검토위원회는 외견상으로는 공정하고 중립적으로 구성된 것으로 보인다. 위원회 구성 절차를 보면, ①후보 추천 →②제척 →③선임 등 세 단계로 추진되었다. 1단계는 산업부에서 한국행정학회, 대한변호사협회, 한국과학기술단체총연합회, 한국언론학회, 한국사회학회, 한국갈등학회, 한국조사연구학회 등 7개 기관 · 단체에 위원 추천을 의뢰했다. 원전사업자인 한수원 등으로부터 연구용역을 수주하거나 이해관계가 있는 인사는 배제해줄 것도 요청했다.

2단계는 이렇게 추천된 37명의 명단을 이해관계자 측에 보내 제척 기회를 부여한 뒤 최종적으로 성별 · 연령별 · 전문분야별로 안배해 15명을 선정했다. 성별로는 남성 10명, 여성 5명이고 연령대별로는 30대 1명, 40대 9명, 50대 4명, 60대 1명으로 구성되었다. 전문분야별로는 인문사회(3명), 법률과학(5명), 조사통계(2명), 소통 · 갈등관리(5명) 등으로 고루 포진해 각계각층을 망라하기 위해 노력한 흔적이 보인다.

하지만 내용을 들여다보면 좀 달라진다. 우선, 이해관계자 측에 제척권을 부여하는 과정에서 시민사회계는 제외되었다. 산업부는 한국원자력산업협회와 원전소재 5개 지자체 행정협의회, 그리고 환경단체를 대표하는 고준위핵폐기물전국회의 등 3개 기관 · 단체에 각 5명씩 제척권을 행사하도록 요청했다. 원자력산업협회에서는 "산업부가 제시한 37명의 후보 가운데 5~7명은 문제가 있어 보인다"며 제척 대상자 5명의 명단을 제출했다.(데일리안, 2019. 5. 13.) 원전소재 지자체에서도 5명을 제외해 달라고 요청했다. 그러나 중립적 위원회 구성 자체를 반대해온 환경단체에서는 제척권 행사도 거부했다.

결과적으로 위원 구성이 환경단체에 우호적일 것으로 보이는 인사는 배제된 반면, 원전산업계나 원전지역의 이해관계에 편향되어 보이는 후보는 제척되지 않았다는 점이다. 또 다른 문제점은 3단계로 산업부가 원전산업계와 원전지역에서 제척을 요청한 10명을 제외하고, 남은 27명을 대상으로 15명을 최종 선정하는 과정에서 산업부에 우호적인 인사들로 구성했을 개연성도 배제할 수 없다는 점이다. 위원들의 성향에 대해서는 필자가 주관적으로 판단할 영역은 아니지만, 위원 선정과정만 미뤄보면 말 그대로 중립적 위원회라고 보기는 어려웠다.

실제로 회의 과정에서는 원전산업계나 산업부의 입장에 적극적으로 동조하는 발언도 없지 않았다. 필자에 대해서도 "위원장이 환경단체에 편향되어 중립적이지 않다"는 지적도 있었다. 시민사회계가 공론화를 보이콧한 상태에서 이들의 참여를 유도하기 위해 나름대로 '적극적 중립성'을 회복하자는 것이 친원전 진영에서는 그렇게 보였을 수도 있을 것이다.[8] 심지어 산업부 관계자는 "원전산업계에서 공론화를 거부해도 위원장이 이들을 설득하기 위해 이렇게 노력하겠는가?"라고 반문한 적도 있었다.

5. 산업부가 장악한 지원단

중립적 위원회가 봉착한 보다 근본적인 한계는 이해관계자들의 견제가 없는 상태에서 산업부가 지원단을 장악해 산업부의 의도대로 위원회를 이끌고 있었다는 점이다. 사용후핵연료에 대한 위원들의 전문성 부족과 무관심의 틈새를 지원단이 파고들었다. 당초에는 분과위원회에 이해관계자들이 참여하도록 설계되어있었지만, 시민사회계의 거부로 구성이 무산된 이후 위원회의 공식적인 논의과정에 이해관계자들의 참여 통로는 막혀있었다. 대신 원자력산업 주무부처인 산업부가 좌지우지할 수 있는 구조로 짜여졌다. 공론화의 첫 단추가 이미 잘못 끼워진 것이다.

지원단의 구성을 보면 그 이유를 알 수 있다. 위원회의 활동을 지원하고 운영을 총괄하는 지원단장은 산업부의 원전산업정책관(국장)이 겸직했고, 부

---

8 이해가 상반되는 당사자들 사이에서 심판이 지켜야 할 기본원칙이 '중립성'이다. 중립성에도 '기계적 중립성'과 '적극적 중립성'이라는 개념이 있다. '기계적 중립성'이 주어진 의사결정 규칙과 틀에 따라 단순히 절차 관리자의 역할을 하는 소극적인 의미라면, '적극적 중립성'은 이해대립 구조에서 당사자간의 힘의 균형을 유지하기 위한 균형추의 역할을 수행하는 경우를 말한다.(Poitras & Renaud, 1997) 중립성의 개념에 대해서는 김태일(2016), 최상옥(2016) 참조.

단장은 산업부에서 사용후핵연료 관리정책 실무책임자인 원전환경과 서기관이 파견근무했다. 지원단 3개 팀 가운데 총괄부서인 운영팀장도 원전환경과 사무관이 맡았다. 나머지 지원단 인력의 대부분은 방사성폐기물을 관리하는 원자력환경공단 직원으로 구성되었고, 한수원과 한전기술원에서도 1~2명이 파견근무했다.[9] 한마디로 원자력산업 진흥이라는 명확한 이해관계와 동일한 목적지향성을 지닌 구성원들이 관료조직의 일사분란한 지휘체계 아래 지원단이 꾸려진 것이다. 지원단의 규모는 출범 초기에는 24명이었으나 점차 줄어 나중에는 18명이 근무하였다.

산업부의 원전국장은 지원단장 겸 위원회의 간사 역할을 맡았다. 간사는 회의 소집과 결과 정리, 회의록 보고 등 일상적인 행정업무를 총괄할 뿐만 아니라 위원장의 동의를 얻어 안건도 제출할 수 있었다.(위원회 운영세칙 제3조 및 제6조) 그러나 실제로는 부단장이 상주하며 지원단을 진두지휘했다. 지원단장은 산업부의 업무가 많다는 이유 등으로 초기에는 회의에 종종 불참하였고, 참석한 경우에도 부단장이 간사 역할을 맡아 상정된 안건을 설명하고 회의를 진행했다. 부단장은 재검토준비단 운영과정부터 참여해 산업부에서는 사용후핵연료 문제에 정통한 인물로 통했다. 뒤늦게 부임한 지원단장도 부단장에게 총괄을 위임하는 분위기였다.

---

9 지원단 구성에 원자력환경공단 직원이 대부분을 차지하고 있는 것은 재검토위원회의 설치 및 지원에 관한 산업통상자원부 고시 제2019-85호 제10조에 "산업통상자원부장관은 법 제6조의2 제6항에 따른 행정적 · 재정적 지원을 위해 법 제18조에 따른 한국원자력환경공단에 임시기구인 사용후핵연료 관리정책 재검토지원단을 둘 수 있다"는 규정에 근거하고 있다. 또 고시 제10조 2항에 "지원단에 단장 1명을 두고, 단장은 산업통상자원부 원전산업정책관이 겸직한다"고 되어있다.

지원단과 산업부의 업무 관련성은 산업부 홈페이지에 소개된 원전산업 정책관(국장) 및 원전환경과의 주요 업무를 보면 금방 알 수 있다.[10] 원전산업정책관의 주요 업무는 ①원자력발전 산업에 관한 정책수립 및 조정, ②발전소 주변지역 지원사업, ③원자력발전 수출정책 수립 및 지원, ④사용후핵연료 등 방사성폐기물 정책수립 및 시행, ⑤방사성폐기물관리기금 조성 · 관리 · 운영으로 적시되어있다.[11] 또 원전산업정책관 소속 부서인 원전환경과의 주요 업무는 ①사용후핵연료 정책수립 총괄, ②중 · 저준위 방폐장 건설 및 안전관리, ③방폐관리기금 운영, ④방폐장 유치지역 지원사업추진, ⑤원자력환경공단 협력으로 되어있다. 얼핏 보아도 산업부 원전국장과 실무책임자가 포진한 지원단은 산업부의 업무수행을 위한 방계조직이라는 의구심을 지울 수 없다. 지원단이 위원회 운영에 결코 중립적일 수 없는 구조적 한계가 여기에 있다.

박근혜 정부 공론화위원회와의 차이

공론화 기구를 산업부 산하 자문위원회로 설치하게 된 법적 근거는 「방

10 원전산업정책관은 2021년 8월 산업부의 조직개편으로 원전산업정책국으로 전환되었다.

11 산업부 원전국장이 지원단장을 겸임했기 때문에 원전지역에서는 산업부에 항의할 사안도 위원회에 요구하는 경우도 있었다. 월성원전 지역대표들은 위원회를 방문해 중 · 저준위 방폐장 유치에 따른 지원사업의 지연 및 보상을 촉구했다. 발전소 주변지역 지원과 방폐장 유치지역 지원사업을 총괄하는 산업부의 담당국장이 지원단장으로 있었기 때문에 원전지역주민입장에서는 '위원회=산업부'라고 인식한 것이다. 더구나 지역 공론화 의제에서 제외된 월성원전의 임시저장시설(맥스터) 추가증설에 따른 보상 문제도 위원회에 제기할 정도였다. 필자와 지원단장의 원전지역 방문에서도 현지에서는 산업부 담당국장의 동행으로 인식하고 있었다.

사성폐기물관리법」에 따른 것이다. 동 법 제6조의2(공론화 등)에는 산업부 장관이 15명 이내의 위원을 위촉해 공론화위원회를 구성하도록 명시하고 있다.[12] 이 같은 규정에 따라 박근혜 정부의 공론화위원회도 산업부 장관이 위촉해 구성하였다.

2013년 박근혜 정부의 공론화위원회 출범 당시에도 시민사회계에서는 원자력산업 진흥을 목적으로 하는 산업부가 공론화를 주관하는 것에 강하게 반대하였다. 사용후핵연료 문제는 원전산업 주무부처인 산업부뿐만 아니라 파이로프로세싱(pyro-processing) 등 연구개발업무를 총괄하는 미래창조과학부(현재 과학기술정보통신부), 그리고 한 · 미 원자력협정 주무부처인 외교부 등이 관련된 범부처적 성격이 강하기 때문에 국무총리실에서 주관해야 한다고 요구했다.(이헌석, 2014)

하지만 공론화위원회의 위상 변경을 위해서는 법률 개정이 필요한데 이에 따른 소요 시간으로 공론화가 지연될 수 있고, 국무총리가 위원장으로 있는 원자력진흥위원회와의 업무충돌이 우려된다는 총리실의 반대 등으로 산

---

12 「방사성폐기물관리법」 제6조의2(공론화 등) ①산업통상자원부장관은 기본계획 수립과정에서 사용후핵연료 관리 등 사회적 갈등이 예상되는 사항에 대하여 이해관계인 · 일반시민 또는 전문가 등으로부터 광범위한 의견수렴 절차(공론화)를 거칠 수 있다. ②산업통상자원부장관은 공론화를 위하여 한시적으로 운영되는 공론화위원회를 설치할 수 있다. 이 경우 위원회의 기능 및 활동기한은 산업통상자원부장관이 정한다. ③위원회는 위원장 1명을 포함한 15명 이내의 위원으로 구성한다. ④위원회의 위원은 사용후핵연료 관리 및 사회소통에 관한 학식과 경험이 있는 사람 중에서 산업통상자원부장관이 위촉하고, 위원장은 위원 중에서 호선한다. ⑤위원회는 활동기한이 종료되는 경우 의결을 거쳐 산업통상자원부장관 및 「원자력진흥법」 제3조의 원자력진흥위원회에 권고안을 제출할 수 있다. 이 경우 산업통상자원부장관 및 원자력위원회는 권고안을 최대한 존중하여야 한다.

업부가 주관하게 되었다. 그래도 당시와 비교하면 문재인 정부의 재검토위원회와는 현격한 위상 차이가 있었다.

박근혜 정부는 공론화위원회 출범 이후 2014년에 국무조정실 주관으로 산업부 · 미래부 · 외교부 · 안행부 · 환경부 · 원안위 등 6개 관계부처 실장급으로 구성된 범부처협의체(위원장 국무조정실 2차장)를 발족했고, 월성원전 등 5개 원전지역 대표 10명이 참여한 원전소재지역 특별위원회도 구성되었다. 지원단도 정부 및 유관기관 직원으로 짜여져 범정부 차원의 관심과 행 · 재정적 지원이 투입되었다.

공론화 방식도 20개월 동안 공식회의(38회) 외에도 워크숍, 간담회, 지상토론회 등 다양한 프로그램에 2만 7,000여 명이 참여했고, 온라인을 통해서도 35만여 명이 의견을 제시한 것으로 집계되었다.(사용후핵연료 공론화위원회, 2015a; 홍두승, 2016) 이에 비하면 문재인 정부의 재검토위원회의 위상은 산업부가 국정과제를 수행하는 차원에서 이전 정부의 권고안을 '재검토'하기 위한 실무위원회 성격이 강했다.

신고리 5 · 6호기 공론화 지원단과의 차이

신고리 5 · 6호기 공론화 지원단은 기획운영 · 대외협력 · 공론화관리 · 공론화조사 · 숙의 · 소통팀 등 6개 팀에 총 22명으로 구성되었다. 당초에는 3개 팀으로 지원단이 설계되었으나 지역순회 및 TV토론회 실시, 이해관계자 소통협의회 운영 등으로 업무가 늘어나 6개 팀으로 확대되었다. 이에 비해 재검토위원회의 지원단은 운영 · 의제 · 숙의팀 등 3개 팀에 24명으로 출발하였지만 18명으로 축소되었다. 지원단의 규모 면에서는 비슷하지만 인력구성 내용을 보면 매우 현격한 차이가 발견된다.

신고리 5 · 6호기 지원단의 가장 큰 특징은 국무조정실이 공론화를 주관하면서 환경부 등 타 부처의 공무원을 파견받았고, 공정성을 확보하기 위해 지원단에는 원자력 관련 기관 · 단체의 인력은 배제되었다.(신고리 5 · 6호기 공론화위원회, 2017b: 80-81) 파견직원의 소속을 보면 지원단장이 포함된 국무조정실이 7명으로 가장 많고, △문체부 3명, △기재부 2명, △행안부 2명, △산업부 2명, △환경부 2명, △과기정통부 1명, △통계청 1명, △원자력안전위원회 1명, △에너지경제연구원 1명 등이었다. 소속기관이 10개에 달할 정도로 매우 다양했고 산업부는 2명에 불과했다. 직급별로는 단장은 고위공무원단(2급)이었으며, 기획운영팀장은 부이사관(3급)이었고 나머지 5개 팀장은 서기관(4급)으로 편성되었다.

이에 비해 재검토위원회는 산업부 원전산업정책관(국장급)이 지원단장을 맡았고, 실무를 총괄한 부단장은 산업부 관련부서의 서기관(4급)이, 총괄부서인 운영팀장도 산업부 관련부서의 사무관(5급)이 맡았다. 지원단 파견 인력의 대부분은 방사성폐기물을 관리하는 원자력환경공단 직원으로 구성되었고, 한수원과 한전기술원에서도 1~2명이 파견되었다. 신고리 5 · 6호기 지원단에도 원자력안전위원회와 에너지경제연구원에서 각각 1명이 파견되었으나, 두 기관은 원자력안전규제와 연구기관으로 사용후핵연료 문제와 이해관계가 직접적으로 관련된 원자력환경공단이나 한수원과는 성격이 다르다.

신고리 5 · 6호기 지원단의 경우 단장과 기획운영 · 대외협력팀장 등 핵심부서는 국조실이 맡았고, 산업부에서는 숙의팀장(서기관)과 대외협력팀(사무관)에 2명이 파견되었다. 업무 분담체계를 보면, 국조실에서는 정책조정 역할을 맡았고 기재부에서 공론화 관리를 주관하였다. 이해관계자들과의 협의는 산업부 · 과기정통부 · 환경부 · 원안위에서 분담하였다. 행안부에서는 지자체와의 협력체계 구축을 맡았고, 문화부에서는 대국민소통 업무를 관장하였다. 이처럼 신고리 5 · 6호기 지원단에는 범정부적 차원에서 관련 부처의 전문인력이 파견되어 유기적인 협조체제가 구축되어있었다.

이에 비해 재검토위원회 지원단은 단장, 부단장, 운영팀장을 모두 산업부 관련부서에서 맡았다. 운영팀장은 일부 위원과의 갈등으로 나중에 숙의팀장으로 보직이 변경되었다. 의제팀장과 숙의팀장은 원자력환경공단 직원이 맡아 안건과 자료 준비과정에서 지원단의 중립성이 자주 논란이 되었다. 필자는 수차례에 걸쳐 산업부에 지원단의 보완 및 일부 직원의 교체를 요구하였으나 산업부에서는 현실적으로 어렵다는 답변만 돌아왔다.

지원단이 원자력환경공단의 임시기구로 꾸려졌기 때문에 총리실 산하 조직으로 편성된 신고리 5 · 6호기 지원단과 달리 타 부처 공무원의 파견을 요청할 수 없고, 외부 전문인력 충원도 단기간의 공론화여서 신규 채용이 어렵다는 것이 산업부의 해명이었다. 그러나 재검토위원회의 설치 및 지원에 관한 고시 제10조 3항에는 "원자력환경공단 이사장은 지원단 구성 · 운영을 위하여 필요한 경우에는 관계기관 · 단체 등에 대하여 소속 공무원 또는 임직원을 지원단에 파견 근무하도록 요청할 수 있다"고 규정되어있음에도 불구하고 필자의 요구는 거부되었다.

지원단과의 끊임없는 갈등

지원단은 말 그대로 위원회의 활동을 지원하는 조직이다. 그러나 실상은 가이드라인을 제시하며 원하는 방향으로 주도해 나갔다. 지원단이 안건 초안을 작성해 경위를 조목조목 설명하면 비전문가들인 위원들은 대개 그대로 수용하는 분위기였다. 구체적인 의견수렴 방법론과 로드맵 작성, 지역실행기구 구성방안 등 주요 안건은 물론이고 회의록 정리와 공개 여부 등 통상적인 사안에도 지원단의 입김이 여지없이 스며들었다.

위원들은 복잡하고 생소한 전문용어가 즐비한 안건에 대해 이견을 제시하는 경우는 드물었다. S위원은 어느 날 "회의 때마다 선생이 내는 숙제를 하는 기분"이라고 토로할 정도였다. P위원도 "위원회의 운영, 형식, 전략, 절차 등이 산업부가 제안한 내용에서 크게 변한 것이 없다. 많은 위원들이 산업부에서 가져다주는 것을 기정사실로 받아들이는 것 같다"고 지적했다.

지원단과의 갈등은 지역 의견수렴을 위해 울산시에 간담회 개최 협조공문을 보내는 과정에서 극에 달했다. 해가 바뀌어 2020년에 들어와서는 정초부터 월성원전 임시저장시설(맥스터) 증설 여부를 논의하는 의견수렴 범위에 울산지역 포함 여부가 최대 이슈였다. 경주에서는 울산이 포함되는 것은 결코 받아들일 수 없다며 초강경 입장이었지만, 위원회에서는 경주와 별도로 울산지역 의견수렴을 진행하기로 결정했다.

그러나 울산지역 의견수렴을 위해서는 협의 채널이 필요했다. 울산에는 경주와 같은 지역실행기구가 구성되지 않았기 때문에 구체적인 의견수렴 범위와 방식 등을 논의하기 위한 구심점이 없었다. 위원회가 일방적으로 결정할 사안도 아니었다. 사전간담회 참석대상과 공문발송을 놓고 지원단과 울산시가 서로 책임을 떠넘기며 꺼리는 모양새였다. 지원단에서는 울산시에 협조요청 공문을 발송해 달라는 위원장의 요구를 못마땅해하는 분위기였다.

급기야 필자가 공문에 처음이자 마지막으로 서명을 하고 발송되기까지 2개월이나 걸렸다. 그 사이에 울산지역주민 · 환경단체들은 위원회와의 대화를 단절하고 자체적으로 주민투표를 실시하는 사태로 번지면서 갈등은 걷잡을 수 없이 확산되고 말았다.

6. 뒷북 회의록 공개

위원회의 논의과정과 활동을 대외적으로 알리는 중요한 통로는 통로는 회의록이었다. 외부에서는 회의록을 통해 위원회가 지금 무슨 논의를 하는지, 일이 어떻게 진행되고 있는지 파악할 수 있었다. 그런데 이 회의록이 즉시 공개되지 않으면 이해관계자들의 궁금증 유발은 물론, 심지어 무엇을 숨긴다는 의구심마저 자아낼 수 있었다. 그래서 정보와 자료의 투명한 공개는 공론화의 성패를 가르는 중요한 원칙으로 꼽힌다.[13]

재검토위원회의 운영세칙 제17조(대외 공개)에도 "위원회 회의록 및 각종 의견수렴 결과는 위원회의 의결을 거쳐 위원회 홈페이지를 통해 공개하는 것을 원칙으로 한다"고 규정되어있다. 다만, 의사결정과정이나 내부 검토과

13 박근혜 정부의 공론화위원장을 맡았던 H교수는 언론사 대담에서 "스웨덴을 방문해 사용후핵연료 영구처분 및 중간저장시설 담당자에게 조언을 해달라고 요청한 적이 있었다. 그랬더니 그 담당자가 한마디로 말했다. '감추지 마세요.' 굉장히 강한 인상을 받았다. 공론화위원회 역시 감출 것이 없다. 오히려 문제가 있는 것을 문제가 있다고 말하는 것이 신뢰를 쌓는 방안"이라고 강조했다.(한겨레신문, 2015. 5. 23.)

정에 있는 사항은 우선 비공개하고 의사결정 및 내부 검토가 종료된 이후에 공개하기로 하였다. 회의록과 참고자료는 위원회 홈페이지를 통해 공개하고, 안건이나 속기록은 정보공개 청구가 있는 경우 위원회의 심의를 거쳐 청구인에게 공개하기로 하였다.(4차 회의록, 2019. 7. 10.)

문제는 '의사결정과정'이라는 이유로 주요 안건이 번번이 비공개로 결정되었다는 점이다. 회의록 공개 여부는 격주로 개최되는 차기 회의에서 결정되기 때문에 당일 회의 직후에 공개되는 것도 아니었다. 2주 뒤에 열리는 회의에서는 (비밀을 요하거나 사생활 보호 등과 관련되지 않은) 웬만한 안건은 어느 정도 윤곽이 잡히기 때문에 굳이 비공개로 할 이유가 없었다. 의견수렴 범위와 방법 등 핵심 이슈는 수차례의 회의를 거쳐 확정되기 때문에 회의록이 즉시 공개되지 않으면 외부에서는 위원회가 어떤 논의를 하는지 알 도리가 없었다.

의사결정과정이라는 이유로 '민감한 사안'이 수개월 뒤에 공개된 시점에는 이미 논란이 일단락된 상태였기 때문에 이해관계자들은 '과거의 회의록'에 관심을 가질 이유가 없었다. 코로나19 여파로 2020년 3월부터는 비대면 회의로 전환되면서 그나마 부분적으로 허용되던 회의장 참관마저 봉쇄되어 '짧은 회의록'이 외부 소통의 유일한 창구였다. 출범 초기부터 수차례에 걸쳐 회의록의 즉시 공개를 주장했지만, 지원단의 반박과 일부 위원의 동조로 번번이 무산되었다.

"분과위원회 구성과 관련한 안건은 의사결정과정에 있으므로 비공개 사유가 될 수 있지만, 논의과정을 보여주는 것도 투명성 측면에서 중요하므로 회의록을 전부 공개할 필요가 있다고 생각합니다."(위원장, 2차 회의록, 2019. 6. 11.)

"지난 회의에서 논의된 안건 중에 숙의자료집 작성과 의견수렴 홍보 프로그램에 대해서는 회의록을 비공개하는 것으로 되어있으나 개인적으로 회의록은 모두 공개하는 것이 필요하다는 생각입니다. 회의록을 즉시 모두 공개함으로써 위원회가 다양한 논의를 통해 노력하고 있다는 것을 대외적으로 보여줄 수 있고, 홍보 차원에서도 긍정적일 것으로 판단됩니다."(위원장, 23차 회의록, 2020. 4. 1.)

"사안에 따라 달리 판단할 필요가 있습니다. 숙의자료집과 달리 홍보 프로그램은 아직 검토가 필요한 부분이 있습니다. 내부 검토나 의사결정 과정에 있는 사안의 경우 향후 계획과 달리 진행될 경우 불필요한 논란이나 오해를 유발할 수도 있습니다."(P위원, 23차 회의록, 2020. 4. 1.)

"전국 의견수렴과 같이 확정되지 않은 사안에 대해 회의록이 먼저 공개되고 이후 변동이 발생하게 되면 혼선이 생길 우려가 있으므로 이를 방지하기 위해 의사결정이 종료된 이후에 일괄적으로 공개로 전환할 필요가 있습니다."(지원단, 28차 회의록, 2020. 6. 10.)

19차 회의(2020. 2. 5.)에서는 그동안 비공개된 안건을 검토해 공개 여부를 다시 결정하자고 제안했고, 이에 따라 20차 회의(2020. 2. 19.)에서 지난 회의록(1~16차) 가운데 비공개된 25건을 공개로 전환하였다. 이후에도 23차

(2020. 4. 1.), 28차(2020. 6. 10.), 38차(2020. 11. 11.), 41차 (2021. 1. 13.), 그리고 마지막 43차 회의(2021. 2. 24.)에서 이전 비공개회의록을 부분적으로 소급해 공개하였다.[14]

소급 공개된 회의록은 '기록'으로서의 의미는 있겠지만, '철 지난 정보'라는 점에서 '투명하고 신속한 공개'라는 공론화 원칙과는 거리가 멀었다. 더구나 핵심 내용이 삭제된 당초 회의록은 오해와 불신을 증폭시킬 우려도 있었다. 실제로 필자가 사퇴한 이후 두 번째 회의인 31차 회의록(2020. 7. 22.)의 당초 공개 내용은 본문이 8줄에 불과했다. 32차 회의록(2020. 8. 5.)도 10줄로 압축되어있었다. 31차와 32차 회의에서는 월성원전 지역 의견수렴과 전국 의견수렴 관련 안건이 집중적으로 논의되었지만, 회의록은 4개월 뒤 의견수렴 절차가 모두 종료된 38차 회의(2020. 11. 11.)에서 공개로 전환되었다.

울산 등 인접지역 의견수렴 방안에 대해서도 33차 회의(2020. 8. 19.)에서 재논의가 시작되었지만 회의록은 5개월 뒤인 41차 회의(2021. 1. 13.)에서 "의사결정과정이 종료되었다"며 공개로 전환되었다. 울산시와 시민사회단체의

14 필자가 사퇴한 이후에도 회의록 공개에 대한 논의가 몇 차례 더 있었지만, 지원단은 비공개를 선호하였다. 34차 회의(2020. 9. 2.)에서 D위원이 "현재 회의록에는 비공개 사유가 모두 '의사결정과정'이라고만 명시되어있어서 마치 의사결정과정 중에 있다는 부분 외에 다른 요건은 판단하지 않은 것처럼 보일 수 있다"며 문제를 제기하였다. 이에 대해 지원단에서 "회의록의 경우 아직 최종 결정이 나오지 않은 상황에서 해당 회의에서 논의되었던 내용만을 가지고 이를 이행하라는 촉구요청이 발생하는 등 우려사항이 있어 의사결정과정이 진행 중인 사안의 경우 비공개하고 있다"고 답변했다.(34차 회의록, 2020. 9. 2.) 이전 회의에서도 위원들의 회의록 공개 요구에 대해 지원단은 의사결정 시점과 회의록 공개 시점이 차이가 발생할 경우 혼란을 유발할 우려가 있다고 설명했다.(32차 회의록, 2020. 8. 5.)

반대로 월성원전 인접지역에 대한 의견수렴을 중단하기로 결정한 이후였다. 법률 정비 관련 안건도 32차 회의(2020. 8. 5.)에서 추진방안 등을 논의하기 시작했지만 회의록은 7개월 뒤인 마지막 43차 회의(2021. 2. 24.)에서 공개로 전환되었다.

회의록 작성을 둘러싸고도 지원단과 몇 차례 설전이 오갔다. 속기록을 축약해 회의록을 편집하는 과정에서 핵심적인 내용이 삭제되거나 와전된 경우가 발견되었다. 회의 1~2일 전에 배포되는 회의록을 꼼꼼히 읽어보는 위원은 거의 없었지만, S위원은 어느 날 작심한 듯 속기록과 회의록을 대조할 것을 회의 석상에서 요구했다. 회의록은 수정되었고 이후에는 회의 때마다 속기록을 3부 복사해서 회의장에 비치하도록 했다.(17차 회의록, 2020. 1. 22.) 코로나19 여파로 화상회의로 전환된 이후에는 그나마 속기록은 구경하기도 어려웠다.

속기록은 위원들에게도 비공개

속기록은 위원들에게도 사실상 공개되지 않았다. 지원단에서는 속기록 열람을 원할 경우에는 직접 위원회 사무실로 와서 복사본을 열람한 뒤 반환하는 조건을 달았다. 이메일 전송은 당연 불가였다. 어느 위원이 속기록을 확인하기 위해 일부러 사무실을 방문하겠는가! 그래서 필자가 회의 때마다 속기록 3부를 복사해 테이블에 비치하도록 요구했던 것이다.

속기록 비공개는 박근혜 정부의 공론화에서도 언론의 도마에 올랐다. 정기회의 속기록을 공개하지 않다가 논란이 일자 20차 회의(2014. 7. 25.)부터 공개로 전환되었다. 당시 공론화위원회는 "속기록이 공개될 경우 원전지역

대표 5명 중 4명이 현역 지방의회 의원이어서 지방선거 등 정치활동에 영향을 줄 수 있다고 판단했기 때문"이라고 밝혔다. 이에 대해 공론화 전문가 J대표는 "영국의 방폐물관리위원회(CoRWM)는 공론화 과정에서 생산된 1,800여 개 문건 가운데 국가기밀 및 안보와 관련된 10여 건을 제외하고 모두 공개했다. 회의도 아예 공개적으로 진행할 정도로 투명성을 중시했다"고 강조했다.(한겨레신문, 2014. 11. 11.)

재검토위원회의 속기록 공개 여부는 마지막 회의(2021. 2. 24.)에서 비공개로 최종 결정되었다. 지원단에서 비공개가 바람직하다는 의견을 제시하자 위원들도 동의하였다. 공론화는 정보공개의 투명성이 성패의 관건이기 때문에 논의과정도 소상히 공개되어야 하는데 아쉬운 대목이라고 할 수 있다.

"신고리 5 · 6호기 공론화위원회와 대입제도 개편 공론화위원회 등 유사 사례를 검토한 결과, 속기록은 비공개하는 것이 바람직할 것으로 보입니다. 여타 위원회 등에서 속기록을 비공개한 이유로서 개인정보가 포함된 점, 속기록 공개시 자유로운 의견 개진이 어려워 업무에 지장을 초래할 수 있다는 점 등이 고려된 것으로 알고 있습니다. 또한 '공공기록물 관리에 관한 법률' 시행령 제18조에 속기록은 10년을 초과하지 않는 범위에서 공개하지 않을 수 있다는 규정도 있습니다."(지원단, 43차 회의록, 2021. 2. 24.)

"속기록에 대한 위원회 결정사항은 타 위원회 사례와 마찬가지로 정보공개 청구가 들어오더라도 개인정보 등의 사유로 공개하지 않는다는 의미라는 것을 명확히 해두는 것이 필요합니다."(H위원, 43차 회의록, 2021. 2. 24.)

지원단에서는 속기록 공개 여부에 대한 기존 사례로 신고리 5·6호기와 대입제도 개편을 예시했지만, 박근혜 정부의 공론화위원회에서도 처음에는 속기록을 공개하지 않았으나 나중에는 공개한 사실을 위원들에게 밝히지 않았다. 속기록을 공개하는 경우에도 개인정보 보호 차원에서 실명 등 개인·기관식별이 가능한 명칭은 삭제하는 것이 관례이고, 위원회 활동이 종료된 이후에 공개하는 것은 '자유로운 의견개진'과도 무관하기 때문에 굳이 비공개로 결정할 이유가 없었다고 판단된다.[15]

회의록 편집 논란

회의록이 요약문으로 정리되는 과정에서 일부 내용은 확대 편집되고, 반대의견은 축소되는 등 편집과정에서 논란도 있었다. 17차 회의(2020. 1. 9.)에서는 월성원전 지역실행기구 구성과 의견수렴 범위에 대해 위원회가 의견을 제시할 수 있느냐를 두고 격론이 벌어졌다. 협약서 제3조에 협약당사자인 경주시가 지역실행기구를 구성하도록 규정하고 있고, 제10조에는 "의견수렴 범위는 월성원전 소재지역의 특성을 반영하여 지역실행기구의 의결을 거쳐

15 속기록뿐만 아니라 전문가검토그룹의 회의록도 정보공개 청구가 있었으나 거부되었다. 당시 지원단은 비공개 사유로 "전문가검토그룹 회의록의 경우 의사결정과정 중에 있어 공개시 회의에 지장이 생길 수 있어 운영이 종료된 이후에 논의결과를 공개하는 것이 더 효율적"이라고 설명했다.(18차 회의록, 2020. 1. 22.) 그러나 위원회가 종료 이후에도 속기록과 마찬가지로 전문가검토그룹 회의록도 비공개로 결정되었다.

정한다"고 되어있기 때문에 위원회가 관여할 수 없다는 입장과, 그래도 의견을 제시해야 한다는 입장이 팽팽하게 대립하였다.

문제는 이날 회의 결과를 정리한 17차 회의록 원본에는 "재검토위원회는 기존 협약서 내용을 존중하며, 지역실행기구 구성 및 의견수렴 범위는 위원회와 지역실행기구 간 협의체 의제에 포함하지 않는 것으로 한다"며 확정적으로 서술되어있었다. 또 회의에 참석하지 않은 E위원이 "지역실행기구 구성은 경주시장의 권한이므로 위원회가 개입해서는 안 되며, 의견수렴 범위도 경주시 행정구역으로 하는 것이 타당하다"는 요지의 서면의견서를 원문 그대로 돋보이게 박스기사로 편집해 수록되어있었다. 이에 반해 위원 5명이 협의체널 논의를 통해 "지역실행기구 구성에 울산 등 타 지자체 대표 및 시민단체 대표들을 추가하고, 방사선비상계획구역으로 의견수렴 범위를 확대해야 한다"는 의견은 아예 누락되어있었다.

> "월성원전 지역실행기구와의 협의 의제와 관련해 17차 회의에서 위원들이 논의한 내용과 달리 해석될 수 있는 부분이 회의록에 수록되어있기 때문에 이에 대한 수정이 필요합니다. 17차 회의에서 기존 협약서를 존중해 협의 채널과의 협의 의제에는 포함되지 않으나, 현재 제기되는 이슈에 대해서는 위원회 차원에서 우려를 전달하기로 하였으므로 이러한 논의 내용이 회의록에 반영될 수 있도록 문구 수정이 필요합니다. 또한 형평성을 감안해 서면의견서와 다른 의견을 제시한 협의 채널 5인이 제시한 의견도 회의록에 포함되어야 합니다."(K위원, 18차 회의록, 2020. 1. 22.)

K위원의 이의제기를 수용해 관련 부분 회의록은 "재검토위원회는 기존 협약서를 존중하기로 정리하나, 지역실행기구 구성에 대해서는 우려를 전달하는 것으로 함"이라고 수정되었다. 이와 함께 지역실행기구 구성과 의견수렴 범위 및 방법에 대한 협의 채널 5인 위원의 주요 의견도 서면의견서와 동일한 편집방식으로 회의록에 추가되었다. 소통 차원에서 회의록 작성 방안에 대한 논의가 필요하며, 잘못된 표현에 대한 수정이 필요하다는 지적은 이날 회의에서도 제기되었다.(17차 회의록, 2020. 1. 9.)

이에 앞서 지원단이 예산 부족을 이유로 전국 의견수렴보다 지역 의견수렴을 먼저 추진해 줄 것을 제안한 14차 회의에서도 "차질없는 의견수렴을 위해 시급한 상황인 경주에서 시민참여형조사를 먼저 실시해야 한다"는 D위원의 서면의견서는 회의록에 고딕체로 돋보이게 수록되었다.[16] 또 경주 지역실행기구의 재구성 또는 보완 요청 안건에 대해서도 "경주시에 극도의 혼란이 유발될 것이 우려되며, 신의성실의 원칙에도 위배된다"는 E위원의 서면의견이 회의에 참석한 위원들의 발언 요지에 비해 전문이 매우 상세하게 수록되었다.(14차 회의록, 2019. 11. 27.) 이에 비해 서면으로 반대의견을 제시한 Y위원의 입장은 서면의견서에 본인의 서명이 없었다는 이유로 회의록에 수록되지 않았다.

---

16 당시 회의에 참석한 8인 가운데 7인이 전국 의견수렴 조사기관을 먼저 선정해야 한다는 의견을 제시하였다. 지역 의견수렴 조사기관을 먼저 선정해야 한다는 위원은 서면의견서만 제출한 2인이 전부였다.(14차 회의록, 2019. 11. 27.) 그럼에도 불구하고 지원단에서 임의로 회의록을 편집한 것이다.

7. 환경단체 원로들의 만류

출범식 첫날부터 시민사회계에서는 공론화를 보이콧하며 위원회 해체를 요구했지만, 초기에는 이들을 설득할 수 있을 것으로 과신했다. 20년 전 한국일보에서 사회부 기자로 환경부를 출입하면서 알게 된 환경단체 인사들도 적지 않았다. 당시 한국일보는 환경운동연합 등과 함께 대기오염도 측정, 갯벌 살리기 등 공동사업을 추진했고 필자는 담당 기자였다. 영월 동강댐과 새만금간척사업을 취재하기 위해 현장을 누볐던 기억은 지금도 생생하다. 그때 현장을 동행했던활동가들 가운데는 환경단체나 공공기관의 대표가 되거나 정계로 진출한 분도 있었다.

2019년 8월 말, 공론화 로드맵이 마련된 이후에는 환경단체 대표와 시민사회계 원로들을 설득하러 나섰다. 공론화의 첫 단계인 전문가검토그룹에 시민사회계 인사들이 참여하지 않을 경우 찬반진영 간 균형 있는 토론 자체가 불가능해지기 때문이었다. 위원회가 처한 상황과 여건을 설명하고 공정하고 중립적으로 운영하겠노라고 역설했다. 형식적인 의견수렴이 아니라 시간에 쫓기지 않고 제대로 공론화를 진행하겠다며 참여와 협력을 간청했다.

필자가 30분 정도 열변을 토하고 나면 이어지는 답변은 한결같았다. "위원장의 진정성은 공감이 되지만, 어차피 맥스터 증설을 위한 산업부의 들러리로 전락할 수밖에 없을 것"이라는 우려였다. 포화 시점이 임박한 월성원전 임시저장시설(맥스터)을 확충하기 위한 명분 쌓기용이라는 비판도 거침없이 쏟아졌다. 공론화 이슈 가운데 가장 복잡하고 이해관계가 첨예하게 대립하는 사용후핵연료 관리방안을 3~4개월에 시민참여형조사라는 피상적이고 단순한 방식으로 정책권고안을 제시하겠다는 구상 자체가 비현실적이고 형식적이라고 질타했다.

[#1] 2019년 9월 하순, 서울 세종로 프레스센터 1층 커피숍에서 30분을 기다려 만난 국내 최대 환경단체의 대표 P씨는 "시민사회계에서 위원회 참여를 거부하고 해체를 요구하는데도 끝까지 공론화를 진행할 것이냐?"고 반문했다. 언론인 출신인 P씨는 필자를 진심으로 걱정하는 눈빛이 역력했다. 그러나 당시 상황에서는 환경단체가 공론화를 보이콧한다고 위원회 활동을 멈출 수는 없었다. 이미 루비콘강을 건넜다고 판단했다.

정부 공공기관 책임자로 재직 중이던 환경운동가 출신 C씨는 "일은 산업부가 저질러 놓고 왜 위원장이 나서서 환경단체를 설득하러 다니느냐. '산업부가 위원장을 잘 선정했다'는 비아냥이 나돌 정도"라며 필자를 의아해했다. 기자 시절부터 알고 지내던 탈핵운동의 원조격인 C씨의 진심 어린 충고는 지금도 귀에 쟁쟁하다. "위원장님, 한시라도 빨리 그만두십시오. 그 길만이 살길입니다".

만나는 환경단체 대표, 과학계 원로, 전문가, 활동가, 교수들마다 필자를 만류했다. 산업부의 들러리 노릇이나~+ 하다가 책임만 떠안을 것이라는 걱정과 우려가 이어졌다. 환경부 장관 출신의 원로 과학자 K씨도 "이 복잡한 문제를 맡아 어떻게 대처하려고 하느냐"며 고개를 저었다. K씨가 20년 전에 환경부 장관으로 재임할 당시 출입기자단 간사였던 인연으로 자문위원장으로 모시려고 찾아갔지만, 자신이 집필한 저서 2권만 건네받고 돌아왔다.

[#2] 2019년 9월 20일 오전, 위원회 사무실에서 열렸던 공론화 전문가 간담회에 참석했던 B씨는 "이게 무슨 공론화냐"며 10여 분간 위원회를 질타한 뒤 자리를 박차고 나갈 정도로 분위기가 험악했다. 하지만 참석한 대다수의 전문가들은 "환경단체의 보이콧으로 제한된 공론화가 불가피하지만, 일반국민과 지역주민을 대상으로 위원회가 할 수 있는 역할만이라도 수행하는 것이 좋겠다"는 의견이 지배적이었다.

박근혜 정부에서 공론화위원장을 맡았던 H교수도 "모든 이해관계자들을 만족시킬 수 없기 때문에 지난 정부에서 실시했던 공론화에서 한 걸음만 앞으로 나가면 된다"고 격려했다. 환경운동가 Y씨는 "탈핵진영에도 스펙트럼이 매우 다양하다. 타협 자체가 불가능한 그룹도 있지만 사용후핵연료 문제는 어떤 식으로든 해결해야 한다는 온건론자들도 적지 않다. 국민만 바라보고 나아가라"고 조언했다.

하지만 1차 관문은 전문가검토그룹에 시민사회계 인사들을 참여시키는 문턱을 넘어야 했다. 탈핵진영의 연대조직인 고준위핵폐기물전국회의에서는 공식적으로 전문가 추천을 거부한 것은 물론, 전문가들이 개별적으로 검토그룹에 참여하는 것도 가로막고 있는 상황이었다. 지원단에서는 시민사회계 인사들을 설득할 엄두도 내지 못하고 있었다. 연락해도 단번에 거절당하기 일쑤였다. 필자가 나서는 수밖에 없었지만 접촉한 인사들은 이런저런 이유로 참여를 꺼려했다. 개인적인 인연으로 친분이 있는 전문가들도 거절하기는 마찬가지였다. 위원장의 의지나 진정성만으로 풀기 어려운 구조적인 한계라는 지적이 대부분이었다. 그중에서도 참여 불가 사유를 장문의 이메일로 보내온 A교수는 위원회의 문제점을 조목조목 일러 주었다.[17] 필자의 고민도 더욱 깊어갔다.

8. 영광 산골에서의 문전박대

위원회 활동을 전반기와 후반기로 분류한다면, 2019년 5월 출범 이후 그 해 말까지 전반기에는 탈핵진영의 연대기구인 고준위핵폐기물전국회의가 가장 강력한 반대그룹이었다. 전국의 탈핵단체와 종교계, 원전지역 반대 주민 등이 망라된 이 단체는 산업부가 재검토를 준비하던 2018년 2월경에 결성되었다. 발족 당시에는 사용후핵연료의 위험성을 알리고 임시저장시설 확

17 A교수가 전문가검토그룹 출범을 앞두고 2019년 10월 1일 필자에게 보내온 이메일 요지는 이렇다. "… 추진 계획을 보고 놀랐던 것은 올 연말까지 권고안을 제출하는 것으로 일정이 조밀하게 짜여 있다는 것이었습니다. 전형적인 행정 편의주의 발상이 배경에 깔려 있지 않은가 하고 염려가 될 정도입니다. 정부는 이미 Master Plan을 가지고 있고, 주민이나 국민을 대상으로 형식적인 의견수렴 절차를 밟고 있다는 인상을 지울 수 없습니다. … 사용후핵연료 처리문제는 어떤 국가에서든 지역주민과 환경단체, 시민사회로부터 신뢰를 받지 못하면 언제나 원점으로 되돌아가는 난제입니다. 영국의 경우 1991년 셀라필드에 사용후핵연료 처분시설 건설을 추진했다가 지역주민과 환경단체의 반대로 1997년 무산되었습니다. 2001년 영국 정부는 다양한 전문가들과의 논의를 통해 공론화 방식을 만들었고, 2003년 13명의 전문가들로 이루어진 핵폐기물관리위원회(CoRWM)를 구성해서 2006년까지 30개월에 걸쳐 공론화 과정을 거쳤습니다. … 그리고 2012년 2월부터 2차 공론화를 열어 언제까지 끝낼 것인지를 미리 정하지 않고 처분부지선정방식에 대한 의견수렴을 하고 있습니다. 이런 점을 고려한다면, 12월 말까지 일정을 정해놓고 추진하는 공론화 방식은 정부가 추진하는 사업에 단지 지역주민과 환경단체, 시민사회를 들러리로 세운다는 혐의를 받을 위험이 매우 높습니다. 위원장께는 매우 미안합니다만, 현재의 형태로 추진되는 공론화위원회에는 참여하기가 어려울 것 같습니다. A 드림".

충을 저지한다는 목적으로 재검토준비단에도 3명이 위원으로 참여했다.

당시 탈핵진영에서는 2017년 신고리 5 · 6호기 공론화 이후 공론화에 비판적인 기류가 확산되고 있었다. 신고리 5 · 6호기 건설을 중단하겠다는 문재인 대통령의 탈핵 공약이 공론화 과정을 거치면서 건설 재개로 결정된 후유증을 앓고 있었다. 그러나 사용후핵연료 문제에 대해서는 신고리 5 · 6호기처럼 찬반 문제가 아니기 때문에 적극 개입해야 한다는 측과 정부의 공론화를 신뢰할 수 없다는 입장이 대립하고 있었다.

탈핵진영에도 원전 자체를 거부하고 핵 없는 세상을 추구하는 강경파와는 결을 달리하는 현실주의 온건파가 적지 않았다. 사용후핵연료 문제에 대해서는 원전 폐쇄 여부를 떠나 해결방안을 모색해야 한다는 현실파와, 공론화 과정을 통해 전국민에게 원전의 문제점을 알릴 수 있다는 참여파의 주장이 설득력을 얻고 있었다. 우리나라의 지질구조와 주민수용성 등을 고려할 때 영구처분장 부지확보가 사실상 불가능하기 때문에, 임시저장시설이 영구처분장으로 전락할 수밖에 없다는 현실이 부각되면, 원전에 대한 국민 인식이 전환될 수 있다는 것이 참여파의 논리였다.(오마이뉴스, 2019. 4. 10.) 그러나 산업부가 2019년 4월 중립적 인사로 재검토위원회를 구성하기로 확정한 이후에는 참여파들도 공론화 보이콧으로 돌아섰다.

[#1] 2019년 9월 25일, 고준위핵폐기물전국회의 H대표를 만나기 위해 광주송정역에 도착했다. H대표와는 불청객으로 국회 토론회(2019. 7. 3.)에서 만난 적이 있지만 직접 찾아뵙고 협조를 구하는 것이 도리라고 판단했다. 광주송정역에서 H대표가 살고 있는 영광까지는 꽤 시간이 걸렸다. 네비게이션

에도 잡히지 않는 산골에서 길을 찾지 못해 몇 번이나 오가다 마침내 인삼밭을 지나 한적한 시골집에 도착했다. 인가도 보이지 않는 고즈넉한 풍광에 도시를 떠난 편안함이 느껴졌다. 이런 곳에서 살 정도면 환경운동에 나름의 소신과 철학이 확고한 분이라는 생각이 들었다.

인기척을 하고 현관을 두드리니 H대표는 오전에 광주로 출타 중이라고 했다. 우리 일행이 방문할 것을 알고 자리를 피한 것으로 보였다. 며칠 뒤 H대표로부터 문자가 왔다. "위원장님, 노고가 많으십니다. 저는 위원장님께서 주어진 역할을 잘하실 것으로 믿습니다. 다만 저의 신념과 철학이 현정부의 정책에 동의할 수 없어 (사용후핵연료 공론화 과정에) 일체 협조를 거부하고 있습니다. 부디 헤아려주시고 주어진 조건에서나마 최선을 다해 주시기 바랍니다. 전화는 차단해 놓겠습니다. 역할을 마치시면 제가 밥 한번 사겠습니다." H대표의 정중한 거절과 단호한 입장에 더 이상 연락할 수도 없었다.

[#2] 같은 날 오후, 영광군수를 면담하기 위해 군청을 찾았다. 영광군 지역실행기구 구성을 협의하기 위해서였다. 군수와는 미리 일정이 조율되었지만 당일 오전에 급한 행사로 면담이 어렵다는 전갈을 받았다. 대신 군청 앞마당에는 영광지역 탈핵단체와 종교계에서 위원회 해체를 촉구하며 시위를 벌이고 있었다. 몇 번 통화한 적이 있는 고준위핵폐기물전국회의 관계자의 모습도 보였다. 필자와 지원단장의 방문 사실을 알고 미리 자리를 잡고 있었지만 그리 격앙된 분위기는 아니었다.

험악한 상황은 군의회 의장실에서 벌어졌다. 군수 면담이 불발되자 군의회 의장과의 간담회가 잡혔지만 어느 쪽도 환영하는 낌새가 아니었다. 시위대와 대화하느라 10여 분쯤 늦게 의장실에 도착하니 기자들도 기다리고 있었다. 자리에 앉자마자 배석한 한 의원이 "왜 약속 시간보다 늦게 왔느냐"며 면전에서 호통을 쳤다. 어느 기자는 영광군청 공무원에게 "누가 이런 자리를 마련했냐"며 서로 언성이 오갔다. 오전에 이어 오후에도 영광에서 종일 봉변을 당한 하루였다.

9. 전문가검토그룹 구성도 난항

재검토위원회는 출범부터 험난했지만, 전국 및 지역 의견수렴의 첫 관문인 전문가검토그룹을 구성하지 못해 좌초 위기를 맞았다. 친원전 진영과 탈원전 진영의 전문가들이 균형있게 참여하는 검토그룹을 구성하지 못하면 일방적이고 형식적인 공론화로 전락할 수밖에 없기 때문이었다. 재검토준비단으로부터 넘겨받은 25개에 달하는 의제 모두를 일반국민들을 대상으로 공론화를 실시하기도 어려운 노릇이었다. 위원회 차원에서 의제를 재정리했지만, 워낙 전문적이고 복잡해서 관련 전문가들의 사전검토와 논의로 쟁점을 정리할 필요가 있었다. 시민참여단에게 제공할 숙의자료집도 전문가들의 논의결과를 토대로 제작해야 하기 때문에 공정한 전문가검토그룹 구성은 위원회가 돌파해야 할 첫 관문이었다.[18]

---

18 10차 회의(2019. 10. 2.)와 11차 회의(2019. 10. 23.)에서는 시민사회계의 참여를 기다리면서 전문가검

전문가검토그룹은 원자력계(원자력산업회의), 시민사회계(고준위핵폐기물 전국회의), 원전소재 지자체(행정협의회)로부터 각각 추천을 받아 동수로 구성하기로 하고 세 진영에 추천요청 공문을 발송했다. 이에 따라 원자력계에서는 50명, 지자체에서는 49명을 각각 추천했으나 예상대로 시민사회계는 추천을 거부했다. 위원회 차원에서 시민사회계의 입장 전달이 가능할 것으로 판단되는 59명을 대상으로 일일이 전화로 확인한 결과 11명이 참여의사를 밝혔다. 전문가검토그룹을 33명으로 구성하게 된 경위는 시민사회계 참여인사가 11명이 최대치여서 이에 맞추어 두 진영의 전문가도 각각 11명으로 배정했기 때문이었다.[19]

처음에는 지원단에서 시민사회계 인사들에게 참여를 요청했으나 대부분 거절당해 검토그룹 구성조차 불투명해졌다. 필자가 나서 신고리 5 · 6호기 공론화에 참여했던 탈원전 전문가와 환경단체, 대학교수 등을 대상으로 일일이 전화를 걸어 참여를 간곡히 권유했다. 검토그룹 운영의 자율성과 공정성을 보장하겠다고 거듭 약속했다. 그러나 응답은 냉정했다. 앞서 언급한 A 교수 외에도 지역환경단체 대표인 B교수는 처음에는 수락했으나, 이튿날 참

토그룹 운영을 보류할 것인지, 현재까지 참여의사를 밝힌 인사들로 운영할 것인지를 놓고 난상토론이 벌어졌다. 10차 회의에서는 거수 표결 결과 4:4로 동수를 이루었고, 11차 회의에서 재논의한 결과, 제한된 여건이라도 전문가검토그룹을 운영하면서 의견수렴 일정은 계속 추진하자는 방향으로 의견이 모아졌다.

19 전문가검토그룹은 1, 2 그룹별 배정 이후에 시민사회계 인사 1인이 추가되어 총 34명으로 출범하였으나, 첫 회의 직후 시민사회계 3명이 사퇴함에 따라 다시 2명을 추가 위촉해 최종적으로 33명으로 운영하게 되었다.

여가 어렵다고 연락해 왔다. C교수는 직접 연구실로 찾아와 부탁하는 필자가 애처로운지 연신 미안해하던 모습이 지금도 역력하다.

전문가검토그룹은 당초 3개 그룹으로 운영할 계획이었지만, 시민사회계 인사의 부족으로 기술분야와 정책분야 2개로 축소되었다. 검토그룹 회의는 2019년 11월 8일 개최된 사전회의를 시작으로 3개월간 총 14회 개최되었다. '검토그룹1' 회의는 K위원이, '검토그룹2' 회의는 J위원이 각각 주관하였고 연석회의는 두 위원이 번갈아 진행하였다. 그러나 2차 연석회의(2020. 2. 7.)와 3차 연석회의(2020. 2. 12.) 에는 시민사회계 전문가들이 대부분 사퇴한 상태였고, '검토그룹2'에 참여한 경제학 · 행정학 교수 2명만 남게 되어 균형 있는 토론이 어려운 지경이 되었다. 친원전 전문가들의 일방적인 주장과 발언이 이어져 더 이상 회의를 진행하는 것도 공정하지 못하다고 판단되었다.

맨체스터로 날아온 비보

2020년 새해가 시작되면서 개인 일정으로 영국과 프랑스로 해외 출장이 예정되어있었다. 위원회가 추천한 시민사회계 전문가들이 국회에서 기자회견을 갖고 사퇴를 발표하던 1월 10일에는 영국 맨체스터시(Manchester City)를 방문해 맨체스터 연합정부(GMCA)와의 사무분담과 역할설정에 대한 브리핑을 듣고 있었다. 그날 저녁 호텔 숙소에서 전해 들은 사퇴 소식에 가슴이 철렁했다. 몇 주 전에도 회의 운영방식에 문제가 있다며 시민사회계 인사들이 이의를 제기한 적이 있었다. 그날도 회의를 마친 뒤 이들과 생맥주를 마시며 "심층적인 논의에 필요한 충분한 시간을 보장하고 최대한 공정하고 중립적으로 운영하겠다"고 거듭 약속하고 협조를 당부했는데….

시민사회계 전문가들은 기자회견에서 "지난 2개월간 검토그룹을 운영해 왔으나 사용후핵연료가 안고 있는 사회적 중량감과 복잡성을 이해하지 못한 채 겉핥기식으로 운영한 결과를 토대로 공론화를 밀어붙이려 하고 있다"며 보이콧을 선언했다. 이들은 "수많은 전문인력이 장기간 집중검토가 필요한 사안들에 대해 1주일에 한 차례 느슨한 자문회의 방식의 진행과 간이 의견메모 취합으로 '날림'으로 진행되었다"며 "독립적인 의사결정체계를 수립해 투명성과 건전성을 확보한 이후 공론화를 추진할 것을 권고한다"고 주장했다.(이투뉴스, 2020. 1. 10.)

전문가검토그룹은 첫날부터 의제와 논의방식을 놓고 친원전 진영과 시민사회계 인사들 간에 설전이 오갔다. 친원전 전문가들은 2016년 산업부가 발표한 '고준위방사성폐기물 관리 기본계획'을 중심으로 재검토해야 할 부분에 대해서만 집중하면 된다는 입장이었다. 박근혜 정부에서 이미 전문가들 간에 충분한 논의를 거쳤기 때문에 더 이상의 논의는 시간낭비일 수 있다는 인식이 깔려 있었다. 반면, 시민사회계 전문가들은 재처리를 포함한 사용후핵연료 관리방안과 원전 정책 전반에 걸쳐 근본적으로 재검토해야 한다고 주장했다. 2016년의 기본계획이 친원전 전문가들 중심으로 수립되었다는 시각도 깔려 있었다. 첫 회의 직후에 시민사회계 P교수가 원자력계 전문가들과 설전을 벌인 뒤 사퇴한 것도 논의 범위와 관련된 불만의 표시였다.

시민사회계 전문가들이 국회에서 사퇴성명서를 발표한 당일은 공교롭게도 원안위가 월성원전 임시저장시설 증설을 허가한 날이었다. 원안위는 2020년 1월 10일 오후 제113차 정기회의를 열어 월성 1~4호기 운영변경허가안(사용후핵연료 2단계 조밀건식저장시설)을 의결했다. 한수원이 2016년 4월 맥스터 증설을 위한 운영변경허가를 신청한 지 3년 8개월 만에 허가결정이 내려진 것이다.[20] 시민사회계 전문가들은 어쩌면 이날 원안위에서 맥스터 증설을 허가할 것으로 예상하고 더 이상 검토그룹에 남아있을 이유가 없다고 판단했을 수도 있을 것이다. 이들의 중도 사퇴와 공론화 보이콧으로 이후 종합토론회의 패널 섭외도 어려워지면서 위원회는 한층 더 수렁으로 빠져들게 되었다.

---

20 한수원이 맥스터 2단계 건설허가를 신청한 이후 2016년 9월 경주에서 5. 8 규모의 지진이 발생했고 이어 2017년 11월에는 포항지진까지 겹쳐 원자력안전기술원(KINS)이 부지의 안전성 평가심사를 실시하면서 원안위의 심의도 지연되었다.

2장

"위원장님, 이게 공론화입니까?"

1. 아수라장 경주 협약식

[#1] 2019년 11월 21일 늦은 가을, 경주시 월성원전 민간환경감시센터에서 열린 지역실행기구 협약식은 그야말로 아수라장이었다. 이날 오후 신경주역에서 승용차로 행사장으로 이동하는 중에 현장에 미리 도착해있던 지원단으로부터 급한 전화가 걸려 왔다. 환경단체와 반대 주민들이 행사장 정문을 점거해 승용차가 진입할 수 없으니 우회로를 확보할 때까지 잠시 인근에서 대기해 달라는 것이었다.[21]

우리 일행은 논두렁 길옆에 차를 세워두고 10여 분간 대기했다. 한참 후 동경주대책위 주민들이 정문을 통과할 수 있도록 몸으로 통로를 확보하겠으니 출발하라는 연락이 왔다. 경주시장도 시간에 맞춰 인근에 도착했으니 함께 입장해 달라는 전갈이었다.

---

21 경주 협약식 스케치는 행사장에 다녀온 뒤 현지 상황을 공유하기 위해 당시 전체 위원들에게 이메일('경주 지역실행기구 협약식 참석 보고 및 소회')로 보낸 내용을 정리한 것이다.

민간환경감시센터 주차장에 들어서니 경찰차가 출동하고 반대 주민들이 철제 출입문을 가로막아 진입이 불가능한 상태였다. 동경주대책위 주민들이 반대 주민들을 제치고 길을 터주려는 과정에서 몸싸움이 벌어졌고, 겨우 틈새가 보이자 경주시장과 필자는 1미터 정도의 바리케이드 위를 타고 넘어 안으로 들어갔다. 하지만 20여 미터 떨어진 회의장 건물 현관까지 발걸음을 옮기는 것조차 어려웠다. 민간환경감시센터 앞마당은 찬성 주민과 반대 주민 수십 명이 뒤엉켜 그야말로 난장판이었다.

환경단체 회원으로 보이는 20대 여성이 필자의 팔을 붙잡고 "위원장님, 이게 공론화입니까? 이게 공론화입니까?"하며 절규하듯 애원했다. 현관 입구도 반대 주민들이 가로막아 출입이 봉쇄되었다. 경주시장은 겨우 현관문을 통과했으나, 필자는 몇몇 주민들이 상의를 붙들고 늘어져 옴짝달싹할 수가 없었다. 덩치가 큰 남성 몇 분이 길을 터주어 한참 만에야 겨우 현관 안으로 끌려 들어가다시피 했다.

[#2] 협약식이 진행된 30여 분 동안 앞마당에서는 "지역실행기구 중단하라"는 구호가 울려 퍼졌다. 더 심각한 상황은 협약식을 마친 뒤 앞마당에 대기하던 승용차까지 접근할 수도 없었다. 밀고 당기는 몸싸움은 더 치열해졌고, 반대 주민들은 "왜 경주에서만 지역 공론화를 진행하느냐. 이게 공론화냐?"고 계속 소리를 질렀다. 찬성 주민들의 도움으로 억지로 승용차에 몸을 집어넣었지만 한 바퀴도 앞으로 나갈 수 없었다. 한 주민은 승용차 앞을 가로막고 드러누워 버렸다. 창문을 두드리고 승용차 본넷 위로 걸터앉거나 올라오기도 했다. 격렬한 시위 현장 그 자체였다.

지금도 뇌리에 떠나지 않는 것은, 앞마당에서 필자의 소매를 붙잡고 애원하던 젊은 여성이 이제는 차 안으로 기어들어가 웅크리고 앉아있는 필자를 바라보며 계속 창문을 두드리면서, "위원장님, 이건 아니지 않습니까. 이게 공론화입니까? 이게 공론화입니까?"하며 부르짖던 모습이다. 그때 필자도 속으로 소리쳐 말했다. "그래 이건 아니지! 이건 절대 공론화가 아니지!!!"

승용차는 가까스로 정문을 통과해 탈출(?)했지만, 앞으로 지역실행기구가 주민설명회 등을 강행할 경우 물리적 충돌이 불가피해질 것이 뻔해 보였다. 협약식이 이 정도이니 주민설명회장에서 실력 저지로 찬반 주민들이 맞붙게 되면 '제2의 부안 사태'가 벌어질지도 모른다는 위기감과 긴장감이 몰려왔다.

2. 경주 지역실행기구의 대표성 논란

협약식에 다녀온 뒤 위원들에게 현 상황에서 지역 의견수렴을 추진해서는 안 된다는 입장을 강하게 표명했다. 찬반 주민들 간의 갈등과 대립이 격렬한 상태에서 조사기관을 선정해 의견수렴을 강행할 경우 사태를 걷잡을 수 없게 될지도 모른다고 우려했다. 대안으로 지역실행기구의 대표성을 보완해 재구성하는 방안을 제시했다. 다양한 의견을 가진 주민들이 지역실행기구 안에서 논의할 수 있어야 주민수용성을 확보할 수 있다고 강조했다.

경주 지역실행기구는 당초 △반경 5㎞ 이내 동경주지역주민대표 6명, △경주시 공무원 1명, △경주시의원 1명, △시민단체 1명, △의견수렴 전문가 1명 등 총 10명으로 구성되었다. 간사는 경주시청 원전 담당 팀장이 맡았다.

반대단체에서는 이 가운데 시민단체로 추천된 K위원은 원자력 진흥을 목적으로 하는 단체의 대표라며 지역실행기구의 재구성을 요구했다.(11차 회의록, 2019. 10. 23.)

지역실행기구의 대표성과 공정성 문제가 제기되자 위원회의 요청으로 경주시에서 환경단체 1명을 추가해 11명으로 출범하였다. 그러나 지역 환경단체 J대표는 출범식 첫날 사퇴하였고, 후임으로 친원전 진영으로 분류되는 원자력계 K교수가 위촉되면서 갈등이 고조되었다. 특히 위원의 과반수 이상인 6명이 반경 5㎞ 이내 동경주지역주민들로 채워져 경주시 전체의 목소리를 반영하기 어렵다는 문제점도 제기되었다.

'월성원전 핵쓰레기장 추가건설 반대 경주시민대책위'는 경주시청에서 기자회견(2020. 7. 1.)을 갖고 지역실행기구의 즉각 해산 및 의견수렴 중단을 촉구했다. 이들은 "지역실행기구 위원들은 틈나는 대로 '공정성'을 강조했지만 L위원은 경주시의회에서 맥스터 촉구 결의안에 찬성표를 던졌고 K위원은 노골적인 맥스터 찬성 활동을 펼쳐왔다"며 "맥스터 증설에 적극 찬성하는 인사들로 지역실행기구를 구성하고 '공정성'을 입에 담아서는 안 된다"고 주장했다.

이들은 또 "지역실행기구는 2019년 11월 발족 이후 그 흔한 홈페이지 하나 운영하지 않고 있고, 회의록도 수차례 공개를 요구했으나 묵묵부답"이라며 "시민과의 소통 의지가 전혀 없다"고 비판했다.(오마이뉴스, 2020. 7. 2.)[22]

22 경주지역 의견수렴 결과설명회(2020. 8. 26.)가 완료된 이후 열린 34차 회의(2020. 9. 2.)에서 지원단은 제안설명을 통해 "월성원전 의견수렴 및 관련 협약의 효력이 공식적으로 종료되어 지역실행기구 회의록 등 논의 자료를 경주시가 재검토위원회에 이관할 예정이므로 추후 재검토위원회 홈페이지에 게재할 필

류호정 정의당 의원도 "지역실행기구 위원 구성의 편향성은 처음부터 기울어진 운동장이었고, 대부분 친핵 인사로 맥스터 증설에 우호적인 위원들"이라고 지적했다.(류호정 의원 보도자료, 2020. 7. 24.)

부결된 지역실행기구 재구성(안)

필자는 14차 회의(2019. 11. 27.)에서 지역실행기구 위원을 보완해 재구성하는 안건을 상정했다. 임시저장시설(맥스터) 증설에 반대하는 지역단체들도 실행기구에 참여할 수 있도록 위원 구성을 확대할 필요가 있다고 제안했다. 이에 대해 "지역실행기구 구성의 자율성을 보장해 주기로 결정한 사안인데 위원회에서 공식적으로 의견을 제시해 보완을 요청할 경우 지역 내 갈등을 부추길 우려가 있기 때문에 비공식적으로 협의하는 방안이 바람직하다"는 다수 의견에 따라 부결되었다. 대신 소통TF에서 지역실행기구와 대표성 보완방안을 협의하기로 위임하였다.(14차 회의록, 2019. 11. 27.)

지역실행기구의 대표성 문제는 15차 회의(2019. 12. 11.)에 이어, 17차 회의(2020. 1. 9.)에서도 불거졌다. 지역실행기구 협의 채널 위원으로 구성된 6인 가운데 5인이 논의한 결과가 17차 회의 주요 안건으로 상정되었다.[23] 지역실행기구 재구성과 관련해 △울산 등 타 지자체 대표와 시민단체 등을 추가하는 방안(1안), △타 지자체 대표는 제외하고 보완하는 방안(2안), △현재

요가 있다"고 밝혔으나 이후에도 회의록 등 관련 자료는 일체 공개되지 않았다.(34차 회의록, 2020. 9. 2.)

23 월성원전 지역실행기구와 재검토위원회간의 소통을 위해 구성된 협의체에는 위원장, 분과위원장(3명), 대변인, 소통TF팀장 등 6인으로 구성되었다.

구성을 유지하는 방안(3안)이 테이블에 올랐다.(17차 회의록, 2020. 1. 9.)

첫째, 울산 등 타 지자체 대표와 경주지역 시민단체 대표들을 추가하는 1안이 다수안(4인)으로 제시되었다. 지역실행기구에 울산 등 타 지자체의 참여 요구가 강하고, 현재 위원들이 주민대표 등 이해당사자들로 구성되어있으므로 누락되는 이해당사자가 없도록 참여 범위를 확대해야 한다는 것이다. 둘째, 울산 등 타 지자체 대표는 제외하고 현재의 지역실행기구 구성원을 추가하는 방안으로 2인이 찬성하였다. 타 지자체의 참여를 강하게 반대하고 있는 경주시의 입장을 고려해 현실적으로 타협가능한 절충안이 필요하다는 논지였다. 다양한 이해관계자의 의견이 반영될 수 있도록 지역실행기구 위원의 보완이 필요하며, 울산은 별도의 의견수렴 방안을 강구하자는 것이었다. 셋째, 소수의견으로 1인이 현행 지역실행기구를 그대로 유지하는 방안을 제시하였다. 회의에서는 소수의견인 3안으로 결정되었다.

"금일 논의결과는 재검토위원회는 기존 협약서를 존중하기로 정리하나(3안), 지역실행기구 구성에 대해서는 우려를 전달하는 것으로 하겠습니다. 다만, 울산만이 아니라 원전소재 기초지자체(경주시)에 포함되지 않는 원전 인접지역의 의견도 충분히 수렴할 수 있는 방안을 검토해 나가기로 하겠습니다. 이와 함께 지역실행기구가 공정하고 객관적으로 의견수렴을 추진할 수 있도록 교육 · 설득 등의 작업이 필요하다고 봅니다."(K위원, 17차 회의록, 2020. 1. 9.)[24]

24 17차 회의는 필자의 해외 출장으로 K위원이 임시위원장을 맡았다.

3. 의견수렴 예산은 11억 원뿐

2019년 11월에는 전국 및 지역 의견수렴을 실시할 조사기관 선정을 앞두고 위원회 해체 위기가 감돌 정도로 심각한 상황이 전개되었다. 우리나라에서 공론화 기법으로 활용되고 있는 시민참여형 공론조사는 수십억 원의 예산이 소요되는 고비용 구조로 되어있다. 7차 회의(2019. 8. 21.)에서 의견수렴 실행계획을 확정하면서 산정된 당초 예산은 97.5억 원이었다. 세부내역으로는 △전문가검토그룹 운영 2.8억 원, △전국 의견수렴 35.4억 원, △지역 의견수렴(5회) 44.7억 원, △홍보 예산 14.6억 원이었다. 신고리 5 · 6호기 공론화에 비해 예산이 2배 가까이 늘어난 것은 원전소재 5개 지역에 대한 의견수렴 예산이 포함되었기 때문이었다.

그런데 막상 조사기관을 선정하려고 뚜껑을 열어보니 그해 12월까지 공론화를 위해 가용할 수 있는 예산은 11억 원뿐이라는 것이 지원단의 설명이었다. 2019년 확보된 예산 20억 원 가운데 의견수렴 프로그램 운영을 위해 배정된 예산은 14억 원이며, 이 중 3억 원은 기집행되었거나 연말까지 집행될 예정이어서 전국 및 지역 의견수렴을 위한 조사기관 용역비는 11억 원 규모로 추진해야 한다는 것이었다.

실행계획 확정 이후 구체적인 의견수렴 활동이 없어서 기획재정부에서 방폐물관리기금 사용을 협의해 주지 않았기 때문이라는 것이 지원단의 설명이었다.[25] 그러나 2019년 8월 29일 서울 프레스센터에서 열린토론회가 개최

25 2019년 8월에 의견수렴 실행계획을 확정할 당시, 그해 12월 말까지 일정을 마무리하는 로드맵을 작성

되었고, 공론화 첫 단계인 전문가검토그룹이 구성되어 11월 8일 사전회의를 시작으로 논의에 착수한 상태였다. 구체적인 의견수렴 활동이 없었다는 설명은 납득하기 어려웠다. 당초 추정 예산이 97.5억 원이었는데, 11억 원으로는 의견수렴을 진행할 수 없었다.

13차 회의(2019. 11. 13.)에서 조사기관 선정방안이 상정되었다. 11억 원이라는 제한된 예산으로 조사기관의 용역 범위를 어떻게 설정할 것인지가 쟁점이었다. 지원단이 안건으로 상정하기 전에 필자에게 제시한 초안에는 전국 의견수렴 3억 원, 지역 의견수렴 8억 원으로 배정되어있었다. 한마디로 전국 의견수렴은 뒤로 미루고, 월성원전 맥스터 증설을 위한 지역 의견수렴에 집중하자는 복안이었다. 월성원전 등 5개 원전지역에 대한 의견수렴 예산은 당초부터 1곳당 8억 원씩(총 44.7억 원) 책정되어있었다.

13차 회의에서 산업부가 애초부터 추가예산확보 계획이나 의지가 없었던 것이 아니냐고 다그쳤다. 지원단에서는 내년(2020년)에 추가예산을 확보하면 된다는 입장이었지만, 그렇게 되면 결국 지역 의견수렴을 전국 의견수렴보다 먼저 실시하게 되는 것이 결정적인 문제점이었다. 회의 석상에서 산업부(지원단)를 질타하자 S위원이 나서서 "위원장이 산업부를 그렇게 못 믿고서야 어떻게 일을 할 수 있느냐"며 정면으로 반박했다. 언성이 오가며 분위

한 것은 전적으로 예산확보 문제 때문이었다. 당시 지원단에서 "기재부에서 구체적인 실행계획이 나와야 예산을 배정해 줄 수 있다고 한다"는 말에 다소 무리라는 것을 알면서도 로드맵에 동의하게 되었다. 그러나 결과적으로 추가 예산은 한 푼도 반영되지 않았다.

기가 험악해졌다.

이날 회의에서 다수 의견은 조사기관 용역 범위를 부분적으로 제한할 것이 아니라 한 지역이라도 의견수렴을 완결할 수 있도록 예산을 배분하자는 것이었다. 경주지역 의견수렴을 먼저 마무리하고, 예산이 확보되면 전국 의견수렴 프로그램을 진행하는 방안이었다. 다수안은 재검토준비단의 합의사항을 번복하는 것으로, 향후 위원회 운영 자체가 불투명해질 것으로 우려되었다. 시민사회계에서 공론화를 보이콧하고 있는 상황에서 '맥스터 증설을 위한 들러리'라는 비판을 피할 길이 없어지기 때문이었다. 설전과 논쟁이 이어졌고 위원장의 제안으로 표결로 확정하지 않고 차기 회의에서 다시 논의하기로 하였다.

조사기관 선정방안의 쟁점[26]

전국 및 지역 의견수렴을 시행할 조사기관 선정의 쟁점은 과업 범위에 관한 것이었다. 13차 회의에서 제시된 방안은 2가지였다. 전국 의견수렴은 예산이 많이 소요되는 시민참여형 공론조사를 제외한 보조 프로그램(권역별 종합토론회, 미래세대 워크숍, TV토론회 등)을 우선 실시하는 방안(1안)과 1개 지역이라도 완벽하게 의견수렴을 마무리하는 방안(2안)이었다. 필자는 새로운 대안으로 3안을 제시했다.

---

26 〈조사기관 선정방안의 쟁점〉은 필자가 2019년 11월 경주 지역실행기구 협약식에 참석한 뒤 전체 위원들에게 이메일로 보낸 현장 상황 보고문건과 함께 첨부한 글을 요약한 것이다.

* 1안: 전국 의견수렴의 경우 권역별 공개토론회, 미래세대 워크숍, TV토론회 등을 먼저 실시하고 시민참여형조사 등 핵심 프로그램은 예산확보 후 별도 계약하는 방안이었다. 지역 의견수렴은 지역실행기구 운영에 필요한 행·재정적 지원과 주민설명회, 주민토론회 등 보조 프로그램만 진행하고 전국 공론화와 마찬가지로 시민참여형조사 등 핵심 프로그램은 예산확보 후에 별도 계약하는 방안으로 13차 회의에서 당초안으로 제시되었다. 소요 예산은 전국은 8~10억 원, 지역은 1~2억 원 정도로 추산되었다.

* 2안: 13차 회의에서 다수위원들이 지지하였으며 지원단에서 초안을 마련하면서 제시한 방안이었다. 2안은 사실상 '산업부안'이라고 할 수 있었다. 전국 의견수렴은 권역별 공개토론회 등 보조 프로그램만 진행하고, 시민참여형조사는 예산확보 후 별도 계약하는 방안으로 1안과 동일하였다. 그러나 지역 의견수렴은 시민참여형조사를 포함해 전체 프로그램을 모두 실행하는 것으로 월성원전 지역 의견수렴을 완결하는 방안이었다. 이 경우 지역 의견수렴에 8억 원, 전국 의견수렴에는 3억 원이 할당될 것으로 예상되었다.

* 3안: 필자가 제안한 새로운 방안으로 지역 공론화는 1차 용역 범위에서 제외하고, 전국 의견수렴을 수행할 조사기관만 선정하는 방안이었다. 조사기관이 전국 공론화 프로그램 전체를 설계하되, 예산 소요가 많은 시민참여형 공론조사는 예산확보 후 실시하고 11억 원 범위에서 과업을 발주하는 방안이었다. 지역실행기구에는 회의비 등 운영비만 지원하고, 경주시 이외에 다른 지자체도 지역실행기구 구성이 예상되는 2020년 초에 예산을 확보해 지역 공론화를 함께 추진하자는 것이었다.

	1안(당초안)		2안(다수안)		3안(위원장안)	
	전국	지역	전국	지역	전국	지역
과업 내용	권역별 공개토론회 등 보조 프로그램 전부	지역실행기구 지원 및 주민설명회, 주민토론회	권역별 공개토론회 등 보조 프로그램 일부	지역실행기구 지원 및 전체 설계 · 실행	전국 공론화 프로그램 전체 설계(진행은 일부)	용역범위 제외 (회의비 지원)
소요 예산	8~10억	1~2억	3억	8억	11억 전액	–
비고	시민참여형조사 예산확보 후 별도 추진	시민참여형조사 예산확보 후 별도 추진	시민참여형조사 예산확보 후 별도 추진	월성원전 지역 의견수렴 전체 완결	시민참여형조사예산확보 후 진행	타지역 실행기구 구성 이후 선정

[표 1-1] 전국 및 지역 의견수렴 조사기관 선정방안

새로운 대안(3안)을 제시하면서 13차 회의에서 논의된 다수안(2안)의 문제점에 대해 중점적으로 설명하였다. 가장 큰 맹점은 재검토준비단이 합의한 공론화 순서를 정면으로 위배한다는 점이었다. 재검토준비단이 제시한 〈건의사항 3〉에 따르면, 공론화의 순서는 원전 부지 외 관리시설 확보방안(영구처분 및 중간저장시설 설치 여부)에 대한 전국 공론화를 먼저 시작하고, 그다음에 원전 부지 내 관리방안(임시저장시설 확충여부)에 대한 지역 공론화 순서로 진행해 달라는 것이었다.[27]

27 재검토준비단에 참여했던 5개 원전지역 위원들은 합의 의견으로 "중간 · 영구처분시설의 확충 어려움과 현재 원전 부지 내 임시저장시설의 포화시점 도래로 인한 시설 확충의 시급성 등을 이유로 임시저장을 우선하여 공론화할 수 없다"고 밝혔다.(재검토준비단 정책건의서, 2018) 위원회 출범 이후에도 시민사회계에서는 "지역 의견수렴 범위를 반경 30㎞로 넓혀야 하며, 전국 의견수렴이 종료된 이후에 지역 의견수렴에 착수해야 한다"고 주장해왔다.(4차 회의록, 2019. 7. 10.) 반면, 원자력계에서는 "원전 가동 중단 사태를 방지하기 위해서는 지역 의견수렴이 조속히 추진되어야 하며, 지역 의견수렴 범위를 과도하

공론화 순서에 담긴 의미는 임시저장시설에 대한 지역 공론화를 실시하기 전에, 먼저 전국 공론화를 통해 영구처분 및 중간저장시설에 대한 논의를 해 달라는 주문이었다. 임시저장시설에 보관된 사용후핵연료가 언젠가는 외부로 반출될 것으로 확정되지 않은 상태에서 시설 확충을 결정할 경우 임시저장이 영구처분시설로 공고화될 것을 가장 우려했다. 공론화 순서는 재검토준비단에 참여한 3개 이해당사자 진영이 합의한 핵심 내용이었다.

그런데 2안에 따르면, 영구처분 및 중간저장시설 설치 여부를 논의하는 전국 공론화는 지역 공론화가 끝나고 예산이 확보되어야 실시할 수 있게 된다. 지원단의 예상대로 2020년 3월경 예산을 확보해 전국 공론화 조사기관을 선정하는 4월에는 총선이 예정되어있었다. 총선기간 중에는 공론조사 등을 실시하기 어렵기 때문에 전국 공론화는 빨라야 2020년 5월에나 실시할 수 있게 된다.(실제로 전국 의견수렴은 2020년 5월에 시작되었다)

이에 비해 경주에서는 협약식(2019. 11. 21.) 이 체결되자 곧바로 12월 초에 구체적인 일정이 담긴 실행계획을 위원회에 제출했다. 경주시는 그동안 월성원전의 포화시점이 임박하다는 이유로 지역 공론화를 조속히 실시할 것을 강력하게 요구해 왔다. 만일 위원회에서 2안으로 결정하면, 경주지역 공론화 예산 전액(8억 원)이 확보되어 조사기관이 본격적인 의견수렴에 착수할 수 있다. 그러나 공론화 순서 변경으로 인해 추후 발생할 모든 문제는 위원회가 책임을 져야 할 상황이었다.

게 확대하는 것에 반대한다"고 밝혔다.(4차 회의록, 2019. 7. 10.)

<table>
<tr><th rowspan="2">구분</th><th rowspan="2">재검토 위원회 출범 전</th><th colspan="2">재검토 위원회 출범 후</th></tr>
<tr><th>1단계</th><th>2단계</th></tr>
<tr><td>공론화 항목</td><td rowspan="2">① 발생량, 포화 전망</td><td>② 고준위방폐물 관리 원칙
⑦ 원전 부지 외 관리 – 관리시설 확보 방안 및 부지선정 방안
⑥ 원전 부지 내 관리 – 주민소통 방안(지역공론화 준비)</td><td>⑧ 원전 부지 외 관리– 유지 지역 지원 방향
④ 원전 부지 내 관리 – 저장 시설 확증 여부
⑤ 원전 부지 내 관리 – 시설 규모 · 운영기간 · 개념</td></tr>
<tr><td>전문가 검토 항목</td><td colspan="2">③ 사용후핵연료 관련 법률용어 정리
⑨ 관례법률 정비
⑩ 기술개발방향</td></tr>
</table>

[표 1-2] 재검토준비단 〈건의사항 3〉, 재검토 항목별 논의순서
※ 자료출처: 재검토준비단 정책건의서(2018)

'해야 할 일을 해야 한다'는 위원들…

조사기관 선정방안을 논의하면서 그동안 공론화에 대한 위원들의 상반된 시각이 극명하게 드러났다. 일부 위원들은 공론화 예산도 확보되어있고 (11억 원), 경주지역에서 조속한 의견수렴을 요구하는 데 왜 위원회가 '해야 할 일을 하지 않는가'라며 목소리를 높였다. 위원장이 탈핵진영의 편을 들고 있다는 비난도 제기되었다. 13차 회의에서 다수안으로 의견이 모아졌는데도 의결하지 않고 차기 회의로 결정을 미룬 필자에 대한 성토도 이어졌다. 당시 위원들의 불만은 회의록에 잘 기록되어있다.

"(월성원전) 1개 지역이라도 제대로 된 의견수렴을 마칠 수 있도록 조사기관 선정을 추진해야 합니다. 현재 확보된 예산으로도 1개 지역 의견수렴은 충분히 진행할 수 있습니다.(임시저장시설 확충을 위한 의견수렴은) 시급한 사안임에도 불구하고 예산확보가 될 때까지 절차를 미루겠다는

것은 바람직하지 않습니다."(A위원, 13차 회의록, 2019. 11. 13.)

"월성원전 임시저장시설 확충을 위해 의견수렴을 진행한다는 의심과 우려가 위원회의 판단기준이 되어서는 안됩니다. 위원회는 위원회가 할 수 있는 일을 원칙대로 해야 합니다. 현실적으로 먼저 할 수 있는 지역부터 의견수렴을 시작해야 합니다."(B위원, 13차 회의록, 2019. 11. 13.)

"13차 회의에서 동 사안 심의시 의결정족수가 충족되었음에도 불구하고 의결하지 않았으며, 임시회의를 열어 의결하기로 합의하였는데도 의결하지 않은 것은 유감입니다. 지난번 회의에 참석하셨던 분들이 많이 참석하지 못한 상황으로, 금일 의결할 경우 대표성을 가질 수 있을지 우려됩니다."(C위원, 14차 회의록, 2019. 11. 27.)

"지역주민 의견수렴이 시급한 상황이고 지역실행기구가 구성된 경주에서 시민참여형 조사가 시행될 필요가 있기 때문에 예산 8억을 경주지역 의견수렴에 우선 배정하는 2안에 찬성합니다. 위원회에서 재원을 가지고 있고, 조사기관을 선정할 수 있음에도 하지 않는 것은 명백한 협약 위반 사항이며 위원회의 신뢰를 상실할 것이 우려됩니다."(D위원 서면의견, 14차 회의록, 2019. 11. 27.)

두 차례에 걸친 회의에서는 '주어진 예산으로 할 수 있는 일을 해야 한다'는 위원들과, '재검토준비단에서 이해관계자들이 합의한 사항을 번복할 경우 더 큰 파장이 우려된다'는 위원들 간에 갑론을박이 오갔다. 지역 공론화를 먼저 실시하기로 결정될 경우에는 사퇴하겠다는 위원도 있었다.

"시민사회계 등에서 지역 의견수렴은 월성원전 임시저장시설 확충을 위해서 하는 것이 아니냐고 의심하고 있는 상황이므로, 지역 의견수렴은 경주시 이외에 다른 지자체의 지역실행기구 추진상황을 전체적으로 점검한 이후에 추진할 필요가 있습니다. 전국 의견수렴보다 지역 의견수렴을 먼저 시작하게 되면 재검토준비단에서 이해관계자들이 합의한 사항을 전면으로 뒤집게 되는 상황이 발생합니다."(E위원, 13차 회의록, 2019. 11. 13.)

"오늘(14차 회의)의결하는 것은 위원회 규정상 절차적인 문제는 없다고 봅니다. 동 안건에 대한 중요성과 심각성에 대해서 이미 공지하였고 임시회의를 개최하기로 하였으나 성원이 되지 못했습니다. 13차 회의에서 참석한 위원이 오늘 회의에 참석하지 못한 것은 본인의 판단 문제라고 생각합니다."(F위원, 14차 회의록, 2019. 11. 27.)

"2안이 '안'으로 고려되었다는 것 자체가 월성원전 맥스터 증설 공론화로 위원회 활동을 실질적으로 종료하려는 의도가 있는 것은 아닌지 의심할 수밖에 없습니다. 위원장님이 언급한 예산 문제를 고려하면 이러한 의구심은 더욱 명백해지며, 지원단과 산업부는 이점에 대해 반드시 소명해야 할 것입니다, 저는 2안이 통과되는 즉시 위원직을 사임할 예

정입니다."(G위원 서면의견, 2019. 11. 27.)[28]

우여곡절 끝에 14차 회의에 참석한 8명 가운데 7명이 필자가 제안한 '3안'에 찬성했다. 경주 협약식에 다녀온 뒤 전체 위원들에게 A4 용지 8매에 달하는 장문의 이메일을 보내 현지 상황을 공유하고 신중히 판단해야 한다고 호소한 것이 공감대를 형성한 것으로 보였다. 그러나 P위원은 "지난 회의(13차)와 오늘 회의(14차) 참석자가 상당히 다르고, 지난 회의에서도 의결정족수는 충족되었으나 더 논의할 필요가 있다고 판단해 의결하지 않았기 때문에 오늘 의결하지 않는 것이 바람직하다"는 의견을 제시하였다.(14차 회의록, 2019. 11. 27.)

실제로 '지역 의견수렴을 먼저 해야 한다'고 강력하게 주장했던 위원 3명은 14차 회의에 불참했다. 만일 이들이 참석했다면 결론은 달라졌을지도 모른다. 하지만 필자는 이날 회의에서 지역 의견수렴을 먼저 실시하기로 결정되면, 당일 즉시 위원장을 사퇴하기로 이미 작정하고 있었다. 단지 예산이 부족하다는 이유로 이해당사자간의 합의사항이 번복되고, '산업부의 들러리'라는 오명과 모든 책임을 위원장이 떠안아야 할 하등의 이유가 없다고 판단했

28 G위원의 서면의견은 본인의 서명이 없다는 이유로 14차 회의록에는 수록되지 않았다. G위원은 이후 2020년 2월 12일 필자에게 사퇴의사를 표명했으며, 2020년 5월 27일자로 수리되었다. 반면 지역 의견수렴을 먼저 해야 한다고 강하게 주장한 D위원과 H위원의 서면의견은 회의록에 포함되어있다. 두 위원은 서면의견 제출을 마지막으로 이후에는 회의에 한 번도 출석하지 않고 사실상 사퇴했다. 그러나 G위원과 달리 사퇴처리되지 않았고, 8개월 뒤인 2020년 7월 1일 새 위원장을 선출하기 위한 임시회의부터 복귀해 활동하였다.

기 때문이었다.[29]

4. 고무줄 포화시점

사용후핵연료 갈등의 이면에는 '고무줄 포화시점'으로 인한 불신도 작용하였다. 사용후핵연료 관리정책 수립에 있어서 가장 기본적인 자료는 향후 발생량과 포화년도이다. 산업부는 방폐장 부지선정이나 임시저장시설 확충의 명분으로 늘 '포화시점이 임박하다'고 압박해 왔다. 재검토위원회의 일정도 월성원전 임시저장시설의 포화시점에 맞추어져 있었다. 그러나 의견수렴 일정이 지연되자 포화시점도 연기되었다. 포화시점 산정은 원전이용률 등 다양한 변수가 작용하기 때문에 정부가 의도적으로 조절했다고 단정하기는 어렵다. 하지만 반대 주민과 탈핵단체에서는 정부의 포화시점 발표를 이미 '양치기 소년'으로 보고 있었다.

포화시점에 대한 불신은 중 · 저준위 방폐장 건설을 추진하던 2003년으로 거슬러 올라간다. 당시 산업자원부는 방폐장 건설을 시급한 국정과제로 추진해야 하는 이유에 대해 "2008년이면 원전에서 나오는 중 · 저준위 방

29 결과적으로는 2019년 말까지 조사기관을 선정하지 못하였다. 지원단의 설명으로는 입찰공고를 냈지만 응찰자가 없어서 유찰되었다는 것이다. 조사기관 선정 및 계약체결은 발주처인 원자력환경공단이 주관한다는 이유로 위원장도 어떻게 진행되는지 알지 못했다. 조사기관 선정은 해를 넘겨 2020년 4월에 전국 및 지역을 분리해 선정되었다.

사성폐기물을 보관할 곳이 없다"고 밝혔다. 이에 대해 당시 반핵국민행동은 "한수원이 2003년 발간한 원자력발전 백서에 따르면 초고압 압축기술과 유리고형화 기술을 활용하면 방사성폐기물을 최고 5분의 1 수준으로 줄일 수 있다"며 "2008년 포화설은 허구"라고 반박해 논란이 제기되었다.(연합뉴스, 2003. 8. 7; 윤순진, 2006)

이명박 정부의 사용후핵연료 공론화 TF가 2008년 4월 발표한 권고보고서에는 공론화가 시급한 이유에 대해 "현재 각 원자력발전소에서 사용후핵연료를 저장하고 있는 임시저장수조는 2016년부터 포화될 것으로 판단하고 있다. 따라서 2016년 이후 사용후핵연료 중장기 관리방안 마련은 매우 시급하다"고 밝혔다.(사용후핵연료 공론화 TF, 2008)

논란이 된 월성원전의 포화년도는 2026년 → 2019년 → 2021년 11월 → 2022년 3월로 수차례 변경되었다. 원자력환경공단이 발주한 2011년 8월 용역보고서에는 건식저장시설(맥스터) 추가건설을 전제로 2026년으로 산정되었으나, 사용후핵연료 공론화위원회의 권고안(2015)과 산업부의 1차 관리기본계획(2016)에는 추가건설을 전제하지 않은 상태에서 2019년에 포화되는 것으로 산정되었다. 포화시점이 2019년에서 다시 2021년 11월로 연장된 것은 7차 전력수급기본계획에 반영된 가동원전(36기)과 8차 계획의 가동원전(30기)이 다르기 때문이었다.[30] 문제는 2021년 11월에서 다시 2022년 3월

30 산업부가 2016년 7월 수립한 '고준위방폐물 관리 기본계획'에는 7차 전력수급기본계획에 따라 원전 36기(경수로 32기, 중수로 4기)에서 발생하는 사용후핵연료의 총량을 산정하였다. 그러나 2019년 2월의 '고준위방폐물 관리 기초자료 확보 용역보고서'에는 향후 발생량을 8차 전력수급기본계획에 반영된 원

로 포화시점이 연기된 과정이었다.

포화시점 변경 원인

사용후핵연료의 포화년도는 신규원전 건설, 호기간 이송, 조밀랙 설치 등 저장용량 확충과 실제 발생량 차이로 여러 차례 변경되었다. 제220차 원자력위원회(1988. 7.)에서 처음으로 포화년도를 산정할 당시에는 원전 호기별로 포화년도를 산정하였으나, 제249차 원자력위원회(1998. 9.)에서는 본부별로 산정하고 조밀랙 등 저장용량 확충을 전제로 포화년도가 크게 바뀌었다. 제253차 원자력위원회(2004. 12.)에서는 운영 원전이 20기로 확대되면서 포화년도가 각 본부별로 10년 이상 늘어났고, 이후에도 신규원전 건설로 포화년도가 변경되었다. 고리원전의 경우, 2015년에 산정한 포화년도(2028년)에 비해 2016년의 포화년도(2024년)가 줄어든 것은 새울본부 신설로 인해 고리본부(기장)와 새울본부(울주)가 사용후핵연료를 본부별로 이송하지 않기로 했기 때문이었다.

또 산업부가 2016년 7월 발표한 관리 기본계획에 반영된 포화년도에 비해, 2019년 2월 용역보고서에서 한울본부(울진)를 제외한 나머지 원전본부별로 포화년도가 연장된 것은, 원전이 영구 정지될 경우에는 비상노심 저장공간을 보유할 필요가 없어 이를 저장가능용량에 포함시켰기 때문이었다. 아울러 2018년 말 기준으로 사용후핵연료 실제 발생량이 2016년 예측한 양

전 30기(경수로 26기, 중수로 4기)와 원전 이용률을 고려해 총 발생량을 재산정하였다.

보다 적게 발생한 것도 포화년도가 연장된 이유로 들 수 있다. 한울본부(울진)의 경우에는 신한울 3 · 4호기 건설계획이 취소된 것을 반영해 포화년도가 당초 2037년에서 2030년으로 줄어들었다.[31]

산정 시기	월성 (경주)	신월성 (경주)	고리 (기장)	새울 (울주)	한빛 (영광)	한울 (울진)
1988. 7.	1991	–	1990	–	1997	1994
1998. 9.	2006	–	2006	–	2006	2007
2004. 12.	2017	–	2016	–	2021	2018
2011. 8.	2026	2035	2029	–	2025	2029
2015. 6.	2019	2038	2028	–	2024	2026
2016. 7.	2019	2038	2024	–	2024	2037
2019. 2.	2021. 11.	2042	2031	2065	2029	2030
2020. 4.	2022. 3.	–	–	–	–	–

[표 1-3] 사용후핵연료 포화년도 변동내역
※ 자료출처: 재검토위원회 전문가검토그룹 논의결과 보고서(2020)

방사성폐기물학회가 2018년 12월 수행한 포화전망 연구용역에서는 원

31 '고준위방폐물 관리 기초자료 확보 용역보고서'(2019. 2.)에서 사용후핵연료 포화년도 산정시 적용한 가정사항은 다음과 같다. ①가동원전: 8차 전력수급기본계획의 30기(경수로 26기, 중수로 4기), ②운영기간: 월성 2 · 3 · 4호기 30년, 신고리 3 · 4호기 및 신한울 1 · 2호기 60년, 이외 원전 40년, ③발생량: 8차 전략수급기본계획의 원전 이용률 기준으로 발생하는 사용후핵연료의 양, ④저장가능용량: 원전본부별 사용후핵연료 저장시설 용량 중 비상노심을 제외한 최대저장 가능량, ⑤포화년도: 원전본부별 저장가능용량을 해당 본부에서 저장해야 하는 사용후핵연료 총량이 초과하는 년 또는 년 · 월(전문가검토그룹 논의결과 보고서, 2020).

전별 포화년도가 △월성 2021년, △한빛 2029년, △한울 2030년, △고리 2031년, △신월성 2042년, △새울 2065년이었다. 월성원전 지역 의견수렴을 추진하기에 앞서 기존에 포화전망 연구를 수행했던 방사성폐기물학회는 포화시점을 재산정하였다. 방사성폐기물학회는 1차 용역연구가 종료된 2018년 12월 이후에 발생한 원전 정비일정 연장 등 포화시점에 영향을 주는 변수 등을 반영하여 보다 정확하게 재산정한 결과, 월성원전의 포화시점은 2022년 3월로 당초 대비 4개월 연장되었다.(재검토위원회 권고안, 2021.)

지원단과의 포화시점 논쟁

2019년 12월 19일 오후, 필자는 대한상공회의소에서 열린 학술세미나에 참가하고 있었다. 전날 지원단장이 다급하게 만나자는 연락이 왔다. 일정 조율이 어렵자 필자가 참석 중인 세미나 장소로 찾아오겠다는 것이었다. 이날 오후 4시쯤 지원단장과 부단장, 그리고 산업부 원전과장 등 소위 산업부 3인방과 대한상공회의소 지하 커피숍에서 2시간 동안 설전을 벌였다. 14차 회의에서 전국 의견수렴을 위한 조사기관을 우선 선정하고, 지역 의견수렴은 예산확보 이후로 미뤄지자 산업부가 다급해진 모양이었다.

(지원단) "위원장님은 공론화 일정을 언제까지로 잡고 계십니까."

(위원장) "전국 공론화를 지역 공론화보다 먼저 해야 한다는 것은 이해관계자들이 참여한 재검토준비단에서 유일하게 합의한 사항입니다. 이걸 중립적 인사로 구성된 우리 위원회에서 뒤집을 수는 없습니다."

(지원단) "준비단의 합의사항에도 관리정책을 적기에 수립할 수 있도록

노력해야 한다고 되어있지 않습니까."

(위원장) "준비단이 제시한 논의순서에는 의견수렴을 2단계로 구분해 1단계에서 전국 공론화 주요 의제를 논의하고, 2단계에서 임시저장시설 확충여부를 물어달라는 것으로 되어있잖아요."

(지원단) "월성원전 포화시점이 얼마 남지 않았습니다."

(위원장) "내 추측으로는 포화시점은 최소한 6개월은 연장할 수 있습니다. 원전 가동율을 줄이면 최대한 1년도 연장할 수 있는 것 아닙니까. 산업부에서 포화시점으로 압박하는 것을 나는 받아들 수 없습니다."

(지원단) "포화시점은 그렇게 늘어나는 게 아닙니다. 어떻게 1년까지 연장할 수 있다고 말씀하십니까!"

지원단장과 언성을 높이며 설전이 이어졌다. 산업부 원전과장과 부단장도 거들고 나섰다. 재검토준비단이 제시한 의견수렴 논의순서에 대한 해석과 강조점이 서로 달랐다. 산업부에서는 "관리정책을 적기에 수립할 수 있도록 노력해야 한다"는 부분에 방점을 찍었고, 필자는 "전국 공론화를 먼저 시작하고…"라는 합의사항을 강조했다.

해가 바뀌어 2020년 4월, 산업부는 월성원전 맥스터의 포화시점은 당초 2021년 11월에서 4개월 연장된 2022년 3월이라고 정정했다. 포화시점 연장은 산업부 기자실에서 재검토위원회의 대변인이 발표하였다. 위원회 명의로 공표하는 것을 양해해 달라는 지원단의 요청을 수용한 조치였다. 필자는 포화시점 재산정을 위해 산업부가 용역을 의뢰한 사실도 2020년 3월 장관 면

담에서 우연히 듣게 되었다.[32]

5. 최대 쟁점, 지역 의견수렴 범위

위원회 활동 가운데 최대 쟁점은 지역 의견수렴 범위였다. 월성원전 임시저장시설 확충 여부를 묻는 공론화에 울산을 포함할 것인지가 핵심이었다. 경주시에서는 위원회 출범 초기에는 의견수렴 범위를 원전 반경 5㎞ 이내로 할 것을 요구했지만, 이후 지역실행기구에서는 '반경 5㎞에 속한 지자체'로 변경했다. 경주시 행정구역을 범위로 의견수렴을 실시하겠다는 것이다.[33] 이에 대해 울산지역에서는 의견수렴 범위를 반경 30㎞로 확대해 울산 북구

---

32 월성원전 임시저장시설의 포화시점과 관련한 의구심은, 산업부는 2021년 11월을 포화시점으로 잡고 공론화를 추진했으나 일정이 지연되자 방사성폐기물학회에 용역을 재의뢰해 포화시점이 2022년 3월로 4개월 연장되었다는 사실이다. 당초 포화시점에 따르면 임시저장시설(맥스터)을 확충하기 위한 공사기간이 19개월 소요되는 것을 감안하면, 경주지역 의견수렴은 2020년 2월 이전에는 완료되어야 한다는 계산이 나온다. 재검토위원회의 당초 의견수렴 로드맵이 2019년 12월까지 마무리하기로 짜여진 것도 포화시점과 관련이 있었다. 포화시점 재산정으로 2022년 3월로 연장되어도 공기(19개월)을 계산하면, 경주지역 의견수렴은 2020년 7월까지 완료되어야 8월부터 착공할 수 있게 된다. 실제로 지역 의견수렴은 2020년 7월 완료되었고, 맥스터 증설공사는 2020년 8월 말 착공되었다.

33 지역 의견수렴 범위에 대한 요구사항은 5개 원전소재지역별로 조금씩 달랐다. 울주군에서는 방사선비상계획구역인 반경 30㎞ 이내 주민을 대상으로 의견수렴을 할 예정이라고 밝혔다.(9차 회의록, 2019. 9. 18.) 그러나 실제로는 반경 30㎞ 이내 울주군 주민만을 대상으로 하겠다는 것이었다. 경주시와 마찬가지로 울주군 행정구역이 의견수렴 범위였다. 한빛원전은 소재지는 영광군이지만 반경 5㎞ 이내에 영광군 3개 읍 · 면과 고창군 1개 면이 포함되어있어서 의견수렴 범위가 좀 복잡해진다. 기장군에서는 "의견수렴 범위를 기장군을 벗어나 확대하는 것은 주민들이 용납하지 않을 것"이라고 강조했다.(기장군수 면담, 2020. 6. 4.) 지역 의견수렴 범위와 관련한 쟁점에 대해서는 이 책 4부 1장에서 자세히 언급하였다.

를 포함할 것을 지속적으로 요구해왔다. 월성원전으로부터 반경 7㎞에 인접한 울산 북구에서 주민설명회를 개최해 줄 것을 요청하는 공문도 수차례 보내왔다.

지역 의견수렴 범위는 17차 회의(2020. 1. 9.)에서 집중적으로 논의되었다. 월성원전 지역실행기구와의 협의 채널 위원으로 구성된 6인 가운데 5인이 검토한 결과가 이날 주요 안건으로 상정되었다. 의견수렴 범위와 관련해 △방사선비상계획구역(반경 30㎞)을 기준으로 하는 방안(1안), △경주시와 울산을 별도로 의견수렴을 실시하는 방안(2안), △경주시의 요구대로 경주시만을 대상으로 진행하는 방안(3안)이 제시되었다.

'1안'은 방사선비상계획구역(반경 30㎞)을 기준으로 경주시 이외에 울산 등 타 지자체도 포함하는 방안으로 다수안(4인)으로 제시되었다. 임시저장시설 확충은 원전 가동으로 인한 것이며 방사선비상계획구역도 원전 반경에 따라 설정된 것이므로 의견수렴 범위도 방사선비상계획구역을 기준으로 해야 한다는 논리였다. '2안'은 경주시는 전지역을 대상으로 의견수렴을 실시하고, 이와 별도로 울산 등 타 지자체에 대해서는 재검토위원회 차원에서 실시하는 방안이다.[34] '3안'은 월성원전 지역실행기구의 계획대로 경주시만을 대상으로 하자는 의견(1인)이었다.

그러나 '1안'에 대해 경주에서는 논의대상조차 아니라고 반발했고, '2안'

34 경주시와 울산을 분리해 각각 의견수렴을 실시하는 방안은 재검토준비단에서도 사실상 합의안이라고 할 수 있는 유력 대안으로 제시하였다.(재검토준비단 정책건의서, 2018; 서울파이낸스, 2019. 12. 20.)

도 결코 수용할 수 없다며 초강경 입장이었다. 울산 등 인접지역에 대해 월성원전 지역실행기구와 별개로 동일한 방식으로 의견수렴을 진행하는 것은 원전 최인접 주민을 무시하는 처사이며 수용 불가라고 단언했다.(23차 회의록, 2020. 4. 1.) 심지어 경주 지역실행기구는 건의서(2020. 3. 30.)를 통해 "별도의 과정을 통해 수렴된 타 지역의 의견수렴 결과는 월성원전 임시저장시설 확충여부에 대한 결정에 어떠한 영향도 미쳐서는 안 된다"고 강조할 정도였다.

17차 회의에서는 의견수렴 범위는 지역실행기구에서 정하도록 규정한 협약서(10조)를 존중하되, 원전소재 기초지자체에 포함되지 않은 인접지역의 의견도 충분히 수렴할 수 있는 방안을 마련하기로 하였다. 구체적인 의견수렴 범위와 방법에 대해서는 울산지역과 협의하기로 하였지만, 울산지역 누구와 협의할 것인가의 문제로 꼬이기 시작했다. 22차 회의(2020. 3. 18.)에서는 울산지역 협의대상으로 △위원회에 수차례 의견수렴을 요구한 울산 북구의 주민단체, △방사선비상계획구역 안에 있는 울산지역 기초지자체(중·남·북구)와 시민단체, △울산시, △방사선비상계획구역 내 포항시도 포함해야 한다는 의견 등으로 갈피를 잡지 못했다.(22차 회의록, 2020. 3. 18.)

울산시에 공문발송만 2개월

울산지역 의견수렴을 위한 간담회는 2020년 3월 3일로 예정되어있었다. 이날 오전에 경주 지역실행기구와 협의회의를 가진 뒤 오후에 울산으로 이동할 계획이었지만 코로나19로 일정이 연기되었다. 이후에 경주 지역실행기구 협의회의는 3월 27일 화상회의로 개최되었지만, 울산지역 간담회는 참석대상자 선정 문제로 난관에 봉착했다.

22차 회의(2020. 3. 18.)에서 울산 등 인접지역 의견수렴을 위해 울산시와 협의하도록 결정되었지만 지원단과 울산시는 사전간담회 개최를 위한 협조 공문을 놓고 2개월 가까이 실랑이를 벌였다. 울산시에서는 간담회 개최 협조 요청에 대해 위원회에서 참석대상자를 확정해 통보해 달라는 것이었다. 참석대상자와 주요 논의사항 등 구체적인 내용을 포함한 공문이 필요하다고 요구했다. 위원회로부터 공문이 접수되면 울산지역 기초지자체(5개 구 · 군)에 전달해 참석대상자의 참여여부 확인 및 회의 장소 확보 등에 대한 행정적 지원은 하겠지만, 울산시가 직접 참석자를 결정하거나 조정하는 역할은 어렵다고 밝혔다.(24차 회의록, 2020. 4. 13.)

지원단도 간담회 개최를 꺼리는 분위기는 마찬가지였다. 위원장의 공문 발송 요청에도 '간담회 목적이 명확하지 않으며, 참석대상자를 특정하기 어렵다'는 이유로 미적대고 있었다. 간담회의 목적은 월성원전 임시저장시설 확충여부와 관련한 울산지역 의견수렴 방안에 대한 사전 의견청취이며, 참석대상은 △울산시 및 5개 구 · 군 담당자 각 1명, △울산지역 시민단체 3~4명, △5개 구 · 군 시민단체 각 1명이라고 이미 통보해준 상태였다.

지원단은 이러한 내용의 공문을 발송하기 위해서는 위원장의 결재가 필요하다며 서명을 요구했다. 1년 넘게 위원장으로 활동하면서 위원회 명의로 대외에 발송한 무수한 공문 가운데 필자가 서명한 공문은 이것이 처음이자 마지막이었다. 심지어 지원단에서는 공식적인 행정행위인 공문발송보다는 울산시 담당자에게 이메일을 보내는 방안을 제안하기도 했다. 지역 의견수렴 범위가 울산으로 확대되는 것에 지원단(산업부)이 얼마나 민감하게 받아

들이고 있는지를 단적으로 보여주는 사례였다.[35]

공문을 접수한 울산시는 위원회에 △참석대상 중 울산지역 시민단체 3~4명은 재검토위원회에서 선정하여 직접 해당 단체 등에 간담회 참석요청 공문을 발송할 것, △울산시내 5개 구 · 군 담당자 및 5개 구 · 군 내 시민단체 각 1명의 경우에도 재검토위원회가 각 구 · 군에 직접 참석요청 공문을 발송하고 참석자 협의를 진행할 것을 요청했다. 한마디로 울산시에서는 간담회 개최에 협조하지 않겠다는 의미였다.

울산시는 이전에도 울산북구 주민단체나 탈핵단체와 상반된 입장을 보였다. 2020년 2월 19일 울산 북구 주민대책위원장 등과 함께 위원회를 방문한 울산시청 공무원은 당시에도 주민단체와 입장이 다르다며 별도 면담을 요청할 정도였다. 울산지역 탈핵단체들은 주민투표 실시 요구에 대한 울산시의 입장표명을 요구하며 울산시청에서 항의시위를 벌이기도 했다. 산업부와의 업무연관성이 높은 울산시로서는 정부당국의 눈치를 보지 않을 수 없는 상황이라고 판단되었다.[36] 인근 지자체인 경주시와 대립하는 모양새도 원

---

35 코로나19 여파로 울산시와 사전간담회 개최를 위한 위원들 간의 논의는 주로 이메일로 진행되었다. 소통TF팀장인 J위원이 간담회 참석대상자와 일정 등을 울산시와 조율하고 있었다. J위원이 참석대상자 선정 등과 관련한 의견을 제시하면, 지원단에서는 붉은색으로 밑줄을 그어 조목조목 반박했다. 반박 내용도 A4 용지 2~3매에 달할 정도로 장황했다. J위원의 제안에 대한 지원단의 반박은 이후에도 수차례 이어졌다. 위원장의 공문발송 요구를 두 차례 묵살한 이후에는 이메일로 대체하자고 제안해왔다.(지원단 이메일, 2020. 4. 22.) 지원단의 역할 범위를 넘어선 행위라며 필자가 공개적으로 경고할 정도였다. J위원은 어느 날 전체 위원들에게 보낸 이메일을 통해 "간담회 하나를 조직하지 못해서 2개월 정도를 소비하고 있는 현 상황을 보면서 자괴감을 느낄 지경"이라고 토로했다.(J위원 이메일, 2020. 5. 4.)

36 울산시가 소극적인 태도를 견지한 배경에는 울산시가 처한 상황과 5개 구 · 군의 입장이 서로 다르기 때문이었다. 월성원전에 인접한 울산 북구에서는 의견수렴 범위에 포함될 것을 원했지만, 신고리원전이

치 않아 보였다.

울산시에 공문을 발송한 이후에는 울산지역 5개 구 · 군과 시민단체에 별도의 공문을 발송하는 문제로 또 제동이 걸렸다. 우여곡절 끝에 2020년 5월 11일, 울산지역 담당공무원들만 참석한 가운데 간담회가 열렸다. 당초 계획했던 일정(2020. 3. 3.) 보다 2개월이 지난 뒤였다. 그동안 위원회에 줄기차게 울산지역 의견수렴을 요구했던 탈핵울산시민공동행동 등 시민사회단체는 이날 간담회에 불참했다. 대신 이들은 같은 날 울산 프레스센터에서 경주지역 의견수렴을 중단하라는 기자회견을 가졌다. 울산 북구에서 자체적으로 주민투표를 실시하기로 결정한 마당에 재검토위원회와의 간담회는 무의미하다고 판단한 것으로 보였다.

6. 대결국면 예고편, 울산 북구 주민투표

울산 북구 주민투표관리위원회는 2020년 5월 28일 출범식을 갖고, "지난 3월 울산 북구 주민 1만 1,484명의 서명을 담은 주민투표 청구서를 산업부에 제출했지만 이에 응할 수 없다는 황망한 답변을 들었다"며 "산업부는 북구 주

위치한 울주군은 추후 진행될 지역 의견수렴은 울주군만을 대상으로 실시할 것을 요구하고 있었다. 신고리원전 소재지로 정부의 재정지원을 받고 있는 울주군과 그렇지 못한 나머지 4개 지자체와는 이해관계가 다를 수밖에 없었다. 특히 산업도시인 울산시는 관련 산업에 대한 정부지원이 상당한 규모에 달해 산업부의 눈치를 보지 않을 수 없는 처지였다. 이 때문에 울산시에서는 간담회 개최 등도 위원회에서 직접 5개 구 · 군과 협의해 줄 것을 요청한 것이었다.

민의 참여와 주민투표 요구를 거부했지만, 북구 주민들과 울산 시민사회는 좌절하거나 굴복하지 않고 민간 주도의 주민투표를 결정했다"고 밝혔다. 주민투표는 사전투표(5월 28일~29일)와 온라인 투표(6월 1일~2일), 본 투표(6월 5일~6일)로 나눠 실시한 결과, 울산 북구 전체 유권자(17만 5,138명)의 28.82%인 5만 479명이 참여해 94.8%인 4만 7,829명이 반대한 것으로 나타났다.

울산 북구의 주민투표는 민간 주도의 자발적인 주민투표여서 법적인 효력은 없지만, 압도적인 반대 여론을 등에 업고 위원회와 산업부를 압박할 것으로 예상되었다. 월성핵쓰레기장반대 주민투표 울산운동본부는 투표 직후 울산시청에서 기자회견을 갖고, "압도적인 반대는 주민의 권리와 안전을 스스로 지키겠다는 위대한 승리"라며 "핵폐기물 임시저장소 추가건설을 즉각 중단해야 한다"고 주장했다.(중앙일보; 한국일보, 2020. 6. 7.) 주민투표 이후 울산지역 탈핵단체는 토론회장 점거 등 전국 및 지역 공론화를 실력으로 저지해 대결국면으로 치달았다.

주민투표를 강행한 배경에는 재검토위원회의 의견수렴이 실효가 없다고 판단했기 때문이었다. 재검토준비단이 유력한 방안(5안)으로 제시한 의견수렴 범위도 "지역 공론화를 원전소재지역 지자체와 방사선비상계획구역(반경 20~30㎞)을 대상으로 각각 진행하되, 두 지역의 의견이 상충될 경우에는 원전소재지역 의견을 최대한 존중한다"고 되어있었다. 경주에서는 맥스터 증설에 찬성하고, 울산에서는 반대해도 결국 원전소재지역(경주)의견이 우선적으로 고려될 수밖에 없는 구조였다. 이 때문에 울산지역에서는 별도의 의견수렴이 아니라 경주와 울산지역을 통합한 단일 의견수렴을 요구해왔으나 받아들여지지 않았다.

울산지역의 주민투표 실시로 위원회 차원의 의견수렴도 사실상 무의미해졌다. 27차 회의(2020. 5. 27.)에서 울산 등 인접지역 의견수렴 범위를 차기 회의 안건으로 논의하기로 결정함에 따라, 28차 회의(2020. 6. 10.)에서 의견수렴 범위로 △경주시를 제외한 월성원전 방사선비상계획구역에 해당하는 6개 지자체(포항시 포함), △월성원전 방사선비상계획구역에 해당하는 울산 5개 지자체(포항시 제외), △울산 북구 등 3개 안을 대상으로 결정할 계획이었다. 그러나 울산 북구의 주민투표가 완료된 상태에서 좀더 지켜보자는 의견이 제기되어 안건 상정 자체가 보류되었다.

뒷북 울산지역 의견수렴

경주지역 의견수렴을 통해 월성원전 맥스터를 증설하기로 확정된 이후에 공정성 시비가 확산되자 위원회는 뒤늦게 2020년 9월 2일 34차 회의에서 인접지역에 대한 의견수렴을 추진하기로 결정하였다. 대상 지역은 그동안 논란이 되었던 방사선비상계획구역에 속하는 울산시내 5개 지자체와 포항시 일부지역이었다. 의제는 원전 및 임시저장시설, 사용후핵연료 관리 등 관련 정책에 대한 고려 · 개선사항, 정보제공 등 소통에 대한 사항, 원전 및 임시저장시설 관련 지역 지원방안 등에 대해 숙의형 집단심층면접(FGI) 방식으로 2개월 동안 진행하기로 결정되었다.(34차 회의록, 2020. 9. 2.)

울산지역 의견수렴이 다시 논의되기 시작한 것은 경주지역 의견수렴이 끝난 뒤 2020년 8월 5일 열린 32차 회의에서였다. 당시 지원단에서는 "가급적 금주 중에 월성원전 의견수렴 결과를 정부에 공식적으로 제출하겠다"면서 울산 등 인접지역 의견수렴의 필요성을 자세히 설명하였다.

"지난 21차 회의(2020. 3. 4.)에서 울산 등 인접지역에 대한 의견수렴을 실시하되 구체적인 방법에 대해서는 지역과 협의하기로 결정하였습니다. 이후 위원회에서 협의 대상과 의견수렴 범위 등에 대해 여러 차례 논의하였으나 현재까지 명확히 결정되지 못하고 사실상 유보된 상황입니다. 또한 울산 시민사회계의 입장을 듣기 위해 추진한 사전간담회에 시민사회계의 참석을 요청하였으나 불참하였고 울산지역 일부 탈핵 시민사회단체에서 울산 북구 일부 주민을 대상으로 자체 의견조사(주민투표)를 실시하였습니다. 당시 위원회에서는 자체적인 의견조사가 종료된 이후 시민사회단체의 입장을 확인하고 추후 의견수렴에 대해 다시 논의하기로 하였습니다. 현재 월성원전 지역 실행기구가 주관한 의견수렴이 종결되는 상황에서 울산 등 인접지역에 대한 의견수렴 방안에 대해 논의가 필요합니다."(지원단, 32차 회의록, 2020. 8. 5.)

위원회가 뒤늦게 마련한 월성원전 인접지역에 대한 의견수렴의 구체적인 방안은 울산지역 5개 구·군과 포항시를 포함한 6개 기초지자체를 대상으로 주민 300명을 모집해 집단심층면접(FGI)을 실시한다는 것이었다. 일정은 의견수렴 대상자 선정(11월 셋째주) → 온라인 학습(11월 넷째주) → 면접조사 실시(11월 넷째주~12월 첫째주)로 짜여졌다. 위원회는 "이미 건설이 확정된 월성원전 맥스터 증설에 대한 것이 아니라, 사용후핵연료 전반에 대한 인접지역의 의견을 청취하여 향후 권고안 마련에 참고하기 위한 것"이라고 설명했다.(재검토위원회 보도자료, 2020. 11. 10.)

울산지역 의견수렴에 매우 민감하게 반응하며 소극적인 태도를 견지했던 지원단(산업부)이 뒤늦게 울산지역 의견수렴의 필요성을 제기하고 나선 것은, 산업부의 2차 관리계획 수립과정에서 불거질 책임론을 염두에 둔 것으로 보였다. 그러나 울산지역 시민단체와 지자체는 월성원전 맥스터 증설 결정을 정당화 · 합리화하기 위한 형식적인 의견수렴이라고 비판하며 의견수렴 중단을 요구했다.

'뒷북' 의견수렴에 대한 울산지역의 거부로 위원회는 또다시 신뢰를 잃게 되었다. 탈핵울산시민공동행동과 울산북구 주민대책위는 울산시청 정문에서 기자회견(2020. 11. 9.)을 갖고, "맥스터 건설 결정에는 울산시민을 배제하고 이제 와서 울산시민 의견을 수렴한다는 산업부와 재검토위원회를 규탄한다"며 성토했다.(울산매일; 경상일보; 울산제일일보, 2020. 11. 9.) 이들은 "울산은 이미 5만 명 넘게 참여한 주민투표로 맥스터 건설에 반대하는 뜻을 분명히 했다"며 "산업부는 절차적으로 이미 진행한 자신의 불공정성을 만회하기 위해 울산시민을 들러리로 세우지 말라"고 비판했다.(KBS, 2020. 11. 10; 오마이뉴스, 2020. 11. 9.)

울산시 구청장 · 군수협의회도 입장문을 통해 "산업부가 울산 5개 구 · 군을 들러리로 세우고, 마치 자치단체장들이 의견수렴에 동의를 한 것으로 호도했다"며 유감을 표명했다.(연합뉴스, 2020. 11. 13.) 구청장 · 군수협의회는 "월성원전 맥스터 건설 관련 울산시민들의 입장을 분명히 밝혔는데도 불구하고 울산은 의사결정과정에서 철저히 배제당했고, 현재 맥스터 건설은 산업부의 의도대로 진행되고 있다"며 "이러한 상황에 산업부가 5개 구 · 군을 들러리로 세우고 방사능방재 담당자들을 불러 모아 일방적인 회의를 진행한 뒤 마치 기초단체장들이 의견수렴에 동의한 것으로 호도하고 있는 것에 대

해 매우 유감스럽다"고 성토했다.(울산매일; 울산제일일보, 2020. 11. 15.)[37]

울산시 5개 구청장 · 군수협의회가 공동입장문을 발표하고 울산시도 공문으로 반대의사를 천명함에 따라 위원회는 40차 회의(2020. 12. 9.)에서 의견수렴을 공식적으로 중단하기로 결정하였다. 당시 회의록을 보면, 위원들은 물론 지원단도 뒤늦게서야 울산지역 의견수렴의 의미를 깨닫고 적극적이었던 것으로 보인다.[38] 그러면서 산업부에 제출한 권고안(2021: 48)에는 "법 · 제도적 규정이 미비한 여건하에서도 울산 등 인접지역주민들의 의견을 가감 없이 청취하기 위해 끝까지 노력하였다"고 밝힌 대목은 궁색하기 그지없다.[39] 사태가 악화되기 전에 조금만 일찍 이러한 인식의 변화가 있었더라면 새로운 돌파구를 만들 수 있었을 텐데 하는 진한 아쉬움이 남는다.

---

37 정의당 류호정 의원과 울산 · 경주 탈핵단체도 국회 소통관에서 기자회견(2020. 11. 12.)을 열어 "울산시민을 우롱하는 산업부와 재검토위, 그리고 이에 동조하는 울산시를 규탄한다"고 목소리를 높였다. 류 의원은 "맥스터는 이미 건설 중인데 이제 와서 월성원전 인접지역주민 의견을 수렴한다"며 "공론조사 조작 의혹에 대한 진상부터 밝히는 것이 우선"이라고 지적했다.(울산제일일보, 2020. 11. 12.)

38 40차 회의에서 Q위원은 "월성원전으로부터의 거리를 감안하면 울산 일부 지역의 이해관계가 경주 일부 지역보다 더 클 수 있으나, 울산지역이 의견수렴 범위에 포함되지 못한 것은 법규정의 미비로 인해 발생한 것으로 보여집니다. 동일 지자체가 아니더라도 일정한 반경 내의 인접 지자체 주민들을 의견수렴에 포함할 필요가 있다는 것이 금번 재검토 과정의 중요한 교훈이라고 생각합니다"라고 소회를 밝혔다. 또 R위원은 "인접지역 의견수렴을 통해 지역주민이 가진 불만의 목소리를 듣는 것이 바람직한 것으로 보이는데 울산 구청장 · 군수협의회와 시민단체가 이번 의견수렴을 맥스터 증설을 위한 정당성 확보 차원으로만 해석하는 것은 이해하기 어렵습니다"라고 발언했다.(40차 회의록, 2020. 12. 9.) 위원회의 역할은 이해관계자들 간의 갈등조정이 아니라 공정하게 의견수렴 절차를 진행하면 된다고 그렇게 강조했던 위원들도 나중에는 생각이 많이 바뀌었다는 것을 알게 하는 대목이다.

39 울산북구 주민대책위 등은 이 같은 내용의 권고안에 대해 "의견수렴 범위를 방사선비상계획구역으로 해야 한다는 요구를 철저히 무시한 과정은 권고안에 한 줄도 적지 않고, 오로지 재검토위 활동을 정당화하는 측면에서만 의견수렴 과정을 기록한 것"이라고 비판했다.(오마이뉴스, 2021. 3. 26.)

3장

호랑이 등에 올라타다

1. 산업부 장관과의 담판

2020년 3월 4일 열린 21차 회의에서는 7차 회의(2019. 8. 21.)에서 기확정된 의견수렴 실행계획을 전면적으로 보완한 수정안이 가결되었다. 2019년 말부터 운영된 숙의분과 자문위원들의 의견을 토대로 당초 계획보다 상당한 변화가 있었기 때문에 재의결이 필요했다. 수정안의 주요 골자는 다음과 같다.

첫째, 전국 및 지역 의견수렴의 순서는 재검토준비단의 합의사항을 존중하여 전국 의견수렴을 먼저 시작하고, 지역 의견수렴은 1~2주 차이를 두고 병행하는 것으로 확정되었다. 사실상 동시에 전국 및 지역 의견수렴을 실시하는 것이지만, 2019년 5월 위원회 발족 이후 의견수렴 일정이 상당히 지연되었다는 점을 감안한 불가피한 선택이었다. 전국 의견수렴을 완료하고 지역 의견수렴에 착수할 경우에는 2020년 말까지 마무리하는 것조차 불투명했다. 경주 지역실행기구에서는 조속한 의견수렴을 거듭 요구하고 있었다.

둘째, 전국 의견수렴의 경우 재검토 의제의 복잡성과 다양성을 감안해 시민참여형조사와 종합토론회를 당초 각 1회에서 의제를 분리해 각 2회 실시하고, 숙의학습기간도 1차(4주)와 2차(3주)로 나누어 총 7주로 확대했다. 복잡한 이슈에 대한 숙의성 확보를 위해 충분한 논의가 필요하다는 자문위원들의 제안을 대폭 수용하였다.

셋째, 홍보 · 보조 프로그램이 대폭 확대된 것도 당초 실행계획과 큰 차이점이었다. 일반국민에게 다양한 정보를 제공하고 사회적 수용성을 높이기 위해 온라인 의견수렴, 팩트체크 사이트 및 앱 운영, TV토론회 등 미디어 프로그램을 강화하였다. 특히 핵심 프로그램인 시민참여형조사결과와 비교 · 보완하기 위해 일반국민 대상 설문조사를 3회 실시하기로 결정한 것은 큰 변화였다. 시민참여형조사결과에 대한 사회적 수용성을 높일 수 있고, 시민참여단을 대상으로 한 숙의학습 효과를 비교 · 검증할 수 있다는 점도 고려되었다.

넷째, 가장 논란이 되었던 지역 의견수렴 범위도 경주시 전 지역을 대상으로 1회 실시하고, 이와 별도로 경주시를 제외한 반경 30km 이내 주민을 대상으로 추가 실시하는 방안을 확정하였다. 지역실행기구에서 의견수렴 범위에 울산시 등 타 지자체가 포함되는 것을 강력히 반대했기 때문에 경주시 이외 지역에 대해서는 지역실행기구가 아닌 위원회가 자체적으로 실시하기로 결정하였다.

장관 면담 5가지 요구사항

이날 회의를 앞두고 장관 면담을 요청했다. 본격적인 공론화에 돌입하기에 앞서 실무진들이 해결하기 어려운 매듭을 풀어야 했다. 공론화에 대한 정부의 의지도 직접 확인할 필요가 있었다. 지원단에서는 위원회 활동이 종료된 뒤에 덕담의 자리로 마련하고 싶다는 의견을 피력했지만 어차피 덕담을 나눌 분위기는 애당초 아니었다. 막무가내로 비서실로 전화를 걸었다. 신분을 밝히고 장관 면담을 요청했으나 해당 부서와 협의 후 연락해 주겠다는 답변이었다.

며칠 뒤 광화문 정부서울청사에 마련된 산업부 장관실에 도착하자 에너지자원실장이 미리 장관과 협의를 마치고 나오다 마주쳤다. 아마도 이날 면담과 관련해 장관의 답변을 조율하는 자리였을 것으로 보였다. 필자는 준비해간 면담 자료를 장관과 배석자(지원단장, 부단장, 산업부 원전과장)에게 나눠주었다. 면담 자료에는 5가지 요구사항이 적혀 있었다.

첫째, 전국 및 지역 의견수렴 실행계획 변경에 따른 예산확보를 요청했다. 2019년 11월에도 조사기관 선정을 위한 예산 부족으로 의견수렴 순서를 놓고 위원들끼리 한바탕 격론이 벌어졌기 때문에 미리 예산 문제를 정리해 둘 필요가 있었다. 더구나 이날 오후에 개최되는 21차 회의에서는 실행계획 변경이 주요 안건으로 상정될 예정인데, 예산이 뒷받침되지 않으면 논의 자체가 무의미해질 수 있기 때문이었다. 이와 함께 한수원의 자체적인 언론 홍보활동을 자제시켜 줄 것도 요구했다. 월성원전 임시저장시설 확충에 대한 의견수렴이 진행 중인 상황에서 원전사업자인 한수원의 일방적인 주장 및 광고는 공정한 여론형성을 저해할 수 있다는 점을 지적했다.[40] 공론화를 보

40 원전사업자인 한수원은 월성원전의 맥스터 증설에 조직의 사활을 건 핵심 이해당사자였다. 한수원의 처장과 팀장 등 2명은 전문가검토그룹 위원으로 참여하였고, 지원단에도 한수원 직원이 파견되어있었다. 특히 한수원 사장은 2021년 2월 자신의 페이스북에 "사용후핵연료와 관련된 전체 정책을 재검토하는 게 기본 임무인 재검토위는 본연의 업무에 집중하고, 지역실행기구를 통해 이미 드러난 의견수렴 절차를 마무리해줬으면 하는 마음뿐"이라고 밝혔다.(한국경제, 2020. 2. 3.) 맥스터 증설에 대해서는 이미 지

이콧하고 있는 시민사회계를 참여시킬 수 있는 방안을 정부 차원에서 마련해 줄 것도 주문했다.

둘째, 위원회 활동을 6개월 연장해 줄 것을 건의했다.[41] 전체 의견수렴 일정은 2020년 11월쯤 완료될 예정이며, 경주지역 의견수렴은 2020년 7~8월쯤 마무리될 수 있을 것으로 전망했다. 경주지역 의견수렴 일정이 논의되면서 누군가 '부작위 책임론'을 거론했다. 재검토준비단의 정책건의서에 명시된 대로 "관리정책이 적기에 마련될 수 있도록 정부와 재검토위원회는 노력해야 한다"는 문구를 상기하면서 위원회가 이를 게을리할 경우, 부작위로 인한 책임을 져야 한다는 요지의 발언이었다. 적기에 관리정책을 수립하기 위해서는 지역 의견수렴은 2020년 6월 말까지 완료되어야 한다는 가이드라인도 제시되었다. 장관 면담에서 제기된 '부작위 책임론'과 '가이드라인'은 이후 지원단이 공개적으로 위원회를 압박하는 신호탄이 되었다.

셋째, 지원단의 중립성 담보 및 공론화 전문인력을 보강해줄 것을 요청했다. 현재 지원단의 인력 구성이 원자력환경공단과 한수원 등 원자력산업계 종사자들의 파견근무 형태로 운영되고 있기 때문에 공정하고 중립적인 업무

역주민들의 의견이 모여졌는데 재검토위가 미적거리고 있다며 불만을 토로한 것이다. 이 즈음 한수원의 언론 광고도 본격화되었다.(조선일보, 2020. 3; 중앙일보, 2020. 4. 17.) 이에 비해 신고리 5 · 6호기 공론화에서는 정부출연연구기관이 찬반 입장을 표명한 것은 중립성을 훼손한 행위라며, 공론화위원장이 해당 기관에 공개경고하는 공문을 발송한 적이 있었다. 필자도 이와 같은 차원에서 한수원에 대한 경고가 필요하다고 판단했다.

41 재검토위원회의 활동기한은 2020년 5월 28일까지였으나 26차 회의(2020. 5. 13.)에서 의결을 거쳐 2021년 5월 28일까지로 1년 연장되었다.

수행이 어렵다고 지적했다. 앞으로 진행될 숙의자료집 제작과 공론조사 절차관리, 행사기획 등을 담당할 팀장급 2~3명을 외부에서 충원해 줄 것을 요구했다. 국책연구기관 소속 연구원의 파견근무 또는 민간전문가의 단기채용을 제안했다. 이에 대해 산업부는 지원단이 원자력환경공단 소속으로 운영되고 있기 때문에, 국무총리실 소속으로 운영된 신고리 5 · 6호기 공론화 지원단과 달리 타 부처나 국책연구기관에 인력 파견요청은 어렵다고 답변했다.[42] 장관 면담 이후에 지원단의 인력충원은 전혀 없었고 오히려 출범 초기보다 3~4명 줄어들었다.

넷째, 전국 및 지역 의견수렴을 수행할 조사기관 입찰과정의 공정성 담보를 요구했다. 조사기관 선정을 위한 입찰공고와 심사위원 선정 등 모든 절차는 원자력환경공단에서 주관하기 때문이었다. 심사위원 풀에 숙의분과 자문위원 등 위원회가 추천하는 인사들의 참여를 요청했다. 그러나 위원회는 업체 선정을 위한 제안요청서(RFP) 초안 작성 이외에 조사기관 선정과정에 일체 관여할 수 없었다. 발주기관인 원자력환경공단의 내부지침에 따라 공정하게 진행하겠다는 답변뿐이었다. 지역 의견수렴 조사기관은 나중에 국정감사에서도 논란이 된 H사가 선정되었다.

다섯째, 위원들에 대한 처우 협의채널도 요구했다. 출범 초기부터 출석률 저조로 탈핵진영과 일부 언론으로부터 위원들이 비전문가여서 몰입도가

42 재검토위원회의 설치 및 지원에 관한 산업통상자원부 고시 제2019-85호 제10조 3항에는 "원자력환경공단 이사장은 지원단 구성 · 운영을 위하여 필요한 경우에는 관계기관 · 단체 등에 대하여 소속 공무원 또는 임직원을 지원단에 파견 근무하도록 요청할 수 있다"고 규정되어있다.

떨어지고 출석률도 낮아 '해결의지가 없다'는 비판이 제기되었다.(조선일보, 2020. 1. 22.) 어느 날은 정족수(8명)도 채우지 못해 위원장이 일일이 전화를 걸어 참석을 요청할 정도였다.[43] 격주로 열리는 정기회의는 통상 오후 2시부터 6시까지 격론을 벌이는 경우가 잦아 상당수 위원들이 지쳐 있었다. 오후 5시쯤 회의가 마치는 날이면 다들 반기는 분위기였다. 이런 상황에서 회의 참석을 독려하기 위한 대책이 필요했다. 그렇다고 해외 현장방문은 엄두도 내지 못할 형편이었다.[44] 궁여지책으로 지원단에 회의수당 인상을 몇 번이나 요청했다. 번번이 난색을 표하던 지원단이 장관 면담 하루 전에야 서면검토비 명목으로 회의수당을 증액했다고 통보해왔다.

회의록에 기록된 '부작위 책임론'

장관 면담에 이어 오후에 진행된 21차 회의에서 산업부(지원단)는 그동안 감추어 두었던 속내를 노골적으로 드러냈다. 필자와 언쟁을 벌였던 전임 지원단장은 2020년 2월 장기교육으로 파견되었고, 이날 처음으로 회의에 참석한 신임 지원단장은 작심 발언을 늘어놓았다. 회의 안건으로 상정된 지역 의견수렴 범위에 대해 경주시와 별도로 울산 등 반경 30㎞ 이내 지역으로 확대

---

43 정족수 8명을 겨우 채운 18차 회의에서는 도중에 위원 1명이 이석하는 바람에 의결정족수 미달로 서면의결로 안건을 처리하였다.(18차 회의록, 2020. 1. 22.)

44 해외 시찰은 박근혜 정부의 공론화위원회에서 스웨덴, 핀란드, 독일, 미국, 캐나다 등 관련 국가를 대상으로 2차례에 걸쳐 해외 탐방을 다녀왔고, 재검토위원회에 대한 외부의 비판이 고조되는 상황이어서 '외유성 시찰'이라는 비난도 우려되었다.

해 2회 실시하는 것으로 논의가 진행되자, 지원단장이 '부작위 책임론'을 제기하며 우려를 표명했다.

"의견수렴 일정의 경우 최대한 적기에 의견수렴 절차가 진행될 필요가 있다는 것을 말씀드리고자 합니다. 특히, 임시저장시설 구축이 월성원전 계속 가동 여부와 연관되어있는 상황에서 향후 위원회의 부작위에 대해 비판이 발생할 우려가 있습니다."(지원단, 21차 회의록, 2020. 3. 4.)

지원단은 지역 의견수렴을 2020년 6월 말까지 완료하기 위해서는 10주로 예정된 일정을 7~8주로 단축해 줄 것도 요구했다. 구체적으로 모집단 구축 기간을 3주에서 1~2주 축소해 줄 것을 제안했다. 전국 공론화의 시민참여단(500명) 구성을 위한 모집단 구축(2만 명)에 2주가 할당된 반면, 이보다 규모가 월등하게 적은 지역 공론화의 시민참여단(150명) 구성을 위한 모집단 구축(3,000명)에 3주가 할당된 것은 과도하다는 논리였다.[45] 지원단은 또 "제안요청서(RFP) 작성이 늦어져 조사기관 선정이 지연되고 의견수렴에 차질을 빚으면 위원회가 책임을 져야 한다"고 주장했다. 지원단의 전방위 압박과 N 위원의 지원사격으로 지원단의 요청은 수용되었다.

---

45 모집단 구축기간은 자문위원들의 의견을 토대로 숙의분과 회의에서 결정한 일정이었다. 전국 의견수렴의 모집단 구축은 전화조사이기 때문에 2주가 할당되었지만, 지역 의견수렴의 모집단 구축은 조사원이 대면조사를 실시하기 때문에 3주로 길 수밖에 없었다. 대면조사는 읍면동사무소, 마트, 전통시장, 마을회관 등 60개 지점에서 조사원이 해당 거점을 방문한 주민을 대상으로 n(3~5)번째 방문자를 직접 면담 조사하는 방식이었다.

"공론조사 경험이 있는 입장에서 판단할 때, 전체 의견수렴 기간 중 가장 오랜 시간이 소요되는 것은 모집단 구성입니다. 지역 의견수렴의 경우 모집단 구성부터 참가자 선정까지 전국 의견수렴보다 시간이 적게 걸릴 수 있을 것으로 예상합니다."(N위원, 21차 회의록, 2020. 3. 4.)

N위원의 발언에 대해 M위원이 "과도하게 일정을 단축할 경우 자칫 졸속으로 의견수렴을 시행한다는 비판도 예상된다"며 이의를 제기했지만,(21차 회의록, 2020. 3. 4.) 다수위원들은 N위원의 제안에 동의했다. 이에 따라 지역 모집단 구축은 당초 3주에서 1~2주 단축되고, 전체 일정도 조정하는 것으로 가닥이 잡혔다. 당시 일부 언론에서는 월성원전 포화시점이 임박해 상황이 급한데도 정부가 의견수렴 절차를 질질 끌고 있다는 비판이 제기되고 있었다. 조선일보(2019. 7. 11.) 는 '정부, 핵폐기물 시설 확장에 느릿느릿… 이대로면 월성원전 멈춰선다'는 제목의 논설위원 칼럼을 통해 "일각에서는 '정부가 일부러 시간을 끌어 월성원전 가동을 중단시키려는 것 아니냐'는 의심까지 제기되고 있다"고 압박했다. 지역실행기구와 경주시 원전범시민대책위 등에서도 공론화 일정을 앞당겨 조속히 실시할 것을 강도 높게 촉구하는 상황이었다.[46]

46 월성원전의 포화시점(2022년 3월)과 맥스터 증설 공사기간(19개월)을 역산하면, 2020년 8월에는 착공해야 적기에 건설할 수 있다는 것이다. 지역 의견수렴이 2020년 6월 말까지 마무리되어도 종합정리와 경주시의 공작물 축조신고 등 행정절차를 감안하면 이 같은 일정도 빠듯하다는 것이다. 실제로 지역 의견수렴은 산업부의 일정보다 조금 늦은 7월 말에 완료되었고, 맥스터 증설공사는 예정대로 2020년 8월 말 착공되었다.

2. 막걸리 2통의 결단

2020년 3월 4일, 위원회 회의를 마치고 귀가하는 길에 아파트단지 앞 편의점에 들러 막걸리 2통을 샀다. 두부김치를 안주로 내놓은 아내의 걱정어린 눈빛을 뒤로 하고 서재에서 혼자 술잔을 기울이는 심정이 착잡했다. 이날 오전 장관 면담에서 제기된 '부작위 책임론'이 오후에는 회의 석상에서 공개적으로 등장했다. 이어진 지원단의 적극적인 공론화 일정 개입도 당혹스러웠다. 위원장의 권위는 고사하고 산업부의 의도대로 끌려가는 모습이 초라하게 느껴졌다. 장관 면전에서 지원단의 교체와 보강을 요구한 터에 직원들이 위원장에게 호의적일 리도 없었다. 이런 상황에서 위원장을 계속 맡아야 할지 깊은 고민에 빠졌다.

출범 초기부터 필자에게 사퇴를 권유했던 환경단체 원로들의 충고가 새삼 떠올랐다. 빨리 위원장에서 물러나는 것만이 현명한 처사라고 일러주었지만, 지금 상황에서 사퇴한다고 아무것도 달라질 것이 없어 보였다. 산업부는 새 위원장을 내세워 일정을 강행할 것이고, 필자는 아무 소득도 없이 '실패한 위원장'으로 기록될 것이 뻔했다. 그래서 호랑이 등에 올라타기로 결심했다. 실패의 경험을 훗날 기록으로 남기기 위해서라도 호랑이 굴에 머물 필요가 있다고 판단했다. 그러나 호랑이 굴에서 벗어날 날은 그리 오래 걸리지 않았다.

3. 부결된 재설계 실행 로드맵

장관 면담 이후에 지원단의 움직임이 빨라지고 있었다. 월성원전 임시저장시설의 포화시점이 임박했음에도 불구하고 지역 의견수렴은 아직 시작도 못했다는 언론보도가 쏟아지기 시작했다. '적기에 관리정책을 수립할 수 있도록' 임시저장시설 확충을 위한 지역 공론화를 서둘러야 한다는 압박은 산업부는 물론, 한수원을 비롯한 외부의 입김도 강하게 불어왔다. 공론화 일정이 대충 흐지부지되지 않도록 제도적으로 막을 --장치가 필요했다. 23차 회의(2020. 4. 1.)에서 위원장 직권으로 '재설계 실행 로드맵'을 안건으로 상정했다. 2019년 8월 기확정된 당초 '실행 로드맵'에 비해 일정과 프로그램이 크게 변경되었기 때문에 대외적으로 새로운 로드맵을 공표할 필요가 있다며 직접 취지를 설명했다.

"월성원전 지역실행기구와 울산 시민사회계에서 구체적인 의견수렴 계획을 요구하고 있고, 7차 회의(2019. 8. 21.)에서 확정된 의견수렴 실행계획과 로드맵도 공개하였습니다. 따라서 의견수렴 프로그램을 재설계한 현시점에서 재설계 로드맵을 확정하고 공개할 것을 제안합니다. 재설계 실행 로드맵은 조사기관 선정 이후에 수정 · 보완될 수 있으나, 기본적인 일정은 공개하여 의견수렴에 대한 재검토위원회의 의지와 계획을 보여줄 필요가 있다는 생각입니다. 신고리 5 · 6호기 숙의자료집도 공론화 일정을 매우 구체적으로 공개하고 있습니다."(위원장, 23차 회의

록, 2020. 4. 1.)[47]

위원장의 발언이 끝나자마자 지원단에서 즉각 조목조목 반박하고 나섰다. 의견수렴을 실시할 업체가 선정되면 세부 프로그램이 변경될 수 있기 때문에 지금 시점에서 재의결할 필요가 없다는 반박이었다. 조사기관 선정을 위한 제안요청서(RFP)를 토대로 수정 로드맵을 제시하였지만 다수 위원들도 지원단의 의견에 동의했다.

"지난 21차 회의(2020. 3. 4.)에서 실행 로드맵은 참고자료로 배포되었으나 세부 일정에 대해 향후 추가 논의가 필요하고 보조 프로그램의 경우 추후 변경 여지가 많다는 점을 감안할 때, 현재 시점에서 확정 또는 공개시 이해관계자 입장에서는 민감한 사안이 될 수 있으므로 로드맵을 확정하지 않고 대외 공개도 하지 않는 것으로 결정한 바 있습니다. 또한 지역 의견수렴 일정이 적기에 마무리되지 못한다는 논란이 발생할 수 있으므로 이를 고려하여 검토할 필요가 있습니다."(지원단, 23차 회의록, 2020. 4. 1.)

47 필자는 재설계 실행계획 로드맵을 공개해야 하는 이유로 세 가지를 제시했다. 첫째, 21차 회의(2020. 3. 4.)에서는 로드맵에 대해 이해당사자들과의 협의를 이유로 비공개로 결정하였으나, 지역실행기구와 탈핵울산시민공동행동 등에서 공문(2020. 3. 27.) 으로 의견수렴 방법과 일정을 구체적으로 알려줄 것을 요구해 왔기 때문이었다. 둘째, 2019년 8월에도 당초 실행계획(안)을 의결하면서 붙임자료의 실행 로드맵을 공개해 이해당사자들에게 전달하였고, 서울 프레스센터에서 개최된 열린토론회(2019. 8. 29.)에서도 실행 로드맵을 일반에 공개했기 때문에 수정된 실행 로드맵을 공개하는 것이 타당하다고 설명했다. 셋째, 수정 로드맵의 비공개 결정으로 인해 숙의자료집에는 2019년 8월에 결정된 당초 로드맵이 수록되어있어서 이를 수정하지 않을 경우 오해와 혼란을 야기할 수 있다고 강조했다.

"로드맵은 의견수렴 조사결과의 합리성과 공정성 등 숙의과정의 질에 영향을 미치지 않는 선에서 일정은 조정해 나갈 필요가 있기 때문에 조사기관 선정 이후에 조사기관과 협의해 조정해야 한다고 봅니다. 로드맵은 이후에 확정하여 공개하는 것이 바람직하다는 생각입니다."(K위원, 23차 회의록, 2020. 4. 1.)

"(로드맵에서 제시된) 숙의기간은 조사기관 선정 후 조사기관의 역량 등을 감안해 협의해야 알 수 있는 부분입니다. 전체적인 일정은 변동의 여지가 있으므로 로드맵은 세부사항이 확정된 이후 공개하는 것이 좋을 듯합니다."(L위원, 23차 회의록, 2020. 4. 1.)

조사기관 미선정을 이유로 수정 로드맵 공개는 부결되었지만, 24차 회의(2020. 4. 13.)에서 전국 및 지역 의견수렴 조사기관이 확정된 이후에도 실행계획 로드맵은 공개되지 않았다. 위원회 활동이 종료된 이후에도 실행 로드맵은 어디에도 발견할 수 없었다.

당초 로드맵과 수정 로드맵의 차이점

첫째, 당초 로드맵과 가장 큰 차이점은 전국 의견수렴에서 핵심 프로그램인 시민참여형조사가 당초 1회에서 2회로 확대되고 일정도 2개월에서 3개월로 연장되었다. 전국 공론화 의제가 워낙 복잡해 시민참여단의 숙의학습 기간이 늘어나고, 5개 공론화 의제를 2회로 분리해 실시하는 방안으로 변경되었다.

둘째, 코로나19의 여파로 전국 의견수렴의 보조 프로그램이 비대면 온라인 방식으로 강화되었다. 당초 로드맵에는 권역별 공개토론회(8회), 미래세대 워크숍(8회), TV 토론회(2회), 국민 대토론회(1회)를 실시하는 것으로 되어있었으나, 코로나19가 확산되면서 권역별 공개토론회와 미래세대 워크숍은 축소가 불가피해졌다. 대신 공중파 TV 토론회를 2회에서 3회로 확대하고, 온라인 의견수렴과 팩트체크 사이트 및 앱을 운영하는 방안이 도입되었다.[48]

셋째, 수정 로드맵의 가장 큰 특징은 시민참여단을 대상으로 하는 공론조사 이외에 일반시민을 대상으로 하는 설문조사를 3회 실시하기로 계획되었다. 일반시민 설문조사는 사용후핵연료 이슈에 대한 대국민 홍보로 인지도가 높아졌다는 전제하에 사회적 수용성을 확인하고 시민참여단의 의견과 비교하기 위한 목적으로 설계되었지만 1회로 단축되었다.

넷째, 지역 의견수렴에서 시민참여단의 학습기간이 4주로 명시되고 지역 TV토론회가 추가되었다. 숙의학습 기간을 4주로 확정하려고 했던 이유는 지원단과 지역실행기구에서 월성원전 포화시점을 이유로 조사기간 단축을 지속적으로 요구해 왔기 때문이었다. 결국 숙의학습 기간은 4주에서 3주로 축소되었다. 집단심층면접(FGI)도 당초에는 종합토론회 개최 이전에 실시할

48 보조 프로그램 운영방안은 숙의분과 자문위원들의 검토를 거쳐 21차 회의(2020. 3. 4.)에서 보고된 안건을 정리한 내용이었다. 그러나 수정 로드맵이 부결된 이후 유튜브 방송을 제외한 TV 토론회는 한 차례도 열리지 않았다. TV 토론회 개최는 장관 면담을 포함해 지원단에 수차례 요청했지만 비용이 많이 들고 일정이 촉박해 방송사 섭외가 어렵다는 답변만 되풀이되었다. 온라인 의견수렴과 팩트체크 사이트 및 앱도 운영되지 않았다. 팩트체크 위원회를 구성했지만 숙의자료집 검증과정에서만 잠시 운영되었고, 온라인 의견수렴은 거의 이루어지지 않았다.

계획이었으나 종합토론회 이후로 변경되었다. 지역에서 TV토론회는 한 차례도 열리지 않았다.

4. 계획만 무성했던 홍보방안

사용후핵연료 문제는 원전소재지역이나 현재세대를 넘어 모든 국민과 미래세대의 삶에도 광범위하게 영향을 미치는 이슈이기 때문에 일반시민을 대상으로 하는 정보화가 필요하다는 것이 공론화 전문가들의 공통된 지적이었다. 그동안 국내에서 실시된 대부분의 공론조사(deliberative polling)는 본래의 목적과는 달리 주로 갈등해결 수단이나 정책결정 도구로 활용되고 있다는 비판도 제기되었다. 정부가 정책결정을 여론에 미루는 도구로 활용되거나, 책임전가의 수단으로 공론조사가 이용되기도 하였다. 이 같은 비판은 신고리 5 · 6호기 공론화에서도 두드러졌다. 더구나 사용후핵연료는 일반시민들이 거의 생각해 본 적이 없는 주제여서 대국민 홍보방안이 필요했다.

이 같은 문제의식에서 숙의분과 자문위원들은 공론조사의 취지와 목적에 부합하도록 핵심 프로그램인 시민참여형조사 이외에 보조 프로그램으로 미디어를 활용한 일반시민 정보화와 전국민 대상 설문조사를 제안하였다. 언론홍보 방안으로는 TV토론회, 다큐멘터리 제작, 언론사 기획기사 시리즈, 소셜미디어(SNS) 채널 운용, 팩트체크 페이지(포털) 및 앱 운영 등을 제시하였다. 이러한 미디어 이벤트의 목적은 다양한 매체를 통해 미래세대를 포함해 각계각층의 시민들이 사용후핵연료 정보에 노출될 수 있도록 유도하자는 것이었다. 지금까지 국내 공론조사가 숙의과정에 직접 참여한 시민참여단의 숙의에만 집중했던 한계를 보완하자는 취지였다.[49] 사용후핵연료 문제는 전국민적 합의가 필요한 이슈이므로 최대한 다양한 시각과 정보를 균형있게 제공하자는 취지에서 기획되었다.[50]

시민참여형조사와 별도로 일반시민 대상 설문조사를 실시하는 목적은 세 가지였다. 첫째, 공론조사(500명)보다 전국적으로 규모가 큰 표본(4,000명)으로 설문조사를 실시할 경우 여론수렴 차원에서 공론조사의 대표성 한계를 보완할 수 있을 것이다. 둘째, 다양한 미디어 이벤트를 통해 일반시민들이 얼마나 사용후핵연료 문제에 대한 정보화가 이루어지는지 확인해 볼 수 있을 것이다. 셋째, 일반시민 대상 설문조사는 공론조사 참여자들과의 비교군을 제공함으로써 공론조사 참여자들이 가진 '참여자 왜곡(selection bias)'을 보정한 후 공론조사 효과를 검증하는 목적도 있었다.(재검토위원회 숙의분과 자문보고서, 2020)

이러한 목적으로 위원회는 일반국민을 대상으로 사용후핵연료 문제에 대한 정보화 등 홍보방안을 수차례 논의하고 의결했지만 지원단에서는 예산확보

---

49 환경부 장관을 역임했던 과학계 원로 K교수는 언론사 대담에서 박근혜 정부의 공론화에 대해 "공론화 과정이 언론이나 국민의 관심을 별로 끌지 못하고, 원자력계와 시민단체 등 소수 전문가의 찬반 논의가 된 것 같다"고 평가했다.(한겨레신문, 2015. 2. 23.)

50 사용후핵연료에 대한 정확한 이해와 대국민 학습 필요성에 대해서는 재검토준비단 논의에서도 제기되었다. 당시 원전소재 5개 지역 위원들은 "전국민이 참여하는 공론화에서 사용후핵연료의 실체를 정확히 이해하고 올바른 선택을 함으로써 모두가 공감하는 결과를 도출하기 위해서는 대국민 학습이 필요하다"고 제언했다.(재검토준비단 정책건의서, 2018)

등을 이유로 꿈쩍도 하지 않았다. 회의를 통해 홍보방안을 의결한 경우만 13차(2019. 11. 13.), 20차(2020. 2. 19.), 22차(2020. 3. 18.)로 세 차례나 되지만 카드뉴스 제작과 부실한 홈페이지 운영이 고작이었다. 출범 초기부터 홈페이지는 접근조차 어렵다는 지적이 제기될 정도였다.(11차 회의록, 2019. 10. 23.)[51]

본격적인 공론화를 앞둔 22차 회의(2020. 3. 18.)에서는 홍보 프로그램을 확정해 의결하였지만 어느 것 하나도 실행되지 않았다. 가장 우선순위가 높은 프로그램으로 결정된 TV토론회와 언론사 기획기사는 물론, 큰 예산이 소요되지 않는 팩트체크 페이지와 SNS 운영도 추진되지 않았다. 지원단에서는 이에 대해 "다큐멘터리 제작 등 추가적인 예산확보가 필요한 홍보 프로그램의 경우 물리적으로 의견수렴 과정 진행 전에 예산확보 및 업체 선정까지 완료하기는 어려운 상황"이라며 난색을 표했다.(22차 회의록, 2020. 3. 18.) 전국의견수렴 종합토론회를 앞둔 27차 회의(2020. 5. 27.)에서도 대국민 홍보 필요성에 대해 여러 위원들이 재론했지만 지원단은 홍보에는 아예 관심이 없었다.[52]

---

51 위원회 홈페이지(https://www.hlwpolicy.go.kr)는 위원회 소개, 위원회 활동(주요일정, 회의록, 활동실적, 보도자료), 정보광장(자료실, 카드뉴스, 전국의제), 참여마당(공지사항, 국민발언대)으로 구성되었다. 이 가운데 활동실적은 정기회의 사진이 대부분이고, 카드뉴스 10장과 전국의제를 간단하게 소개하는 정도였다. 참여과정의 '국민발언대'는 2020년 3월 10일 개설된 이후 위원회 활동이 종료된 2021년 2월까지 총 8건으로 그중 2건만 내용이 공개되고 나머지 6건은 비공개로 설정되었다. 공지사항도 2019년 8월 22일 개설된 이후 활동이 종료된 2021년 2월까지 9건에 불과했다.

52 고준위핵폐기물전국회의가 주최한 공론화 토론회(2019. 7. 3.)에서 환경단체 Y팀장은 "고준위 핵폐기물은 굉장히 민감한 이슈인데 재검토위원회가 출범했는데도 조용한 이유는 이 문제를 꺼낼수록 원전산업계가 불리하기 때문"이라고 지적했다.(이투뉴스, 2019. 7. 4.)

"신고리 5 · 6호기 공론화와 대입제도 개편 공론화에 비해 금번 의견수렴 절차에 대한 국민들의 관심이 매우 낮습니다. 숙의분야 자문위원들이 다양한 홍보방안을 제시하였는데 예산부족으로 홍보활동을 충분히 못하는 일은 없었으면 합니다."(D위원, 27차 회의록, 2020. 5. 27.)

"사용후핵연료 관련 사안은 전 국민적 관심이 필요한 사안이므로 국민의 알권리를 충족시키기 위해서라도 홍보를 위한 노력이 필요합니다. 위원회에서 홍보방안에 대해 논의해야 합니다."(E위원, 27차 회의록, 2020. 5. 27.)

"대외적으로 홍보가 부족하기 때문에 위원회에 대한 부정적 의견이 다수 표출되고 있다고 생각합니다. 공정한 의견수렴을 위한 위원회의 노력과 의견수렴 진행과정에 대해 끊임없이 홍보해야 할 필요가 있습니다. 시민사회계의 참여를 독려하기 위해 방송사와 함께 TV토론회를 기획하여 진행할 것을 제안합니다."(F위원, 27차 회의록, 2020. 5. 27.)

지원단에서는 27차 회의에서도 "예산당국과 협의 등을 통해 필요 예산을 충분히 확보할 수 있도록 최대한 노력하겠다"고 밝혔으나 TV토론회 등 홍보계획은 실현되지 않았다. 결국 이 같은 홍보부족 등으로 일반국민을 대상으로 하는 설문조사는 당초 3회에서 1회로 축소되었다. 사용후핵연료 이슈에 대한 대국민 홍보가 미진한 상태에서 일반시민 설문조사 자체가 의미가 없다고 판단했기 때문이었다.

5. 지속적인 일정 단축 요구

월성원전 임시저장시설(맥스터) 추가증설 여부에 대한 의견수렴 일정은 당초 10주로 잡혀있었다. 지역 의견수렴 조사기관으로 선정된 H사의 착수보고회(2020. 4. 14.)에서도 지원단장은 일정 단축을 요구했다. 지역 의견수렴의 모집단 구축은 당초 3주에서 2주로 좁히고, 숙의학습 기간도 당초 4주에서 3주로 축소하는 방안이 논의되었다. 지역실행기구에서는 이러한 일정도 길다며 다시 단축을 요구했다.

2020년 6월 초, 지역실행기구에서 의견수렴 방안에 대한 재검토를 요청해 왔다. 월성원전 소재지인 경주시 양남면 주민설명회가 반대 주민들의 시위로 연거푸 무산된 이후 기존의 계획대로 진행이 어려울 것으로 판단한 모양이었다.[53] 지역실행기구의 요구사항은 시민참여단 운영의 공정성과 보안 유지를 이유로 △사전워크숍(1일) → △숙의학습(4주) → △종합토론회(2일)로 짜여진 기존 프로그램을 2박 3일 합숙일정으로 단축해 집중적으로 진행해 달라는 것이었다.

숙의학습이 4주 동안 진행될 경우 시민참여단의 의견에 영향을 줄 수 있는 외부 이해관계자의 다양한 접촉 시도가 발생할 것으로 우려했다. 지역 의

53 지역 의견수렴과 관련한 경주지역 사전설명회는 2020년 5월 4일, 6일 이틀에 걸쳐 감포 · 양북 · 양남면과 경주시내 등 4곳에서 실시될 예정이었으나 양남면에서는 반대 주민단체의 시위로 무산되었다. 같은 해 5월 28일 양남면과 경주시내 2곳에서 실시할 예정이었던 주민설명회도 반대단체의 시위로 개최되지 못하였다. 월성원전 소재지인 양남면에서는 사전설명회와 주민설명회조차 무산되면서 의견수렴이 제대로 진행될 수 있을지 우려가 증폭되었다.

제는 임시저장시설 확충 여부라는 한 가지로 명확하기 때문에 2박 3일간 합숙으로도 충분한 학습과 숙의가 가능하다고 설명했다. 한마디로 숙의학습 기간을 제외해 의견수렴 일정을 최소한으로 단축하는 방안을 제시했다.[54]

임시저장시설 확충에 대한 시민참여단의 최종의견 조사방식도 투표와 여론조사 가운데 어떤 방식을 선택할 것인지 확정해 달라고 요청했다. 투표 방식은 시민참여단 가운데 1표라도 많은 의견을 최종의견으로 정부에 권고하는 방식이고, 여론조사 방식은 표본오차를 고려해 찬반 여부를 공표하는 방식이었다. 시민참여단 중도이탈자(기권표)에 대한 처리방식과 함께 조건부 찬반에 대해서도 논의해 달라고 주문했다. 시민참여단의 의견이 팽팽하게 대립할 경우, 결과 해석 방안을 미리 강구해야 된다는 의미로 받아들여졌다. 이 같은 요청사항은 28차 회의(2020. 6. 10.)에서 주요 안건으로 논의되었다.

의견수렴 일정을 2박 3일 간 집중적으로 진행하겠다는 요청에 대해서는 불가하다는 의견이 다수였다. 숙의학습 기간을 4주에서 3주로 단축하는 방안은 가능하다는 의견이 대부분이었다. 다만, 임시저장시설 확충에 대한 조건부 찬반을 포함할지에 대해서는 지역실행기구와 좀 더 협의하기로 했다. 시민참여단의 공론조사결과를 단순 찬반이 아니라 조건부 찬반으로 제안한 배경은, 정부 차원의 보상 약속을 전제로 임시저장시설을 확충하겠다는 의

---

54 경주시에서는 신속한 의견수렴을 초기부터 줄기차게 요구해 왔다. 출범 1개월만인 2019년 6월 26~27일 개최된 위원회 워크숍에 참석한 경주시 관계자는 "월성원전 임시저장시설의 포화가 임박하므로 지역 의견수렴을 조속히 착수할 수 있도록 관련 절차를 위원회에서 신속히 진행해줄 것"을 요구했다.(4차 회의록, 2019. 7. 10.)

도가 깔려 있었다. 맥스터 확충에 따른 보상 문제는 재검토준비단에서도 지역 의제에서 제외하기로 합의한 상태였다. 산업부의 전략도 '선 확충, 후 보상'이었다. 그러나 경주에서는 중 · 저준위 방폐장 유치 이후 정부의 미온적인 지원과 보상에 강한 불만을 드러내고 있었다. 본격적인 지역 공론화를 앞두고 지역사회와 최종적으로 조율할 사안이 많아졌다. 28차 회의 직후 지원단 동행 없이 혼자 경주로 내려갔다.

6. 경주방문, 마지막 설득

[#1] 2020년 6월 19일, 경주시 감포읍 한적한 바닷가 횟집에서 월성원전 지역실행기구 위원들과 만났다. 이날 점심 회동에서 주요 논의사항은 맥스터 증설에 대한 조건부 찬반 여부와 반대단체의 종합토론회 패널 참여 방안이었다. 조건부 찬반 논의방식에 대해서는 창원 스타필드 공론화 과정에서 도입했던 대안투표 방식을 제안했다. 맥스터 증설에 찬성과 반대를 주장하는 패널이 각자 대안을 제시한 뒤 투표하는 방식으로 시민참여형조사와 시나리오워크숍 방식을 절충한 형태라고 할 수 있었다. 지역실행기구에서도 동의해 구체적인 방식은 워크숍(2020. 6. 27.)을 개최해 확정하기로 했다. 하지만 대안투표 방식을 도입하기 위해서는 반대단체의 패널 참여가 관건이었다.

[#2] 오후 3시쯤 경주역 광장에 도착했다. 경주환경운동연합 등 경주지역 시민사회단체들로 구성된 '월성원전 핵쓰레기장 추가건설 반대 경주시민

대책위원회'가 1개월 전부터 천막농성을 벌이고 있었다. 역 광장 주변에는 맥스터 증설을 반대하는 울긋불긋한 현수막이 곳곳에서 나부끼고 있었다. 빈손으로 농성장을 찾는 것도 민망해 인근 가게에서 황남빵 두 봉지를 사들고 농성장을 지키고 있던 L씨를 만났다. 재검토준비단에 환경단체 위원으로 활동했던 L씨와는 불청객으로 찾아갔던 국회 토론회(2019. 7. 3.)와 위원회의 월성원전 방문 때도 별도로 만난 적이 있었다. 호리호리한 체구였지만 강단과 소신이 확고한 시민단체 활동가로 보였다.

L씨에게 지역 종합토론회에 패널로 참여해 줄 것을 간곡히 부탁했다. 토론회에 참여해 시민참여단에게 맥스터 증설의 문제점이 무엇인지 조목조목 설명하는 것이 농성장을 지키는 것 못지않게 효과적일 것이라고 설득했다. 지역 방송사와의 TV토론회도 제안했다. L씨는 즉답을 회피하고 필자에게 세 가지를 요구했다. 첫째, 맥스터 찬성 활동으로 지역실행기구의 공정성을 훼손하고 있는 K위원을 해촉할 것. 둘째, 황성공원과 버스터미널 등에 설치된 맥스터 증설을 찬성하는 홍보탑을 철거할 것. 셋째, 지역실행기구의 회의록을 공개할 것을 요청했다.(다음날 L씨는 시민참여단 종합토론회는 물론, 위원회가 후원하는 TV토론회에도 참여할 의사가 없다고 전해왔다.)

[#3] 이날 저녁에는 경주시장과 회동했다. 보문단지의 고즈넉한 한정식집에서 만찬을 하며 허심탄회하게 심경을 나누었다. 경주시장은 맥스터 증설에 따른 정부의 재정지원 등으로 지역경제 활성화를 도모하겠다는 속내를 감추지 않았다. 경주시가 원하는 것은 맥스터 증설 이후 보상이었다. 산업부도 이미 '선 확충, 후 보상'을 약속한 상태였다. 필자는 맥스터를 증설하게 된

다고 하더라도, 공론화 과정이 공정하지 못하면 지역사회에 큰 혼란과 갈등이 지속될 수 있다고 우려했다. 지역발전 못지않게 지역사회의 갈등을 통합하고 조율하는 것도 시장의 책무라고 조언했다. 조금 전 경주역 광장에서 만났던 L씨가 제시한 요구사항도 전해주었다. 탈핵단체의 반발은 시장도 어찌할 방도가 없는 모양이었다. 신경주역에서 늦은 밤 열차를 타고 상경하면서 필자도 더 이상 할 수 있는 역할이 없음을 절감하게 되었다.

7. 사퇴의 결정적 계기

위원장 사퇴를 결심하게 된 결정적 계기는 경주지역 시민참여단을 모집하기 위한 설문지의 무단 변경이었다. 시민참여단 150명을 모집하기 위한 사전 작업으로 경주시민 3,000명을 대상으로 1차 설문조사를 실시하기 위해, 2020년 4월 24일 숙의분과 자문위원들의 검토를 거친 설문지를 지역실행기구에 전달했다. 그런데 지역실행기구에서는 H위원과 협의한 뒤 설문지를 수정해 조사를 완료한 사실을 1개월이 지난 2020년 6월 3일 임시회의(12차)에서 우연히 듣게 되었다. 당시 화상회의에서 H위원이 "지역실행기구에서 화를 내며 설문지 변경을 강하게 요구해 수정안에 동의하게 되었다"고 발언해 처음으로 알게 되었다. 단순히 문맥을 고친 정도라면 별 문제가 없겠지만, 그동안 지역실행기구의 전력에 미뤄볼 때 핵심적인 내용을 변경했다면 사안이 복잡해질 수 있다고 판단했다.

지원단으로부터 수정된 설문지를 전달받고 심장이 뛰어 밤새 한잠도 잘

수가 없었다. 전체 위원들에게 이메일로 변경된 설문지의 문제점을 조목조목 제시했다. 지원단에는 '경주지역 의견수렴 시민참여단 모집을 위한 설문지 변경 및 시민참여단 재모집'을 위원장 제안 안건으로 28차 회의(2020. 6. 10.) 에 상정해줄 것을 요구했다. 그냥 넘어갈 수 없는 매우 중차대한 사건으로 받아들여졌다. 당초 설문지에 비해 바뀐 내용은 다음과 같다.

첫째, 조사목적이 당초 설문지에서는 "원전 내 사용후핵연료 관리방안을 확정하는데 중요한 자료로 사용"하기 위함이었는데, 변경된 설문지에서는 "월성원전 내 사용후핵연료 저장시설 확충방안 찬반을 결정하는데 중요한 자료로 사용"하기 위함이라고 수정되었다. 조사목적이 사용후핵연료 관리방안이라는 포괄적인 내용에서 임시저장시설 확충여부로 축소된 것이다. 위원회가 확정한 지역 의견수렴 의제는 ①임시저장시설 확충 여부, ②원전 및 임시저장시설 운영 관련 정보가 지역주민들에게 제대로 전달되고 있는지 여부와 개선방안 등 2가지였다. 그런데 변경된 설문지에서는 두 번째 의제와 관련된 6개 문항이 모두 삭제되었다.[55]

---

55 경주지역 시민참여단 모집 이후 2020년 7월 4일 월성원전 반경 5㎞ 이내 주민 95명을 대상으로 실시한 원전 및 임시저장시설 운영 관련 정보에 대한 심층면접에서 주민들은 "원전 운영사(한수원)가 선별하여 제공한 정보는 주민 수요가 반영되지 않아 신뢰수준이 높지 않다"고 응답했다. 정보공개 채널과 방식에 대한 주민들의 반응은 원안위(원자력안전정보공개센터)와 한수원(열린원전운영정보)이 운영하는 홈페이지에 대한 부정적 인식이 높았으며, 다양한 채널을 통해 선제적이고 상시적인 정보제공이 필요하다고 지적했다. 또 민간환경감시기구 등 지역소통기구에 대해서는 내부갈등과 활동공유 미비, 소통부재 등으로 신뢰가 낮은 것으로 나타났다.(재검토위원회 권고안, 2021: 38) 이에 대해 재검토위원회도 산업부에 제출한 권고안에서 "원전 및 임시저장시설 운영 정보의 지역주민 공유와 관련해서 다양한 주민들의 추가적인 요구를 확인한 바, 정부와 원전사업자는 법령상 공개 가능한 정보를 최대한 투명하게 공개하고 적극적인 설명과 소통 활동을 전개하여 원전 및 임시저장시설의 안전성에 대한 국민의 신뢰를 축적할

둘째, 원전 및 임시저장시설 운영과 관련된 삭제 문항으로는 [문2] "…원자력발전소 운영에 관련된 정보를 충분히 받고 있다고 생각하십니까?" [문3-1] "…원자력발전과 방사선, 핵연료와 방사성폐기물의 안전 등에 관한 정보를 공개하고 있는데 이에 대해 알고 계십니까?" [문3-3] "원전소재지역주민과의 소통과 협의를 위해 원전안전협의회, 민간환경감시위원회, 원전소통위원회를 운영해 왔는데 이에 대해 알고 계십니까?" [문4] "우리나라 원자력발전정책이 어떠한 방향으로 나아가야 한다고 생각하십니까?"였다. 특히 원전 정책에 대한 [문4]는 매우 중요한 문항임에도 불구하고 지역실행기구에서 일방적으로 삭제한 것은 심각한 사안으로 받아들여졌다.

셋째, 당초 설문지에는 임시저장시설과 관련된 핵심 문항인 [문5]와 [문6] 서두에 임시저장시설의 안전성에 대한 상반된 입장 설명과 임시저장시설의 확충 필요성에 대해서도 다른 견해가 있다는 내용이 포함되어있었는데 모두 삭제되었다. 특히 [문5] 서두의 "…일부 사람들은 임시저장시설이 안전성 확보를 위해서는 보다 엄격한 기준이 적용되어야 한다고 생각하고 있다"는 부분과 [문6] 서두의 "…원자력발전소를 계획된 시점보다 더 일찍 폐쇄하거나 원전 가동을 일시적으로 중단하거나 전기생산량을 줄여서 사용후핵연료 발생량을 줄이는 방안도 고려할 필요가 있다는 의견도 있다"는 부분은 임시저장시설 확충을 원하는 측에서는 불편한 언급이 될 수도 있었을 것이다. 이 부분은 변경된 설문지에서는 모두 삭제되었다.

수 있도록 노력해 주시기 바란다"고 적시했다.(재검토위원회 권고안, 2021: 70.)

「시민참여단 모집」 관련 질문

문1] 귀하께서는 경주 월성 원자력발전소 내 사용후핵연료 임시저장시설이 운영되고 있는 것을 알고 계십니까?

1) 매우 잘 알고 있다 2) 들어는 보았으나 잘 알지 못한다
3) 처음 듣는 이야기이다

문2] 귀하께서는 경주 월성 원자력발전소에서 운영되고 있는 사용후핵연료 임시저장시설의 포화가 다가오고 있는 것을 알고 계십니까?

1) 매우 잘 알고 있다 2) 들어는 보았으나 잘 알지 못한다
3) 처음 듣는 이야기이다

문3] 최근 사용후핵연료 임시저장시설의 포화에 대비하여, 원자력안전위원회는 월성 원자력발전소 사용후핵연료 저장시설의 추가 건설을 승인했습니다. 귀하께서는 이에 대해 알고 계십니까?

1) 매우 잘 알고 있다 2) 들어는 보았으나 잘 알지 못한다
3) 처음 듣는 이야기이다

문3-1] 귀하께서는 월성 원자력발전소 사용후핵연료 저장시설 추가 건설 시 가장 중요하게 고려해야하는 것은 무엇이라고 생각하십니까?

1) 안전성 2) 경제성 3) 주민수용성
4) 기타(______________________________)

문4] 경주시 소재 월성 원자력발전소 부지 내에 사용후핵연료를 보관할 임시저장 시설을 추가로 건설하는 것에 대해 귀하께서는 어떠한 생각을 하고 계십니까? 1점부터 7점까지 응답해 주시기 바랍니다. 1은 매우 반대함을 의미하고 7은 매우 지지함을 의미합니다.

매우 반대			중간			매우 지지
1	2	3	4	5	6	7

문5] "사용후핵연료 관리정책 재검토위원회"와 "월성원전 지역실행기구"에서는 월성원전 부지 내에 사용후핵연료를 보관할 임시저장시설을 추가로 건설하는 것에 대한 투명한 의사결정에 참석할 시민참여단을 모집하고 있습니다. 시민참여단은 사전워크숍(1일)과 토론회(1일 또는 2일)에 각각 참석하게 됩니다. 현재까지 코로나19 대응을 위한 '사회적 거리두기' 등으로 진행 방식은 변동이 있을 수 있으나 시민참여단이 사전워크숍과 토론회 모두 참석하실 경우 **약 40만원의(사전워크숍 20만원, 토론회 20만원, 단 사전워크숍, 토론회 모두 참여시 지급)참석 사례비(교통비, 식비 별도)를 제공해 드릴 예정입니다. 귀하께서는 시민참여단에 참여할 생각이 있으십니까?**

1) 참여할 생각이 있다 2) 참여할 생각이 없다 3) 상황에 따라 다르다

[그림 1-1] 변경된 설문지(2020. 4. 29.)
※ 자료출처: 재검토위원회 지역 의견수렴 모집단 자료집(2020)

넷째, 당초 설문지가 중립적이고 객관적인 문항으로 구성되었다면, 변경된 설문지는 임시저장시설의 확충을 유도하는 문항으로 의도적으로 짜여졌다. 변경된 설문지는 [문2]에서 월성원전 임시저장시설의 포화가 임박했다고 알린 뒤, 이어지는 [문3]에서 원자력안전위원회에서도 추가건설을 승인했으니, [문3-1]에서 추가건설을 전제로 고려사항을 묻고, [문4]에서 임시저장시설 추가건설에 대한 의견을 조사하는 구조로 설계되었다. 당초 설문지에 비해 설문 문항이 임시저장시설 증설에 찬성하도록 의도적으로 구성되었다고 볼 수밖에 없었다.

지역실행기구에서는 이 같은 설문지 변경에 대해 2020년 6월 10일 오전에 개최된 위원회와의 협의 채널 화상회의에서 "지역 특성상 고령층을 대상으로 설문조사를 실시해야 하는 여건을 고려해 복잡한 문항을 단순화했을 뿐"이라고 설명했다. 위원회의 지역 의견수렴 결과설명회 자료(2020. 8. 26.)에도 "고령층이 많은 지역적 특성 등을 고려해 위원회와 협의 후 일부 문항을 수정하였다"고 적혀 있다. 그러나 모집단 구성을 위한 사전조사는 일반적인 전화조사가 아니라, 면접원이 현장에서 직접 대면해 조사하는 출구조사 방식이어서 문항이 복잡하다는 해명만으로는 설득력이 떨어진다. 또 위원회와 협의를 거쳤다는 부분도 짧은 기간에 누구와 언제 논의했지 의문이었다. 설문지가 지역실행기구에 전달된 날은 4월 24일(금)이었고, 변경된 날은 4월 29일(수)이었다. 주말이 끼여 협의할 시간은 4월 27일(월)과 4월 28일(화) 이틀에 불과했다.

이날 오전 지역실행기구 화상회의에 이어 오후에 열린 28차 회의에서는 설문지 변경이 주요 안건이었다. 설문지 변경이 단순한 문구 수정이 아니라, 설문조사의 객관성과 중립성을 훼손하고 있기 때문에 모집단을 재구성할 것을 제안했지만 반대의견도 많았다. 설문조사를 다시 실시할 경우 시민참여단 구성이 3~4주 지연될 수 있고, 대외적으로도 상당한 혼란과 갈등을 야기할 수 있는 민감한 사안이었다. H위원이 임시저장시설 추가건설에 대한 찬반 의견은 제외하고 지역 · 성별 · 연령만 고려해 무작위 추출하는 절충안을 제시했다. 다른 위원들도 동의해 시민참여단 구성에 임시저장시설에 대한 찬반의견은 반영하지 않기로 결정되었다. 변경된 설문지로 경주시민 3,000명을 대상으로 사전조사를 실시한 결과, 임시저장시설 추가건설에 대한 찬성 40.6%, 반대 32.8%로 나타났다.

> "설문지 작성 등 지역 의견수렴 진행과 관련해 지역실행기구와 협의 채널을 통해 충분히 협의가 진행되지 못했던 부분에 대해서는 분명하게 이의제기하였습니다. 다만 소통이 원활하지 않았던 점은 있었으나 현실적으로 지금 시점에서 의견수렴 과정을 원점으로 돌리는 것은 어렵다고 봅니다."(H위원, 28차 회의록, 2020. 6. 10.)

> "월성원전 지역실행기구와 소통이 부족했고 위원회 내부적으로도 소통이 부족하다고 생각합니다. 앞으로 지원단에서는 지역 의견수렴 진행과 관련한 사항에 대해서는 최대한 정보를 신속히 공유하여 주시기 바랍니다."(I위원, 28차 회의록, 2020. 6. 10.)

필자는 이날 회의에서 모집단 재구성을 더 이상 고집하지 않았다. 어차피 사퇴할 위원장이 일을 더 복잡하게 만들고 싶지 않았다. 각자 가야 할 길을 갈 때가 되었다고 판단했다.

8. 산업부의 DNA 논쟁

사퇴를 결심하고 나서 지원단에 장관 면담을 요청했다. 산업부 장관에게 사퇴 이유를 직접 설명하고 위원회 재구성을 요구할 작정이었다. 산업부의 답변은 에너지 문제는 차관이 전담하므로 차관과의 면담 일정을 잡겠다고 통보해왔다. 기억과 메모를 더듬어 보면 2020년 6월 8일 오후, 정부서울청사(광화문)에서 산업부 차관과 나눈 대화의 요지는 대략 이렇다.

(위원장) "차관님, 설문지가 변경된 것 보고받으셨지요? 제가 보기에는 공정한 의견수렴을 저해하는 매우 심각한 사안입니다. 그리고 종합토론회를 앞두고 시민사회계의 입장을 대변해 줄 수 있는 패널도 구성하지 못했습니다. 제가 사퇴할 터이니 위원회를 새로 구성하는 것이 좋겠습니다."

(차관) "지금 와서 위원장님이 사퇴하시면 재검토위원회가 해체될 수 있습니다. 사퇴를 재고해 주십시오. 저희가 무엇을 해 드리면 되겠습니까?"

(위원장) "공론화는 공정성, 대표성, 숙의성, 수용성 확보가 관건인데 이 네 가지 원칙 가운데 어느 하나도 충족하지 못하고 있습니다. 이 상태에

서 공론화를 진행하면 더 심각한 혼란과 갈등을 야기할 수 있습니다."

(차관) "위원장님이 말씀하신 네 가지 원칙을 지킬 수 있도록 하겠습니다."

(위원장) "아니, 지금까지 하나도 지켜지지 못했는데 어떻게 이제 와서 지키시겠다는 겁니까?"

(차관) "저는 실무자가 아닙니다. 정부를 그렇게 못 믿고서야 어떻게 일을 할 수 있겠습니까?"

(위원장) "산업부의 DNA가 원래 그렇습니다. 방폐장을 짓겠다고 하면서 안면도 사태, 굴업도 사태, 부안 사태 등등을 야기한 전력을 보면 알 수 있지 않습니까?"

(차관) "안면도는 산업부가 추진한 것이 아닙니다. 당시 과기처에서 주관한 것입니다."

사퇴 반려 요청에도 소신을 굽히지 않았고 분위기는 냉랭해졌다. 대책을 논의하자는 제안에 따라 이튿날 오후, 정부서울청사에서 다시 회동했다. 필자는 두 가지 대안을 제시했다.

첫째, 현재 위원회가 처한 상황에서는 전국 및 지역 의견수렴 종합토론회에 시민사회계의 입장을 대변할 수 있는 패널을 구성할 수 없으니 산업부가 나서서 이 문제를 해결해 달라고 요구했다. 둘째, 위원 15명 가운데 4명이 사실상 사퇴한 상태이니 이들을 해촉하고 시민사회계 인사로 위촉해 위원회를 재구성하라고 제안했다. 산업부에는 시민사회계 인사 2명과 원자력계 인사 2명을 추가로 위촉하는 방안을 추진하겠다고 답했다. 탈핵단체와도 대화에 나서겠다고 언급했다.

그러나 다음 회의(2020. 6. 24.) 가 열릴 때까지 아무런 진전이 없었다. 위원장 사퇴를 계기로 산업부가 시민사회계와 적극적인 물밑접촉에 나서 국면전환을 시도할 것으로 기대했으나 별로 활동하지 않았던 것으로 들었다. 28차 회의(2020. 6. 19.)에서 전국 의견수렴 1차 종합토론회 일정을 당초(6. 19. ~21.) 보다 3주 연기한 것(7. 10. ~12.)은, 대외적으로는 코로나19 확산이 명분이었으나 실상은 산업부가 움직일 수 있도록 시간을 벌어주기 위해서였다.

9. 현실론과 원칙론의 공방

2020년 6월 24일 29차 회의가 열리던 날, 코로나19 여파로 이날도 화상회의로 진행되었지만 위원회 사무실에서 회의를 주재했다. 사퇴를 결심한 상황에서 뒷정리도 필요했고 지원단과 작별인사도 하기 위해서였다. 모두발언을 통해 전국 및 지역 의견수렴을 위한 종합토론회가 공정하게 진행되기 위해서는 찬반진영 간 토론의 균형이 맞아야 하는데, 시민사회계의 참여거부로 패널 구성도 어렵게 되었다며 상황을 설명했다. 경주방문 결과에 대해서도 소상히 전달했다. 현 상태에서 위원회의 진로에 대한 각자의 의견제시를 당부했다. 공론화 일정을 중단하고 새로운 활로를 모색해야 한다는 원칙론과 제한적인 여건이지만 계속 진행해야 한다는 현실론으로 입장이 갈렸다. 위원회 활동을 중단해야 한다는 발언 요지는 다음과 같다.

"현 상황에서 1차 종합토론회의 패널 구성은 문제가 있다고 생각합니다.(정책결정체계와 부지선정절차, 지원원칙 등이 의제인) 2차 종합토론회 명단이라면 이해할 수 있지만, 1차 토론회는 영구처분 및 중간저장시설 확보와 관련된 전문적인 의제를 다루므로 비전문가는 답변하기가 어려울 수도 있습니다. 원자력계 전문가들만 답변하게 된다면 시민참여단에게 한쪽으로 기울어진 정보를 제공하게 됩니다."(A위원, 제29차 회의록, 2020. 6. 24.)

"그간 위원회가 독립성과 중립성을 지키기 위해 노력했다고 생각하지만, 최근에는 전문가로서 양심상 흔들리는 경험을 여러 차례 하였습니다. 사용후핵연료에 대한 국민들의 관심이 부족한 상태에서 관련 홍보도 제대로 되지 않고 있습니다. 지역실행기구와 위원회간에도 정보가 제대로 공유되지 않는 상황을 겪으면서 무력감을 느꼈습니다. 종합토론회를 기울어진 상태에서 그대로 진행하기는 어렵다고 봅니다."(B위원, 29차 회의록, 2020. 6. 24.)

"향후 의견수렴 결과를 정부에 전달했을 때 외부에서는 절차에 하자가 있다고 문제를 제기할 것이고 이로 인해 정책 이행 시 더 많은 어려움을 겪게 될 수 있습니다. 특히 월성원전의 경우 의견수렴 절차가 공정하지 않은 것처럼 부각되고 있습니다. 의견수렴이 공정하게 진행될 가능성이 없다면 새로운 위원회를 재구성하는 것이 나을 수 있습니다."(C위원, 29차 회의록, 2020. 6. 24.)

이에 대한 반론으로 공론화 일정을 예정대로 지속해야 한다는 위원들과 지원단의 발언 요지는 다음과 같다. 위원장의 상황설명에 가장 먼저 반론을 제기한 것은 지원단이었다. 주요 안건이 상정될 때마다 지원단(산업부)은 제안설명에 그치지 않고 적극적으로 의견을 개진해왔다.

"정부 차원에서 시민사회계를 설득하기 위한 노력을 지속하고 있습니다. 위원회가 아무런 논의도 하지 않는 방식으로 의견수렴 절차를 지연시켜서 결과적으로 원전소재지역주민들에게 의견수렴의 기회를 박탈하는 것이 공정한 것인지에 대해서는 의문입니다."(지원단, 29차 회의록, 2020. 6. 24.)

"공론조사를 통해 정책결정에 필요한 자료를 모으는 것과 갈등을 해결하는 것을 혼동해서는 안 된다고 생각합니다. 지금 와서 논의를 중단하자고 하시는 분들의 의견은 갈등 해결에 가깝습니다. 위원회 출범부터 시민사회계가 보이콧한 상황은 모두 인지하고 있었습니다. 탈핵시민사회계가 참여하지 않는 종합토론회가 바람직하지는 않지만, 한계가 있더라도 현재 상황에서 절차적 공정성을 최대한 확보해서 의견수렴 절차를 진행해야 합니다. 원칙적으로 공론장은 참여 의지가 중요한 변수인데 참여하지 않겠다는 사람 때문에 의견수렴 과정을 중단한다면 애초에 재검토위원회 자체가 출범해서는 안 되었을 것입니다. 위원회 존재를 부정하는 집단이 참여하지 않았다는 이유로 위원회 활동을 중단하자는 주

장은 이해할 수 없습니다."(D위원, 29차 회의록, 2020. 6. 24.)[56]

"앞으로 국내에서 사용후핵연료 관리정책에 대한 재검토를 여러 번 더 해야 할 수도 있을 것입니다. 재검토위원회는 시작점일 수 있습니다. 한계는 존재하지만 이러한 경험이 쌓여가는 것이기 때문에 재검토위원회는 그대로 진행하는 것이 좋다고 생각합니다."(E위원, 29차 회의록, 2020. 6. 24.)

"한계가 있는 상황에서도 의견수렴을 마무리하는 것도 의미가 있기 때문에 논의를 중단하는 것은 바람직하지 않습니다. 종합토론회를 다시 연기해도 상황이 달라질 것으로 보이지 않습니다."(F위원, 29차 회의록, 2020. 6. 24.)

이날 회의 결과는 6대 3으로 전국 및 지역 의견수렴 일정을 예정대로 진행하는 것으로 결정되었다. 필자는 현 상황에서 공론화를 지속하는 것은 양심과 소신을 속이는 일이라며 위원장을 사퇴하겠다고 밝혔다. 사퇴 발언이 끝나자마자 지원단장이 나서 새 위원장을 즉시 선출해줄 것을 요구했다. 필자가 발언하는 도중에도 지원단장은 연신 휴대폰으로 어딘가와 연락하는 모

56 D위원은 재검토위원회의 역할과 목적이 "공론조사를 통해 정책결정에 필요한 자료를 모으는 것"이라는 입장을 수차례 반복하였고 몇몇 위원도 이에 동의하고 있었다.

습이었다. 끝까지 회의를 마무리하는 것이 도리라는 생각해 후임 위원장 후보를 추천해 달라고 했다. 분위기가 어색해지고 아무도 후보를 추천하지 않자 L위원이 "위원장이 사퇴한 오늘 바로 새 위원장을 선출하는 것이 적절하지 않은 것 같다"며 임시회의를 열어 새 위원장을 선출하자고 제안했다. 그렇게 마지막 회의를 끝내고 전철역으로 걸어가는 발걸음이 너무 홀가분했다.

10. 달개비에서 사퇴 기자회견

처음에는 혼자 조용히 물러날까 생각했다. 굳이 일을 벌여 산업부를 곤란하게 할 필요가 있을까 싶었다. 그러나 공론화 과정에서 불거진 문제점이 너무 심각한데 아무 일도 없었다는 듯이 사라지는 것은 무책임하고 비겁한 처사라고 판단했다. 그래서 기자회견을 열기로 작정했다. 문제는 갑자기 기자회견장을 물색하기가 쉽지 않았다. 접근성이 좋고 모양새도 그럴듯한 광화문 프레스센터는 이미 대관이 완료된 상태였다. 대한상공회의소 세미나실은 기자회견 명목으로는 대관이 어렵다고 했다. 차선책으로 서울시청 인근의 레스토랑 달개비로 정했다.

산업부 기자실로 사퇴 기자회견문을 보냈지만 시간이 촉박하게 전달되었다는 이유로 (기자실 여직원이) 출입기자들에게 전해 줄 수 없다고 했다. 기자 출신인 필자도 황당하기 그지없는 답변이었다. 일일이 언론사로 기자회견문을 보냈다. 2020년 6월 26일 오전 10시에 열린 기자회견장에는 20여 명의 기자들이 참석했다. 필자를 위원으로 추천했던 한국갈등학회의 임원들도 배석해 주었다. 사퇴 소식을 전해 들은 갈등학회 임원들은 기자회견 전날 저녁에 긴급회동을 갖고 전임 회장 등 임원 4명이 배석하기로 결정하였다. 전임 회장인 K교수는 "위원장을 추천한 학회로서 무한책임을 져야 한다"며 적극적으로 나서 주었다. 학회 임원들은 기자회견이 자칫 무산될지도 모를 만일의 사태에 대비해야 한다며 아침 일찍 기자회견장으로 나와 대기하고 있었다.

사퇴 이유에 대한 기자들의 질문이 쇄도했다. 1년도 지난 시점에서 갑자기 사퇴하게 된 결정적인 계기를 묻는 기자도 있었다. 공정하고 균형있는 전문가 패널조차 확보하기 어려워진 상황을 설명하고, 지역 의견수렴을 위한 설문지가 변경된 것도 작용했다고 밝혔다. 사퇴가 무책임한 것이 아니냐는 질문에 대해서는 "공론화 과정에서 불거진 문제가 심각하고 시민사회계가 보이콧한 상태에서 일정을 강행할 경우에 더 큰 혼란과 갈등이 우려되기 때문에 불가피했다"고 답변했다.[57]

필자가 사퇴한 이후 K위원과 J위원도 뒤이어 사퇴했다. 두 위원은 필자와 마찬가지로 한국갈등학회 추천위원으로 제대로 된 공론화를 해보자고 가장 열심히 활동했던 위원이었다. 두 위원이 없었다면 위원장직을 수행하기

---

57 필자는 기자회견문에서 '성공적인 재공론화를 위한 제안'으로 4가지를 제시했다. ①재공론화는 탈핵시민사회계를 포함해 사용후핵연료와 관련된 이해당사자들이 포괄적으로 참여하는 논의구조로 재설계되어야 한다(위원회 재구성). ②재공론화는 원전 산업정책 주무부처인 산업통상자원부가 아닌 대통령 직속 또는 국무총리 산하 기구에서 추진해야 중립성과 공정성을 담보할 수 있다. ③탈핵 시민사회계는 국민의 안전과 미래세대를 위한 합리적인 대안을 모색하기 위해 진지하고 성실한 자세로 재공론화에 임해야 한다. ④원전소재지역의 의견수렴을 위해 구성된 지역실행기구는 지역사회의 다양한 의견을 폭넓게 수렴할 수 있도록 재구성되어야 한다.

어려웠을 것이다. K위원은 25개에 달하는 복잡하고 난해한 공론화 의제를 일일이 재정리하는 등 가장 힘든 작업을 맡아주었다. 전문가검토그룹(1)의 논의를 주관하면서 위원회 내에서는 사용후핵연료 문제에 가장 정통한 위원이었다. K위원은 초기부터 장기 과제인 전국 의견수렴보다도 뜨거운 감자로 부각된 원전소재지역의 갈등 해결이 관건이라고 갈파했다. K위원은 전체 위원에게 이메일로 보낸 '사퇴의 변'(2019. 6. 29.)에서 "공정하고 중립적으로 운영된 토론과 숙의과정을 거쳐서 양질의 공론을 만들어 낼 수 있을 것으로 기대했으나, 현실은 안타깝게도 균형 잡힌 토론과 성숙한 숙의과정을 담보할 수 없게 되었다"며 "학생들을 가르치는 갈등관리 전문가로서 더 이상 위선자가 될 수 없다고 판단해 사퇴한다"고 밝혔다.

J위원은 소통TF 팀장을 맡아 시민사회계와 대화의 장을 마련하느라 고군분투했다. 대부분 위원들이 바쁘다는 이유로 출장을 꺼려한 원전소재지역 방문에도 빠짐없이 동행했다. 지역 의견수렴 범위를 놓고 울산지역 탈핵단체들의 거센 항의를 받으면서도 이들과 소통하려고 가장 앞장서서 노력한 위원이었다. K위원과 분담해 전문가검토그룹(2) 회의를 주관하였고 숙의자료집 제작에도 헌신적으로 참여하였다. 재검토준비단의 방대한 회의 속기록을 전부 읽고 파악할 정도로 열성적이었다. 지면을 빌어 K, J 두 위원에게 진심으로 감사한 마음을 전한다.

4장
국감장 도마에 오른 공론화

1. 8개월 만에 돌아온 위원

위원장 사퇴 이후 1주일 만인 2020년 7월 1일, 새 위원장을 선출하기 위한 임시회의가 열렸다. 지난 회의에서 지원단장은 즉시 새 위원장을 선출해 줄 것을 요구했으나 C위원이 차기 회의에서 선출하자고 제안해 미루어진 것이다. 필자는 A위원이 새 위원장이 될 것으로 예상했다.[58] A위원은 위원회 운영 및 의견수렴 방법 등을 둘러싸고 필자와 상반된 입장을 견지해온 위원으로 전국 의견수렴보다 지역 의견수렴을 먼저 할 필요가 있고, 공론화 일정은 중단없이 계속 진행되어야 한다고 가장 앞장서서 주장했기 때문이었다.

예상대로 A위원이 첫 번째로 새 위원장으로 추천을 받았으나, "학교에서 보직을 맡고 있어 위원장을 맡기가 현실적으로 어렵다"며 고사했다. 대신 A위원은 "B위원님이 가장 균형감이 있으시고 과학기술에 대한 지식과 경험이

58 여기서 언급된 A, B, C, D위원은 앞선 A, B, C, D위원과 다른 인물이다. 본서에서 사용된 A, B, C, D… 영문 이니셜은 특정 인물을 지칭하지 않고 알파벳 순서대로 나열했음을 밝힌다.

많으시므로 위원장에 더 적합하다"고 추천했다. 그러자 B위원이 "균형과 중립이 필요한 위원장을 과학기술계 전문가가 맡기에는 한계가 있다"며 "현재 대변인을 맡고 계신 C위원님이 위원장을 맡으시고 새 대변인을 선출하는 방안"을 제안했다. 이에 대해 C위원은 "갑자기 대변인이 바뀐다면 기자들 입장에서도 굉장히 당혹스러울 것으로 생각되기 때문에 대변인을 계속 맡았으면 좋겠다"며 "과학기술계 전문가이신 B위원님이 위원장을 맡아주셨으면 한다"고 거듭 추천했다. 결국 B위원이 새 위원장으로 선출되었다.(임시 13차 회의록, 2020. 7. 1.)

이날 임시회의에는 낯익은 두 위원이 거의 8개월 만에 모습을 드러냈다. 오래전에 사실상 사퇴했던 D, E위원이 갑자기 등장해 깜짝 놀랐다. 두 위원은 전국 및 지역 의견수렴의 순서 문제로 격론을 벌였던 13차 회의(2019. 11. 13.) 이후 한 번도 출석하지 않았다. 두 위원은 13차 회의에서 "위원회가 해야 할 일을 하지 않는다"며 위원회 운영에 매우 강하게 이의를 제기했다. D위원은 이후 이메일로 사퇴 의사를 밝혔고(2019. 11. 27.), 지원단에도 사퇴서를 제출했으나 그동안 수리되지 않았다. E위원도 D의원과 비슷한 사유로 모습을 드러내지 않았는데 새 위원장을 선출하는 임시회의에 참석한 것이다. 두 위원은 이후 2021년 3월 위원회 활동이 종료될 때까지 거의 매회 출석한 것으로 회의록에 기록되어있다.

D, E위원의 합류로 재적인원은 10명으로 확보되었고, 이후 출석률은 90%에 달할 정도로 좋아졌다. 만일 두 위원이 합류하지 않았다면 총 15명으로 출발한 위원회가 절반 수준인 8명으로 줄어들어 운영 자체가 불투명해질 수도 있었다. 위원장을 포함한 3명은 2020년 6월 동반 사퇴하였고 2명은 이

미 사퇴가 수리된 상태였다. 이러한 상황에서 D, E위원의 복귀를 위해 산업부가 적극적으로 노력했던 것으로 추측된다. 지원단은 2020년 3월에도 두 위원을 찾아가 회의에 참석하지 않더라도 공식적인 사퇴는 보류해 달라고 부탁한 것으로 전해 들었다.

D, E위원과 함께 F, G위원도 사실상 사퇴한 상태였다. F위원도 2019년 10월부터 회의에 참석하지 않고 있었다. F위원은 시민사회계와의 소통을 중시해 환경단체와 비공식 모임을 주선하기도 했다. F위원은 탈핵단체들이 공론화를 보이콧하고 있는 상황에서 위원회 활동에 부담을 느껴왔다고 했다. 2020년 3월부터 불출석한 G위원은 출범 초기부터 "시민사회계의 보이콧이 계속되면 위원회를 해체하는 것도 한 방법"이라고 주장할 정도로 시민사회계를 적극 설득해야 한다는 입장이었다.

위원회는 출범 초기부터 출석률 저하로 시민사회계와 언론으로부터 중립적 인사로 구성된 한계라는 지적을 받아왔는데 4명의 장기 결석으로 문제가 더욱 심각해졌다. 과반수 출석으로 개회되는 정족수(8명)를 확보하지 못해 위원장이 일일이 전화로 참석을 독려한 경우도 여러 번 있었다. 정족수 문제도 해결하고 새로운 돌파구를 마련하기 위해 산업부에 장기 결석 4명에 대한 해촉을 요청했다. 결과적으로 2020년 5월 25일 F, G위원만 해촉되고 D, E위원에 대한 해촉은 보류된 상태에서 필자의 사퇴 이후 복귀한 것이다. 산업부가 둔 '신의 한 수'라고 할 수 있었다.

2. 서울은 '비밀작전', 경주는 '골방' 공론화

전국 공론화의 시민참여단 1차 종합토론회가 열린 2020년 7월 10일, 정의당 류호정 의원은 메인 행사장으로 공지된 서울 코엑스를 방문했다가 발길을 돌려야 했다. 류 의원은 이날 오전에야 코엑스에서 종합토론회가 열리는 줄 알고 직접 방문했으나 모두 철수하고 행사장이 변경되었다는 사실을 뒤늦게 알고 허탈했다. 류 의원은 위원회에 전화를 걸었으나 아무도 받지 않았고, 나중에야 서울시내 모호텔에서 종합토론회가 '비밀리에' 진행된 것을 알았다며 분개했다.(류호정 의원 보도자료, 2020. 7. 24.)

1차 종합토론회는 서울에서 메인 행사를 진행하고 시민참여단은 시 · 도별로 마련된 13개 행사장에서 화상으로 참여하는 방식이었다. 앞서 개최된 시민참여단 오리엔테이션(2020. 5. 23.) 도 울산지역 행사장을 탈핵단체들이 점거해 무산된 경험이 있었기 때문에 급히 장소를 변경한 것으로 알려졌다. 이를 두고 탈핵단체에서는 공론화가 마치 '007 첩보영화'를 방불케하는 비밀작전이었다고 비난했다.

고준위핵폐기물전국회의와 탈핵시민행동 등 탈핵단체들은 1차 종합토론회 첫날인 7월 10일 서울 코엑스 동문 앞에서 기자회견을 열고 "사용후핵연료 관리정책 재검토를 중단하라"고 촉구했다. 일부 회원들은 행사장이 변경된 서울시내 모 호텔로 몰려가 "재검토위가 문을 걸어 잠그고 밀실 공론화를 진행한다"며 항의했다. 이들은 "전국 공론화 시민참여단 오리엔테이션은 전날 오전까지도 재검토위 홈페이지나 언론, 그 어디에도 공론화 사실을 공개하지 않았다"며 "핵산업 진흥부처인 산업부가 일방적으로 의견수렴을 강행하는 것은 공론화를 빙자한 국가 폭력"이라며 강도 높게 비판했다.(울산제일일보, 2020. 7. 12.)

전국 의견수렴 1차 종합토론회(2020. 7. 10. ~12.) 는 3일간 각 시 · 도별로 분산된 행사장에서 실시되었다. 토론회 방식은 전문가 발표와 패널토의, 분임토의, 질의응답 순으로 진행되었다. 광주 · 전남에서는 코로나19 확산으로 시민참여단이 행사장에 모이지 않고 전면 온라인 방식으로 전환되었고, 대구 · 경북 지역에서는 탈핵단체가 행사장에 들어와 진행을 저지하는 바람에 시민참여단이 각자 집으로 돌아가 온라인으로 진행되었다.(31차 회의록, 2020. 7. 22.)

울산환경운동연합 L사무처장은 '오만과 불통으로 얼룩진 재검토 공론화'라는 기고문에서 "전국 단위 의견수렴 프로그램을 진행하면서 토론회 장소와 발표자, 자료 등을 공개하지도 않고, …마치 첩보 작전을 수행하듯 철저하게 비밀리에 진행했다"며 "지역주민들과 시민사회의 의견 참여 기회를 차단한 채 밀실에서 요식절차로 진행하는 공론화로는 어떠한 정당성도 부여받을 수 없고 불신과 반발만 불러일으킬 따름"이라고 성토했다.(울산저널, 2020. 7. 15.)[59]

---

59 이 같은 파행 운영에 대해 위원회는 "2020년 5월 23일 전국 시 · 도별로 개최된 시민참여단 오리엔테이션에 일부 지역은 지역주민단체가 회의장에 진입하여 행사가 중단되기도 하였으나 추후 온라인 오리엔테이션으로 전환하여 마무리하였고, 핵심 프로그램인 1차 종합토론회(2020. 7. 10.)에서도 물리적 방해가 있었지만 행사 장소 변경 등을 통해 토론회와 2차례의 설문조사를 차질 없이 마무리하였다"고 자평했다. 2차 종합토론회(2020. 8. 1. ~8. 2.) 도 "코로나19 상황 악화로 온라인으로 진행하였지만 2차례의 리허설과 실시간 기술지원 등을 통해 50개 분임조로 구성된 시민참여단이 토론회에 집중할 수 있었다"고 평가했다.(재검토위원회 권고안, 2021)

경주 '골방 공론화'의 실상

2020년 6월 27일 오후, 경주지역 시민참여단 오리엔테이션이 열릴 예정이었던 경주 화백컨벤션센터(HICO) 앞은 말 그대로 아수라장이었다. 경주환경운동연합, 울산 북구 주민대책위, 경주 양남면 대책위 등 맥스터 반대단체들이 시민참여단을 태우고 행사장으로 진입하려던 버스를 가로막고 출입을 봉쇄했다. 걸어서 행사장으로 들어가려던 일부 시민참여단과 실랑이도 벌어졌다. 대형버스에 타고 있던 시민참여단은 내리지도 못하고 1시간여 동안 갇혀 있었다.

지역실행기구는 오리엔테이션을 진행하기 어렵다고 판단해 급히 행사장을 안전한(?) 원자력환경공단 대회의실로 변경했다. 협소한 장소 사정으로 분임토의는 진행되지 못했고 설문조사와 조사기관 및 재검토위원회의 발표, 질의응답으로 행사를 마무리할 수밖에 없었다. 일부 시민참여단은 오리엔테이션 참가를 포기하고 귀가하기도 했다.

오리엔테이션이 파행되자 지역실행기구는 시민참여단을 대상으로 한 종합토론회가 무산될 것을 우려해 온라인 토론회로 대체하였다. 당초에는 시민참여단의 연령이 높고 온라인 토론에 익숙하지 않다는 점을 감안해 대면 토론회를 갖기로 계획하였지만, 각자 집에서 노트북으로 토론회에 참여하는 방식으로 전환되었다.

위원회는 "오리엔테이션 이후 진행된 숙의학습과 종합토론회 등은 코로나19 악화로 인해 온라인 방식으로 개최됨에 따라 추가적인 돌발 상황은 발생하지 않았으며, 고령층 시민참여단이 많은 점을 감안해 별도의 지원 인력이 온라인 숙의학습을 돕는 등 시민참여단의 토론회 참여를 맞춤형으로 지원한 결과, 최초 오리엔테이션에 참석한 145명 전원이 종합토론회(2020. 7. 18. ~19.) 종료 시점까지 참여하는 성과를 거두었다"고 자평했다.(재검토위원회 권고안, 2021)

이에 대해 '월성원전 핵쓰레기장 추가시설 반대 경주시민대책위원회'는 "시민참여단이 한자리에 모여 토론회를 보고 질의응답을 해도 복잡한 사안인데 노트북 조작도 서투른 가운데 각자 집에서 온라인으로 방청하는 '골방 공론화' 형태로 졸속 진행되었다"며 "토론자로 나온 전문가 3명도 책임 있게 답변하지 못했고, 질의응답 시간이 짧아 질문을 아예 못한 분임조도 있었다"고 성토했다. 위원회는 이에 대해 "145명 시민참여단의 각 가정에 보조원이 1명씩 배치되어 노트북을 들고 직접 방문해 온라인 토론회 진행에 차질이 없도록 했다"며 "모든 과정을 홈페이지에 게재할 예정이므로 이를 다 지켜본 뒤 판단해 주셨으면 한다"고 해명했다.(한국일보, 2020. 7. 21.)

지역 종합토론회에서는 임시저장시설 확충에 대한 찬반 입장을 발표할 예정이었으나, 반대 입장을 가진 전문가 섭외가 어려워 찬성과 반대의 주장과 근거를 재검토위원회에서 발표하는 형태로 진행되었다.(30차 회의록, 2020. 7. 8.) 이러한 연유로 종합토론회에서는 상반된 입장을 지닌 전문가들의 견해를 듣고 숙의하는 과정이 제대로 진행되기 어려웠다. 탈핵진영의 사용후핵연료 전문가들이 불참한 가운데 임시저장시설의 법적 성격과 운영기간, 해외 사례, 중간저장과 임시저장의 차이, 안전성과 시설규모 등 핵심 쟁점에 대한 심층 토론은 근본적으로 불가능한 구조였다.

'99% 국민이 모르는 공론화'

위원회가 2020년 10월 30일 '전국 의견수렴 결과설명 및 정책토론회'를 KTV 유튜브 생중계방식으로 발표하자 고준위핵폐기물전국회의는 "99% 국민들이 이런 공론화가 있었다는 사실조차 알지 못한 채 엉터리로 진행된 공론 결과를 인정할 수 없다"며 "문재인 대통령과 정치권이 나서서 사용후핵연료 관리정책 재검토 공론조작 의혹의 진상을 밝히고 책임자를 처벌해야 한다"고 주장했다.(한겨레신문, 2020. 10. 30.) [60]

한국사회갈등해소센터와 한국리서치가 공동기획한 '2020 한국인의 공공갈등 의식조사'에서도 사용후핵연료 관리정책 공론화에 대해 응답자의 42.7%는 '공론화를 했다는 것을 처음 듣는다'고 답했다. 응답자의 3.7%만 '공론화 과정이나 결과를 잘 알고 있다'라고 응답하였고, 53.6%는 '공론화를 했다는 사실 정도만 알고 있다'고 답했다. 월성원전 맥스터 증설 논란이 있다는 사실을 알고 있는 응답자(470명)의 42.4%는 공론화 결과를 재검토해야 한다는 입장이었고, 잘 모르겠다는 응답이 30.3%, 공론화 결과를 존중해야 한다는 입장은 27.3%로 나타났다.[61]

---

60 박근혜 정부의 공론화에서도 국민인지도는 낮은 수준이었다. 한국리서치가 2015년 1월 전국 및 원전소재지역주민을 대상으로 실시한 국민인식조사에서 공론화 진행 인지도는 전국의 경우 44. 2%, 원전지역은 34.2%로 나타났다.(한국리서치, 2015)

61 '2020 한국인의 공공갈등 의식조사'는 전국의 만 19세 이상 성인 남녀 1,000명을 대상으로 2020년 12월 24일부터 12월 28일까지 5일 동안 CAWI(Computer Aided Web Interview)를 이용한 온라인 조사방식으로 실시되었다. 응답자는 2020년 10월 현재 주민등록 인구현황에 따라 성별 · 연령 · 지역별로 비례할당한 후 ㈜한국리서치 응답자 풀에서 무작위 추출하였으며, 최대허용 표본오차는 95% 신뢰수준에서 ±3.1%p였다.

탈핵단체들은 “산업부와 재검토위는 ‘시민참여’, ‘의견수렴’이라는 표현을 쓰면서도 철저히 비밀주의, 졸속 공론화의 길을 걷고 있다”면서 “코로나19 상황을 틈타 시민참여단이 한자리에 모이지 못함에도 원격 화상회의로 공론화를 진행하고 있다”고 지적했다.(오마이뉴스, 2020. 5. 23.) 부산시는 재검토위원회와 시민참여단 활동의 많은 부분이 비공개로 진행되고 수일이 지난 뒤에 공개되는 등 폐쇄적인 운영방식으로 인해 진행 상황과 현안을 파악해 대응하는 것이 어렵다며 신속한 공개를 건의하는 공문을 발송하기도 했다.

그러나 위원회에서는 온라인 방식이 상당히 성공적으로 진행된 것으로 자평했다. P위원은 “월성원전 지역 종합토론회에 참여하면서 온라인 숙의가 실현가능하다는 것에 대해 감명을 받았다”고 밝혔다.(31차 회의록, 2020. 7. 22.) 경주지역 종합토론회를 전면 온라인 방식으로 개최한 근본적인 원인은 반대단체들의 토론장 점거와 같은 물리적 충돌을 우려했기 때문이었음에도 불구하고 ‘코로나19 때문’이라고 설명했다. 온라인 토론에 대한 이 같은 인식으로 31차 회의에서는 “코로나19 상황과 온라인 숙의의 가능성, 월성원전 지역과의 형평성을 고려해 전국 의견수렴 종합토론회도 전면 온라인 방식으로 진행할 필요가 있다”는 의견이 개진되었다.(31차 회의록, 2020. 7. 22.) 만일 코로나19가 발생하지 않았다면, 종합토론회 자체가 무산되어 공론화 일정은 더 이상 진행하기 어려웠을지도 모른다.

3. 지역은 '속전속결', 전국은 '늦장' 발표

월성원전 지역 의견수렴 결과는 종합토론회(2020. 7. 18. ~7. 19.) 가 끝난 지 5일만인 2020년 7월 24일 전격적으로 발표되었다. 이날 오전 경주시 감포읍 복지회관에서 열릴 예정이었던 브리핑이 반대단체의 시위로 무산되자 보도자료 배포로 대체되었다. 재검토위원회와 지역실행기구가 온라인 화상회의 방식으로 공식적인 결과설명회(8. 26.)를 개최하기도 전인 8월 21일에 이미 맥스터 증설을 위한 공작물 축조신고서는 접수된 상태였다.(뉴시스, 2020. 8. 31.)

2020년 8월 31일 오전, 경주시가 공작물 축소신고를 수리하자 한수원은 기다렸다는 듯이 이날 '맥스터 증설 착공 및 안전다짐' 행사를 갖고 즉시 착공했다. 이로써 맥스터 증설을 위한 요식적인 의견수렴과 행정절차가 모두 마무리되었다. 산업부도 당초 계획한 일정대로 2020년 8월 말 데드라인을 넘기지 않았다. 지역 의견수렴의 모든 일정은 이처럼 맥스터 증설 착공 시점에 맞추어져 있었다.

재검토위원회가 맥스터 건설을 요청하는 대정부 권고안을 발표한 것은 착공식 이후 7개월이 지난 2021년 3월 18일이었다. 위원회는 권고안에서 "지역 의견수렴 결과 다수의 시민참여단(81.4%)이 증설에 찬성하였으므로, 정부는 월성원전 사용후핵연료 임시저장시설을 적기에 안전하게 건설하여 주시기 바란다"고 주문했다. 이에 대해 고준위핵폐기물건국회의는 성명서를 통해 "권고안이 발표되기도 전에 월성원전의 사용후핵연료 임시저장시설(맥스터) 건설은 이미 강행되고 있었다"며 "재검토위는 경주 지역실행기구의 비민주적 운영과 조작 의혹 등을 방치했다"고 권고안의 폐기와 함께 불복을 선언했다.

지역 의견수렴 결과를 '속전속결'로 발표한 것과 달리, 전국 의견수렴 결과는 2차 종합토론회(2020. 8. 1. ~8. 2.) 가 끝난 지 3개월 뒤인 2020년 10월 30일 온라인 화상회의 형식으로 발표되었다. 전국 공론화 의제가 매우 복잡하고, 일반국민 여론조사와 2차 미래세대 워크숍이 있었다는 점을 감안해도, 지역 의견수렴 결과발표는 종합토론회 이후 5일 만에 신속히 발표한 것과는 매우 대조적이었다.

4. 검찰에 고소당한 '공론조작' 의혹

월성원전 의견수렴이 끝나자 '공론조작' 의혹이 본격적으로 불거졌다. 정의당 류호정 의원이 가장 적극적이었다. 위원회가 경주지역 의견수렴 결과를 발표한 당일 류 의원은 보도자료를 통해 "맥스터 증설이라는 결론을 정해 놓고 밀어붙이기식으로 진행된 이번 공론화를 정상적인 공론화로 볼 수 없고 '짜고 친 고스톱'의 결과"라고 성토했다. 류 의원은 "경주지역 시민참여단 구성을 맡은 H사는 맥스터를 반대하는 사람을 최대한 제외하는 방식으로 선정작업을 진행했다"며 "동경주에서 뽑힌 100명 가운데 30명은 한수원 하청업체 직원이어서 찬성 비율이 더 높게 나올 수 있는 방향으로 표본집단을 만든 것"이라고 주장했다.(류호정 의원 보도자료, 2020. 7. 24.)

정의당은 국회 정론관에서 기자회견(2020. 8. 5.)을 열고 "재검토위원회의 월성원전 사용후핵연료 저장시설(맥스터) 추가건설에 대한 공론조사 논란이 계속되고 있다"며 "투명성과 공정함이 생명인 공론조사에서 '조작' 의혹을 밝히기 위해 국회 차원의 진상조사위원회를 꾸리자"고 각 정당에 제안했다. 이날 기자회견에 참석한 여론조사기관 한길리서치 H소장은 "시민참여단 145명 가운데 양남면 거주자는 39명인데, 이들 중 반대는 1명에 불과했다"며 "이러한 시민참여단 구성은 한길리서치가 2020년 6월 조사한 결과와 크게 차이가 나기 때문에 여론조사협회 등 전문성을 갖춘 중립적인 제3자가 검증을 할 것을 제안한다"라고 밝혔다.(오마이뉴스, 2020. 8. 5.)

경주지역 시민참여단 일부가 한수원 자회사 직원들이라는 주장도 제기되었다. 경주시 감포읍 K이장은 "시민참여단 오리엔테이션에 참석한 감포읍 거주자 39명 가운데 한수원 자회사 직원이거나 청원경찰이 21명이었다"고 주장했다. 이에 대해 재검토위 대변인은 "시민참여단에 한수원 자회사 직원들이 포함될 수 있지만, 그 비율이 극히 작아 최종 결과에 영향을 미치지는 않을 것이라 생각해 그에 따른 별도 조치를 취하지 않았다"고 해명했다.(한겨레신문, 2020. 8. 7; 오마이뉴스, 2020. 8. 11.)

'공론조작' 의혹은 급기야 검찰 고소로 이어졌다. 맥스터 증설에 반대하는 경주와 울산지역주민단체는 2020년 10월 6일 산업부와 재검토위원회, 월성원전 지역실행기구 등 공론조사 책임자를 위계에 의한 공무집행방해죄로 처벌해달라는 고소장을 서울중앙지검에 제출했다. 반대단체는 조작을 뒷받침하는 근거로 월성원전이 위치한 경주시 양남면 주민들에 대한 상반된 조사결과를 제시했다. 한길리서치가 2020년 6월 6~8일 양남면 주민 891명을 대상으로 실시한 설문조사에서는 맥스터 증설에 대해 반대가 55.8%, 찬성이

44.2%였다.

하지만 같은 달 27일 재검토위원회의 1차 설문조사에서 양남면에서 반대 2.6%, 찬성 87.2%라는 정반대 결과가 나온 것은 두 기관의 조사방식 차이를 감안하더라도 과학적으로 설명되지 않는다는 것이다. 이들은 특히 "모집단 3,000명을 표본으로 시민참여단 145명으로 압축하는 과정에서 반대 주민의 참여는 급격히 줄어들고 찬성 주민의 참여는 과반 이상으로 늘어난 것은 의도적인 공론조작이 아니고는 설명되지 않는다"고 주장했다.(한겨레신문; 오마이뉴스; 경북매일; 울산매일, 2020. 10. 6.)

반대단체들은 시민참여단을 구성하기 위해 경주시민 3,000명을 대상으로 실시한 사전조사에서 임시저장시설 추가건설에 찬성한 응답자는 40.6%, 반대하는 응답자는 32.8%로 나타났으나, 최종 선발된 시민참여단 145명의 의견분포는 찬성 53.7%, 반대 26.3%여서 무작위 추출로 보기 어렵다는 것이다.[62]

---

62 경주지역 시민참여단 구성은 모집단 구축(3,000명) → 참가의향자 모집(1,154명) → 최종 참가의향자 조사(722명) → 시민참가단 구성(145명)의 순으로 진행되었다. 사전조사에서 시민참여단에 참가할 의향이 있다고 밝힌 1,154명의 의견분포는 찬성 51.8%, 반대 29.0%, 중간 19.2%로 집계되었다. 최종 참가의향자 722명의 의견분포는 찬성 54.7%, 반대 26.1%, 중간 19.2%로 나타났다. 이들 가운데 무작위 추출을 통해 시민참여단으로 확정된 145명의 의견분포는 찬성 53.7%, 반대 26.3%, 중간 20.0%로 최종 참가의향자와 비슷하게 나타났다.

	모집단 (3,000명)	참가의향자 (1,154명)	최종 참가의향자 (722명)	시민참여단 (145명)
찬성	40.6%	51.8%	54.7%	53.7%
반대	32.8%	29.0%	26.1%	26.3%
중간	26.6%	19.2%	19.2%	20.0%

[표 1-4] 맥스터 추가건설에 대한 찬반의견 분포
※ 자료출처: 재검토위원회 지역 의견수렴 결과설명회(2020. 8. 26)

재검토위원회는 이 같은 주장에 대해 "일반적인 여론조사와 시민참여형 공론조사는 방식이 상이하고 조사결과에도 차이가 있을 수 있다"며 "모집단 설문조사시 찬/반 2점 척도로 조사한 것이 아니라 임시저장시설 추가건설에 대한 의견을 매우 반대 1점, 매우 지지를 7점 척도로 조사했기 때문에 차이가 있을 수 있다"고 설명했다. 한길리서치와 상반된 조사결과에 대해서도 "시민참여단은 모집단 가운데 참여 의향과 인구통계학적 특성인 성별 · 연령 · 지역만을 반영해 경찰과 기자의 입회하에 컴퓨터로 무작위 추출하였다"며 "임시저장시설 추가건설에 대한 찬반 여부는 시민참여단 추출 시 반영하지 않았기 때문에 조사 설계상 특정 의견의 주민을 인위적으로 포함 또는 배정할 수 없다"고 밝혔다.(조선비즈; 뉴스1, 2020. 8. 26.) 하지만 위원회의 해명에도 불구하고 '공론조작' 의혹은 사그라들지 않았다.

5. 국정감사 증인으로 출석하다

21대 국회 첫 국정감사가 열린 2020년 10월 7일 국회 본관 534호실, 산업부를 대상으로 실시된 산업통상자원중소벤처기업위원회의 국정감사장에 증인으로 출석했다. 필자에게 발부된 출석요구서 신문요지에는 '사용후핵연료 재검토위원회 진행과정 관련 진술'이라고 적혀 있었다. 정의당 류호정 의원의 요구로 증인으로 채택되었다. 당일 오후 3시쯤 국회 본관에 도착했으나 증인신문 일정이 밀려 오후 5시 30분쯤 증언대에 서게 되었다.

사용후핵연료 공론화와 관련한 증인심문은 30분 정도였는데, 류 의원은 필자에게는 위원장 사퇴 이유와 소회를 묻는 정도였다. 류 의원은 주로 산업부 장관을 상대로 월성원전 맥스터 증설 공론화 과정에서 3,000명 모집단 구성의 문제점과 여론조사기관과 한수원의 유착관계 의혹을 집중적으로 캐물었다. 당시 국감장에서 류 의원의 질의에 대한 필자의 답변 요지는 대략 다음과 같았던 것으로 기억된다.

▲ (류호정 의원) "1년 동안 재검토위원장으로 활동하다가 사퇴한 이유가 무엇입니까?"

(필자) "공론화 과정에 시민사회계의 불참으로 공정하고 균형있는 토론회 진행이 어렵게 되었기 때문입니다. 시민사회계에서는 위원회 출범 첫날부터 위원장의 사퇴와 위원회 해체를 지속적으로 요구해 왔습니다. 지난 1년 동안 시민사회계 인사들을 두루 만나 참여를 권유하고 설득했으나 저의 역량의 부족으로 실패했습니다. 공론조사를 위한 본격적인

종합토론회를 앞두고 29차 회의에서 향후 일정에 대해 논의했습니다. 9명이 참여한 회의에서 저를 포함한 3명은 더 이상 공론화를 진행하기 어렵다는 의견을 제시했지만, 나머지 6명은 그래도 계속 진행해야 한다는 의견이었습니다. 다수결에 따라 공론화는 계속 추진하게 되었고, 저는 그날 위원장을 사퇴하였습니다."

▲ (류호정 의원) "위원회 활동에 어떤 문제점이 있었나요?"

(필자) "재검토위원회는 산업부 산하 자문기구로 구성되었습니다. 산업부도 사용후핵연료 문제에 있어서는 이해당사자라고 할 수 있는데, 산업부의 원전국장이 위원회의 지원단장을 겸하고 있습니다. 이러한 상황에서 위원회가 산업부로부터 완전히 독립적이었다고 말씀드리기는 어렵습니다. 더 이상의 시행착오를 반복하지 않기 위해서는 공론화를 산업부가 주관해서는 안 된다고 생각합니다."

▲ (류호정 의원) "추가로 하실 말씀이 있으십니까?"

(필자) "사용후핵연료 문제는 한 · 미 원자력협정을 관장하는 외교부도 관련되어있고, 파로프로세싱 R&D는 과기부 소관입니다. 사용후핵연료 문제는 다부처 협의사안이기 때문에 산업부에게 모든 짐을 맡겨서는 안 된다고 생각합니다. 따라서 공론화위원회는 산업부 산하가 아닌 대통령 직속이나 국무총리 소속으로 해야 공정한 공론화를 진행할 수 있다고 봅니다. 이를 위해서는 산업부 산하에 공론화위원회를 설치하기로 규정된 방폐물법을 의원님들께서 개정해 줄실 것을 간곡히 부탁드립니다. 법률 개정과 제도적 보완이 이뤄지지 않는다면 또다시 재공론화가 실시된다고 하더라도 시행착오를 반복하게 될 것입니다. 제가 이 자리에 선

것도 이 말씀을 꼭 드리고 싶었습니다."

필자에 대한 증인심문을 마친 뒤 류 의원은 준비한 차트를 꺼내 산업부 장관에게 '공론조작' 의혹에 대해 집중적으로 질의하며 국회 차원의 진상조사단 구성을 촉구했다. 류 의원이 제시한 차트에는 한수원과 지역 공론화를 실시한 조사기관과의 유착관계를 지적하는 내용이었다. 이에 대해 산업부 장관은 "공론화 과정은 이해관계자가 모두 참여해 합의한 내용을 바탕으로 원칙과 절차에 따라 공정하게 진행된 것으로 알고 있습니다. 재검토준비단의 건의사항과 재검토위원회의 결정에 따라 공론화가 진행된 것으로 압니다"라는 요지로 원론적인 답변을 반복했다.

그러나 류 의원이 국감장에서 방영한 동영상에 등장한 지역주민들은 "공론화 과정은 짜고 치는 고스톱이었다"고 주장했다. 류 의원도 "이래서야 누가 정부의 공론화를 믿겠습니까? 공론화는 정부의 원전 정책에 대한 찬반의 문제가 아닙니다. 정부에 대한 국민의 신뢰 문제입니다"라고 목소리를 높였다. 이날 국감장에는 더불어민주당 K의원도 필자에게 "위원회 구성과 공론화 과정에 이해당사자의 의견을 충분히 반영했다고 들었습니다. 위원회도 중립적 인사들로 구성하는 것으로 알고 참여하지 않았습니까?"라고 되물었다. 사정을 알고 재검토위원회에 참여해 놓고 뒤늦게 사퇴한 것에 대한 질책성 심문이었다. 필자는 "예. 그렇습니다"라고 짧게 답변했다.[63]

---

63 더불어민주당 김성환 의원은 이날 국정감사 보도자료를 통해 "월성원전 사용후핵연료 조밀건식저장시

도마에 오른 지역 의견수렴 조사기관

류 의원은 이날 국감에 앞서 보도자료를 통해 월성원전 공론조사를 진행한 H사의 조사결과에 대한 의혹을 제기했다. 류 의원은 공론조사 의혹의 근거로 한길리서치가 경주시 양남면 주민을 상대로 실시한 여론조사결과를 제시했다. 한길리서지 조사에서는 맥스터 증설 반대의견이 55.8%에 달했지만, 같은 지역을 대상으로 한 재검토위원회의 공론조사에서는 반대가 2.6%에 불과했다는 것이다.

류 의원은 한수원과 H사와의 협력관계도 지적했다. 민주노총 공공연대노조는 2019년 11월 "한수원이 3개 분야에 대한 정규직 전환을 거부한 근거 중 하나는 H사의 컨설팅 결과였다"며 "당시 컨설팅 결과는 사실관계를 왜곡한 부실 컨설팅으로 한수원의 2017년 8월 정부 보고내용과 차이가 없는 발주자 맞춤형 컨설팅 결과에 불과했다"고 주장했다. 한수원은 또 H사가 주관한 '2016 글로벌스탠다드경영대상' 안전경영 부문 대상을 받았다. 2015년에도 한수원은 H사가 실시한 '한국의 경영대상' 소통경영 분야 대상을 받기도 했다.

이밖에 H사는 최근 3년간 정부와 공공기관으로부터 총 357건 596억 원

설(맥스터) 추가설치를 두고 진행된 지역 공론화 과정에서 총체적 부실과 불공정의 정황이 드러났다"며 문재인 정부의 국정과제인 사용후핵연료 관리정책 재검토를 부실 이행한 산업부에 맥스터 공론과정 의혹에 대한 진실규명과 제대로 된 공론화 계획을 마련할 것을 촉구했다. 김 의원은 "시민참여단 모집단 구성에서 한수원 자회사 직원 및 그 가족 등 특수관계인이 대거 참가했다거나, 참여단 모집 과정에서 조사 대행사가 아닌 한수원 점퍼를 입은 사람이 모집에 관여하고, 반대의견의 시민들은 모집에서 의도적으로 배제되는 등 공정성을 심각하게 훼손할 만한 정황에 대한 제보들이 잇따르고 있다"고 밝혔다.(부산일보, 2020. 10. 7.)

의 컨설팅 등 용역을 수주한 것으로 나타났다. 류 의원은 보도자료를 통해 "정부 용역을 수주한 H사가 한수원을 소통과 안전의 아이콘으로 만들어준 다음, 맥스터 증설 공론조사를 의뢰받아 진행했는데 그 결과가 정부가 원하는 방향인 것 아니냐"며 유착 의혹을 제기했다.(류호정 의원 보도자료, 2020. 10. 6; 10. 7.)

한수원의 공론화 개입 의혹

국회에서는 한수원이 지역 의견수렴 과정에 개입했다는 의혹도 제기되었다. 정의당 류호정 의원은 국회 정론관에서 기자회견(2020. 8. 25.)을 갖고 "월성원전 지역 공론화 과정에서 한수원이 개입한 정황과 시민참여단 145명 가운데 상당수의 한수원 이해관계자가 포함된 증거를 확보했다"며 한수원 협력업체, 납품업체 직원, 한전KPS 협력업체 직원, 한수원 특수경비 등 21명의 명단을 공개했다. 류 의원은 명단의 진위 여부에 대해 "(고준위핵폐기장 건설반대) 양남면대책위와 감포읍 · 양북면 주민이 직접 확인했다"며 공개검증에 나서겠다고 밝혔다. 류 의원이 공개한 명단에는 월성원전 주변 지역인 경주시 감포읍과 양남면, 양북면에 주소를 둔 주민과 이들이 소속된 회사명이 기재되어있었다.(오마이뉴스, 2020. 8. 25.)

류 의원은 산업부와 재검토위원회를 향해서도 비판의 목소리를 높였다. 류 의원은 "산업부가 한수원의 입김에서 자유로울 수 없는 협력업체 및 납품업체 직원을 시민참여단에 참여시킨 것은 심각하게 공정성에 위배된다"며 "이에 대해 산업부는 당초 '공개검증' 입장에서 '자체검증'으로 태도를 바꿨다"고 지적했다. 류 의원은 재검토위에 대해서도 "조사기관인 H사와의 계약서와 조사시간, 조사리스트(표본틀), 조사원 명단과 전문조사임을 입증하는 자료 등 원자료 모두를 공개하라"고 요구했다.(울산매일; 울산제일일보, 2020. 8. 25.)

국회 산자위 소속인 더불어민주당 이수진 의원도 당시 페이스북을 통해 "경주지역주민 의견수렴 결과 찬성이 81.4%로 나왔는데, 찬반이 첨예한 사안에서 선뜻 믿기 어려운 수치"라며 "자발적 답변자만 표본으로 추출해 생기는 통계 왜곡으로 나타난 '응답편향 현상'일 수 있다"고 분석했다. 이 의원은 "경주는 한수원 본사와 협력업체들이 소재하는 도시로 맥스터 증설에 찬성하는 시민들이 시민참여단에 더 많이 들어온 것 아닌가 의문"이라며 "산업부 장관은 빠른 시일 내 경주시민 3,000명 설문조사 방법에 대한 로데이터 전부를 공개하라"고 촉구했다.(연합뉴스, 2020. 8. 25.) 검찰 고소에 이어 여야 국회의원의 '공론조작' 의혹 제기로 2020년 가을 재검토위원회는 바람 잘 날이 없었다.[64]

6. 권고안 폐기 요구, 후폭풍의 서곡

전국 및 지역 의견수렴 결과를 토대로 2021년 3월 18일 권고안이 발표되자 탈핵단체와 반대 주민들은 권고안 폐기와 불복을 선언했다. 고준위핵

64 국회의원과 탈핵단체의 요구 등으로 재검토위원회는 지역 의견수렴의 원자료(로데이터)를 홈페이지를 통해 공개했다. '공론조작' 의혹에 대한 고소 건은 경주경찰서로 이첩되어 조사하였으나 특별한 혐의점은 밝혀지지 않은 것으로 알려졌다.

폐기물전국회의는 이날 성명서를 내고 “이번 재검토는 21개월 동안 대부분의 국민이 모르는 폐쇄적인 공론화로 이어졌고, 많은 전문가들마저 형식적인 운영을 비판하며 전문가검토그룹에서 사퇴하였다”며 “국민의 안전보다 핵산업계의 이득 보전에만 급급하여 맥스터 증설을 위한 들러리로 철저히 악용된 재공론화 결과와 권고안을 인정할 수 없다”고 밝혀 거센 후폭풍을 예고했다.(한겨레신문; 연합뉴스, 2021. 3. 18.)

맥스터 증설을 반대해온 탈핵울산시민공동행동과 월성핵쓰레기장 추가건설반대 울산북구주민대책위도 권고안 규탄 기자회견을 열고 “재검토위 구성부터 공론화까지 졸속으로 일관한 엉터리 의견수렴과정을 인정하고 권고안을 폐기하라”며 불복을 선언했다. 이들은 “맥스터 추가건설에 대한 주민 의견수렴범위를 방사선비상계획으로 해야 한다고 수십 차례나 의견을 제시했는데도 철저히 무시했다”며 “재검토위는 이러한 과정은 권고안에 한 줄도 적지 않고 오로지 재검토위 활동만 정당화하고 있다”며 강도 높게 비난했다.(울산매일, 2021. 3. 18; 오마이뉴스, 2021. 3. 26.)

원자력계에서도 “실제 현장의 문제를 풀기에는 매우 실망스러운 권고안으로 박근혜 정부의 공론화위원회가 결정했던 것보다 오히려 후퇴한 권고안”이라고 혹평했다.(KBS, 2021. 3. 18.) 전문가검토그룹에서 사퇴한 P교수는 언론기고에서 “월성원전 맥스터 증설을 위한 편파적인 여론조사나 하더니 결국 내놓은 권고안이란 게 정작 중요한 기술적 쟁점은 빠지고 선언적인 내용뿐이라 허탈하기 그지없다”고 비판했다. P교수는 “사용후핵연료의 근본 해결책 마련에는 근처에도 못가고, 특별법 제정과 독립적 관리기구 신설을 권고한 것은 중립적 인사들로 구성된 한계를 드러낸 것”이라고 지적했다.(국민일보, 2021. 3. 23.)

언론의 혹독한 평가

권고안에 대한 언론보도는 비판적인 기사가 주류를 이루었다. 보수와 진보언론 모두로부터 '맹탕 권고'이며, '폭탄돌리기'에 불과하다는 혹독한 평가를 받았다. 21개월 동안 활동한 권고안의 핵심이 '특별법 제정과 독립적 행정위원회 신설'이라는 점에 대해 "핵심적으로 마련했어야 할 부지선정절차와 방법에 대해서는 원론적인 내용을 재탕하는 데 그쳤다"며 "'과학기술적 타당성과 국민 · 주민수용성을 확보할 부지선정 원칙과 절차를 마련하라'는 허무한 맹탕 권고로 끝냈다"고 비판했다.(조선일보, 2021. 3. 31; 매일경제, 2021. 4. 9.) 사용후핵연료 관리를 위한 특별법 제정은 박근혜 정부에서도 추진했으나 입법화되지 못했고, 산업부로부터 독립적인 관리기구 신설도 이전 정부에서도 지속적으로 제기된 이슈였기 때문이었다.[65]

한겨레신문(2021. 3. 18.)은 "탈원전을 주장하는 시민사회계가 참여하지 않은 채 이루어진 공론화를 바탕으로 권고안에 작성되었기 때문"이라고 진단했다. 한국일보(2021. 3. 18.) 도 "탈핵 시민사회계 등 이해관계자들의 참여가 배제돼 사용후핵연료 처리문제에 대한 논란을 가라앉히기에는 역부족"이라고 평가하고, "공을 정부와 국회에 넘기면서 권고안 실행 과정에서 갈등과 논란을 피할 수 없게 될 것"이라고 전망했다.

국제신문(2021. 3. 21.)은 원전 비전문가로 꾸려진 위원회의 인적구성이

---

65 박근혜 정부의 공론화위원회도 권고안에서 「사용후핵연료 특별법」(가칭)을 제정하고, 범정부 차원의 의사결정기구인 '사용후핵연료 관계장관회의'(가칭)와 실무추진단을 구성 · 운영할 것을 제안하였다.

'빈손 결론'의 근본 원인이라는 지적했다. 산업부가 기계적인 중립에만 치우쳐 원전 인근 주민이나 에너지 전문가를 배제하다 보니 애초부터 해법이 나오는 것 자체가 불가능했다는 것이다. 내일신문(2021. 4. 15.)은 "2016년 관리기본계획보다도 퇴보한 내용으로 처음부터 '폭탄돌리기'만 염두에 둔 것 같다"고 비판했다.

권고안에 대한 긍정적인 평가도 없지 않았다. 머니투데이(2021. 3. 19.) 는 "10주간의 학습을 마친 600명의 시민참여단이 큰 갈등없이 '집중형 중간저장 · 영구처분 방식'이라는 모델을 이끌어냈다"며 "배우고 고민하는 숙의민주주의가 방사능 공포를 녹였다"고 극찬했다. 이 신문은 또 "위원회 구성과 운영과정에서 발생했던 갈등도 숨기지 않고 여과없이 기록했다"며 '솔직하고 온전한 권고안'이라고 평가했다. 헤럴드경제(2021. 3. 24.) 는 "그동안 각계에서 제기해온 사항이 비교적 잘 반영된 것 같아 앞으로 정부가 사용후핵연료 관리정책을 마련하는 데 적극 참조할 수 있을 것으로 보인다"는 내용의 방사성폐기물학회장의 특별기고를 게재했다. 그러나 전반적으로는 박근혜 정부의 권고안 보다 비판적인 논조가 주류를 이루었다.

만시지탄 권고안, 그리고 반성

2021년 3월에 발표된 권고안에는 "정부는 월성원전 사용후핵연료 임시저장시설을 적기에 안전하게 건설하여 주시기 바란다"는 내용을 담고 있으나, 권고안 발표 6개월 이전인 2020년 8월 말에 이미 맥스터 증설공사는 착공한 상태였다. 뒷북 권고안은 그야말로 명분쌓기에 불과했다. 특히 권고안에는 "(월성원전 이외에 향후) 추가적인 사용후핵연료 임시저장시설 설치 문제에 대해서는 2차 고준위방폐물 관리 기본계획 수립과정에서 원전지역주민, 시민사회계, 원자력계 등 이해관계자들의 참여하에 새롭게 논의를 진행하여 주시기를 권고한다"고 밝혀 그간의 일방통행식 의견수렴 활동에 대한 한계를 시인했다. 탈핵단체와 반대 주민들도 "지역주민과 시민사회계의 목소리를 무시해놓고, 이제 와서 스스로 지역실행기구 구성과 의견수렴 과정, 의견수렴 범위 등에 대한 한계를 권고안에 인정한 셈"이라고 지적했다.(연합뉴스, 2021. 3. 25.)

권고안은 또 "정부와 원전사업자는 법령상 공개 가능한 정보를 최대한 투명하게 공개하고 적극적인 설명과 소통 활동을 전개하여 원전 및 임시저장시설의 안전성에 대한 국민의 신뢰를 축적할 수 있도록 노력해 주시기 바란다"고 주문했다. 탈핵단체와 반대 주민들은 이 같은 권고안에 대해 "그동안 정보와 숙의과정을 제대로 공개하지도 않고 '공론화'와 '의견수렴'이라는 말로 국민을 기만하고 있다"고 비판했다.

위원회는 21개월 동안 활동하면서 회의록도 '의사결정과정'이라는 이유로 즉시 공개를 거부하였고, 속기록은 아예 공개하지 않기로 마지막 회의에서 의결하였다. 이러한 마당에 뒤늦게 '투명한 공개'와 '적극적인 소통'을 주문한 것은 만시지탄(晩時之歎)이라고 할 수밖에 없다. 물론, 1년 동안 재검토위원장으로 활동한 필자도 이 같은 비판과 책임에서 자유로울 수 없을 것이다. 이 책이 향후 제대로 된 공론화의 밑거름이 되기를 바랄 뿐이다.

2부
방폐장 부지선정의 흑역사

1장

안면도 사태에서 경주 방폐장까지

1. 국내 방폐장 부지선정 변천사[66]

1) 제1막: 정부 주도 일방지정에서 지자체 유치공모로

우리나라의 방폐장(방사성폐기물처분장) 부지선정 과정은 암울한 역사로 점철되어있다. 1986년에 시작된 부지선정의 1막은 19년 동안 10차례의 정책실패와 파행을 거듭한 끝에 2005년 경주에 중 · 저준위 방폐장 부지가 확정되면서 일단락되었지만, 원전 내에 임시저장하고 있는 사용후핵연료의 포화가 임박해지면서 2010년대부터는 고준위 방폐장 확보가 '뜨거운 감자'로 부각되었다. 2막을 연 박근혜 정부의 사용후핵연료 공론화위원회에 이어 문재인 정부의 사용후핵연료 관리정책 재검토위원회도 '반쪽 공론화'로 전락해 사회적 합의를 도출하는데 실패함에 따라 또다시 어두운 그림자를 드리우고 있다.

정부의 방폐장 건설계획은 1986년 과학기술처와 원자력연구소가 울

66 방폐장 부지선정 변천 과정에 대해서는 정정화(2007a) 참조.

진 · 영덕 · 영일군 등 동해안 3개 지역을 후보지로 선정하여 지질조사를 벌이던 중 주민들의 반대로 무산된 것이 첫 번째 시도였다. 동해안에서의 실패 경험을 토대로 정부는 방폐장 건설계획이 주민들에게 노출되지 않도록 1990년 충남 안면도에 '원자력 제2연구소'라는 이름으로 비밀리에 추진하였으나 이를 알게 된 주민들의 거센 저항에 부딪혀 '안면도 사태'를 유발하게 된다(2차 시도).

정부 주도의 일방적인 후보지 선정방식으로는 부지확보가 어렵다고 판단한 정부는 1991년 서울대 '인구 및 발전문제연구소'에 연구용역을 의뢰해 고성 · 양양 · 울진 · 영일 · 장흥 · 태안군 등 6개 지역을 후보지로 선정하였지만 이들 지역에서도 주민들의 강한 반발로 무산된다(3차 시도). 정부는 1994년 1월 「방사성폐기물 관리사업의 촉진 및 시설주변지역의 지원에 관한 법률」(방촉법)을 제정해 경제적 지원과 주민 유치방식으로 전환하자, 양산 · 울진에서 일부 주민들이 유치활동을 벌였으나 반대 주민들의 저항으로 실패로 끝난다(4차 시도). 5차 시도는 1994년 12월 인천 굴업도를 방폐장 관리시설 지구로 지정 · 고시하고 굴업도 및 인근 섬과 해역에 대한 부지 특성조사에 착수하였으나, 1995년 9월 상세 지질조사를 실시하던 중 활성단층이 발견됨에 따라 중단된다.

1997년에는 소관 부처가 과학기술부에서 산업자원부로 이관되었고, 사업 시행기관도 원자력연구소에서 한국전력으로 바뀌면서 입지선정 방식이 정부 주도에서 유치공모와 사업자주도 방식으로 전환된다. 이에 따라 2000년 6월부터 2001년 6월까지 전국 46개 임해지역 기초자치단체를 대상으로 3,000억 원의 지역개발기금을 지원하는 조건으로 유치공모를 받았으나 신청 지자체가 전무해 또다시 무산된다(6차 시도). 유치공모가 실패함에 따라 정부는 2001년 8월 한수원이 적합한 후보지를 선정한 후 해당 지자체 및 지역주민과의 협의를 거쳐 최종부지를 선정하는 사업자주도 방식으로 전환해, 2001년 12월부터 전문기관의 용역을 통해 부지선정 작업에 착수한다. 1년간의 작업 끝에 정부는 2003년 2월 영광 · 고창 · 영덕 · 울진군 등 4개 지역을 후보지로 발표하였지만, 지자체의 반발로 정밀 지질조사도 못하고 실패하게 된다(7차 시도).

노무현 정부 출범 이후에는 지자체 자율유치 방식으로 전환되면서 새로운 전기가 마련된다. 산업자원부와 과학기술부가 2003년 5월 1일 '방사성폐기물 관리시설 부지확보사업과 양성자기반 공학기술개발사업 연계추진' 방안을 공고하자, 부안군이 그해 7월 14일 유일하게 유치신청서를 제출하였으나 격렬한 주민저항에 부딪혀 이마저 '부안 사태'로 막을 내리게 된다(8차 시도).

주민저항을 극복하지 않고는 방폐장 건설이 불가능하다고 판단한 정부는 2004년 2월 주민 유치청원 → 자치단체장 예비신청 → 주민투표 → 본신청 등을 거치는 새로운 선정방식을 발표하게 된다. 이에 따라 전국 7개 지자체 10개 지역주민들이 유치청원서는 제출하였으나 예비신청을 한 지자체는 한 곳도 없었고, 그때까지 예비신청 지위가 인정되던 부안에서도 공식적인 주민투표를 실시하지 않아 9차 시도 역시 무산된다.

이처럼 정부는 다양한 부지선정방식과 사업추진 주체를 변경하면서 방폐장 건설을 시도하였으나 모두 무산되자, 2004년 12월 17일 원자력위원회에서 중 · 저준위 폐기물 처분장과 고준위 폐기물 처분장을 분리하기로 결단한다. 2005년 6월 16일 '중 · 저준위 방사성폐기물 처분시설 후보부지선정 등에 관한 공고'를 통해 △주민투표에 의한 부지선정, △부지적합성 평가, △경제적 지원방안 등 획기적인 내용의 새로운 입지정책을 발표하게 된다(10차 시도). 이에 따라 지방의회의 동의를 거쳐 산업자원부에 유치신청을 한 경주 · 포항 · 영덕 · 군산 등 4개 지역에서 2005년 11월 2일 주민투표를 실시한 결과, 찬성률이 가장 높은 경주로 확정되면서 기나긴 여정의 1막을 내리게 된다.

구분	추진시기	후보지역	접근방법	선정방식
1차	1986–1989	울진, 영덕, 영일	기술관료적 판단	정부주도 일방지정
2차	1990	안면도	기술관료적 판단	정부주도 일방지정
3차	1991–1993	고성, 양양, 울진 영일,장흥,안면도	기술관료적 판단 지자체 협의	제3자 주도 (6개 후보지)
4차	1993–1994	양산, 울진	경제적 보상 (방촉법 제정)	주민유치 (부지공모)
5차	1994–1995	굴업도	기술관료적 판단 경제적 보상	정부주도 (단일 후보지)
6차	2000–2001	전국 46개 임해지역 지자체	경제적 보상 지자체 협상	유치공모
7차	2002–2003	울진, 영덕 고창, 영광	기술관료적 판단 경제적 보상 지자체 협상	사업자주도 유치공모
8차	2003	부안(위도)	경제적 보상 지자체 협상	유치공모
9차	2004	7개 시 · 군 10개 지역	주민수용성 경제적 보상	주민투표
10차	2005	경주, 영덕 포항, 군산	주민수용성 경제적 보상	경쟁적 주민투표

[표 2-1] 우리나라의 방폐장 부지선정 변천사
※ 자료출처: 정정화(2007a: 162)

2) 방폐장 부지선정 방식의 변화

경주에 중·저준위 방폐장이 건설되기까지 정부의 부지선정 방식을 보면, 정부 주도 → 유치공모 → 주민투표라는 세 가지 흐름으로 변화되었다. 첫째, 1단계인 정부주도 방식은 1986년 1차 시도부터 5차 굴업도 사태까지 사업추진 주체인 과학기술처와 산하기관인 원자력연구소가 일방적으로 부지를 선정하던 시기였다. 1단계에서는 정부가 주민수용성 확보나 경제적 보상으로 접근하기보다는 기술관료적 판단에 따라 폐쇄적인 정책결정 방식으로 추진해 안면도 사태와 굴업도 사태를 유발하였다. 3차 시도에서 적용했던 제3자 주도방식은 외부기관(서울대)에 용역을 의뢰해 후보지 6곳을 물색한 뒤 정부가 지자체와 협의를 거쳐 선정하는 방식이었다. 4차 시도에 도입된 주민 유치방식은 지자체가 유치신청을 하는 것이 아니라, 주민들이 유치청원을 하는 부지 공모방식이라고 할 수 있다.

둘째, 2단계는 지방자치가 1995년부터 본격 실시되면서 지방의회의 동의를 거쳐 자치단체가 정부에 신청하는 유치공모 방식으로 추진되었다. 굴업도 사태 이후 6차부터 8차 부안 사태까지가 여기에 해당한다. 유치공모 방식의 특징은 해당 지역에 획기적인 경제적 지원방안을 제시하고 지자체와 협상과정을 거친다는 점이다. 정부는 1994년 1월 방촉법을 제정해 경제적 지원의 법적 근거를 마련함에 따라 재정여건이 열악한 지자체 상당수가 유치신청을 할 것으로 기대했으나, 6차 시도마저 무산되자 7차 시도에서는 사업자주도 방식으로 전환하였다. 사업자주도 방식은 정부가 사전에 후보지로 선정한 지역에 사업추진을 제의하면, 해당 지자체가 여론조사와 환경영향평가 등을 거쳐 정부에 신청하는 방식이다. 이에 비해 유치공모 방식은 정부가 지자체에 먼저 사업추진을 제의하지 않는다는 점이 다르다.

셋째, 3단계는 주민수용성을 대폭 강화해 주민투표로 부지를 확정하는 시기였다. 정부는 2004년 7월 「주민투표법」이 발효됨에 따라 9차 시도에서 유치청원서를 제출한 7개 시 · 군을 대상으로 주민투표를 실시할 계획이었다. 그러나 유치청원서를 제출한 지역에서 반대 여론이 거세지자 7개 시 · 군이 모두 유치신청을 하지 않아 주민투표는 성사되지 못하였다. 주민투표로 부지가 확정된 것은 10차 시도였다. 정부는 2005년 11월 방폐장 유치를 신청한 경주 · 포항 · 영덕 · 군산 등 4개 시 · 군을 대상으로 주민투표를 실시해 경주로 확정하였다. 10차 시도에서 정부가 '경쟁적 주민투표' 방식을 도입한 것에 대해 '정책수용성의 급반전'으로 성공을 거두었다는 평가도 있으나(정주용, 2008), 주민투표의 본래 기능보다는 지자체 간 경쟁을 유도해 중앙정부의 의도를 관철시키는 수단으로 전락했다는 비판이 대부분이었다.(주성수, 2007; 최봉기, 2006; 정일섭, 2006; 김도희, 2006)

방폐장 부지선정 방식은 초기에는 중앙정부가 DAD(decide-announce-defend: 미리 선정해 놓고 발표한 다음 방어에 나서는) 방식으로 일방적으로 추진하였으나, 점차 지자체의 동의와 주민수용성을 중시하는 방향으로 전환됨을 알 수 있다. 이러한 정책 방향의 전환에는 주민들의 강한 저항과 반대에 직면했기 때문이었다. 정부는 안면도 사태(1990년)와 굴업도 사태(1994년)가 발생하자 유치공모 방식으로 변경하였고, 부안 사태(2003년)로 곤경에 빠지자 2004년 주민투표제도를 도입하였다. 그러나 고준위 방폐장을 확보하기 위해 공론화 방식을 도입한 2막에서도 정부는 여전히 '변형된' 권위주의 시대의 DAD 방식에서 벗어나지 못하고 있다.

3) 제2막: 박근혜 · 문재인 정부의 공론화 추진

중 · 저준위 방폐장을 건설한 이후 고준위 방폐장을 확보해야 하는 2막이 시작되면서 갈등 전선은 전국으로 확산되었다. 2막은 1막과는 배경과 무대가 판이하게 다르게 전개되었다. 경주에 중 · 저준위 방폐장을 건설하는 과정에서 정부는 그간의 시행착오를 반복하지 않기 위해 후보지 선정과정에 주민투표와 공청회 및 주민설명회를 법제화하고, 사용후핵연료에 대한 위험 논란을 불식시키기 위해 중 · 저준위와 고준위를 분리해 안전성을 홍보하는 한편, 막대한 규모의 경제적 보상책으로 화끈한 당근도 제시하였다. 그러나 고준위 방폐장을 확보하는 것은 경제적 보상만으로는 해결하기 어려운 '너무 뜨거운 감자'였다. 그래서 선택한 카드가 '공론화'였다.

박근혜 · 문재인 정부에서 사회적 합의를 통해 방폐장 문제를 해결하기 위해 두 차례 공론화를 실시하였지만 이마저도 '반쪽 공론화'로 전락해 파행이 거듭되었다. 박근혜 정부의 사용후핵연료 공론화위원회의 활동에 대해 "공공의 참여를 강조하는 정치적 수사를 활용한 '의사 거버넌스'(predo-governance)에 불과하며, 절차적 정당성 확보가 중요해진 민주화 국면에서 새롭게 고안된 통치기술의 하나"라는 지적이 나올 정도로 시민사회로부터 혹독한 평가를 받았다.(이영희, 2017) 산업부 주도로 공론화위원회를 구성하였고 운영과정에서도 일반시민과 이해관계자의 광범위한 참여와 관심을 이끌어내지 못해 실패했다는 비판이 제기되었다.(한겨레신문, 2014. 11. 12.) 특히 공론화의 기본원칙인 위원회의 독립성 확보, 투명한 공개, 시민과 이해관계자의 참여, 숙의적 대화, 공정성, 지식의 통합 측면에서 많은 문제점이 지적되었다.(정익철, 2014)

문재인 정부가 들어서면서 이전 정부의 공론화 결과가 사회적 수용성을 확보하지 못하고, 원전소재지역과 시민사회단체로부터 거센 저항에 직면하자 재공론화를 추진하였다. 그러나 결과적으로 박근혜 정부의 공론화보다도 미흡하다는 비판에 직면하였다. 2019년 5월 중립적 인사 15명으로 출범한 사용후핵연료 관리정책 재검토위원회는 시민사회계의 공론화 보이콧으로 파행을 거듭하다 위원장이 중도에 사퇴하는 지경에 이르렀다.

시민사회단체들은 월성원전의 임시저장시설(맥스터) 확충 여부를 묻는 공론조사가 조작되었다며 산업부 · 재검토위원회 · 지역실행기구 등 공론화 관계자들을 '위계에 의한 공무집행방해 혐의'로 검찰에 고소하는 사태로 치달았다. 정의당 류호정 의원은 맥스터 증설 공론조사에 한수원 협력업체 직원이 동원된 정황 등 '공론조작' 의혹을 밝히기 위해 국회 차원의 진상조사단 구성을 촉구했다.

전국 및 지역 의견수렴 결과를 토대로 2021년 3월 18일 권고안이 발표되자 탈핵단체와 반대 주민들은 권고안 폐기와 불복을 선언했다. 고준위핵폐기물전국회의는 성명서를 내고 "국민의 안전보다 핵산업계의 이득 보전에만 급급하여 맥스터 증설을 위한 들러리로 철저히 악용된 재공론화 결과와 권고안을 인정할 수 없다"고 밝혀 거센 후폭풍을 예고했다.(한겨레신문; 연합뉴스, 2021. 3. 18.) 맥스터 증설을 반대해온 울산지역 시민환경단체도 권고안 규탄 기자회견을 열고 "재검토위 구성부터 공론화까지 졸속으로 일관한 엉터리 의견수렴과정을 인정하고 권고안을 폐기하라"며 불복했다.(울산매일, 2021. 3. 18; 오마이뉴스, 2021. 3. 26.) 문재인 정부의 공론화 결과도 이전 정부와 마찬가지로 사회적 수용성을 확보하지 못해 또 '재검토'가 불가피한 상황에 처하게 되었다.

2. 안면도 사태

1) 사례의 개요(1차, 2차 시도)

우리나라에서 방폐장 부지선정은 과학기술처가 1983년 '방사성폐기물 관리 대책위원회'를 설립하면서 논의가 시작되었으나, 1986년 5월 「원자력법」이 개정되어 원자력연구소가 방사성폐기물관리사업 전담기관으로 지정되면서 본격적으로 추진되었다. 원자력연구소는 1986년 10월부터 1987년 9월까지 전국을 대상으로 광역 부지환경조사 → 지역조사 → 자체평가 등 3단계에 걸쳐 후보지를 물색해 경북 동해안의 울진 · 영덕 · 영일군 일대 3곳으로 압축하였다.

그러나 1989년 초부터 3개 지역에 대한 정밀조사가 비밀리에 추진된 사실이 주민들에게 알려지면서 거센 저항에 직면하게 되었다. 특히 영덕군 남정면이 1순위로 선정되었다는 소문이 돌면서 1989년 3월부터 영덕군민들의 궐기대회가 이어졌다. 과학기술처는 주민들의 반대로 더 이상 부지조사가 힘들다고 판단해 1989년 10월 영덕군 반대대책위원회에 부지 불확정 사실을 통보하면서 1차 시도는 무산된다.(박재묵, 1994; 이상팔, 1995; 최미옥, 1997; 채경석, 2003; 정주용, 2008)

과학기술처는 주민들과 지자체의 반대로 지질조사도 하지 못하고 무산된 1차 시도의 전철을 밟지 않기 위해 1990년 안면도에 '원자력 제2연구소'를 건립한다며 비밀리에 추진해 '안면도 사태'를 유발하게 된다(2차 시도). 원자력연구소는 당초에는 동해안을 최적지로 판단하였으나 거듭 무산되자 서해안으로 눈을 돌려 후보지를 물색하던 중 충남도가 서해안종합개발계획을 추진하자 부지적합성에 대한 사전조사도 없이 방폐장 건설과 연계하기로 결정한 것이다.

당시 정부는 「폐기물관리법」과 「발전소주변지역 지원에 관한 법률」에 준거해 방폐장이 조성될 경우 안면도에 900억 원의 자금을 지원할 계획이었다. 그러나 이러한 경제적인 보상은 공공시설 입지에 필요한 부지매입에 국한되었고, 도유림이 대부분이어서 안면도 주민들에게는 실질적인 보상이 거의 없었다.(박순애 · 이지한, 2005)

2) 부지선정 과정과 주민저항

방폐장 부지를 확보하기 위한 2차 시도는 1차 시도와 마찬가지로 정부가 주도해 일방적으로 지정하는 방식이었다. 원자력연구소 부설 원자력환경관리센터는 1990년 5월부터 약 2개월에 걸쳐 서해안 일대 부지예정지와 주변지역에 대한 인문사회 · 자연환경 측면과 부지이용성에 대한 조사를 실시해 충남 안면도, 전북 부안, 전남 영광과 압해도(신안군) 등 4곳을 후보지로 압축했다. 이 가운데 전남 영광군에는 이미 원전이 입지해 있었고, 신안군 압해도는 원전 건설 후보지로 사전기술조사가 완료된 지역이어서 제외되었다. 1990년 9월에 개최된 제226차 원자력위원회에서는 안면도를 최적지로 지목하고 사용후핵연료 중간저장시설과 연구시설부지로 결정하였다. 이와 함께 중 · 저준위 방폐장도 안면도 인근 지역에 추후 조사를 통해 선정하기로 확정하였다.(원자력환경관리센터, 1992)

안면도를 중간저장시설과 연구시설 부지로 결정한 이면에는 충남도와 사전에 의견조율이 있었던 것으로 알려졌다. 당시 충남도는 안면도를 국제적인 관광지로 개발한다는 계획에 따라 1990년 7월 국토이용계획 변경을 건설부에 요청한 상태였다. 이에 따라 충남도는 1990년 10월 교통부와 협의를 거쳐 안면도 총면적 321만 평 가운데 83%인 266만 평의 국공유지를 개발키로 하고 연내 착공을 서둘렀다.(동아일보, 1990. 11. 6; 정주용, 2008) 정부는 안면도의 80% 이상이 도유림이고 거주 인구도 5,000명 정도인 낙후지역이어서 부지확보와 주민설득에 문제가 없을 것으로 판단했다. 특히 충남도는 방폐장 건설이 지역발전에 기여할 것으로 판단해 과학기술처에 안면도를 후보지로 추천한 것으로 알려졌다.

정부가 1990년 11월 2일 방폐장 건설계획을 발표하기 전까지 안면도 주민은 물론, 인근 지역이나 언론에서도 이 사실을 알지 못하였다. 정부는 발표 당시 '서해과학연구단지 조성계획'이라는 명칭으로 방폐장 건설을 은폐하였고, 주민 의견수렴 절차는 물론 부지선정위원회도 구성하지 않았다. 언론보도를 통해 방폐장 건설을 알게 된 주민들이 같은 해 11월 5일 투쟁위원회를 결성하고 이장들의 집단사퇴와 학생들의 등교거부 사태로 이어졌다. 1990년 11월 6일부터 본격적인 반대시위가 시작되어 작은 마을에서 주민 5,000여 명이 참석할 정도의 대규모 집회가 열렸다. 당시 지역구 국회의원도 "해상국립공원의 중심부에 핵폐기물처리장을 설치하는 것은 중대한 시행착오"라며 반대하였고, 공해추방운동협의회와 종교계 · 법조계 등 12개 단체가 연대한 '안면도 핵폐기물처리장 건설반대투쟁지원 공동대책위원회'가 반대운동에 앞장섰다.(김상돈 · 정광섭, 2004)

주민들의 반대활동이 1차 시도 때보다 격렬해지고 진정될 기미를 보이지 않자 정부는 1990년 11월 8일 건설계획 백지화를 발표하고 과학기술처 장관을 경질함으로써 사태는 진정 국면으로 접어들었다. 그러나 1차 안면도 사태 이후 서울대에 의뢰한 연구용역 결과를 토대로 정부가 안면도에 다시 방폐장 건설을 추진한 사실이 드러나자 1991년 10월 주민들이 투쟁위원회를 재구성하면서 2차 안면도 사태가 발생하게 된다. 정부는 1993년 3월 8일 안면도를 방폐장 후보지에서 제외한다고 다시 발표함으로써 사태는 일단락되었다.(서울대, 1991; 이수장, 2001)

3. 굴업도 사태

1) 사례의 개요(3차, 4차, 5차 시도)

방폐장을 확보하기 위한 1차, 2차 시도가 무산되자 정부는 1991년 부지확보를 폐쇄적인 방식에서 공모방식으로 전환해 추진하기로 하였다. 이에 따라 과학기술처 장관은 같은 해 10월 기자간담회와 전국 시도지사 회의를 통해 부지공모를 홍보하고 지자체의 참여를 유도한 결과, 전국에서 45곳이 신청하였다. 정부는 이들 지역을 대상으로 7곳을 최종후보지로 도출하고, 서울대 등의 용역연구를 통해 압축한 6개 후보지 등 총 13개 지역을 대상으로 검토 작업에 들어가 1991년 11월 고성 · 양양 · 울진 · 영일 · 장흥 · 태안(안면도) 등 6개 지역을 선정하였다. 정부는 지자체와 협의를 거쳐 이들 지역 중 한 곳을 확정할 계획이었지만, 후보지 선정 사실이 언론에 보도되면서 6개 지역주민들의 동시다발적인 반발로 3차 시도는 1993년 무위로 끝나게 된다.(조선일보, 1991. 12. 28; 정주용, 2008)

3차 시도가 무산된 이후에도 정부는 주민공모 방식으로 부지를 선정하기 위해 1994년 말까지 6개 지역을 대상으로 간헐적으로 입지선정을 시도하였다. 6개 지역에서 반대운동이 진행 중이던 1992년 5월 정부는 「방사성폐기물관리사업의 촉진 및 시설주변지역의 지원에 관한 법률」(방촉법) 제정을 추진하겠다고 발표했다. 입지선정과정에서 주민들이 경제적 보상에 대한 구체적인 내용과 법제화를 요구하였기 때문이었다. 1994년 1월 「방촉법」이 제정되자 양산과 울진 2곳에서 지역협의회를 구성해 주민들이 유치활동에 나섰다. 경남 양산은 3차 시도에서는 포함되지 않았으나 방촉법 제정 이후에 유치를 희망한 지역이었다. 그러나 양산은 물론 인근 부산 · 울산지역에서 반대 주민들의 저항으로 4차 시도는 좌절된다.

굴업도 사태가 발생한 것은 5차 시도였다. 3차, 4차 시도에서 지역주민들을 설득하지 못해 부지확보에 실패한 것을 계기로 정부는 '사전에 해당 지역의 동의를 얻어 부지를 선정한다'는 정책 방향을 재검토하게 된다. 변경된 정책 방향의 기본원칙은 첫째, 방사성폐기물 관리시설 부지는 중 · 저준위 방폐장과 사용핵연료 중간저장 시설, 그리고 관련 연구시설 등 3개 시설을 건설할 수 있는 곳으로 정한다. 둘째, 국민 정서를 감안해 부지확보가 용이한 임해지역과 주변도서를 대상으로 읍 · 면 행정구역 단위로 물색한다. 셋째, 부지개념은 3개 시설을 모두 수용하는 동일 부지 개념과 함께 관리시설과 연구시설은 다른 지역에 입지하는 분리방안도 동시에 진행한다는 것이었다.(정주용, 2008)

또한 추진체계를 과기처 중심에서 범정부 차원으로 확대하였다. 1994년 11월 국무총리를 위원장으로 관계부처 장관들로 구성된 '방사성폐기물관리사업추진위원회'와 과학기술처 장관을 단장으로 하는 '방폐물관리사업 기획단'을 발족하였다. 구체적인 부지선정과 후보지 물색작업은 원자력연구소가 맡았다.

2) 부지선정 과정과 주민저항

정부는 입지정책 추진 방향을 주민동의에서 다시 정부주도로 선회하고 범정부적인 추진체계를 구축한 뒤 전국 292개 지역을 대상으로 부지조사를 벌여 임해지역 7곳과 도서지역 3곳 등 10곳을 후보지로 도출하였다. 방폐물관리사업 기획단은 이 가운데 경기도 옹진군 덕적면 굴업도, 경북 영일군 청하면, 그리고 경북 울진군 기성면 등 3곳으로 압축하였다(원자력연구소, 1994). 기획단은 3곳을 대상으로 주민설명회 개최를 시도하였지만 영일군과 울진군 지역에서는 주민들의 거센 반발로 설명회가 무산되자 1994년 12월 22일 굴업도를 최종부지로 발표하였다.

정부는 굴업도를 선정하게 된 배경에 대해 "굴업도는 화강암으로 이루어진 단단한 지층구조와 해상수송이 편리하고, 기존 원전과의 거리 등 지질학적으로 최적의 조건을 갖춘 곳으로 판단되며, 세계적으로 가장 안전하다고 평가되는 스웨덴식 심층처분방식 중 동굴처분장 건설을 구상하고 있다"고 밝혔다.(한국일보, 1994. 12. 23; 이수장, 2001) 또한 당시 굴업도에는 6가구 10명만 거주하고 있어 주민설득이 용이하다는 점도 중요한 요소로 작용하였다.

정부는 동굴처분방식으로 10만 드럼 규모의 중 · 저준위 폐기물 처분장을 2001년까지 건설하고 사용후핵연료 중간저장시설은 충분히 검토해 결정한다는 방침이었다. 그러나 반핵단체들은 동굴처분방식이 지진에 매우 취약할 뿐만 아니라, 사용후핵연료의 위험성을 과소평가해 무리하게 추진하고 있다며 반대운동에 나섰다. 1995년 1월 '전국핵반대운동본부 굴업도특별위원회'가 지질학자들의 조사결과를 토대로 굴업도에 대한 재조사를 촉구하자 정부는 뒤늦게 1995년 5월 굴업도의 지질구조와 주변 환경에 대한 부지특성조사에 착수하게 된다. 원자력연구소의 정밀조사결과, 굴업도 주변 3㎞ 이내에 2개의 활성단층이 존재한다는 사실이 밝혀져 5차 시도 또한 무산되었다.(유해운 · 오창택, 1996)

굴업도 사태의 가장 큰 원인은 정부가 부지선정 과정에 주민들의 참여를 배제한 채 비공개적으로 추진했기 때문이었다. 굴업도에 핵폐기장이 건설될 것이라는 소문이 돌자 1994년 11월 인천시의회에서 진위를 밝혀줄 것을 요구하자 인천시장이 "관계부처와 협의하거나 통보받은 사실이 없다"고 밝힐 정도였다. 방폐장기획단이 1994년 12월 6일 옹진군청 관계자 60여 명을 대상으로 설명회를 개최한 것이 전부였다. 정부는 1994년 12월 22일 굴업도를 최종 후보지로 발표한 이후 전문가 토론회와 공청회를 개최했으나 주민 의견수렴과는 무관한 정부의 일방적인 홍보행사로 전락하였다.(이수장, 2001)

굴업도가 핵폐기장으로 유력하다고 보도되자 인천환경운동연합을 중심으로 반대운동이 전개된다. 굴업도 주민은 경제적 보상을 이유로 찬성하였으나 모(母)섬인 덕적도와 인천 시민들의 반대에 직면하였다. 소래 어민들도 어획량의 대부분이 굴업도 해역에서 이루어지기 때문에 어장피해에 대한 보상을 요구하여 반대운동에 나섰다. 정부는 1994년 1월에 제정된 특례법(방촉법)에 따라 유치지역에 방폐장 건설기간 중 연간 50억 원, 운영기간 중 연간 30억 원, 특별지원금 500억 원을 지원한다고 발표했다. 하지만 인근 덕

적도나 소래 등지의 어민 보상방안은 마련되지 않아 주민저항을 촉발하였다.(유해운 · 오창택, 1996)

주민들의 저항은 정부의 후보지 발표 3일 전인 1994년 12월 19일 '굴업도 핵폐기장 결사반대 투쟁위원회'가 구성되면서 본격화되었다. 인천지역 시민환경단체들도 1994년 12월 24일 인천시민회관 앞에서 '굴업도 핵폐기장 반대를 위한 규탄대회'를 개최하는 등 반대운동을 주도하였다. 1995년 5월에는 시민궐기대회와 도로점거 시위, 파출소 습격 등 시위가 격화되었다. 6 · 27 지방선거를 앞두고 굴업도가 인천지역의 핫 이슈로 부각되면서 논란이 증폭되었다. 그해 10월 굴업도 인근에서 활성단층 징후가 발견되고, 12월 15일 제234차 원자력위원회에서 굴업도 방사성폐기물관리시설지구를 공식 해제하면서 5차 입지선정도 실패로 귀결되었다.

4. 부안 사태

1) 사례의 개요(6차, 7차, 8차 시도)

굴업도 사태 이후 김영삼 대통령이 1996년 1월 과학기술자문회의에서 사업추진체계의 변경을 지시함에 따라 1997년 1월부터 주무부처는 과학기술처에서 통상산업부로, 사업주체는 원자력연구소에서 한국전력공사로 이관되었다. 부지선정방식도 유치공모와 사업자주도방식으로 전환되고 유치지역에 대한 재정지원방안도 대폭 확대되었다. 지방자치제 실시 이후 재정자립도가 낮은 지자체에 재정지원을 강화하면 적극적으로 유치의사를 보일 것이라는 판단이었다. 실제로 정부가 2000년 6월부터 2001년 6월까지 전국 46개 임해지역의 지자체를 대상으로 3,000억 원의 지역개발기금을 지원하는 조건으로 유치공모를 실시한 결과 전남 영광군, 전북 고창군, 경남 하동군 등에서 유치의사를 밝혔다. 그러나 해당 지역에서 주민 반대와 지방의회의 유치청원 부결 등으로 한 곳도 응모한 지자체가 없어서 6차 시도 역시 불발로 끝나고 말았다.

2001년부터는 정부의 전력산업구조개편에 따라 발전부문이 6개 자회사로 분리되면서 사업주체는 한국전력에서 한국수력원자력(주)로 변경되었다. 정부는 유치공모방식도 실패함에 따라 더 이상 부지선정을 미룰 수 없다고 판단해 사업자주도방식으로 전환해 7차 시도에 나서게 된다. 이에 따라 한수원은 후보지를 물색하기 위한 용역을 발주해 2003년 2월 울진 · 영덕 · 고창 · 영광 등 4개 지역을 도출하였다. 산업자원부는 "선정된 4개 지역은 바다에 인접해 폐기물 수송선을 쉽게 접안할 수 있고, 지질구조도 다른 지역에 비해 높은 점수를 받았다"며 선정 배경을 설명했다.(이데일리, 2003. 2. 4.)

이어 2003년 4월에는 산업자원부, 과학기술부 등 10개 부처와 사업자인 한수원은 방사성폐기물처리장과 양성자가속기를 연계하여 설치하고, 획기적인 지원을 하겠다는 공동담화문을 발표하였다.(중앙일보; 한겨레신문, 2003. 4. 21; 조성경, 2005; 정주용, 2008) 정부는 양성자가속기사업과 연계한 자율공모방식과 별도로 2003년 5월에는 이미 선정된 4개 후보지역에 대한 정밀조사를 실시하기 위해 용역계약을 체결하였다. 하지만 4개 지자체 모두 굴착신고서 접수를 반려해 더 이상 지질조사를 진행할 수 없게 되면서 7차 시도는 막을 내리게 된다.

부안 사태는 7차 사업자주도방식이 실패함에 따라 지자체의 자율유치와 유지공모방식으로 시도한 8차 부지선정 과정에서 발생하였다. 정부는 유치지역에 획기적인 경제적 인센티브를 제공한다는 공동담화문의 발표로 입지선정은 새로운 국면에 접어들 것으로 기대했다. 하지만 가장 유력한 후보지로 거론된 군산시는 부지 부적합 판정을 받아 응모조차 하지 못하였고, 삼척과 부안에서도 처음에는 찬성 분위기였으나 주민반대와 반핵단체의 압력 등으로 지방의회에서 부결되었다. 다만, 부안군수가 부안군의회의 반대에도 불구하고 기자회견을 자청해 유치신청을 밝힘에 따라 2003년 7월 15일 부안군이 단독후보지로 확정되었다.(한국일보, 2003. 7. 16; 이진규, 2005)

부안 사태의 발단은 부안군수가 주민의사를 무시하고 일방적으로 유치신청서를 제출한 것이 결정적인 계기였다. 정부도 여론조사결과 부안군민의 61.7%가 반대한다는 사실을 확인하고도 주민 의견수렴에 공을 들이지 않았다. 부지선정위원회도 방폐장 건설에 우호적인 인사들로 구성되어 정당성을 얻지 못하였고, 위도에 중, 저준위 폐기물만 반입하는 것처럼 홍보하여 불신을 증폭시켰다.(김철규 · 조성익, 2004; 정정화, 2007b)

2) 부지선정 과정과 주민저항

부안군이 단독으로 유치신청서를 제출하자 산자부는 2003년 7월 15일 부지선정위원회를 구성해 그해 7월 24일까지 1차례의 현장답사와 5차례의 회의를 거쳐 부지적합성을 평가한 결과, 위도 인근 해역에 활성단층이 존재하지 않으며 인문 · 사회적 환경도 우수하다고 발표했다. 부지선정위원회는 "지질조사 및 해양지구물리 탐사 결과 위도는 대규모 암체가 잘 발달되어있고 주암종인 응회암이 매우 치밀하며, 활성단층도 없는 것으로 확인돼 원전 수거물 관리시설 부지로 적합하다"고 평가했다. 부지환경(지질 · 수문조건 등), 투자효율성, 부지활용성, 항만설치 용이성, 사업추진여건 등 총 17개 항목으로 구성된 부지평가에서 우수 등급을 받았다.(이진규, 2005)

그러나 부지선정위원 대부분이 방폐장 건설에 우호적인 원자력계 전문가와 정부관련 인사들로 구성되었고, 조사기간도 10일로 매우 짧은데다 보고서가 부실하고 사실이 왜곡되었다는 주장이 제기되었다.(한겨레, 2003. 8. 28.) 반핵국민행동과 민간조사단은 위도에 활성단층이 존재할 가능성이 매우 높다며 정밀조사를 요구하였고, 연세대 조사팀도 방폐장 부지에 대한 정밀조사에서 암반층이 붕괴되었으며 지하수위가 높게 상승하고 있다고 밝혔다.(전북일보, 2003. 11. 10.)

방폐장 부지로 위도가 선정되자 지역주민들과 반핵단체가 연대하여 대대적인 저항운동이 시작되었다. 위도 주민들의 유치청원 이후 주민저항은 부안군내 34개 시민 · 사회 · 종교단체가 참여한 '핵폐기장백지화 · 핵발전소추방 범부안대책위원회'의 발족으로 본격화되었다. 부안군수의 유치선언 이후에는 서해안고속도로 점거, 군수 폭행사건 등 격렬한 반대시위와 유혈충돌로 '제2의 광주사태', '계엄상태'라는 말이 나돌 정도로 심각한 양상으로 전개되었다.(부안대책위, 2005) 당시 집권당의 원내총무이자 최고위원인 지역구 국회의원도 반대운동에 나설 정도였다.(김길수, 2004) 경찰의 강경진압에 대해 대한변호사협회, 한나라당, 민주당, 국가인권위원회가 진상조사에 착수하면서 정부에 대한 비판의 목소리가 고조되었다. 녹색연합 · 참여연대 · 환경운동연합 등 시민단체들은 2003년 8월 '부안 핵폐기장 선정철회 시민사회단체 비상대책위원회'를 구성해 반대운동에 참여함으로써 저항운동은 전국적으로 확대되었다.

정부와 부안대책위는 갈수록 격렬해지는 상황을 타개하기 위해 2003년 10월 '부안지역 현안문제 해결을 위한 공동협의회'를 구성해 대화에 나서 연내 주민투표를 실시하기로 합의하였다. 그러나 정부가 조속한 주민투표 실시를 거부함에 따라 시민사회 · 종교 · 학계 인사들로 구성된 주민투표관리위원회가 구성되어 2004년 2월 14일 자체적인 주민투표를 실시한 결과 72.04% 투표율에 91.83%의 반대로 부안 사태는 일단락되었다.

5. 경주 방폐장: '경쟁적 주민투표'

1) 사례의 개요(9차, 10차 시도)

부안 사태를 겪으면서 주민저항을 극복하지 않고는 방폐장 건설이 불가능하다고 판단한 정부는 주민투표라는 새로운 방식을 도입하였다. 2004년 1월 「주민투표법」이 제정되자 산업자원부는 2004년 2월 부지선정 절차를 공고하고 12월 말까지 후보지를 선정하겠다고 발표했다. 산업부가 공고한 부지선정 절차와 일정은 △주민 유치청원(5. 31.) → △지방의회 동의 → △자치단체장 예비신청(9. 15.) → △주민투표 실시 → △본신청(11. 30.) → △부지선정위원회 최종 확정(12. 31.) 으로 복잡한 과정을 거치게 되어있었다. 선정된 부지에는 중 · 저준위 방폐장과 사용후핵연료 중간저장시설, 주민복지시설 등을 건설할 예정이었다.

정부가 유치지역에 한수원 본사 이전과 양성자가속기사업 연계 방침을 거듭 천명하고 주민투표를 통해 부지선정을 추진한다고 밝히자 7개 시 · 군 10개 지역에서 유치의사를 표명하였다. 하지만 지자체의 예비신청 마감을 앞두고 각 지역마다 찬반 주민들로 민 · 민 갈등이 고조되고, 반핵단체들은 부지선정 중단과 공론화를 위한 사회적 협의기구 구성을 요구하는 상황에서 유치신청 지자체는 한 곳도 없었다.

주민투표 방식을 도입한 9차 시도마저 실패하자 정부는 부지선정 과정에 절차적 민주성을 강화하고 방폐장에 대한 위험 인식을 해소하기 위해 획기적인 방안을 강구하였다. 2005년 3월 방폐장의 범위를 중 · 저준위 폐기물 처분시설로 한정하고, 고준위 폐기물 영구처분장과 사용후핵연료 재처리 시설은 건설하지 않도록 규정한 특별법을 제정하였다. 이어 2005년 6월에는 '중 · 저준위 방사성폐기물 처분시설 후보부지선정 등에 관한 공고'를 통해 유치신청 지자체 가운데 주민투표를 실시해 찬성률이 가장 높은 지역을 선정하는 '경쟁적 주민투표제도'를 고안하였다.

정부는 이와 함께 유치지역에 3,000억 원의 특별지원금과 방폐장 운영과정에 발생하는 반입수수료(연간 약 85억 원), 양성자기반공학기술사업 유치, 한수원 본사 이전 등 파격적인 지원방안을 특별법으로 명문화하고, '유치지역 지원위원회'를 구성해 범정부 차원의 지원체계를 구축하였다. 이전의 부지선정과는 현격하게 달라진 새로운 방식이 공고되자 6개 시 · 군 9개 지역에서 유치를 신청하였다. 정부는 이들 지역을 대상으로 부지적합성 조사와 지방의회의 동의를 거쳐 산업자원부에 유치신청을 한 경주 · 포항 · 영덕 · 군산 등 4개 지역을 대상으로 2005년 11월 2일 주민투표를 실시하였다. 경주시의 찬성율이 89.5%로 가장 높아 10차례의 시도 끝에 마침내 방폐장 부지가 확정되었다.

2) 부지선정 과정과 경쟁적 주민투표

정부는 10차 시도에서 유치의사를 밝힌 6개 시 · 군 9개 지역을 대상으로 2005년 4월부터 부지적합성조사를 실시한 결과, 경주 상라리(경주시는 봉길리와 상라리 2개 지역을 신청)를 제외한 8개 지역이 적합한 것으로 평가되었다.(조석, 2005) 하지만 지질 전문가와 환경단체들은 경주 일대는 활성단층이 통과하는 지역이어서 원전뿐만 아니라 방폐장 부지로 부적합하다며 반대하고 나섰다. 경주시 봉길리의 경우 강우 시 토양층 내부 침투가 우려되고 지진 발생 가능성이 있음에도 불구하고 부지선정위원회가 적합 판정을 내렸다고 지적했다.(윤순진, 2006)

환경단체들은 2009년 7월 기자회견을 통해 "4년 만에 공개된 부지조사 보고서를 분석한 결과, 방폐장 부지로는 결격사유에 해당하는 단열대와 파쇄대 등 불량 암반 상태가 재차 확인되었다"며 공사 중단을 촉구했다. 이들은 또 "공사지연조사단이 암반상태가 불량함을 확인하고도 시공기술로 보완하면 안전성에 문제가 없다고 평가한 것은 부지확보의 기본원리에도 위배되는 것"이라고 성토했다.(환경연합 보도자료, 2009. 7. 28.)

부지선정을 위한 주민투표 과정에서도 노골적인 관권 개입과 지역감정으로 얼룩졌다. 중앙정부가 특정 지역을 대상으로 주민들의 찬반의사를 묻는 것이 아니라, 2개 이상의 지방자치단체에 대해 주민투표를 경쟁적으로 실시함으로써 찬성률을 높이기 위해 지역 간 과잉경쟁을 유발하고 지역감정을 자극하는 부작용을 초래하였다. 주민투표제도가 방폐장 건설에 대한 주민들의 의사를 수렴하는 본래의 기능보다는 지자체 간 경쟁을 유도해 중앙정부의 의도를 관철시키는 수단으로 전락하였다.(주성수, 2007)

3) 방폐장 주민투표의 문제점

경주 방폐장 유치과정에서 드러난 경쟁적 주민투표제도의 문제점은 다음과 같다.[67] 첫째, 4개 시 · 군이 찬성률을 높이기 위한 경쟁과정에서 부정선거와 관권개입 등으로 투표운동의 공정성이 심각하게 훼손되었다. 경주시는 찬성률이 높은 읍 · 면 · 동에 대해서는 차기년도 예산편성에 우선 지원하고 찬성률이 90% 이상인 지역에는 인센티브 예산을 지원할 방침이라고 밝혀 노골적인 관권개입을 시도하였다.(경향신문, 2005. 11. 25.) 군산시도 찬성률을 높이기 위해 투표결과에 따라 읍면동에 5억~20억 원씩 총 300억 원을 차등 지원하겠다고 약속하는 한편, '원자력을 바로 알고 사랑하는 공무원 모임(원사모)'을 구성해 유치 홍보전을 벌였다.(한겨레신문, 2005. 9. 4; 문화일보, 2005. 8. 4.)

둘째, 부재자 투표율이 2004년 17대 국회의원선거 때의 2~3%와 비교해 군산 14배(39.4%), 경주 15배(38.1%), 영덕 11배(27.5%), 포항 6배(22.0%) 등으로 폭증해 대리신고와 대리투표 의혹이 제기되었다.(하승우, 2006) '민주사회를 위한 변호사 모임'(민변)은 현지조사를 통해 투표과정에서 조직적인 부

67 경쟁적 주민투표제도의 문제점에 대해서는 정정화(2012a) 참조.

정이 저질러졌다며 주민투표 중단을 촉구하기도 했다.(민변, 2005) 반핵국민행동도 지자체와 공무원의 조직적 개입에 의한 사전투표운동, 금권 · 관권투표운동, 대리 · 허위 부재자신고, 공개투표 · 대리투표, 금품 · 향응 제공, 지역감정 조장 등 투표과정에 심각한 문제점이 있었다고 지적하였다.(시민의 신문, 2005. 11. 7.)

셋째, 토론과정에서 방폐장 건설에 따른 안전성과 환경문제 등에 대한 진지한 논의는 찾아보기 어려웠고, 토론장에 참여한 주민들은 다른 지역을 이기기 위한 동원의 대상자로 전락하였다. 주민설명회나 공청회는 주로 찬성 측 입장을 홍보하기 위한 자리였고 반대 측 인사의 입장과 발언기회가 통제되었으며 주민들의 자발적인 참여도 거의 없었다.(윤순진, 2006; 주성수, 2007; 하승우, 2006) 여기에 지역감정까지 가세해 이성적인 논의 자체가 불가능하였고 반대 주민들에 대한 폭력사태도 발생하였다.(국민일보, 2005. 11. 1.) 군산시에서는 "군산 시민 모두가 똘똘 뭉쳐 경상도 박살내고 국책사업 유치합시다"라는 현수막과 유인물이 나돌았다. 이에 경주시에서도 '군산의 실상을 보십시오'라는 제목하에 군산 지역에 걸려있는 현수막 중 지역감정을 자극하는 내용들을 모아 대형 현수막을 제작해 내걸었다.(KBS 추적60분, 2005. 11. 16.)

넷째, 방폐장 부지가 경주시로 결정된 이후에는 지역 간 갈등뿐만 아니라 경주 내에서의 갈등도 심각해졌다. 군산 · 영덕 등 탈락지역에서는 방폐장 유치에 반대한 주민들이 지역발전을 저해한 주범으로 몰릴 정도로 내홍을 겪었다. 경주시에서는 정부가 지원한 3,000억 원의 배분방식과 한수원 본사이전 위치, 양성자가속기사업 등으로 동경주 지역과 경주시내 주민들 간 갈등이 격화되었다.(하승우, 2006) 경주뿐만 아니라 나머지 3개 시 · 군에서도

67~85%의 절대적인 지지로 방폐장 유치를 신청했는데도 정부가 주민의사를 무시한 결과를 초래했다며 반발했다. 결과적으로 경쟁적 주민투표가 정책결정에 주민의사를 반영하기보다는 중앙정부의 국책사업을 합리화하기 위한 수단으로 전락한 문제점이 속출하였다.(주성수, 2007)[68]

68 경주 방폐장 주민투표는 자유당 정권 이래 최악의 투표라는 비판도 제기되었다. 허술한 주민투표법을 이용해 지자체장은 통장 · 반장 · 이장은 물론이고 시청 공무원들까지 동원해 유인물을 돌리고 마을설명회를 개최하는 등 '관권 선거'가 자행되었다. 주민투표 찬성 독려를 위해 수건 등 선물을 돌리고 식사를 제공하는 '금권선거'도 수차례 적발되었다. 부재자 투표과정에서는 대리 서명을 통해 죽은 사람까지 부재자 신고서에 이름을 올리는 황당한 일도 벌어졌다.(이헌석, 2020b: 23)

2장

박근혜 정부의 공론화위원회

1. 위원회 출범과정

경주에 중 · 저준위 방폐장 부지를 확보한 이후 정부는 고준위 방폐장 건설을 위한 공론화 논의에 착수하였다. 부안 사태 이후 2004년 12월에 열린 제253차 원자력위원회에서는 사용후핵연료는 2016년까지 각 원전 부지 내에 임시저장하고 추후 사회적 공론화를 통해 관리방안을 결정하기로 의결하였다. 이에 따라 2007년 국가에너지위원회 산하에 사용후핵연료 공론화TF가 구성되면서 논의가 본격화되었다.

사용후핵연료 공론화TF는 2008년 제출한 권고보고서에서 영국의 방사성폐기물관리위원회(CoRWM)와 유사한 형태로 정부로부터 독립적인 위상을 갖는 공론화위원회를 설치해 사용후핵연료 관리방안에 대한 공론화를 추진할 것을 제안하였다.[69] 정부는 2009년 12월 「방사성폐기물관리법」을 개정

69 공론화TF가 제시한 권고보고서(2008)의 주요 내용은 첫째, 독립적인 공론화위원회를 구성하여 공론화를 추진함. 둘째, 중간저장방안에 대한 공론화를 우선 추진하고 최종관리 방안은 착수 시점을 달리하여 논의함. 셋째, 공론화 기본원칙으로 민주성, 책임성, 도덕성, 진정성, 독립성, 숙의성, 회귀성, 투명성 등 8

해 공론화 추진의 법적 근거를 마련하였고, 2012년 11월 제2차 원자력진흥위원회에서는 사회적 수용성 확보를 위해 공론화위원회의 구성 · 운영을 골자로 하는 '사용후핵연료 관리대책 추진계획'을 의결하였다.[70]

이에 따라 2013년 10월 30일 사용후핵연료 공론화위원회가 발족되어 2015년 6월 말까지 활동하였다.[71] 정부는 공론화를 범정부 차원에서 지원하기 위해 2014년 3월 국무조정실 2차장을 의장으로 산업통상자원부, 미래창조과학부, 환경부, 외교부, 안전행정부, 원자력안전위원회 등 6개 부처의 실장급이 위원으로 참여하는 범부처 협의체를 구성하였다.

박근혜 정부 공론화위원회의 구성은 △추천위원회를 거친 민간위원 7명, △원전소재지역(경주 · 기장 · 울주 · 울진 · 영광) 5명, △시민사회단체 3명 등 총 15명으로 발족되었다. 민간위원 7명은 △인문사회 2명, △기술공학 1명,

---

가지를 제시하였다. 공론화 추진방향에 대한 의견수렴을 위해 2011년 구성된 사용후핵연료 정책포럼도 14개 대정부 권고사항을 제시하였다. 첫째, 2024년까지 사용후핵연료 중간저장시설 건설을 완료함. 둘째, 사용후핵연료 관리정책결정의 시급성을 고려하여 조속히 공론화위원회를 구성하여 공론화에 착수함. 셋째, 공론화위원회는 사용후핵연료 관리 및 사회소통에 관한 학식과 경험이 있는 사람으로 구성하되, 원전지역 대표의 참여를 원칙으로 함. 넷째, 논의의 효율성 확보를 위해 중간저장을 공론화 핵심의제로 하되, 다른 관리방안에 대한 논의도 제한하지 않기로 한다는 것 등이다.

70 「원자력법」이 2011년 7월 「원자력진흥법」으로 전부 개정됨에 따라 원자력위원회의 명칭이 원자력진흥위원회로 변경되었고, 기존의 원자력위원회 기능에 사용후핵연료 처리 · 처분에 관한 사항도 추가되었다.

71 사용후핵연료 공론화위원회는 당초에는 2009년 7월 구성하기로 결정되었다. 그러나 이명박 대통령은 그해 8월 위원장까지 내정된 공론화위원회 출범을 무기한 연기하고, 대통령 직속의 국가에너지위원회도 지식경제부(산업통상자원부) 소속으로 변경하였다. 당시 지식경제부는 공론화 연기에 대해 사용후핵연료 관리 문제는 기술적 · 전문적인 사항으로 과학적 · 기술적 검토 없이 일반국민을 대상으로 공론화가 추진될 경우 불필요한 논란이 증폭될 우려가 있기 때문이라고 설명했다. 이후 2009년 12월에는 「방사성폐기물관리법」 개정으로 공론화도 지식경제부에서 주관하게 되었다.(이영희, 2013; 이원희, 2020)

△시민환경단체 4명으로 안배되었다. 이 가운데 6명은 중도에 사퇴해 최종적으로는 9명이 활동하였다.

추천위원회에서 추천한 민간위원 7명 가운데 3명은 회의 운영과정의 불만 등으로 사퇴하였고, 시민사회단체 추천 3명 가운데 2명은 출범식 당일 위원장 선출의 비민주성과 위원 선임과정도 투명하게 진행되지 못하였다며 탈퇴하였다. 원전소재지역 추천위원 5명 가운데 한빛원전(영광) 위원도 중도에 사퇴하였다. 이밖에 공론화위원회와 별도로 원전소재지역주민들의 의견을 효과적으로 수렴하기 위해 원전소재지역 특별위원회(각 원전별 2명)도 구성되었다.

환경단체들은 공론화위원회에 원전지역 대표가 당초 2명에서 5명으로 늘어나 총 15명 가운데 1/3을 차지한 것은 지역 이해관계를 과다 대표하고, 사용후핵연료 재처리나 관리방안 등 정책적인 논의보다는 원전지역에 대한 보상 문제가 중요한 의제가 될 것이라며 위원회 재구성을 요구했다.(한국일보, 2014. 10. 31.)

2. 공론화위원회의 활동

2013년 10월 출범한 공론화위원회는 2015년 6월 말까지 20개월간 다양한 의견수렴 활동을 벌였다.[72] 609일 동안 원전지역 지자체, 시민사회계, 원

72 공론화위원회는 당초 2014년 12월까지 운영될 예정이었으나 충분한 의견수렴에 한계가 있었다는 지적

자력계, 전문가검토그룹, 과학기술 · 인문사회계, 미래세대, 그리고 언론계를 대상으로 간담회, 토론회, 라운드테이블 등을 개최해 각계각층의 의견을 수렴하였다. 또한 일반국민을 대상으로 타운홀미팅, 홈페이지, SNS 등을 활용해 폭넓은 의견을 청취하였다.

위원회는 권고안을 정부에 제출하면서 "지난 20개월 동안 공식회의 38회, 워크샵 4회, 원전소재지역 지자체장 및 지방의회 간담회 10회, 국회 및 국회보좌관 방문설명회 5회, 토론회 및 포럼 31회, 설문조사 3회, 공론조사 1회, 지상토론회 5회, 전문가검토그룹 회의 15회, 운영소위원회 30회 등 다양한 프로그램을 통해 2만 7천여 명이 의견을 나누었고, 온라인을 통해 35만여 명이 지혜를 모았다"고 발표했다.(사용후핵연료 공론화위원회, 2015a; 홍두승, 2016)

공론화위원회가 발간한 백서에는 609일간의 활동이 자세히 기록되어있다. 첫째, 위원회가 주관한 활동으로는 △정기회의 38회, △주요 단체 간담회 30회, △국회 · 전문가 · 대학생 · 이해관계자 대상 공개토론회 30회, △설문조사(국민인식도조사) 3회, △공론조사 1회 등이다. 둘째, 5개 원전지역주민대표와 지방의원들이 참여해 구성한 원전특위에서도 공론화위원회의 활동과 별도로 △원전특위 회의 24회, △자체 워크숍 7회, △시민사회단체 간담회 1회 등을 개최하였다. 셋째, 원전지역별 의견수렴 내용을 보면, 경주시에서만 △주민 · 시민사회단체 간담회 37회, △심층인터뷰 301회, △지역언론 간담

에 따라 활동 기한이 2015년 6월까지 연장되었다.

회 4회, △타운홀미팅 2회, △설문조사 2회, △지역설명회 1회, △언론인설명회 1회 등 다양한 의견수렴 활동을 벌였다. 기장군에서도 △주민 · 시민사회단체 간담회 47회, △심층인터뷰 35회, △지역언론 간담회 2회, △설문조사 2회, △지역설명회 2회 등을 실시한 것으로 기록되어있다.(사용후핵연료 공론화위원회, 2016)

공론화의 주요 프로그램으로 1박 2일 동안(2015. 3. 28. ~29.) 일반인 175명을 대상으로 공론조사(deliberative polling)를 실시하였다. 사용후핵연료에 대해 사전 자료학습제공, 전문가 설명 및 질의응답, 분임토의 등을 실시해 최종적인 공론조사를 진행하였다. 공론조사의 전문성과 공정성을 담보하기 위해 공론조사 창시자이자 권위자인 제임스 피시킨(James Fishkin) 교수와 로버트 러스킨(Robert Luskin) 교수로부터 자문을 받았으며, 러스킨 교수는 1박 2일 동안 직접 참관하였다.

3. 권고안의 주요 내용

공론화위원회가 2015년 6월 정부에 제출한 「사용후핵연료 관리에 대한 최종권고안」의 주요 내용은 다음과 같다.

① 사용후핵연료 관리정책의 최우선 원칙은 국민의 안전이다. 사용후핵연료는 국가의 책임하에 안전하고 효과적으로 관리되어야 한다. 선택한 관리기술이 관련 전문가들로부터 입증된 것이어야 하며, 기술 적용의 결과가 미래세대에게 과도한 부담을 주지 않아야 한다.

② 현재 임시저장시설에 보관 중인 사용후핵연료를 저장용량이 초과되거나 운영허가 기간이 만료되기 전에 안정적인 저장시설을 마련하여 옮기는 것을 원칙으로 한다.

③ 정부는 2051년까지 처분시설을 건설하여 운영해야 한다. 이를 위해 처분시설 부지 혹은 부지 조건과 유사한 지역에 지하연구소(URL) 부지를 2020년까지 선정하고, 건설과정에 착수해 2030년부터는 실증연구를 시작하는 것이 바람직하다.

④ 사용후핵연료 처분시설과 지하연구소(URL)가 들어서는 지역에 주민이 참여하는 '환경감시센터'(가칭)를 설치한다. 삶의 질을 높이고 안정적 경제기반을 구축하기 위해 지역에 비용을 지불하는 것이 바람직하다. 지원방안으로는 첫째, 사용후핵연료 연구 및 관리기관을 포함한 유관기관을 지역에 두고 일자리 창출과 지역경제 활성화에 이바지한다. 둘째, 사용후핵연료 처분지원수수료를 지자체에 납부한다. 셋째, 자연을 최대한 보존하고 여건을 고려한 도시개발계획을 수립하고 초기 비용은 특별지원금으로 부담한다.

⑤ 처분시설이 운영되기 전이라도 2020년에 선정된 지하연구소(URL) 부지에 처분전보관시설을 건설하여 처분 전까지 보관할 수 있도록 한다. 불가피한 경우 각 원전 안에 단기저장시설을 설치하여 처분 이전까지 사용후핵연료를 보관할 수 있다. 이와 함께 국제규범이 허용하고 있는 국제공동 사용후핵연료 관리시설 마련을 위해 국가 간의 긴밀한 협력 등 이를 구체적으로 실현하려는 노력이 필요하다.

⑥ 만약 원전 안에 단기저장시설을 설치하여 한시적으로 사용후핵연료를 보관할 경우 '사용후핵연료 보관비용'을 지불한다. 투명하고 효과적인 비

용 적립과 관리를 위해 주민재단(가칭)을 지역에 설립하여 운영한다. 현재 원전 안에 있는 사용후핵연료에 대해서도 합리적인 비용 지불에 대해 정부와 해당 지역 간에 구체적인 협의를 하는 것이 필요하다.

⑦ 사용후핵연료의 저장 · 운반 · 처분 및 독성과 부피를 줄이기 위한 기술개발의 우선순위를 정하고, 단계별 세부계획을 수립하여 실행해야 한다. 이를 위해서는 규제기준을 제시하는 것이 무엇보다 시급하다. 또한 다양한 전문가들이 사회적 책무를 갖고 기술개발을 주도할 수 있도록 제도적 장치를 마련하여 통합적 시스템을 운영해야 한다.

⑧ 사용후핵연료 관리의 안전성과 더불어 책임성, 안정성, 효율성, 투명성을 담보하는 것이 바람직하다. 이를 위해 정부, 민간사업자, 국민이 공사의 지분을 공유하고 사용후핵연료 관련 기술개발과 단계별 관리를 책임지는 '사용후핵연료 기술 관리공사'(가칭)를 설립하는 것이 바람직하다.

⑨ 사용후핵연료 관리의 투명성, 안정성, 지속가능성을 담보하고 정책의 신뢰성을 확보하기 위해 「사용후핵연료 특별법」(가칭)을 조속히 제정하고 필요할 경우 기존의 법령을 개정한다.

⑩ 사용후핵연료 관리정책을 곧바로 수립하고 실행하기 위해 범정부 차원의 의사결정기구인

'사용후핵연료 관계장관회의'(가칭)와 실무추진단인 '사용후핵연료 관리대책 추진단'(가칭)을 정부조직 내에 구성해 운영한다.(사용후핵연료 공론화위원회, 2015a)

4. 공론화의 구조적 · 내용적 한계

박근혜 정부 공론화의 가장 큰 문제점은 첫째, 위원회의 독립성과 중립성을 확보하지 못하였다는 점이다.[73] 공론화 주관기관을 놓고 위원회 출범 이전부터 정부와 시민단체 간에 첨예한 의견대립이 지속되었다. 정부는 공론화의 법적 근거인 「방사성폐기물관리법」(제6조의2)에 따라 주무부처인 산업통상자원부 산하 자문기구로 설치하는 것이 타당하다고 주장했다. 이에 반해 시민사회계에서는 원자력 진흥을 목적으로 하는 산업부가 공론화를 주관할 경우 절차적 정당성을 확보하기 위한 국가주도형 공론화로 전락할 것이 명백하며, 임시저장시설 확충과 원전 확장정책을 위한 정당화 시나리오에 불과하다며 범부처 차원의 독립기구로 설립할 것을 요구했다.

갈등관리 전문가들은 △국무총리실 산하에 설치하는 방안, △(당시) 국민대통합위원회에서 주관하는 방안, △시민사회계가 '원자력정책 국민토론 추진단'(가칭)을 구성해 주관하는 방안 등을 제시했다. 그러나 정부는 공론화 주관기관 변경을 위해서는 「방사성폐기물관리법」 개정에 따른 시간적 제약과 국무총리실의 반대 등을 이유로 산업부 자문기구로 발족하였다. 공론화 지원단도 산업부, 원자력환경공단, 한수원 직원 등으로 구성해 독립성과 중립성을 저해한 것으로 지적되었다.

둘째, 위원장 및 위원 선임의 비민주성과 공정성 문제로 환경단체 위원들

73 박근혜 정부 공론화의 문제점에 대해서는 정정화(2018) 참조.

이 탈퇴해 '반쪽 공론화'로 진행되었다. 산업부는 위원 선정과정의 공정성과 투명성을 확보하기 위해 추천위원회를 구성하였으나, 환경단체들은 친원전 인사들이 과다 대표되었다고 주장했다. 또 원전지역 대표가 당초 2명에서 5명으로 늘어난 것은 사용후핵연료 재처리나 관리방안 등 정책적 논의보다는 원전지역에 대한 보상 문제가 중요한 의제가 될 것이라며 위원회 재구성을 촉구했다.

환경단체 추천위원 2명은 위원장 선임과정의 비민주성과 경주 방폐장 부지선정에 책임이 있는 인사가 위원장에 선정된 것을 받아들일 수 없다며 출범식 당일 사퇴했다.(한국일보, 2014. 10. 31.) 이후 환경운동연합과 에너지정의행동 등 환경단체들은 정의당 김제남 의원과 공동으로 2014년 8월 20일 국회도서관에서 '정부의 사용후핵연료 공론화, 제대로 되고 있나?'를 주제로 국회-시민사회 토론회를 개최하는 등 '반쪽 공론화'로 진행되었다.[74]

셋째, 공론화의 주요 원칙인 숙의성, 투명성, 공정성, 소통성을 확보하지 못하였다. 공론화 과정에 다양한 논의가 심층적으로 제기되는 숙의적 토론보다는 전문가 중심의 제한된 의견수렴에 치중함으로써 일반시민과 이해관계자의 광범위한 참여와 의견수렴이 미비하였다.[75] 이 때문에 공론화 과정에

---

74 공론화위원회 주관으로 2014년 8월 개최된 제1차 국회 토론회(2014. 8. 5.)에서는 "위원회의 인적구성은 원전지역주민대표와 전문가 중심으로 짜여져 국민적 다양성과 대표성이 취약하다"는 지적이 제기되었다. 국회-시민사회 토론회(2014. 8. 20.)에서도 "현재의 공론화는 2014년에 조기 완료하고 위원회를 재구성해 2단계 공론화를 다시 실시해야한다"며 "전문가 중심의 공론화를 지양하고 미래세대인 청소년의 참여가 필요하다"는 의견이 제시되었다.(사용후핵연료 공론화위원회, 2015c: 50/54)

75 공론조사(2015. 3. 28. ~3. 29.)에 초청된 전문가들도 원자력계 또는 친원전 인사들로 구성되었고, 서울

'보여주기식' 토론회와 회의만 있었을 뿐 국민적 공감대 형성에 실패했다는 지적이 제기되었다.(경향신문, 2014. 11. 19.)

토론회도 정해진 짧은 시간 안에 준비해온 내용만 일방적으로 발표한 뒤 몇 차례의 질의 · 응답을 거치는 형식적인 절차를 답습하였고, 이슈와 쟁점을 한정하지 않아 여러 의견이 중구난방으로 제기되어 혼선을 야기하였다.(전기신문, 2014. 7. 2.) 특히 위원회는 홈페이지를 통해 회의록을 공개하였으나 안건당 평균 1~2줄, 길게는 3~4줄에 불과했고 속기록은 국정감사에서의 지적과 시민단체의 요구로 2013년 7월 25일 개최된 20차 회의록부터 공개되었다. 그러나 실무소위원회나 지역특별위원회 회의 내용은 공개하지 않고 회의 참관도 허용되지 않았다. 2015년 3월 말에 실시한 공론조사결과도 3개월 후에야 공개될 정도로 공론화의 투명성 원칙이 지켜지지 않았다.(이헌석, 2014; 이영희, 2017)

넷째, 공론화 의제는 사용후핵연료 중간저장방안으로 제한함으로써 열린 토론으로 이어지지 못하였다. 정부는 공론화를 통해 사용후핵연료 관리방안에 대해 전반적으로 논의한다고 천명했지만, 공론화TF의 권고보고서(2008)와 사용후핵연료 정책포럼이 발표한 대정부 권고사항(2012)은 공론화의 핵심의제는 중간저장방안임을 명백히 밝히고 있다. 중간저장방식은 각 원전별로 분산저장하거나, 특정 지역에 집중저장하는 방안이 있지만 신규

지역 타운홀 미팅(2014. 6. 28.) 에 초청된 주제강연 연사들도 공론화 지원단 소속이거나 원자력 관련 연구원 박사, 공론화위원회 대변인 등으로 국한되어 사용후핵연료 관리와 관련한 다양한 입장과 가치를 대변하기 어려웠다는 지적을 받았다.(이영희, 2017)

부지확보의 어려움 등으로 공론화 초기부터 원전별 분산저장으로 논의가 제한되는 문제점이 드러났다. 전문가검토그룹이 2014년 7월 말에 제시한 '사용후핵연료 관리방안에 관한 이슈 및 검토의견서'도 기존 원전 부지 내에 저장하는 방안이 현실적이라고 밝혔다.

원전지역 대표는 위원회에 당초 2명만 참여할 계획이었으나 각 원전별 1명씩 총 5명이 참여하였고, 위원회 산하에 원전소재지역 특별위원회를 구성한 것도 주민수용성을 확보하기 위한 조치로 평가되었다.[76] 이에 대해 환경단체들은 공론화 의제는 중간저장, 재처리, 영구처분, 신규원전 확대 또는 탈핵 등 원자력 정책 전반에 대해 논의하는 열린 공론화를 요구했다. 환경단체들은 현재의 공론화 논의는 당장 급한 중간저장시설에 초점을 두고 있어 원전 확대정책의 들러리에 불과하다고 주장했다.(한겨레신문, 2014. 9. 24; 사용후핵연료 공론화위원회, 2015c)

다섯째, 원전지역주민들과 환경단체의 반발로 공론화 결과에 대한 수용성이 결여되어 이후 문재인 정부의 재검토로 이어졌다. 위원회가 권고안에 "영구처분시설이 운영되기 전이라도 지하연구시설 부지에 처분전보관시설을 건설하되 불가피한 경우 원전 부지 내 단기저장시설을 설치해 보관할 수 있다"는 부분이 후폭풍을 몰고 왔다. 원전 부지 내 단기저장 방안은 공론화

76 5개 원전별로 2명씩 총 10명으로 구성된 원전소재지역 특별위원회는 각 지역에서 주민간담회, 설문조사 등을 통해 주민수용성을 높이기 위한 활동을 벌였다. 그러나 전남 영광에서는 지역특위가 추진한 주민간담회(2014. 4. 22.)를 거부한데 이어 공론화위원회가 주관한 여론수렴 절차도 전면 거부하였다.(광주일보, 2014. 12. 26.)

과정에서도 제기되지 않았던 내용으로 위원회가 일방적으로 삽입해 논란이 되었다. 이에 대해 위원회 내부에서도 "대변인을 맡은 위원이 작성한 초안을 다른 위원들이 이틀간의 워크숍을 통해 검토한 다음에 확정할 정도로 '급조'된 권고안"이었다는 비판이 제기되었다.(이영희, 2017) 원전소재지역 특별위원회도 권고안에 대해 "사용후핵연료의 종합관리방안은 주민설명회와 동의를 거쳐 수용성을 높여야 한다"며 "공론화가 어려웠던 이유는 정부가 원자력 관련정책을 수립하고 집행하는 과정에서 주민들의 신뢰를 확보하지 못했기 때문"이라고 지적했다.(사용후핵연료 공론화위원회, 2015a)

5. 산업부 1차 기본계획 및 법률안의 문제점

산업부는 위원회가 제출한 권고안을 대부분 수용해 2016년 7월 「고준위방사성폐기물 관리 기본계획」을 확정하였고, 정부는 2016년 12월 「고준위방사성폐기물 관리시설 부지선정절차 및 유치지역지원에 관한 법률안」을 국회에 발의했다. 그러나 산업부의 기본계획과 정부의 법률안이 원전지역주민과 시민사회계의 의견을 도외시하고 일방적으로 결정되어 거센 반발에 직면하였다.

가장 큰 반대 이유는 영구처분시설 부지가 확정되기 전까지는 기존 원전부지에 사용후핵연료를 '단기저장'하도록 계획하고 있다는 점이었다. 이 과정에 원전지역 지자체나 주민들의 동의절차도 없다는 것이 반발의 핵심 이유였다. 영구처분시설 부지가 확보되지 않으면 결국 단기저장시설이 영구처분시설이 될 것이라는 우려였다. 원전지역주민들은 차기 정부에서 공론화를 다시 실시해 기본계획을 새롭게 수립할 것을 요구하였다.(SBS, 2017. 1. 31.)

경북도의회 원자력안전특별위원회는 산업부의 기본계획에 반대하는 결의안을 채택하였고, 일방통행식 공론화 대신 정확한 정보제공과 주민들의 합의와 동의를 통한 기본계획 수립을 요구했다.(경북일보, 2016. 6. 26.) 환경운동연합도 성명서(2016. 5. 25.)를 내고 "원전산업계의 골칫덩어리인 사용후핵연료의 뒤처리 계획을 담고 있는 수준이며 사실상 2020년까지 고준위 핵폐기장 부지를 선정하는 계획"이라며 "화장실도 없는데 초호화저택이 무슨 소용인가. 대책도 없이 원전을 확대하는 정책부터 바꿔야 한다"며 재공론화와 탈원전을 촉구했다.

정부가 발의한 「고준위방사성폐기물 관리시설 부지선정절차 및 유치지역지원에 관한 법률안」에 대해서도 조목조목 반박이 이어졌다.(문병효, 2017) 첫째, '고준위방폐물 관리위원회'를 산업부 산하에 설치하고, 위원장은 산업부 장관이 위원 중에서 지명하도록 규정하였다(법률안 6조 3항). 이 같은 위원회 구성은 사용후핵연료 공론화위원회와 마찬가지로 운영과정에서 독립성과 중립성을 담보하기 어렵고, 산업부의 의도대로 부지선정 절차가 진행될 우려가 크다는 비판이 거세게 일었다.

둘째, 부지의 적합성을 평가하는 기본조사와 심층조사는 후보지역 지자체의 공모나 신청을 받아 실시하도록 되어있었다. 그러나 기본조사 공모에 응모하는 지자체가 없는 경우에는 산업부 장관이 대상지역을 선정할 수 있도록 규정하였다(법률안 13조 4항). 심층조사를 신청한 지자체가 없을 경우에도 산업부 장관이 대상부지를 선정할 수 있었다(법률안 14조 5항). 이 같은 규정은 지자체와 주민들이 거부해도 산업부가 기본조사와 심층조사를 강행해 부지를 선정하겠다는 의도로 해석되었다. 관리위원회가 (산업부가 선정한) 부지를 대상으로 실시한 심층조사결과를 평가해 예정부지를 선정하도록 절차가 짜여졌기 때문이었다(법률안 15조 1항).

셋째, 지자체가 기본조사 공모에 신청하기 위해서는 지방의회의 동의를 얻도록 규정하였지만(법률안 13조 3항), 심층조사 신청을 위한 구체적인 주민의견수렴 방법에 대해서는 관리위원회가 결정하도록 되어있었다(법률안 14조 3항). 최종부지는 심층조사결과를 토대로 관리위원회의 심의 · 의결을 거쳐 산업부 장관이 확정해 원자력진흥위원회와 국회 소관 상임위원회에 보고하는 절차로 구성되었다(법률안 15조). 고준위 방폐장 건설의 핵심은 주민수용성인데 법률안 어디에도 주민수용성을 담보하기 위한 조항이 마련되지 않았다. 산업부가 입안한 법률안은 주민수용성을 우선순위로 두지 않겠다는 의미로 받아들여질 수 있는 매우 심각한 독소조항으로 지적되었다.[77]

넷째, 국무총리를 위원장으로 하는 20명 이내의 유치지역지원위원회에 관할 자치단체장은 당연직 위원이지만, 인근 지역 자치단체의 참여에 대해

---

77 신창현 의원이 대표 발의한 「고준위방사성폐기물 중간저장시설 부지선정에 관한 법률안」(2016. 11. 10.) 제16조는 "산업통상자원부장관은 제1항에 따라 선정된 중간저장시설 예정부지를 관할하는 시 · 군 · 구를 대상으로 「주민투표법」 제8조에 따른 주민투표를 거친 후 부지선정위원회의 심의 · 의결을 거쳐 중간저장시설 예정부지를 확정하여야 한다"고 명시해 주민투표를 의무적으로 실시하도록 규정하였다. 신창현 의원안이 정부안과 가장 큰 차이점은 중간저장시설과 영구처분시설이 동일한 지역에 한꺼번에 설치될 경우 해당 지역주민의 부담이 가중되고 사회적 갈등을 유발할 우려가 크다며 중간저장시설 부지선정을 우선하였다는 점이었다. 두 법안은 20대 국회 임기만료로 자동폐기되었다.

서는 언급이 없었다. 스웨덴의 사례에 보듯이 인근 지역에 대한 지원방안이 마련되지 않으면 지역 간 갈등을 해소하기 어렵다는 점을 염두에 두어야 한다. 심층조사의 전제조건인 주민 의견수렴은 '방법'도 문제이지만 쟁점은 '주민의 범위'라고 할 수 있다. 법률안 14조 3항은 관할 자치단체장이 관할 지역 주민의 의견을 확인하도록 규정하고 있었다. 이러한 취지는 심층조사를 위한 주민 의견수렴의 지리적 범위는 유치지역 관할 지자체라는 의미를 담고 있었다. 경주 월성원전의 임시저장시설(맥스터) 확충을 위한 2020년 지역 공론화 과정에서도 의견수렴 범위로 파행을 거듭한 사례에 비춰볼 때 비현실적인 규정이라고 판단된다.(문병효, 2017; 송하중 · 고대유, 2018)

3장

문재인 정부의 재검토위원회

1. 위원회 출범과정

박근혜 정부의 공론화가 20개월에 걸친 다양한 의견수렴 활동에도 불구하고 원전지역과 시민사회계로부터 거센 비판을 받았다. 지역주민 등 이해관계자 간의 충분한 이견조율이나 합의 과정이 부족했다는 지적과 함께 공론화 프로그램이 숙의성과 대표성이 빈약한 일회성 토론회, 간담회 등에 치중했다는 지적을 받았다.

특히 공론화 과정에서 논의되지 않았던 '단기저장' 방안이 권고안에 포함되어 위원회 활동 전반에 대한 불신이 팽배하였다. 이러한 비판과 불신을 종식시키기 위해서는 추가적인 공론화를 통해 사용후핵연료 관리정책에 대한 사회적 공감대 형성이 필요하게 되었다.

문재인 정부가 출범하면서 주요 공약으로 제시한 에너지전환 정책에 따라 사용후핵연료 관리정책에 대해서도 전반적인 재검토가 불가피하게 되었다. 일반국민과 원전지역주민에 대한 의견수렴을 확대하고 에너지전환 정책에 따른 사용후핵연료 감소 영향 등을 반영하기 위해 2017년 7월 「국정운영 5개년 계획」에 '공론화를 통한 사용후핵연료 관리정책 재검토'가 포함되었다. 중점 대상은 산업부가 2016년 수립한 '고준위방사성폐기물 관리 기본계획'이었다.

문재인 정부의 100대 국정과제 가운데 '탈원전정책으로 안전하고 깨끗한 에너지로 전환'은 60번째 과제로 선정되었다. 2017년 10월에는 신규원전 건설계획 백지화, 노후원전 수명연장 금지 등을 골자로 하는 '에너지전환(탈원전)로드맵'이 발표되었다.

재검토준비단 구성 및 건의사항

정부는 사용후핵연료 관리정책이 기술적 · 법적으로 복잡하고 이해관계자들 간의 대립이 매우 첨예한 점을 감안하여 본격적인 재검토에 앞서 의견수렴의 기본원칙과 의제, 논의방법 등을 사전 논의하기 위해 2018년 5월 원자력계(5명), 환경단체(3명), 원전지역주민대표(5명), 정부추천(4명) 등 15명으로 구성된 재검토준비단을 발족했다.[78]

재검토준비단은 2018년 5월 11일부터 11월 12일까지 6개월 동안 정기회의(21회), 워크숍(2회), 소위원회(2회) 등을 통해 쟁점사항을 정리했다. 재

78 재검토준비단의 원전소재지역 위원은 5개 기초지자체(경주시, 기장군, 영광군, 울주군, 울진군)에서 각 1명씩 추천하였고, 환경단체 위원은 고준위핵폐기물전국회의에서 3명을 추천하였다. 원자력계 위원은 한국원자력학회, 한국방사성폐기물학회, 한국원자력산업회의에서 각 1명씩 추천하였다. 정부추천위원은 인문 · 사회 · 법률분야 각 1인이며, 단장은 정부추천 갈등관리 전문가가 맡았다. 총 15명의 위원 가운데 정부추천위원 1명과 원전지역 위원 1명은 15차 회의(2018. 9. 12.) 이후 연장된 2개월간은 사퇴하였다. 이에 결원된 원전지역 위원 1명은 해당 지역 지자체의 추천으로 다시 위촉되었으나 정부추천위원은 추가 위촉없이 운영종료일까지 총 14명이 활동하였다.

검토준비단은 논의결과의 수용성 제고를 위해 다수결에 따른 의사결정을 지향하고 만장일치를 추구해 쟁점별 이견조율과 합의안을 도출하는 방식을 선택하였다. 준비단은 6개월에 걸친 논의 끝에 합의 및 미합의 사항이 함께 담긴 정책건의서를 정부에 제출하였다. 6가지 건의사항의 요지는 다음과 같다.

① 정부는 "국민이 안심하고 공감할 수 있는 안전한 고준위방사성폐기물 관리정책 마련"을 목표로 향후 재검토 과정이 투명하고 공정하게 진행될 수 있도록 노력할 것.

② 재검토준비단은 고준위방사성폐기물 관리원칙, 원전 부지 내 관리방안, 원전 부지 외 관리방안, 법제도 및 기술개발 등에 대해 재검토 의제를 도출함. 향후 재검토는 의제별 성격에 따라 의견수렴 대상을 전 국민, 지역주민, 전문가로 구분하여 진행할 것.

③ 공론화 순서는 고준위방사성폐기물 관리원칙과 원전 부지 외 관리시설 확보방안에 대해 전국 공론화를 먼저 시작하고, 그다음 원전 부지 내 관리방안에 대한 지역 공론화 순서로 진행할 것. 이 과정에서 원전 내 저장시설의 운영 상황 등을 고려하여 관리정책이 적기에 마련될 수 있도록 정부와 재검토위원회는 노력할 것.

④ 재검토 결과의 수용성을 높이기 위해서는 원전소재지역과 주변지역 주민들의 참여가 불가피하다는 공감이 있었음. 그러나 지역 공론화 의견수렴 범위는 원전으로부터 반경 5㎞ 내 주변지역으로 하는 방안부터 최대 30㎞에 해당하는 방사선비상계획구역을 포함하는 방안까지 다양한 대안이 제시되어 합의에 이르지 못함. 정부는 준비단에서 제시된 다양한 의견을 참고하여 지역 공론화의 의견수렴 범위를 획정할 것.

⑤ 재검토위원회 구성에 대해서는 전원 중립적 인사로 구성하는 방안부터 이해관계자가 일정 비중으로 참여하는 방안까지 다양한 논의가 있었음. 또한 재검토위원회가 자체적인 논의결과에 따라 독자적인 권고안을 낼 권리를 가지는지, 그렇지 않은지에 대해서도 많은 논란이 있었음. 정부는 재검토 준비단 논의과정에서 제시된 의견들을 종합적으로 참고하여 재검토위원회를 구성하고 그 역할 범위를 확정할 것.

⑥ 재검토의 성공을 위해서는 정부에 대한 신뢰가 가장 중요함. 정부는 재검토위원회 출범과 함께 과거 정부가 지키지 않은 약속에 대해 유감을 표명하고, 향후 재검토위원회가 권고하는 사항을 최대한 존중하겠다는 입장을 표명할 것.(재검토준비단 정책건의서, 2018)

2. 재검토위원회의 활동

위원회는 2019년 5월 29일 출범한 이후 2021년 3월 18일 권고안 제출까지 21개월 동안 정기회의(43회), 간담회(13회), 설명회(16회), 토론회(8회), 워크숍(8회), 전문가검토그룹 회의(14회), 시민참여형조사(11회),[79] 검증위원

79 조사기관이 실시한 시민참여형조사는 전국 및 지역 의견수렴과정에서 각 1회, 총 2회라고 할 수 있다. 재검토위원회는 시민참여형조사 이외에 일반국민 여론조사와 월성원전 주변지역에서 실시한 집단심층면접도 이 범주에 포함해 산정하였다. 위원회가 밝힌 시민참여형조사 총 11회는 △전국 및 경주지역 시민참여단 대상 설문조사(7회), △시민참여단 모집조사(2회), △일반국민 여론조사(1회), △원전소재지역(경주) 집단심층면접(1회)로 세분되어있다.(재검토위 권고안, 2021: 89)

회(11회),[80] 팩트체크위원회(1회), 조사숙의 자문회의(12회), 법률정비 자문(4회) 등의 활동을 벌였다고 밝혔다.(재검토위 권고안, 2021)

전문가검토그룹은 2019년 11월 의제별로 다양한 분야의 의견을 청취하기 위해 원전소재지역, 시민사회계, 원자력계의 입장을 대변하는 33명으로 구성되었다. 탈핵진영에서는 전문가 추천을 거부해 위원회 차원에서 시민사회계의 입장을 대변할 수 있는 전문가 11명을 위촉하였다. 전문가검토그룹은 기술분야와 정책분야로 구분해 약 3개월 동안 △기술분야 5회, △정책분야 6회, △연석회의 3회 등 총 14차례에 회의를 개최하였다. 전문가검토그룹은 2020년 3월 최종적으로 9개 합의사항과 12개 미합의사항, 기타 정책제언 등을 담은 논의결과보고서를 발표하였다. 전문가 의견수렴 결과는 권고안에도 반영되었고, 시민참여형조사를 위한 숙의자료집 제작에 활용되었다.

검토그룹(1) 기술분야에서는 △발생량 및 포화전망, △사용후핵연료 관리기술 수준, △영구처분 · 중간저장 · 임시저장 관련 주요 고려사항을 주요 의제로 논의하였다. 검토그룹(2) 정책분야에서는 △사용후핵연료 관리원칙, △사용후핵연료 정책결정체계, △관리시설 부지선정절차, △관리시설 유치지역 지원원칙 및 방식을 검토하였다. 그러나 위원회가 추천한 시민사회계 전문가들이 2020년 1월 10일 대부분 사퇴하거나 활동을 중단하였고 검토그룹(2) 정책분야의 2인만 끝까지 남아 시민참여단 종합토론회 등에 패널로 참여하였다.

---

80 검증위원회는 2020년 4월 한국정책학회에 의뢰해 구성되었으며 시민참여단 모집조사 및 설문조사, 종합토론회 등을 모니터링하였다. 검증보고서는 위원회 활동이 종료되었지만 2021년 11월까지도 공개되지 않았다.

전국 의견수렴

위원회는 7차 회의(2019. 8. 21.)에서 의견수렴 실행계획을 확정하고 2019년 8월 29일 서울 프레스센터에서 열린토론회를 개최하였다. 본격적인 의견수렴에 앞서 이해관계자 협의체를 구성하기로 하였으나 시민사회계에서 거부함에 따라 공론조사분야 전문가로 조사 · 숙의자문위원회를 구성해 운영하였다.

전국 의견수렴은 2020년 5월 17일 시민참여단을 구성해 같은 해 5월 23일 각 시 · 도별로 분산되어 오리엔테이션을 개최하였으나 일부 지역은 반대단체의 시위로 행사가 중단되기도 하였다. 전국 공론화 1차 종합토론회(2020. 7. 10.)에서도 물리적 방해가 있었지만 장소 변경 등을 통해 토론회와 2차례의 설문조사가 마무리되었다. 2차 종합토론회(2020. 8. 1. ~8. 2.) 는 코로나19 악화와 물리적 충돌 우려 등으로 전면 온라인으로 대체되었다.(재검토위 권고안, 2021)

공론화 방식은 신고리 5 · 6호기와 대입제도개편 공론화 등에서 활용되었던 '시민참여형조사'가 주된 조사방식으로 실시되었고, 일반국민 여론조사와 미래세대 워크숍이 보조적으로 활용되었다. 시민참여형조사는 만 19세 이상 국민을 대상으로 전화면접 조사를 통해 20,009명의 표본을 구성하고 이 가운데 참여 의향을 밝힌 국민을 지역 · 성별 · 연령을 기준으로 비례할당한 후 무작위 추출 방식으로 549명이 최종적으로 선정되었다.[81]

---

81 시민참여단의 실제 조사참여 인원은 1차 519명(2020. 5. 23.), 2차 463명(7. 10.), 3차 453명(7. 12.), 4차

시민참여형조사는 2020년 5월 23일 오리엔테이션을 시작으로 사용후핵연료 관리원칙, 영구처분시설 및 중간저장시설 확보 등 2개 의제에 대해서는 7주간의 숙의학습을,[82] 나머지 3개 의제(정책결정체계, 관리시설 부지선정 절차, 관리시설지역 지원원칙 및 방식)에 대해서는 3주간의 숙의학습 기간이 제공되었다. 숙의학습 후에는 의제별로 1차(2020. 7. 10.~7. 12.), 2차(2020. 8. 1.~8. 2.) 종합토론회가 실시되었다. 종합토론회는 전문가 발표와 패널토론, 시민참여단 분임별 토의 후 질의응답 순서로 진행되었다.

시민참여단에 참여하지 못한 국민에게도 의견 개진 기회를 부여하기 위해 3,000명을 대상으로 여론조사(2020. 8. 1.~8. 30.)를 실시해 사용후핵연료 관리정책 추진방향과 정책결정요인 등에 대한 의견을 수렴하였다. 이밖에 사용후핵연료 관리방안 수립 시 최우선 고려사항, 정책결정제계, 부지선정절차와 기준 등에 대해 중 · 고생을 대상으로 2차례(2020. 7. 5, 2020. 8. 9.) 온라인 미래세대 워크숍도 개최되었다.(재검토위 권고안, 2021)

지역 의견수렴

위원회는 재검토준비단의 건의를 토대로 지역 의견수렴 세부 의제를 △임시저장시설 확충 여부, △원전 및 임시저장시설 운영 관련 정보가 지역주민들에게 제대로 전달되고 있는지 여부와 개선방안에 대한 것으로 결정하였

451명(8. 2.) 으로 차수가 거듭될수록 줄어들었다.(재검토위 권고안, 2021: 26)

82 시민참여단 1차 종합토론회 전 숙의학습기간이 당초 4주에서 7주로 늘어난 것은 종합토론회에 참여할 시민사회계 패널을 구성하지 못해 토론회 일정이 연기되었기 때문이었다.

다. 의견수렴 방식으로는 시민참여형조사 방식을 주로 활용하였고, 보조적으로 집단심층면접(FGI)을 실시하였다.

지역 의견수렴을 주관하는 실행기구는 원전소재 기초지자체가 자율적으로 구성하였으며, 위원회와 협의하여 의견수렴 방식과 범위 등에 대한 계획을 수립하도록 되어있었다. 위원회는 2019년 7월 26일 원전소재 5개 지자체(경주시, 기장군, 울주군, 울진군, 영광군)를 대상으로 지역실행기구 구성을 요청하였으나 월성원전이 소재한 경주시만 2019년 11월 21일 지역실행기구를 발족하였다.[83]

월성원전 지역 의견수렴은 2020년 5~7월 3개월간 진행되었다. 동경주 지역 3개 읍면(양북 · 양남 · 감포)과 경주시내에서 시민참여단 선발을 위한 모집단(3,000명)을 구성하였고, 참여 의사를 표명한 주민을 대상으로 지역 · 성별 · 연령 등 인구통계학적 특성을 고려한 무작위 추출을 통해 165명의 시민참여단이 선정되었다. 선정된 시민참여단은 오리엔테이션(2020. 6. 27.)과 3주간의 숙의학습을 거쳐 최종적으로 145명을 대상으로 3차례에 걸쳐 조사한 결과, 최종적으로 81.4%가 임시저장시설 증설에 찬성하였다.(재검토위 권고안, 2021)[84]

---

83 경주시 이외에 울진군과 기장군에서도 2020년 4월과 5월에 지역실행기구 구성을 위원회에 통보하였으나 협약체결 등 공식적인 후속 절차는 진행되지 않았다. 울주군과 영광군은 위원회의 요청에 대해 회신하지 않았다.(재검토위 권고안, 2021: 67)

84 월성원전 임시저장시설 확충 여부에 대한 시민참여단의 찬성 비율은 58.6%(1차) → 80.0%(2차) → 81.4%(3차)로 증가하였다. 반대 의견도 8.3%(1차) → 9.7%(2차) → 11.0%(3차)로 증가하였다. 이에 비해 모르겠다는 응답은 33.1%(1차) → 10.3%(2차) → 7.6%(3차)로 감소하였다.(재검토위 권고안, 2021: 67)

지역 의견수렴도 전국 의견수렴과 마찬가지로 파행이 거듭되었다. 지역 의견수렴 시행에 앞서 개최된 사전설명회의 경우, 감포읍과 양북면(2020. 5. 4.) 및 경주시내(2020. 5. 6.) 사전설명회는 예정대로 개최되었으나 양남면(2020. 5. 6.) 사전설명회는 반대단체가 행사장을 점거해 무산되었다. 이어진 주민설명회도 양남면과 경주시내에서는 반대단체의 시위로 열리지 못했다.

2020년 6월 27일 개최된 시민참여단 오리엔테이션도 물리적 충돌로 행사 장소가 변경되었다. 시민참여단이 경주 화백컨벤션센터에 도착할 무렵, 반대단체가 행사장 앞을 점거해 시민참여단의 회의장 입장이 저지되었다. 이후 행사장을 원자력환경공단으로 변경하여 오리엔테이션을 진행하는 과정에서도 시위는 계속되었다. 2020년 7월 24일 재검토위원회와 지역실행기구가 공동 개최할 예정이었던 지역 의견수렴 결과 현장 브리핑도 반대단체의 행사장 점거로 무산되어 보도자료 배포로 대체되었다.(재검토위 권고안, 2021: 45)

이 밖에 위원회는 전국 의견수렴이 종료된 2020년 8월부터 현행 법률에서 정비가 필요한 사항과 의견수렴 과정에서 제기된 미비 · 보완 사항 등을 검토하기 위한 자문을 실시했다. 법률정비 사항으로는 △사용후핵연료와 고준위방폐물의 정의, △원전 내 임시저장시설의 법적 성격과 관리주체, △사용후핵연료 정책결정체계, △관리시설 부지선정 절차, △관리시설 유치지역 지원원칙과 방식 등이었다. 위원회는 2020년 12월 한국방사성폐기물학회, 한국정책분석평가학회, 한국행정연구원, 한국행정학회 등 4개 기관과 업무협약을 체결하고 자문을 의뢰하였다. 이들 기관이 1개월간의 검토를 거친 뒤 제출한 자문내용 중에서 공통적인 제언은 권고안에 반영되었다.(재검토위 권고안, 2021)

3. 권고안의 주요 내용

재검토위원회는 2019년 5월 출범 이후 21개월 동안 전문가검토그룹 논의결과, 시민참여단의 시민참여형조사결과, 일반국민 여론조사결과, 미래세대 워크숍 결과, 전문기관(4개) 법률정비 자문결과 등을 종합적으로 검토하여 2021년 3월 8대 의제별 정책 권고사항을 제시하였다.

① 사용후핵연료 관리원칙에 관한 권고: 첫째, 정부는 2차 고준위방폐물 관리 기본계획 수립 과정에서 사용후핵연료 관리 기본원칙으로 1차 기본계획에 있는 '국가책임', '국민 안전', '국민신뢰' 등 핵심사항은 그대로 유지하되, 전문가 검토와 전국 의견수렴 및 여론조사결과 간에 차이가 있었던 '원전의 지속가능한 발전'에 대해서는 추가적으로 소통하여 반영 여부를 검토할 것. 둘째, 정부는 2차 고준위방폐물 관리 기본계획을 수립하는 과정에서 다음과 같은 세부원칙에 대한 의견을 적극 검토할 것. △'국민 신뢰하에 고준위방폐물 관리' 원칙에 대해서는 지역사회의 '참여'를 보다 명확히 하는 쪽으로 수정 검토하고, △'원전의 지속가능한 발전'에 대해서는 기본원칙의 수정 결과에 따라 그 내용을 반영할 것. △'고준위방폐물관리의 효율성 제고' 원칙에 대해서는 '고준위방폐물 관리기술의 지속적 개발'이라는 당초 취지가 명확히 반영될 수 있도록 하고, 이견이 있었던 방폐물 '발생의 최소화' 원칙 포함 여부에 대해서는 추가적으로 검토할 것. 셋째, 정부는 사용후핵연료 관리의 세부원칙으로 '의사결정의 가역성'과 '회수가능성'에 관한 원칙을 추가할 것.

② 사용후핵연료 정책결정체계에 관한 권고: 첫째, 사용후핵연료 관리정책은 수용성이 중요하므로 정부는 정책결정 과정에 일반국민의 적극적인 참

여가 필요하다는 점을 인식하고, 사용후핵연료 관리정책을 결정하는 과정에서 구체적인 참여원칙과 절차 등을 포함한 제도적 방안을 마련할 것. 둘째, 많은 논의에도 불구하고 현재 사용후핵연료 정책결정체계를 변경해야 하는지 여부에 대해 전문가들은 합의하지 못하였지만, 시민참여단 다수는 사용후핵연료 관리정책을 장기적 시계 속에서 국민적 수용성과 함께 기술적 · 사회적 측면을 종합적으로 고려하여 결정하기 위해서는 제3의 독립적인 행정위원회 신설이 필요하다고 판단함. 따라서 정부는 사용후핵연료 관리정책을 전담하는 제3의 독립적 행정위원회 신설을 우선적으로 고려하여 사용후핵연료 정책결정체계 협의채널을 마련할 것.

③ 영구처분시설 및 중간저장시설 확보에 관한 권고: 첫째, 영구처분시설과 중간저장시설이 모두 필요하며, 특히 두 시설을 동일 부지에 설치하도록 하는 '집중형 중간저장 · 영구처분' 시나리오가 전국 의견수렴 시민참여단으로부터 가장 많은 선택을 받았다는 점을 고려하여 정부는 2차 고준위방폐물 관리 기본계획 수립시 동일 부지에 영구처분시설과 중간저장시설을 모두 확보하는 것을 우선하는 관리정책을 마련할 것. 다만, 영구처분시설 확보의 불확실성을 이유로 별도 부지에 중간저장시설을 확보하자는 의견과 위험분산 측면에서 분산형 중간저장시설을 확보하자는 의견 등이 있었다는 점도 함께 고려할 것. 둘째, 심층처분기술의 안전성과 현시점에서의 실현가능성, 1차 기본계획 부지선정기간(12년)의 적절성과 관련해서는 다양한 의견이 있다는 점을 고려하여 정부는 심층처분의 안전성을 중심으로 한 기술개발 및 부지선정과 관련한 지역 수용성 제고를 위해 구체적인 추진방안을 마련할 것.

④ 관리시설 부지선정 절차에 관한 권고: 정부는 2차 고준위방폐물 관리

기본계획 수립과정에서 과학기술적 타당성과 국민 · 주민 수용성을 모두 확보할 수 있는 부지선정 원칙과 절차를 마련할 것. 전문가검토그룹 논의에서 합의된 사항인 별도의 부지선정위원회의 구성 · 운영, 부지선정 절차의 법제화 등에 대해서는 구체적인 방안을 마련할 것. 또한, 부지 결정요인으로 주민 동의와 과학기술적 평가 등을 함께 고려하여 수용성 높은 부지선정 절차를 마련할 것.

⑤ 관리시설지역 지원원칙 및 방식에 관한 권고: 정부는 2차 고준위방폐물관리 기본계획 수립과정에서 지역공동체를 대상으로 지원한다는 원칙에 기반하여 주민들이 공감할 수 있고 지역사회 전체에 혜택이 골고루 전파될 수 있는 합리적 지원방안을 마련할 것. 지원의 원칙과 범위, 방식을 법제화하고 이러한 법령에는 주민 의견수렴 방안을 포함시킬 것. 또한, 구체적인 지원대상 범위를 정함에 있어서는 관리시설과의 거리를 고려하여 전문가, 주민 등과 적극적으로 소통할 것.

⑥ 임시저장시설 확충에 관한 권고: 첫째, 월성원전 사용후핵연료 임시저장시설은 2020년 1월 원자력안전위원회의 인 · 허가와 2020년 8월 경주시의 공작물 축조선고 수리라는 법적 절차를 거쳤으며, 지역 의견수렴 결과 다수의 시민참여단(81.4%)이 증설에 찬성함. 정부는 월성원전 사용후핵연료 임시저장시설을 적기에 안전하게 건설할 것. 둘째, 원전 및 임시저장시설 운영정보의 지역주민 공유와 관련해서 다양한 주민들의 추가적인 요구를 확인한바, 정부와 원전사업자는 법령상 공개 가능한 정보를 최대한 투명하게 공개하고 적극적인 설명과 소통 활동을 전개하여 원전 및 임시저장시설의 안전성에 대한 국민의 신뢰를 축적할 수 있도록 노력할 것. 셋째, 정부는 2차 고준

위방폐물 관리 기본계획 수립과정에서 사용후핵연료 임시저장시설의 정의와 건설을 위한 절차에 대해 법적 · 제도적 정비 방안을 마련할 것. 넷째, 정부는 사용후핵연료 임시저장시설 설치와 관련한 지역 지원과 보상체계를 점검하고 합리적인 지역 지원방안을 마련하기 위해 노력할 것. 마지막으로, 월성원전 임시저장시설 지역 의견수렴의 경험을 반추해 추가적인 사용후핵연료 임시저장시설 설치 문제에 대해서는 정부가 2차 고준위방폐물 관리 기본계획 수립과정에서 원전지역주민, 시민사회계, 원자력계 등 이해관계자들의 참여하에 새롭게 논의를 진행할 것.

⑦ 사용후핵연료 발생량 및 포화전망에 관한 권고: 정부는 포화전망 추정에 대한 전문가들의 다양한 의견을 충분하게 검토하여 핵심적인 관리시설들이 단계별로 적기에 설치될 수 있도록 방안을 마련할 것. 포화전망 추정의 불확실성과 이로 인한 혼란의 발생 가능성 등을 감안하여 세부적인 추정방법과 그 결과에 대한 정보를 적극 공개하여 검증받고, 국민들에게 자세히 설명할 것.

⑧ 사용후핵연료 관리기술개발에 관한 권고: 정부는 2차 고준위방폐물 관리 기본계획 수립과정에서 심층처분 방식을 비롯한 다양한 영구처분 방식의 안전성과 타당성 검증 기술을 확보할 수 있는 방안과 연구지원 체계를 조속히 마련할 것. 그 과정에서 이견이 많았던 정책결정과 기술개발의 관계도 조화롭게 정립하여 사용후핵연료 관리정책과 관련 기술개발이 유기적으로 추진될 수 있도록 할 것.

끝으로 위원회의 권고사항을 보다 체계적으로 실행하기 위해서는 사용후핵연료 관리에 관한 특별법 제정이 필요함. 특별법에는 사용후핵연료의 정의 등 기본 개념에서 부지선정 절차와 유치지역 지원 등에 이르기까지 관리정책 전반에 대한 사항들이 종합적으로 포함되어야 함. 2차 고준위방폐물 관리 기본계획과 특별법을 토대로 국민이 안심하는 사용후핵연료 관리정책이 투명하고 공정하게 실현되기를 기대함.(재검토위 권고안, 2021)

4장

숙의민주주의와 두 차례 공론화의 한계

1. 공론화와 숙의민주주의[85]

'공론화'는 사전적 의미로는 '여럿이 의논하는 대상이 되는 것'이다. 정책과정에서 공론화란 어떤 정책을 수립하기 전에 이해관계자, 전문가, 일반시민 등으로부터 '광범위하게 의견을 수렴하는 절차'를 말한다. 따라서 사용후핵연료 공론화는 국민이 공감할 수 있는 사용후핵연료 관리방안을 찾기 위해 다양한 소통의 장을 마련하여 각계각층의 의견을 수렴하는 과정이라고 할 수 있다.

공론(公論)을 '정제된 여론'(refined public opinion)이라는 관점에서 본다면(Fishkin, 2009), 공론은 공공정책과 관련해 사회구성원들의 적극적인 의견개진과 토론과정을 통해 공공선(common good)을 추구하는 일련의 행위라고 할 수 있다. 이러한 측면에서 공론은 숙의(deliberation)와 동일한 의미를 함축하고 있다.(채종헌 · 정지범, 2010) 공론과정 참여자들이 공공선을 실현하

85 공론화의 의미와 숙의민주주의에 대해서는 정정화(2011) 참조.

기 위해서는 개인적인 이해관계를 떠나 객관적이고 중립적인 입장에서 심사숙고해야 올바른 공론을 형성할 수 있기 때문이다.

공론화 과정은 어떤 이슈나 정책에 대한 국민들의 의견을 반영하는 과정이기 때문에 민주주의의 근본가치인 정치적 평등(politically equality)과 숙의(deliberation)과정을 거치게 된다.(Fishkin, 2009; Gutmann & Thompson, 1996; 김정인, 2017) 그러나 공론을 형성하는 과정인 공론화는 사회적 합의형성이라는 본질적인 측면보다는, 소극적 또는 협의의 개념에서 정부정책의 정당성 확보 또는 사회적 수용성 제고를 위해 활용되기도 한다.

공론화를 '높은 수준의 공론 상태(the state of highly developed public opinion)'에 도달하기 위한 과정으로 설명하는 Rosen(1992)에 의하면, 높은 수준의 공론은 "국민들이 쟁점에 참여하여 모든 방면에서 쟁점을 고찰하여 그로부터 도출되는 선택 가능한 방법들을 이해하고, 자신들이 선택한 결과를 완전히 수용하는 것"을 의미하기 때문에 조작된 공론도 있을 수 있고, 잘못된 공론도 있을 수 있다.(김대영, 2004) 따라서 Rosen(1992)이 주장하는 높은 수준의 공론에 도달하기 위해서는 공론화 과정에서 객관적이고 중립적인 절차설계와 기본원칙(ground rule)이 수립되어야 한다.

공론화의 방식으로는 시민배심원제(citizen jury), 시나리오 워크숍(scenario workshop), 합의회의(consensus conference), 규제협상(regulatory negotiation), 공론조사(deliberative polling), 공동체 대화(community dialogue), EPG(Empowered Participatory Governance), 포커스 그룹(focus group), 플래닝 셀(planning cell) 등 다양한 방법이 활용되고 있다. 공론화 방식은 활용 목적에 따라 적용대상과 참여범위에 차이가 있다. 정책에 대한 합

의를 목적으로 하는 경우에는 해당 정책으로 영향을 받는 이해관계자만 참여하는 방식(규제협상, 시나리오 워크숍)과 일반시민이 참여하는 방식(합의회의, 시민배심원제)으로 구분할 수 있다. 공론조사와 포커스 그룹은 주로 여론확인을 목적으로 실시되는데 조사결과는 대개 정책결정에 반영된다.

재검토위원회를 포함해 신고리 5 · 6호기 공론화와 대입제도 개편 공론화 등 최근 우리나라에서 널리 활용되고 있는 '시민참여형조사'는 기존의 공론조사와 공공토론방식을 혼합한 새로운 한국형 공론화 방식이라고 할 수 있다. Fishkin(2009) 교수가 제안한 공론조사(deliberative polling) 방식을 원용하되 시민참여단의 대표성과 숙의성을 담보하기 위한 조사 설계방법을 보완한 숙의 여론조사라고 할 수 있다.(신고리 5 · 6호기 공론화위원회, 2017b)

대의민주주의에서 숙의민주주의로

공론화는 의사결정과정에 숙의(熟議)가 중심인 숙의민주주의(deliberative democracy)와 같은 의미로 혼용되고 있다. 숙의민주주의는 공공 의제에 관한 토론과정에 시민들이 직접 참여하여 합의에 도달하는 민주적 절차를 의미한다. 숙의민주주의는 전문가들이 중심이 되는 공개 토론과 달리, 일반시민이 중심이 되어 여러 대안에 대한 다른 사람들의 견해를 살펴보고 지식과 경험을 공유하는 숙의 토론으로 이루어진다. 숙의 토론의 가장 큰 목표는 상대의 입장을 이해하고 합의점을 찾는 것으로, 이를 위해 참가자들은 다른 입장의 의견을 경청하고 공통 지점을 찾기 위해 노력하는 과정이 핵심이다(두산백과사전). 공론조사(deliberative polling)도 숙의민주주의의 한 방식이다.

숙의민주주의는 대의민주주의의 선호집합적(aggregative)의사결정방식에 대한 비판으로부터 출발한다. 선호집합적 민주주의는 개인적 선호 간의 질적 차이나 선호의 변화 가능성을 고려하지 않고 개별 선호를 합산한 결과물을 집합적 이해관계로 정의한다. 그러나 숙의민주주의자들은 숙의를 통한 의사결정의 질적 향상을 강조하면서 민주주의의 정당성이 투표나 이해관계의 단순한 결집에 있는 것이 아니라, 진정한 숙의(authentic deliberation)를 통한 의사결정과정에 있다고 주장한다.(Benhabib, 1996; Cohen, 1997; Young, 2000)

Dryzek(2000)은 "숙의과정에 참여한 개개인이 스스로 가치체계와 선호를 변화시키는 전환적 힘(transformation power)이 작동될 때 비로소 진정한 숙의가 이루어진다"고 보았다. 따라서 숙의민주주의의 핵심적 명제는 투표나 협상 등을 통해 개인의 선호를 단순히 집약하거나, 서로 경쟁하는 이해관계 간의 거래가 아니라 '숙의'(deliberation)에 대한 강조에 있다. 또한 숙의를 통한 합의는 위협이나 강권의 결과로서가 아니라 이성적 논증을 기반으로 이루어져야 하기 때문에 숙의과정에 일련의 절차적 조건들이 필요하다. 이 조건들을 Cohen(1997)과 Gutmann & Thompson(1996)은 최소한의 의사소통능력, 상호성, 포용성 등으로 설명하고 있다.

숙의민주주의의 특성에 대해 Elster(1998)는 집합적(collective)의사결정이라는 민주적 측면을 강조하고 있지만, 참여자들 간의 논증(arguments)에 기반한 의사결정이라는 숙의적 측면을 중시하기도 한다. 연구자들에 따라 강조점에 차이는 있지만 숙의민주주의는 참여, 숙의, 합의가 핵심 요소라고 할 수 있다.

첫째, 참여의 수준에서 보면, Cohen(1997)은 숙의과정에 참여하는 구성원들을 배제시키는 어떠한 사전조건도 없어야 하며 숙의과정 참여자들은 동등한 지위를 가지는 한편, 기존의 권력과 자원의 배분이 숙의에 기여하는 기회를 제한하지 않아야 한다고 강조한다. 다시 말해, 당해 정책결정과 이해관계가 있는 모든 사람들이 숙의에 참여하는 것이 보장되어야 하고, 정당한 사유없이 참여에 배제되는 집단이 있어서는 안된다는 것이다.

Weeks(2000)은 숙의과정에는 소수의 이해관계자들뿐만 아니라 성별, 인종, 지역, 계급, 연령 등 인구통계학적 관점에서 대표성 있는 다수 시민들의 광범위한 참여를 강조한다. 여기에서 한 걸음 더 나아가 Fishkin(2009)은 '참여의 범위'뿐만 아니라 '참여의 질' 차원에서 다양성(diversity)을 중시하고 있다. 시민사회에 존재하는 주요 입장(major position)들이 숙의과정에서 제대로 대표되기 위해서는 다양한 참여자들이 숙의과정에서 자신의 목소리를 낼 수 있도록 고안되어야 한다는 것이다.

둘째, 숙의는 참여자들이 토론과 성찰을 통해서 자신들의 판단, 선호, 관점을 변화시켜나가는 사회적 과정이다. 숙의과정에서 이러한 변화가 일어나기 위해서는 일정한 요건이 필요한데 Habermas(1996)는 이를 이상적 담화상황(ideal speech situation)으로 설명하고, Rawls(1997)은 공적 이성(public reason)을 전제조건으로 제시하였다. Gutmann & Thompson(2002)은 숙의가 이루어질 수 있는 조건을 상호성(reciprocity)으로 설명하는데, 집단적 의사결정에 영향을 받는 모든 시민들이 그러한 결정이 나오게 된 논증과정에 직접 참여하거나, 적어도 관련 정보를 이해함으로써 숙의과정에 간접적으로라도 접근할 수 있어야 한다는 것이다.

Gutmann & Thompson(2002)이 말하는 상호성이나 Fishkin(2009)

이 강조하는 진지함(conscientiousness)과 동등 고려(equal consideration), Rawls(1997)의 공적 이성, 그리고 Dryzek(2000)의 전환적 힘(transformative power) 등은 달리 표현하면 숙의가 이루어지기 위해서는 상호존중, 공동체 의식, 신뢰 등과 같은 시민성(civility)을 전제조건으로 하고 있다.

셋째, 합의의 수준에서 보면, 숙의민주주의가 합의를 궁극적인 목적으로 하느냐에 대해서는 이론적으로 논란이 있지만 숙의민주주의를 의사결정 수단의 하나로 받아들이고 있다. Stokes(1998)은 숙의의 목표를 '의사소통 결과에 의한 선호의 내적 변화를 가져오는 것'으로 정의하고 있고, Elster(1998)는 합의가 숙의의 궁극적인 목적임을 분명하게 밝히고 있다. 숙의민주주의도 다른 형태의 민주주의와 마찬가지로 의사결정의 하나의 수단이지만, 다른 점이 있다면 이성적 논증(reason-giving)을 통해 합의에 도달하는 과정이라는 점이다. Gutmann & Thompson(2002)은 이성적이고 합리적인 토론을 일컫는 '논증'을 통해서만이 참여자들 모두가 정당화할 수 있는 집단적 의사결정이 산출된다고 보았다. 다시 말해 합의는 이성과 논증을 통한 공적 정당화라고 할 수 있다.(Elster, 1998; Young, 1996)

숙의민주주의의 한계

숙의민주주의를 통한 의사결정 방식은 매우 규범적이고 이상적인 상황을 상정하고 있지만, 현실의 정책 환경은 시간과 정보의 제약, 권력의 불균형 등 수많은 제약조건 하에서 이루어지기 때문에 숙의민주주의가 제대로 작동되기 어려운 것이 현실이다. 이러한 상황에서 숙의민주주의의 적용은 오히려 극심한 갈등과 혼란을 부추길 수도 있다. 숙의민주주의 제약요인으로

Smith(2003)는 시간 효율성, 자원의 불평등성, 권력의 교활한 사용, 지식과 경험의 제한을 들고 있다.

Young(1996)은 참여자들 간의 권력과 자원 배분이 균형성을 잃을 경우 숙의가 약자들의 좌절과정으로 변질될 수 있다고 경고하였다. Fung & Wright(2001)도 참여자들 간에 권력과 자원의 배분이 불공평하게 이루어지면 숙의과정이 현실지배를 정당화시키는 논리로 이용될 수 있으며, 다양성을 배제하고 차이를 억압할 뿐만 아니라 소모적인 논쟁으로 인해 의사결정을 표류시킬 수 있다고 우려했다. 이처럼 숙의민주주의는 유용성과 정당성에도 불구하고 많은 한계를 내포하고 있다.

첫째, 참여자 간 권력과 자원(지식과 정보)의 불공평한 배분이 합리적이고 공정한 숙의를 저해할 수 있다는 점이다. 특정 이해관계를 가진 집단이나 참여자가 의사결정을 왜곡 · 지연시킬 수 있고, 숙의과정을 극단적으로 몰고 가는 집단 양극화(group polarization) 현상을 초래해 오히려 갈등을 증폭시킬 수 있다.(Sunstein, 2003; 정규호, 2005) 또한 교육, 지식, 정보를 갖춘 엘리트 집단이나 목소리가 큰 집단이 의사결정과정을 주도하는 현상이 나타날 수도 있다.(Gambetta, 1998; Gutmann & Thompson, 2004) 이러한 문제점을 시정하기 위해서는 소수 약자들의 의견을 반영할 수 있는 숙의과정의 제도화가 필요하다.

둘째, 숙의에 참가하는 사람들의 대표성 확보 문제이다. 원래 숙의적 의사결정은 결정으로부터 영향을 받는 모든 사람들이 참여해야 하지만, 현실적으로 제도화된 의사결정기구에는 제한된 사람들만 참여하게 된다. 특히 참여대상 집단의 규모가 크고 집단의 특성이 이질적일수록 참여자들의 대표성이 저하될 수밖에 없다.

셋째, 숙의민주주의가 작동하기 위해서는 공공문제에 대한 관심, 관용과 개방적인 태도, 상호존중과 공동선의 추구 등과 같은 시민적 덕성을 전제하고 있다. Rawls의 지적대로, 공적 이성을 갖춘 개인들이 공적 주제에 대해 이성적 논의(public reasoning)를 통해 사회적 합의에 도달할 자세가 되어있어야 한다. 그러나 현실적으로 일반시민이 이러한 조건을 갖추고 공공문제에 관한 숙의에 참여하기가 쉽지 않다는 점이다. 따라서 숙의민주주의를 적용하기 위해서는 이 같은 한계와 약점을 보완할 수 있는 제도적 장치와 정교한 조사 설계가 필요하다.

2. 공론화의 성공조건[86]

공론화와 숙의민주주의는 개념의 확장성과 목표, 적용방식에 다소의 차이가 있지만 공론화와 숙의민주주의 성공조건 또는 기본원칙은 동일한 의미를 담고 있다. 공론조사(deliberative polling)를 창안한 Fishkin(2009)은 공론화의 성공조건으로 참여자들의 충분한 숙의과정, 정치적 평등, 다수의 횡포방지(avoiding tyranny of the majority), 대중적 참여(mass participation) 등 네 가지를 들고 있다.

86 공론화의 성공조건에 대해서는 정정화(2018) 참조.

스웨덴의 사회적 대타협 시스템인 알메달렌 정치박람회(Almedalen Political Week)는 뿌리 깊은 신뢰 문화를 바탕으로 중요한 국가적 이슈를 공론장에서 숙의 토론하는 대표적인 사례이다. 알메달렌 정치박람회는 정당 · 시민단체 · 노동단체 등 사회구성원들이 자유롭게 참여하는 개방성과 포괄성, 의사결정과정의 투명성, 합의된 결과의 지속성, 공론화 과정의 숙의성을 기반으로 1991년부터 지금까지 매년 정치축제의 장을 개최하고 있다.(채종헌, 2017)

영국의 방폐물관리위원회(CoRWM)는 2003년 11월 방사성폐기물 관리 정책의 공론화를 위해 설립된 독립적인 기구로 8대 공론화 원칙(윤리성, 참여의 포괄성, 전문지식의 활용, 숙의성, 민주성, 통합성, 합의안의 실행가능성, 공론화 추진기구의 독립성)을 제시하였다. CoRWM은 회의 과정의 투명한 공개와 광범위한 의견수렴을 통해 반핵단체인 그린피스(Greenpeace)도 동의한 권고안을 도출할 수 있었다. 우리나라의 사용후핵연료 공론화TF(2008)도 CoRWM과 유사하게 공론화의 기본원칙으로 민주성, 책임성, 도덕성, 진정성, 독립성, 숙의성, 회귀성, 투명성 등 8가지를 제시하였다.[87]

공론화의 확장 개념이라고 할 수 있는 숙의민주주의의 차원에서 성공조건을 분석한 Gutmann & Thompson(2004)은 결정을 정당화할 수 있는 이성의 교환(reason-giving process), 의사결정으로부터 영향을 받는 모든 사람

---

87 여기서 말하는 '회귀성'은 공론화를 통해 사회적 합의에 이르렀다 하더라도 그 과정 또는 그 결과물에 문제가 확인된다면 논의를 원점으로 돌릴 수 있어야 한다는 것이다. 이 같은 회귀성의 원칙에 따라 문재인 정부에서는 박근혜 정부에서 수립한 사용후핵연료 관리방안에 대한 재공론화를 추진하였다.

들의 접근가능성, 일정기간 구속력을 갖는 의사결정의 산출, 지속적인 논의 과정의 역동성 등 4가지를 성공조건으로 제시하였다. Weeks(2000)는 숙의 민주주의 이념이 제도화되기 위한 요건으로 시민의 광범위한 참여, 정보에 근거한 공적 판단(public judgement), 충분한 토론 기회의 제공을 꼽았다.

신고리 5 · 6호기 공론화위원회(2017a)는 공론화의 원칙으로 참여의 포괄성과 대표성, 정보공개의 투명성과 객관성, 참여자의 평등성과 성찰성, 숙의성 등 네 가지를 제시했다. 신고리 5 · 6호기 공론화위원회는 공론화 성공을 위한 전제조건으로 공론화 주관기구의 독립성과 중립성을 강조하였다. 공론화의 필요성을 느끼고 공론화를 제안하는 기관에서 공론화를 조직하고 운영한다면, '선수와 심판'의 겸직 문제가 발생한다는 것이다.(신고리 5 · 6호기 공론화위원회, 2017a)

국내 학자들도 공론화의 성공조건으로 유사한 준거틀을 제시하고 있다. 은재호(2017)는 참여의 포괄성과 대표성, 숙의의 평등성과 성찰성, 절차의 투명성과 공정성을 제시하였고, 채종헌(2017)은 성공적인 공론화의 영향요인으로 투명성, 민주성, 독립성, 숙의성, 신뢰성, 실행가능성을 들고 있다. 문재인 정부의 사용후핵연료 관리정책 재검토위원회도 의견수렴 기본원칙으로 공정성, 투명성, 숙의성, 대표성, 통합성 등 5가지를 제시하였는데 이러한 원칙이 제대로 지켜졌는지는 의문이다.

	성공조건(기본원칙)
Weeks(2000)	시민의 광범위한 참여, 정보에 근거한 공적 판단(public judgement), 충분한 토론 기회의 제공
Gutmann & Thompson(2004)	이성의 교환(reason–giving process), 개방적 접근가능성, 의사결정의 산출, 지속적인 논의과정의 역동성
Fishkin(2009)	참여자들의 충분한 숙의과정, 정치적 평등, 다수의 횡포 방지, 대중적 참여
스웨덴 알메달렌 정치박람회	참여의 개방성 · 포괄성, 의사결정과정의 투명성, 합의결과의 지속성, 공론화 과정의 숙의성
영국 CoRWM (8대 원칙)	윤리성(공정성 · 지속가능성), 참여의 포괄성, 전문지식의 활용, 숙의성, 민주성(회의 과정의 투명한 공개 및 개방성), 통합성, 합의안의 실행가능성, 공론화 추진기구의 독립성
윤경준 · 안형기(2004)	참여주체의 포괄성, 참여주체의 균등성, 적극적 참여 분위기, 발언기회의 충분성, 정보제공의 충분성
이민웅(2005)	공공문제에 대한 관심과 관련 정보 습득, 적절한 참여의 규모와 대표성 유지, 공정한 토론 절차와 시민성 함양, 합의에 대한 사후과정 추적
사용후핵연료 공론화TF(2008)	민주성, 책임성, 도덕성, 진정성, 독립성, 숙의성, 회귀성, 투명성
은재호(2009)	거버넌스의 구축, 참여의 자발성 · 포괄성 · 대표성, 사실확인과 지속적인 정보공개, 토론의 충분성, 합의안의 공정성과 신뢰성, 합의안의 실현가능성, 이해관계자간 신뢰구축
정정화(2011)	참여주체의 대표성, 참여범위의 포괄성, 심의과정의 소통성, 심의절차의 공정성, 합의결과의 성찰성, 합의결과의 지속성
신고리 5 · 6호기 공론화위원회(2017a)	참여의 포괄성 · 대표성, 정보공개의 투명성 · 객관성, 참여자의 평등성 · 성찰성, 숙의성, 공론화 주관기구의 독립성과 중립성
은재호(2017)	참여의 포괄성 · 대표성, 숙의의 평등성 · 성찰성, 절차의 투명성 · 공정성
채종헌(2017)	투명성, 민주성, 독립성, 숙의성, 신뢰성, 실행가능성
재검토위원회(2020)	공정성, 투명성, 숙의성, 대표성, 통합성

[표 2-2] 공론화의 성공조건

※ 자료출처: 정정화(2018: 108)

3. 박근혜 · 문재인 정부 공론화의 한계

1) 시민사회계의 불참으로 '반쪽 공론화'

공론화를 통해 사회적 합의에 도달하기 위해서는 정책결정이나 해당 이슈와 관련된 다양한 이해관계자들의 폭넓은 참여가 보장되어야 한다. 공론화 과정에 핵심 이해당사자들뿐만 아니라 연령 · 성별 · 지역 · 계층 등 인구통계학적 관점에서 참여자의 포괄성과 대표성이 확보되어야 한다. 공공토론과 의사결정과정 참여자는 공정하고 합리적인 절차를 통해 선정되어야 하며, 특정 단체나 집단이 과대 또는 과소 대표되지 않아야 한다. 이러한 기준에 보면 박근혜 · 문재인 정부에서 실시한 두 차례 공론화는 참여자의 포괄성과 대표성을 확보하지 못하였다.

첫째, 박근혜 정부의 공론화는 출범식 첫날 환경단체 추천위원 2명이 탈퇴한 이후 시민사회계의 보이콧으로 '반쪽 공론화'로 전락하였다. 전체 위원 15명 가운데 원전소재지역 대표가 5명으로 1/3 이상을 차지해 지역의 이해관계를 과다 대표한 문제점도 제기되었다. '핵없는 사회를 위한 공동행동' 등 탈핵단체들은 공론화가 신규원전 건설과 중간저장시설 부지선정을 위한 것이라며 참여를 거부하고 별도의 토론회를 개최하였다.(한겨레신문, 2014. 9. 24.) 위원회의 의견수렴 활동도 주로 전문가 위주로 진행되었고,[88] 공론조사

---

88 공론화위원회가 주관한 제1차 국회 토론회(2014. 8. 5.)에서는 "위원회의 인적구성은 원전지역주민대표와 전문가 중심으로 짜여져 국민적 다양성과 대표성이 취약하다"는 지적이 제기되었다. 이어진 국회-시민사회 토론회(2014. 8. 20.)에서도 "전문가 중심의 공론화를 지양하고 미래세대인 청소년의 참여가 필

(2015. 3. 28. ~3. 29.) 종합토론회에 참여한 전문가 패널도 원자력계 또는 친원전 인사들로 구성되어 형평성 문제가 제기되었다.(이영희, 2017)

둘째, 문재인 정부의 공론화도 중립적 위원회 구성에 반발한 시민사회계의 보이콧으로 '반쪽 공론화'의 전철을 밟았다. 전국 및 지역 의견수렴을 위한 종합토론회에서는 탈핵진영의 전문가 패널을 선정하지 못해 균형있는 토론이 이뤄지지 못하였다. 특히 월성원전 지역실행기구는 대표성 문제로 파행이 거듭되었다. 반대단체에서는 지역실행기구 위원의 과반수 이상인 6명이 반경 5㎞ 이내 동경주지역주민들로 채워져 경주시 전체의 목소리를 반영하기 어렵고, 시민단체 추천위원은 원자력 진흥을 목적으로 하는 단체의 대표라며 재구성을 요구했다.(11차 회의록, 2019. 10. 23.) 추가 위촉된 지역 환경단체 대표가 출범식 첫날 사퇴한 이후 후임으로 친원전 진영의 원자력계 인사가 합류해 원활한 의견수렴이 진행되지 못하였다.

2) 주관기구의 독립성과 중립성 미흡

다양한 이해관계자들의 참여를 전제로 하는 공론화는 정치적 · 재정적으로 독립성을 갖는 기관에 의해 운영되어야 한다. 공론화위원회가 정부기관이나 특정 이해집단을 대변하거나, 정부정책의 정당성을 부여하는 수단으로 활용될 경우 독립성을 유지할 수 없다. 공론화 의제선정과 추진방식 결정 등 운영과정에서 주관기구가 자율성을 확보하지 못하거나, 공론화 절차를 공정

요하다"는 의견이 쏟아졌다.(사용후핵연료 공론화위원회, 2015c: 50/54)

하게 관리하지 못할 경우에는 중립성을 잃게 된다. 박근혜 · 문재인 정부의 두 차례 공론화는 모두 산업부 산하 자문기구에서 공론화를 주관했다는 점에서 근본적인 한계를 극복하지 못하였다.

첫째, 박근혜 정부의 공론화위원회가 산업부 산하 자문기구로 발족하자 시민단체들은 원자력산업 진흥을 목적으로 하는 부처가 공론화를 주관할 경우 사용후핵연료 저장공간 확충과 원전 확장정책을 정당화하기 위한 시나리오에 불과하다며 반대했다. 환경단체 추천위원 2명은 위원장 선출이 산업부의 의도대로 일방적으로 결정되었고, 경주 방폐장 부지선정에 책임이 있는 인사가 위원장에 선정된 것을 받아들일 수 없다는 이유 등으로 출범식 당일 위원회를 탈퇴하였다.(한국일보, 2014. 10. 31.) 공론화위원회가 주관한 KBS 토론회(2014. 12. 20.)에서도 "환경단체의 공론화 탈퇴 사유는 산업부의 일방적인 위원회 구성으로 인한 불신 때문"이라는 비판이 제기되었다.(사용후핵연료 공론화위원회, 2015c)[89]

공론화 의제도 중간저장방안에 초점을 둠으로써 사용후핵연료 관리방안 전반에 대한 논의로 이어지지 못하였다. 당시 정부는 공론화 의제는 사용후핵연료 관리방안에 대해 논의한다고 밝혔지만, 국가에너지위원회 산하 공론화TF가 제시한 2008년 권고보고서와 '사용후핵연료 정책포럼'이 2012년 발

---

89 박근혜 정부의 공론화위원장을 맡았던 H교수도 언론사 대담에서 "공론화의 전제조건으로 신뢰가 있어야 하는데 지금은 1차적으로 정부에 대한 신뢰가 없다. 그동안 해놓은 약속들을 잘 안 지켰고, 정권이 바뀌면 원점으로 되돌아간다. 이런 게 누적되다 보니 원전지역에 가보면 정부에 대한 신뢰가 없다. 공론화위원회도 정부가 짜놓은 각본대로 움직이는 조직이라는 생각을 갖고 있다"며 소회를 밝혔다.(한겨레신문, 2015. 2. 23.)

표한 대정부 권고사항 등은 공론화의 핵심의제는 중간저장방안임을 명백히 하였다. 전문가검토그룹이 2014년 8월에 위원회에 제출한 '사용후핵연료 관리방안에 관한 이슈 및 검토의견서'도 기존 원전 부지 내에 저장하는 것이 현실적이라는 의견을 제시하였다. 이에 대해 환경단체들은 공론화 의제는 중간저장, 재처리, 영구처분, 신규원전 확대 또는 탈핵 등 원자력정책 전반에 대한 논의를 위해 의제의 제한이 없는 '열린 공론화'를 주장하였다.[90]

둘째, 문재인 정부의 재검토위원회도 산업부 산하 자문기구로 발족되었지만 박근혜 정부의 공론화위원회와 달리 중립적 인사들로 꾸려지자 시민사회계에서는 위원회를 해체하고 이해관계자들이 참여하는 위원회로 재구성하라고 압박했다. 탈핵단체들은 위원회 구성을 문제 삼아 출범 초기부터 공론화 과정 참여를 전면 거부하고 장외투쟁을 이어나갔다. 환경단체에서는 "중립적 위원들이 정부의 의중을 많이 대변할 수밖에 없다"며 불신을 감추지 않았다.(재검토준비단 21차 회의 속기록, 2019. 11. 12.)

위원회의 취약성은 산업부와 지원단에서 공론화 일정에 개입하면서 구체적으로 드러났다. 월성원전의 임시저장시설 추가증설 여부에 대한 의견수렴 범위를 논의한 21차 회의에서 지원단은 "의견수렴 일정의 경우 최대한 적기에 의견수렴 절차가 진행될 필요가 있다는 것을 말씀드린다"며 "임시저장

90 박근혜 정부 공론화위원회가 주관한 제1차 국회 토론회(2014. 8. 5.)에서도 "공론화가 중간저장시설이 필요하다는 당위성을 확보하기 위해 추진되고 있으며, 기술적인 문제에만 초점을 두고 있다"는 지적이 제기되었다. 또 제3차 소비자 라운드테이블(2014. 10. 30.)에서는 "중간저장이라는 결론을 가지고 중간저장의 방식과 장소를 선정하는 것이 공론화의 핵심과제였다"는 비판을 받았다.(사용후핵연료 공론화위원회, 2015c: 50/56)

시설 구축이 월성원전 계속 가동 여부와 연관되어있는 상황에서 향후 위원회의 부작위에 대해 비판이 발생할 우려가 있다"고 위원회를 압박했다.(지원단, 21차 회의록, 2020. 3. 4.) 지원단에서는 지역 의견수렴을 2020년 6월 말까지 완료하기 위해서는 10주로 예정된 일정을 7~8주로 단축해 줄 것도 요구했다. 문재인 정부의 재검토위원회가 독립성과 중립성을 상실했다는 근거는, 1년 동안 활동했던 위원장이 중도에 사퇴한 것이 단적인 예라고 할 수 있다.(재검토위원장 사퇴 기자회견문, 2020. 6. 26.)

3) 숙의성 · 투명성 부족과 공정성 논란

공론화 과정에서 숙의성을 확보하기 위해서는 충분하고 정확한 정보의 제공과 학습기회가 제공되어야 한다. 숙의민주주의는 참여자들에 대한 지속적이고 깊이 있는 정보와 지식의 제공을 토대로 한 학습을 전제로 한다. 또한 토론과정에서는 적극적인 참여 분위기와 참여자 간의 신뢰가 형성되어 상호존중적이고 개방적인 태도로 진행되어야 숙의성을 담보할 수 있다.

투명성은 의견수렴 진행사항과 관련 자료가 대외에 충분히 공개되고 장벽없는 정보접근이 보장되어야 한다는 것이다. 회의록 등 진행과정과 조사자료가 투명하게 공개되어야 공론화 과정의 공정성과 투명성을 확보할 수 있다. 공론화는 시민참여단만의 숙의가 아니라, 전체 국민이 공론화를 통해 해당 사안에 대해 숙의해 볼 수 있는 기회가 제공되어야 한다. 토론 참여자들 간의 소통뿐만 아니라 이해당사자 및 일반국민과도 소통하는 열린 논의구조가 작동되어야 공론화 결과에 대한 수용성 확보로 이어질 수 있다.

공정성을 확보하기 위해서는 토론과정에서 다양한 이해관계와 입장이 드러날 수 있도록 발언기회가 균등하게 주어져야 하며, 기본규칙(ground rules)과 합의절차가 마련되어야 한다. 최종 조사결과에 대한 채택 여부, 숙의자료집 작성방법, 전문가 패널 선정, 자료검증 등은 공론화의 중요한 요소이므로 이에 대한 기본규칙을 미리 결정해 두어야 한다. 사전에 이해관계자들이 준수할 기본규칙에 합의한 뒤 운영한다면, 보다 원활한 소통을 통해 공론화를 진행할 수 있을 것이다. 그러나 박근혜 · 문재인 정부의 두 차례 공론화는 기본원칙인 숙의성 · 투명성 · 공정성을 담보하지 못하였다.

첫째, 박근혜 정부의 공론화는 다양한 논의가 심층적으로 제기되는 숙의적 토론보다는 전문가 중심의 제한된 의견수렴에 치중함으로써 일반시민과 이해관계자의 광범위한 참여와 의견수렴이 미비했다는 평가를 받았다.(이영희, 2017) 공론화 과정에 '보여주기식' 토론회와 회의만 있었을 뿐 국민적 공감대 형성에 실패했다는 지적이 제기되었다.(경향신문, 2014. 11. 19.) 토론회도 정해진 짧은 시간 안에 준비해온 내용만 일방적으로 발표한 뒤 몇 차례의 질의 · 응답을 거치는 형식적인 절차를 답습하였고, 이슈와 쟁점을 한정하지 않아 여러 의견이 중구난방으로 제기되어 혼선을 야기하였다.(전기신문, 2014. 7. 2.)[91]

위원회는 홈페이지를 통해 회의록을 공개하였으나 안건당 평균 1~2줄, 길게는 3~4줄에 불과했고 속기록은 국정감사에서의 지적과 시민단체의 요

91 채종헌(2020)은 박근혜 정부 공론화의 문제점으로 공론화 위원의 편파성 문제, 위원장 선출의 비민주성, 전문가 위주의 위원회 활동, 편향된 전문가 선정, 일반시민이 토의하기 어려운 지나치게 기술적인 내용 제시, 숙의토론 시간의 지나친 축소, 최종권고안에 공론화 결과 반영 미흡 등을 지적하였다.

구로 2013년 7월 25일 개최된 20차 회의록부터 공개하였다. 이밖에 실무소위원회나 지역특별위원회 회의 내용은 공개하지 않고 회의 참관도 허용되지 않았다. 2015년 3월 말에 실시한 공론조사결과도 3개월 후에야 공개될 정도로 공론화의 투명성 원칙이 지켜지지 않았다.(이헌석, 2014; 이영희, 2017)

둘째, 문재인 정부의 공론화는 코로나19 상황과 반대단체의 물리적인 방해 등으로 시민참여단의 분임토의도 제대로 진행되지 못할 정도였다. 전국 의견수렴 1차 종합토론회(2020. 7. 10. ~7. 12.) 는 3일간 각 시 · 도별로 분산된 행사장에서 실시되었지만, 광주 · 전남에서는 코로나19 확산으로 시민참여단이 행사장에 모이지 않고 전면 온라인 방식으로 전환되었고, 대구 · 경북 지역에서는 탈핵단체가 행사장에 들어와 진행을 저지하는 바람에 시민참여단이 각자 집으로 돌아가 온라인으로 진행되었다.(31차 회의록, 2020. 7. 22.) 울산환경운동연합 L사무처장은 "전국 단위 의견수렴 프로그램을 진행하면서 토론회 장소와 발표자, 자료 등을 공개하지도 않고, … 마치 첩보 작전을 수행하듯 철저하게 비밀리에 진행했다"며 "지역주민들과 시민사회의 의견 참여 기회를 차단한 채 밀실에서 요식절차로 진행하는 공론화로는 어떠한 정당성도 부여받을 수 없고 불신과 반발만 불러일으킬 따름"이라고 성토했다.(울산저널, 2020. 7. 15.)

지역 공론화는 상황이 더욱 심각하였다. '월성원전 핵쓰레기장 추가시설 반대 경주시민대책위원회'는 "시민참여단이 한자리에 모여 토론회를 보고 질의응답을 해도 복잡한 사안인데 노트북 조작도 서투른 가운데 각자 집에서 온라인으로 방청하는 '골방 공론화' 형태로 졸속 진행되었다"며 "토론자로 나온 전문가 3명도 책임 있게 답변하지 못했고, 질의응답 시간이 짧아 질문을 아예 못한 분임조도 있었다"고 지적했다.(한국일보, 2020. 7. 21.) 지역 종합토론회에서는 임시저장시설 확충에 대한 찬반 입장을 발표할 예정이었으나, 반대 입장의 전문가 섭외가 어려워 찬반 주장과 근거를 재검토위원회에서 발표하는 형태로 진행되었다.(30차 회의록, 2020. 7. 8.) 이러한 연유로 종합토론회에서는 상반된 입장을 지닌 전문가들의 견해를 듣고 숙의하는 과정이 제대로 진행되기 어려웠다.

4) 공론화 결과에 대한 수용성 부족

공론화 결과에 대한 이해관계자들의 수용 여부는 공론화의 성패 여부를 판단하는 중요한 기준이 될 수 있다. 이해관계자들이 권고안의 도출과정과 그 결과가 공정하지 못하다고 판단할 경우 수용을 거부할 수 있기 때문이다. 박근혜 정부의 공론화 결과에 대해 지역주민과 시민사회계에서 수용을 거부했기 때문에 문재인 정부에서 재공론화를 실시하였다. 그러나 문재인 정부의 재공론화에 대해서도 반대단체와 시민사회계에서는 '공론조작' 의혹을 제기하며 권고안 폐기를 촉구하였다.

첫째, 박근혜 정부의 공론화위원회가 발표한 권고안에 "영구처분시설이 운영되기 전이라도 지하연구시설 부지에 처분전보관시설을 건설하되 불가피한 경우 원전 부지 내 단기저장시설을 설치해 보관할 수 있다"는 부분이 후폭풍을 몰고 왔다. 원전 부지 내 단기저장 방안은 공론화 과정에서도 제기되지 않았던 내용으로 위원회가 일방적으로 삽입해 논란이 되었다. 이에 대해 위원회 내부에서도 "대변인을 맡은 위원이 작성한 초안을 다른 위원들이 이틀간의 워크숍을 통해 검토한 다음에 확정할 정도로 '급조'된 권고안"이었다는 비판이 제기되었다.(이영희, 2017) 원전소재지역 특별위원회도 권고안에 대해 "사용후핵연료의 종합관리방안은 주민설명회와 동의를 거쳐 수용성을 높여야 한다"며 "공론화가 어려웠던 이유는 정부가 원자력 관련정책을 수립하고 집행하는 과정에서 주민들의 신뢰를 확보하지 못했기 때문"이라고 지적했다.(사용후핵연료 공론화위원회, 2015a)

둘째, 문재인 정부의 공론화 결과에 대한 사회적 수용성은 박근혜 정부의 권고안보다도 부족한 것으로 나타났다. 월성원전의 맥스터 증설에 반대하는 경주와 울산지역주민단체는 2020년 10월 6일 산업부와 재검토위원회, 월성원전 지역실행기구 등 공론조사 책임자를 위계에 의한 공무집행방해 혐의로 검찰에 고소했다. 정의당 류호정 의원은 20대 국정감사에서 '공론조작' 의혹에 대해 집중적으로 질의하며 국회 차원의 진상조사단 구성을 촉구했다.

전국 및 지역 의견수렴 결과를 토대로 2021년 3월 18일 권고안이 발표되자 탈핵단체와 반대 주민들은 권고안 폐기와 불복을 선언했다.[92] 고준위핵폐기물전국회의는 이날 성명서를 내고 "이번 재검토는 21개월 동안 대부분의 국민이 모르는 폐쇄적인 공론화로 이어졌고, 많은 전문가들마저 형식적인 운영을 비판하며 전문가검토그룹에서 사퇴하였다"며 "국민의 안전보다 핵산업계의 이득 보전에만 급급하여 맥스터 증설을 위한 들러리로 철저히

92 재검토위원회가 2020년 7월 지역 공론화 결과를 발표하자 탈핵단체들은 청와대 분수광장에서 무효선언 기자회견을 열고 전국적으로 항의시위를 벌였다. 경주와 울산지역 반대단체들은 2020년 11월 25일 월성원전 앞바다에서 맥스터 건설에 반대하며 해상시위를 벌였고, 육지에서는 '맥스터 건설 중단하고 공론조작 진상을 밝혀라'고 적힌 현수막을 들고 월성원전 인근에서 가두시위를 벌였다.(연합뉴스, 2020. 11. 25.)

악용된 재공론화 결과와 권고안을 인정할 수 없다"고 밝혀 거센 후폭풍을 예고했다.(한겨레신문; 연합뉴스, 2021. 3. 18.)

5) 시민참여형조사의 한계와 새로운 기법 모색

사용후핵연료 문제는 여느 공공갈등과 달리 이슈와 대안의 전문성과 복잡성, 미래세대까지 포괄하는 참여자의 광범위성, 첨예한 이해관계의 대립, 여기에 정치적 · 이념적 요소까지 얽힌 매우 복잡하고 어려운 주제이다. 이런 문제를 전문지식과 이해관계가 없는 일반 시민들이 짧은 기간의 숙의학습으로 해법을 모색하는 시민참여형조사와 같은 기존의 논의구조와 숙의방법은 한계에 봉착한 것으로 판단된다.

더구나 지역 의견수렴 범위가 단일 행정구역을 벗어나 원전으로부터 반경 30km로 확대되면, 지역실행기구 구성부터 난항을 겪을 수밖에 없다. 시민참여단의 구성 비율과 종합토론회의 횟수와 장소 등 공론화 절차설계부터 복잡해진다. 탈핵단체와 반대 주민들이 의견수렴 절차와 방법에 이의를 제기하고 공론화를 보이콧하거나 중도에 탈퇴할 경우에는 또다시 공전되는 사태를 막을 수 없다.

신고리 5 · 6호기 공론화 이후 한국 사회에서는 시민참여형조사가 공론화의 전형으로 꼽히고 있지만, 실상은 찬반진영 간 갈등을 증폭시키고 정부정책의 정당화 수단으로 악용되는 사례마저 발생하고 있다. 특히 사용후핵연료 이슈처럼 찬반으로 결론에 도출되기 어려운 복잡한 사안일수록 시민참여형조사 방식은 부적절하다는 지적이 제기되고 있다.

시민참여형조사는 미국 스탠퍼드대 피시킨(J. S. Fishkin) 교수가 개발한 공론조사(deliberative polling)에 공공토론 방식을 접목한 것으로 숙의(熟議)가 필요한 사안에 대해 균형 잡힌 정보를 제공하고, 소그룹 토론과 패널과의 질의응답을 통해 내용을 숙지한 다음 최초 의견과 숙의학습후 의견변화를 비교하는 방식이다. 공론조사의 조사설계방법을 보완해 시민참여단의 대표성과 숙의성을 강화한 숙의 여론조사라고 할 수 있다.(신고리 5 · 6호기 공론화위원회, 2017b)[93]

시민참여형조사가 피시킨의 공론조사에 비해 가장 큰 차이점은 숙의를 위한 정보전달 방식이다. 시민참여성조사는 해당 의제에 상반된 견해를 가진 발표자들이 주장과 입장을 밝히는 종합토론회가 많은 비중을 차지하고 있다. 이에 비해 피시킨의 공론조사에서는 전문가들이 직접 발표하거나 개인의 지위나 권력을 사용하는 것들을 엄격히 제한하고 있다. 비언어적인 요소들의 문제점을 최소화하지 않으면 정보전달이 왜곡될 수 있다는 우려 때문이다.(Fishkin, 2009; 이헌석, 2020)

신고리 5 · 6호기 공론화에서도 찬반진영 전문가의 발표와 태도가 시민참여단의 결정에 상당한 영향을 미쳤다는 지적이 제기되었다. 재검토위원회가 2020년 7~8월 실시한 3차례의 전국 및 지역 종합토론회는 탈핵진영이 보이콧한 상태에서 균형있는 패널을 섭외하지 못해 친원전 전문가들의 주장

93 시민참여형조사의 보다 현실적인 문제는 공론조사에 매우 많은 비용이 소요된다는 점이다. 문재인 정부의 사용후핵연료 전국 공론조사에는 22억 5000만 원, 국가 기후환경 관련 공론조사 10억 5000만 원, 신고리 5 · 6호기 공론조사 25억 원, 평화통일 관련 공론조사 12억 9000만 원이 각각 집행된 것으로 나타났다.(뉴시스, 2021. 7. 9.) 이 같은 비용은 공론화에 소요된 총비용이 아니라 공론조사를 위해 조사기관에 지출한 비용이어서 실제 금액은 이보다 훨씬 늘어난다.

이 상대적으로 과도하게 전달된 것으로 나타났다. 찬반 의견이 세력 대결 양상으로 분출되는 종합토론회에서 두 진영 간 물리적 충돌이 발생하는 등 갈등이 격화되는 문제점도 부각하였다.

시민참여단의 대표성 문제는 신고리 5 · 6호기 공론화에 이어 재검토위원회 공론화에서도 불거졌다. 월성원전 맥스터 증설과 관련한 지역 의견수렴에서 경주지역 반대단체들은 "시민참여단 145명의 의견이 경주시민 전체의 뜻을 대신할 수 없다"며 결과 수용을 거부했다. 지역 공론화에서 제외된 울산 북구에서는 자체적으로 주민투표를 실시해 반대의견을 피력하였다.

해외 사례의 공론화 기법

영국의 방사성폐기물관리위원회(CoRWM)가 실시한 PSE(public and stakeholder engagement) 프로그램은 의견수렴 단계별로 시민토론그룹, 시민패널, 학교 프로젝트, 이해관계자포럼, 라운드테이블, 공개회의, 서면 협의, 양자 회의, 온라인 참여 등 논의주제에 적절한 다양한 공론화 기법을 활용하였다. PSE 3단계에서는 다기준 의사결정기법(MCDA)과 숙의 지도(DM), 총체적 평가기법(HA) 등 체계적인 방법론을 활용해 일반인의 의견과 전문가들의 견해를 균형 있게 통합하고자 노력한 것으로 평가되고 있다. '서컴브리아 파트너쉽'(West Cumbria Partnership)이 수행한 지역 공론화도 동네 포럼(neighbourhood forums), 주민패널(resident's panels), 이해관계기관 워크숍, 토론 팩(discussion pack), 지역 방문행사 등 다채로운 방식이 활용되었다.

캐나다의 방폐물관리기구(NWMO)가 실시한 4단계 공론화도 보다 많은 시민의 참여를 위해 화상대화(e-dialogue) 등 다양한 의사소통 방법이 동원되었다. NWMO는 장기 관리방안을 수립하기 위해 일반 대중과 이해관계자들이 참여하는 PSE 프로그램을 통해 '적응적 · 단계적 관리'(APM)라는 새로운 대안을 도출하였다. NWMO는 사용후핵연료 관리방안에 대한 일반 국민의 기대와 목표를 파악하기 위해 대면조사, 편지, 이메일, 전화 설문조사, 워크숍, 토론회 등을 통해 다양한 의견을 수집하였다. 우리나라도 사용후핵연료 저장시설 건설과 같은 지역의 이해관계가 민감한 이슈에 대해서는 시민참여형조사 보다는 시나리오 워크숍(scenario workshop), 플래닝 셀(planning cell), 공동체 대화(community dialogue) 등과 같은 참여적 의사결정방식을 복합적으로 활용할 필요가 있다.

3부
해외 방폐장 부지선정 사례

1장

각국의 사용후핵연료 관리실태

1. 고준위 방사성폐기물과 사용후핵연료

원자력의 이용에 따라 방사성물질을 포함한 폐기물이 발생한다. 우리나라에서 방사성폐기물이란 "방사성물질 또는 그에 따라 오염된 물질로서 폐기의 대상이 되는 물질을 말한다. 여기에는 폐기하기로 결정한 사용후핵연료도 포함된다"고 규정하고 있다.(원자력안전법 제2조제18호)

방사성폐기물은 핵연료 주기의 모든 과정에서 발생한다. 천연우라늄의 전련과 농축과정, 연료로 가공하는 과정, 원자로에서 제거된 이후 사용후핵연료를 저장하는 과정에서도 수많은 방사성폐기물이 발생한다. 국제원자력기구(IAEA)는 방사성폐기물이 방출하는 방사선량과 핵종의 위험성에 따라 6단계 구분하고 등급별 처분방식을 권고하고 있다.

IAEA(2009) 분류에 따르면, 1단계인 규제면제 폐기물(EW, Exempt Waste)과 2단계인 단기 폐기물(VSLW, Very Short Lived Waste)은 천층처분이나 매립을 권고하고 있다. 3단계인 초저준위 폐기물(VLLW, Very Low Level Waste)은 천층처분이 허용된다.

4단계인 저준위 폐기물(LLW, Low Level Waste)은 원전 운영과정에서 발생하는 저농도의 방사성폐기물이지만 안전을 위해 수백 년 이상 격납 보관이 필요한 폐기물로 주로 천층처분의 대상이 된다. 우리나라의 경우 경주에 소재한 중 · 저준위 폐기물 처분시설은 심지층처분보다 얕은 지하 100m 깊이에 지층처분(1차)과 지상에 천층처분(2차) 하고 있다.

5단계인 중준위 폐기물(ILW, Intermediate Level Waste)은 장반감기 핵종을 다수 포함하고 있으며 천층처분보다 높은 수준의 관리시설이 필요한 폐기물로 지하처분이나 심지층처분을 권고하고 있다. 6단계인 고준위 폐기물(HLW, High Level Waste)은 사용후핵연료와 같이 고독성 장반감기 핵종과 고발열 단반감기 핵종을 포함한 폐기물로 강한 열과 방사선을 방출한다. 가장 높은 수준의 관리가 필요한 시설로 심지층처분이 요구된다.

우리나라는 원자력안전위원회의 고시에 따라 규제면제 폐기물(EW)과 단기 폐기물(VSLW)은 자체 처분이 허용되는 일반 배출폐기물로 분류해 방사성폐기물에서 제외하고 있다. 따라서 우리나라는 초저준위(VLLW), 저준위(LLW), 중준위(ILW), 고준위(HLW) 등 4단계로 구분하고 있다.

사용후핵연료란?

사용후핵연료(spent fuel)는 원자로에서 일정 기간 핵분열로 연소된 뒤 교체를 위해 원자로에서 제거된 핵연료를 말한다.(원자력안전위원회 고시 제2015-003호) 사용후핵연료는 방사성폐기물 분류기준상 고준위 폐기물(HLW)에 해당된다. 원자력안전위원회는 사용후핵연료가 포함되는 고준위 방사성폐기물에 대하여 "반감기 20년 이상의 알파선을 방출하는 핵종으로 방사능 농도 4,000Bq/g 이상 또는 열발생률 $2kW/m^3$ 이상의 물질"로 정의하

고 있다.(원자력안전위원회 고시 제2019-10호)

일본에서도 사용후핵연료를 "발전용 원자로에서 연료로 사용된 핵연료 물질"로 규정하고 있다.(특정방사성폐기물 최종처분에 관한 법률 제2조 제4호) 미국 원자력법(Atomic Energy Act, 1954)은 "재처리에 의해 분리되지 않은 구성요소를 포함한 원자로에서 인출된 연료"라고 정의한다. 미국 원자력규제위원회(NRC)는 "더 이상 효율적으로 핵분열 연쇄반응을 지속할 수 없을 정도로 사용된 연료"로 보고 있다.

우리나라에는 사용후핵연료에 대한 명시적 정의는 없지만, 원자력안전법 시행령에서 사용후핵연료 중간저장을 "원자로의 연료로 사용된 핵연료 물질이나 그 밖의 방법으로 핵분열시킨 핵연료 물질을 발생자로부터 인수하여 처리 또는 영구처분하기 전까지 일정 기간 안전하게 저장하는 것"이라고 규정하고 있다. 따라서 사용후핵연료는 "원자로의 연료로 사용된 핵연료 물질, 즉, 후행주기(back-end)에 포함되는 연소된(사용된) 핵연료 물질"이라고 할 수 있다.(이원희, 2020)

사용후핵연료에 대한 개념 정의가 굳이 필요한 이유는 관리정책의 방향성을 보여주기 때문이다. 원자력안전법에는 "폐기하기로 결정한 사용후핵연료"를 고준위 방사성폐기물로 분류하고 있기 때문에 우리나라에서 법적으로는 고준위 방사성폐기물은 존재하지 않는다. 하지만 현실적으로 우리나라는 한 · 미 원자력협정에 따라 사용후핵연료의 재처리가 불가능하기 때문에 사용후핵연료를 고준위 방사성폐기물과 동일한 의미로 관리하고 있다.

사용후핵연료라는 용어도 각국의 관리정책에 따라, 그리고 논자의 관점에 따라 고준위 방사성폐기물(고준위 폐기물), 고준위 핵폐기물, 핵폐기물 등 유사한 용어를 사용하고 있으나 본서에서는 이를 같은 의미로 혼용하고 있다.

2. 사용후핵연료 관리방식

사용후핵연료 관리는 '수조 내 보관' → (임시저장) → 중간저장 → 영구처분 등 3~4단계로 구분할 수 있다. 첫째, 1단계 '수조 내 보관'은 원자로에서 금방 꺼낸 사용후핵연료는 높은 열과 강한 방사선을 배출하기 때문에 원전 부지 내 격납 건물의 습식저장조에서 3~5년간 냉각과정을 거친다. 조밀랙은 저장공간을 넓히기 위해 빽빽하게 보관하는 방식을 말한다.

둘째, 2단계 중간저장은 수조에서 발열량이 일정 수준 이하로 떨어진 사용후핵연료를 원전 내 · 외부에 있는 저장시설로 옮겨 50~60년간 보관하는 과정이다. 중간저장(interim storage)은 원전 부지 내에 저장시설을 운영하는 분산형(소내)과 원전 밖에 건설하는 집중형(소외), 그리고 저장방식에 따라 건식과 습식으로 구분된다. 월성원전의 캐니스터와 맥스터는 건식저장시설인데 해외에서는 이를 중간저장으로 분류하고 있지만, 우리나라에서는 임시저장시설이라고 부르고 있다.[94] 우리나라 기준에 따르면 4단계를 거치게 되는 셈이다.

---

94 월성원전 인근에 위치한 중 · 저준위 방폐장은 사용후핵연료 중간저장시설이 아니라 중 · 저준위 방사성 폐기물만 처분하는 시설로 2015년부터 운영하고 있다. 임시저장시설(캐니스터, 맥스터)의 법적 성격과 쟁점에 대해서는 이 책 4부 3장 참조.

셋째, 3단계 영구처분은 사용후핵연료를 인간 생활권으로부터 영구적으로 격리하는 것으로 '직접처분'과 '재처리 후 처분'으로 구분된다. '직접처분'은 사용후핵연료를 폐기물로 간주하여 바로 처분하는 방식이다. '재처리 후 처분'은 재처리를 거쳐 다시 연료로 사용된 사용후핵연료와 재처리 과정에서 발생한 방사성폐기물을 처분하는 방식이다.

사용후핵연료 처분이 문제가 되는 것은 방사능(radioactivity)이 자연상태 수준으로 감소하기까지 10만 년이라는 매우 오랜 시간이 걸린다는 점이다. 1950년대부터 해양처분, 빙하처분, 우주처분, 심지층처분, 초장심도처분 등 다양한 방식이 연구되어왔지만 현재 상황에서는 심지층처분이 유일한 대안으로 고려되고 있다.

해양처분은 1972년 런던협약으로, 빙하처분은 1961년 남극조약으로 금지되고 있다. 우주처분은 1986년 미국 챌린저호 참사 이후 처분과정의 고비용과 실패 위험 등으로 연구가 중단된 상태이다. 초장심도처분(very deep borehole disposal)은 지하 3~5㎞ 깊이의 암반층에 처분하는 심부시추공 방식으로 아직 연구단계이다.

심지층처분(deep geological disposal)은 사용후핵연료를 부식과 압력에 초장기간 견딜 수 있는 용기에 넣어 지하 500~1,000m 깊이의 안정된 지질층에 처분하는 기술이다. 지하암반의 지질 환경이 지표면보다 안정적이기 때문에 인간의 생활환경으로부터 장기간 격리 · 차단이 가능하다는 것이다. 국제원자력기구(IAEA)와 OECD의 원자력기구(NEA)도 심지층처분을 권고하고 있고, 대부분의 국가들도 이 방식을 택하고 있다.

3. 각국의 사용후핵연료 관리정책

사용후핵연료는 국가에 따라 고준위 폐기물이기도 하고(직접처분), 재처리가 가능한 핵연료 자원이기도 하다. 직접처분은 사용후핵연료를 재처리하지 않고 한번 사용한 뒤 인간의 생활권으로부터 영구히 격리해 최종처분하는 방식이다. 미국, 캐나다. 독일, 핀란드, 스웨덴, 스페인, 루마니아 등이 이 방식으로 관리하고 있다. 우리나라도 직접처분 국가로 분류되고 있다.

재처리는 사용후핵연료를 재처리하여 연료로 재사용하고, 이후의 방사성폐기물을 최종 처분하는 방식이다. 재처리는 핵무기 제조가 가능한 플루토늄을 추출할 수 있기 때문에 국제조약에 따라 영국, 프랑스, 러시아, 중국, 일본 등 일부 국가에만 허용되고 있다.[95] 플루토늄 추출은 국제정치적으로 매우 예민한 문제여서 미국도 1977년 이후 자국 내에서 재처리를 금지하고 있다. 핵보유국 중에서 영국, 프랑스, 중국, 러시아 등이 재처리를 하고 있고 비핵국가 중에서는 일본만 재처리 국가에 속한다. 일본은 1988년 미 · 일 원자력협정 개정을 통해 미국의 동의없이 사용후핵연료를 재처리할 수 있게 되었으며, 아오모리현 로카쇼무라에 2023년 운영목표로 재처리시설을 건설 중이다.

---

95 러시아는 원자로형에 따라 재처리 또는 직접처분하고 있기 때문에 직접처분 국가로도 분류된다. 우리나라는 그동안 재처리가 전혀 허용되지 않았지만, 2015년 개정된 한 · 미 원자력협정에 따라 해외 위탁 재처리는 허용되고 있다. 그러나 위탁 재처리는 경제성, 안전성, 국민 수용성, 핵확산 등을 종합적으로 고려해야 하기 때문에 실현가능성은 거의 없다고 할 수 있다. 설사 위탁 재처리를 한다고 해도 재처리 과정에서 발생하는 모든 폐기물은 다시 국내로 가져와야 하기 때문에 영구처분시설은 여전히 필요하다.

현재 세계 32개 원전 국가 중에서 10여 개 국가만 관리정책을 확정하였고, 나머지 국가들은 미결정 상태인 관망정책(wait & see policy)을 택하고 있다. 관망정책은 최종관리 방안을 결정하기 전에 원전 내 · 외부에 사용후핵연료를 중간저장하면서 기술발전 등을 고려해 추후에 결정하겠다는 것이다. 중간저장은 사용후핵연료를 격납용기에 담아 지하 또는 지상에 보관하고 있다. 현실적으로는 영구처분장 부지를 확보하지 못해 중간저장하고 있는 국가들이 대부분이다.

국가별 중간저장 방식

세계 최대 원전 국가인 미국(93기, 이하 2021년 1월 기준)은 원전 부지에 중간저장시설을 운영하고 있으며, 소외 중간저장시설은 물론 영구처분장도 아직 확보하지 못하고 있다. 2017년 뉴멕시코주 칼스배드(Carlsbad)시와 홉스(Hobbs)시 사이에 통합중간저장시설(CISF, Consolidated Interim Storage Facility) 건설이 추진되었으나 운반경로 문제와 환경분석 미흡, 캐니스터 누설가능성 등이 제기되어 착공이 지연되고 있다. 미국 원자력규제위원회(NRC, Nuclear Regulatory Commission)는 사업자인 홀텍(HOLTEC)이 제출한 환경영향성명서(EIS, Environmental Impact Statement)에 대한 검토를 거쳐 이르면 2021년 말 최종 인허가 결정을 내릴 예정이다.(한국원자력환경공단, 2019/2020)

유럽의 원전 대국으로 세계 2위인 프랑스(56기)는 라아그(La Hague) 재처리시설과 남동부에 위치한 원자력산업 중심지 마르쿨(Marcoule)에 집중형 중간저장시설을 운영하고 있다. 라아그 재처리장에서는 중간저장은 물론 독일, 벨기에, 일본, 네덜란드, 오스트리아, 스위스 등 다른 국가의 사용후핵연료도 위탁 재처리하고 있다. 캐나다(19기)는 온타리오주 클라링턴(Clarington)의 달링턴(Darlington) 원전과 포인트 르푸르(Point Lepreau) 원전 등에 소내 건식저장시설을 운영 중이다.

대표적인 탈원전 국가인 독일(6기)은 1997년 아하우스(Ahaus)와 고어레벤(Goreleben)에 소외 중간저장시설을 건설해 2036년까지 운영할 계획이었으나, 사용후핵연료의 기차 운반에 반대한 지역주민들이 격렬한 시위로 2005년부터 각 원전별로 분산저장하고 있다. 영국(15기)은 셀라필드(Sellafield) 재처리시설에 습식저장시설(BNFL)을 운영하고 있고, 윌파(Wylfa) 원전에도 건식중간저장시설이 있다.

중국(50기)에 이어 세계 4위인 일본(33기)은 2013년 아오모리현 무츠에 3천 톤 규모의 중간저장시설(RFS)을 완공해 운영하고 있고, 2단계로 2천 톤 규모의 저장시설을 추가건설 중이다. 무츠의 리사이클연료저장센터(RFS) 외에 각 원전에서도 소내 중간저장시설을 운영하고 있다. 아오모리현은 일본 원자력산업의 메카로 로카쇼무라 재처리시설도 2023년 완공될 예정이다.

핀란드(4기)는 원전 부지에 습식저장시설을 운영하고 있으며, 올킬루오토(Olkiluoto) 원전에는 중 · 저준위 처분시설뿐만 아니라 영구처분장도 건설 중이다. 세계에서 가장 먼저 탈원전을 결정했던 스웨덴(6기)은 오스카샴(Oskarshamn) 포스마크(Forsmark) 원전 인근에 1985년 습식저장시설(CLAB)을 건설해 운영하고 있으며, 전용 선박과 특수 컨테이너를 제작해 사용후핵연료를 해상운송하고 있다. 포스마크에는 중 · 저준위 방폐장(SFR)도 운영 중이고 영구처분장도 건설될 예정이다.

	소내(분산형)	소외(집중형)	소내 & 소외	(시설 없음)
습식	핀란드, 슬로바키아	프랑스, 스웨덴	–	한국, 대만, 브라질, 멕시코, 파키스탄, 이란, 슬로베니아
건식	미국, 캐나다, 스페인, 체코, 헝가리, 남아공, 루마니아, 아르메니아	네덜란드	–	
습식 & 건식	우크라이나, 인도, 벨기에, 불가리아, 아르헨티나	–	영국, 독일, 일본, 중국, 러시아, 스위스	
소계	15	3	6	7

[표 3-1] 각국의 사용후핵연료 중간저장 방식
※ 자료출처: 이대연 외(2018); 전홍찬(2019)

현재 32개 원전 운영 국가 가운데 절반인 15개국이 분산형인 소내 중간저장시설을 운영하고 있다. 집중형(소외) 중간저장시설도 대부분 원전 인근 또는 원전 부지에 위치해 있다. 스웨덴, 핀란드, 프랑스, 일본 등과 같이 원전과 중 · 저준위 방폐장, 그리고 영구처분장이 한 곳에 밀집한 것이 특징이다. 중간저장시설이 없는 7개 국가는 원전 격납건물 내 수조 이외의 별도의 중간저장시설이 없는 경우이다. 우리나라는 월성원전 부지에 건식저장시설(캐니스터, 맥스터)을 운영하고 있지만, 중간저장시설이 아니라 임시저장시설로 분류하고 있다.

4. 우리나라의 사용후핵연료 관리정책

우리나라는 대외적으로는 직접처분 국가로 분류되고 있지만 고준위 폐기물이 아니라 사용후핵연료라는 용어를 사용하고 있는 것은 아직 관리정책이 확정되지 않았다는 것을 의미한다. 처분방식과 기술발전 등 환경변화를 고려한 관망정책(wait & see policy)이라고 할 수 있다. 내부적으로는 재처리 기술인 파이로프로세싱(pyro-processing)도 염두에 둔 것으로 보인다.

우리나라의 관리정책은 1978년 원전을 가동하기 시작한 이래 43년이 흘렀지만 여전히 갈피를 잡지 못하고 있다. 1985년에 첫 방사성폐기물 관리정책을 수립할 당시에는 중 · 저준위 폐기물과 고준위 폐기물을 동일 부지에 처분하기로 결정하였다. 1988년 7월에 열린 제220차 원자력위원회는 사용후핵연료는 최종적으로 관리정책이 확정되기 전까지 중간저장하며, 중간저장시설은 1997년 12월 말까지 원전 부지 이외의 장소에 집중형으로 건설하기로 방침을 정했다.(김민훈, 2013)

원자력위원회의 이러한 결정에 따라 1988년 울진과 영덕에서 부지조사가 이루어졌고, 1990년에는 안면도를 방폐장 부지로 선정하였으나 정부의 일방적인 결정에 분노한 지역주민들의 강한 반발로 무산되었다. 안면도 사태(1990)와 굴업도 사태(1995)를 거친 뒤 1998년에 열린 제249차 원자력위원회는 2008년까지 중 · 저준위 방폐장을 건설하고, 동일 부지에 2016년까지 고준위 방폐장을 건설하기로 의결했다. 이에 따라 2003년 부지공모를 진행했으나 부안 사태가 터지면서 방폐장 건설은 다시 백지화되었다.

부안 사태를 겪은 뒤 2004년 12월 제253차 원자력위원회는 중 · 저준위 방폐장과 고준위 방폐장을 분리해 건설하기로 결정하고, 공론화를 통해 2016년까지 중간저장시설을 건설하기로 의결했다. 중간저장시설 완공 전에는 각 원전 부지에 (임시)저장시설을 확충하여 사용후핵연료를 관리하기로 결정했다. 월성원전의 사용후핵연료도 2016년 중간저장시설이 완공되면 반출하겠다고 약속했다.

'경쟁적 주민투표'를 통해 2005년 경주에 중·저준위 방폐장 부지를 확보한 노무현 정부는 고준위 폐기물 관리를 위해 2007년 사용후핵연료 TF를 구성해 공론화에 대한 기본 설계를 마련했다. 당시 사용후핵연료는 고준위 폐기물에 포함되었기 때문에 사용후핵연료 관리와 고준위 폐기물 관리는 동일한 개념이었으나 현재는 법적으로 같은 의미로 보기 어렵다.

이와 함께 중간저장시설은 원전 부지 외부에 집중형으로 건설한다는 방침에 따라 해외의 '소내 중간저장'을 우리나라에서는 '임시저장'이라고 부르고 있다. 임시라는 말이 무색해지자 한때 '단기저장'이라는 용어도 등장했다. 임시저장시설의 법적 성격에 대한 논쟁도 끊이지 않고 있다. 「중·저준위방사성폐기물 처분시설의 유치지역지원에 관한 특별법」(제18조)에 유치지역(경주)에는 사용후핵연료 '관련시설' 건설을 금지한 규정을 근거로 월성원전의 맥스터가 '관계시설'인지, '관련시설'인지를 두고 마찰을 빚고 있다. 우리나라의 사용후핵연료 관리정책에 대한 근본적인 재검토와 쟁점에 대해서는 이 책 4부 3장에서 자세히 살펴본다.

2장
영구처분장 부지확보국가

1. 핀란드

1) 관리정책 개요

사용후핵연료를 직접처분하는 핀란드는 원전을 운영하는 세계 32개국 가운데 가장 먼저 영구처분장 부지를 확보해 현재 건설공사가 진행 중이며 2023년부터 운영될 예정이다. 핀란드 외에도 부지를 확보한 국가로는 스웨덴과 프랑스가 있다. 스웨덴은 포스마크(Forsmark)에 부지를 확정해 2011년 방폐장사업자(SKB)가 건설 인허가를 신청했지만 안전성 보완 등으로 정부의 최종 승인이 지연되고 있다. 프랑스는 뷔흐(Bure)에 심지층처분시설(CIGÉO) 입지를 확정해 이르면 2022년에 착공할 계획이다.

핀란드는 1977년 원전 운전을 시작해 2021년 현재 4기가 가동 중이며 전력의 30%를 원자력이 차지하고 있다. 사용후핵연료는 각 원전별로 소내 중간저장(습식)하고 있으며, 영구처분장 부지선정을 위해 1978년부터 논의를 시작해 1983년 심층처분 방식으로 '원칙결정'(DiP, Decision in Principle)하였다. 1994년에는 원자력법을 개정해 핀란드에서 발생한 방사성폐기물은 핀란드 땅에 영구처분하기로 결정해 해외 위탁 재처리를 원천적으로 금지하였다.

영구처분장 부지는 2001년 에우라요키(Eurajoki)시 올킬루오토(Olkiluoto) 지역을 확정한 이후 방사성폐기물 관리기관인 포시바(POSIVA)가 2016년 착공해 2023년 가동될 예정이다. 원자력발전 회사인 TVO와 Fortum이 6:4의 비율로 출자해 1995년 설립된 포시바(POSIVA)는 1992년 준공된 올킬루오토(Olkiluoto) 중 · 저준위 방폐장과 1997년 준공된 로비사(Loviisa) 중 · 저준위 방폐장 관리업무도 맡고 있다. POSIVA는 영구처분장 부지가 확정된 이후 2002년 6월 원활한 사업 수행을 위해 본사를 수도 헬싱키에서 올킬루오토 현지로 이전하였다.(Litmanen et al., 2012; 김민훈, 2013)

핀란드의 심층처분시설 온칼로(ONKALO)는 지하 500m 암반에 지하연구시설(URL)을 만들어 11년간 안전성 확인과 검증을 거친 후 4중으로 밀봉하여 처분하는 방식으로 설계되었다. 지하연구시설(URL)은 영구처분시설을 건설하기 전에 땅속 환경을 정밀 조사해 안전한 처분시설을 설계하기 위한 시험 · 검증시설을 말한다. 핀란드는 현재 운영 중인 지하암반 연구시설을 최종처분장으로 전환할 계획이지만, 스웨덴은 지하연구시설과 최종처분장 부지를 분리하고 있다.

2) 부지선정 과정

핀란드는 부지선정을 위한 별도의 법률을 제정하지 않았지만, 1983년 '원칙결정'(DiP)으로 영구처분장 부지선정 절차와 목표 기한을 명시하였다. DiP는 국책사업을 추진하는 사업자가 제시한 사업신청서를 지방의회와 중앙정부가 각각 승인하면 최종적으로 국회에서 확정하는 단계를 거치게 된다.

에우라요키(Eurajoki) 시의회는 2000년 1월 영구처분장 유치안을 20:7로

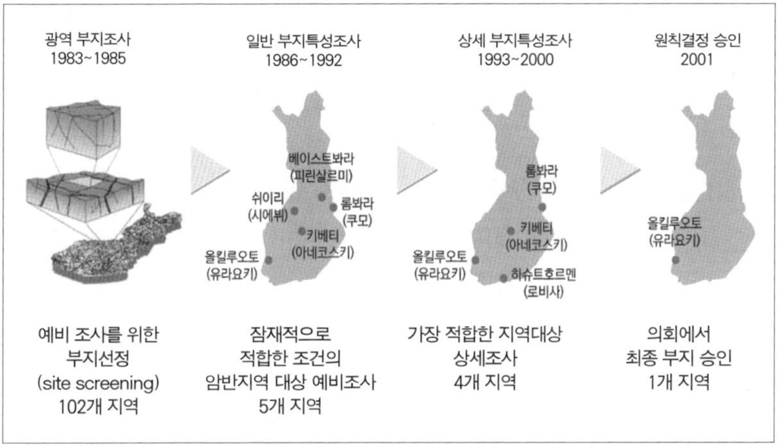

[그림 3-1] 핀란드의 영구처분장 부지선정 절차
※ 자료출처: 재검토위원회 종합토론회 자료집(2020)

의결하였고, 국회에서도 2001년 5월 159:3의 압도적인 찬성으로 정부의 '원칙결정'을 승인함에 따라 올킬루오토 건설이 최종 확정되었다. 영구처분장 관련 '원칙결정'(DiP)의 유효기간은 15년으로 이 기간 내에 건설 허가를 신청하지 않으면 효력이 상실된다. 사업자인 포시바(POSIVA)는 핀란드 국회가 2001년 최종 승인한 이후 2012년 12월 정부에 건설 허가를 신청하였다.

핀란드는 원칙결정이 내려진 1983년부터 3단계에 걸친 부지조사에 착수해 18년만인 2001년에 후보지를 확정하였다. 1단계(광역 부지조사)는 전국 규모의 지질조사로 1983년부터 3년에 걸쳐 지질학적 요인, 인구밀도와 사용후핵연료 운반 등 사회환경적 요인에 대한 문헌조사를 통해 102개 지역을 잠재부지로 도출하였다.

2단계(일반 부지특성조사)는 1986년부터 7년간 지방정부의 동의를 얻어 잠재적으로 적합 판정을 받은 5개 암반 지역을 대상으로 지표시추 등 예비조사를 실시하였다. 3단계(상세 부지특성조사)는 예비조사를 근거로 1993년부터 7년간 상세조사를 실시해 4개 지역을 적합 후보지로 선정하였다. 이들 지역을 대상으로 환경영향평가(EIA)와 지역주민 의견수렴, 공청회, 지방정부의 동의절차를 거쳐 올킬루오토(Olkiluoto) 지역을 후보지로 확정하였다. 3단계에서 4개 지역 모두 부지조사에서는 안전성이 입증되었지만 2개 지역은 주민 반대로 제외되었다.

핀란드의 부지선정 과정은 전국 규모의 지질조사를 통해 102개 지역을 잠재부지로 도출한 뒤 지방정부의 동의를 거쳐 5개 부지로 압축해 다시 상세조사를 실시하는 등 부지적합성과 주민수용성의 조화를 도모한 것이 특징이다. 최종 확정도 해당 지역의 주민투표와 정부의 '원칙결정'에 대한 국회의 인준을 거쳤다는 점에서 사업추진의 지속성과 정당성을 확보한 것으로 평가되고 있다.(전홍찬, 2019; 송하중 · 고대유, 2018)

3) 공론화 방식

부지선정 과정에서 실시된 공론화는 1997년부터 1999년까지 방폐물 사업시행자(POSIVA)가 환경영향평가(EIA)를 수행하면서 주관한 주민참여 프로그램과 공청회가 전부라고 할 수 있다. 1994년에 제정된 환경영향평가법에는 영구처분장의 적합성 평가기준으로 '사회적 수용성'(social acceptance)이 명시되어있다. 부지적합성은 '물리적' 환경뿐만 아니라 '사회적 · 정치적' 환경을 반영할 수 있도록 주민수용성을 확보하라는 것이다. POSIVA가 정부에 '원칙결정'(DiP) 신청서를 제출하기 위해서는 환경영향평가 보고서가 첨부되어야 하는데, 이 보고서에는 대중 참여 프로그램을 통해 다양한 이해관계자들의 의견을 수렴하도록 규정하고 있다.

핀란드 원자력법에도 주무부처인 통상산업부(MITI, Ministry of Trade and Industry)가 '원칙결정'(DiP)을 내리기 전에 사업자(POSIVA)는 해당 지역주민과 지방정부가 서면으로 의견을 표명할 수 있는 기회를 제공해야 하며, 공청회를 개최해 의견을 수렴하도록 명시하고 있다.

이에 따라 POSIVA는 1997년 환경영향평가 준비 기간부터 4개 후보지 주민들과 50회 이상 회의를 개최하였다. 환경영향평가 과정에서 후보 지역 4곳(Olkiluoto, Hästholmen, Romuvaara, Kivetty)은 모두 안전성이 입증되었지만, 2개 지역(Romuvaara, Kivetty)은 주민 반대로 제외되었다. POSIVA는 이 같은 과정을 거쳐 1999년 5월 최종적으로 올킬루오토(Olkiluoto) 지역을 후보지로 선정해 통상산업부에 최종 처분시설 입지에 관한 '원칙결정' 승인을 신청하였다.

POSIVA의 의견수렴 활동

환경영향평가(EIA)과정에서 방폐물 관리사업자(POSIVA)가 수행한 대중 참여 및 수용성 증진 활동은 △열린 토론, △뉴스레터 배포, △소그룹 미팅, △정보 · 토론 회의, △협력그룹 회의, △순회 전시, △설문조사 및 주제별 인디뷰. △신문지상 토론, △공공토론 참고자료 배치 등이다.

첫째, 열린 토론(open discussion)은 지역주민들이 영구처분장 건설사업에 대한 의견을 개진하는 프로그램으로 4개 후보지별로 2회씩 개최되었다.

브레인스토밍(brainstorming)과 팀워크(teamwork) 방법을 활용해 참가자들의 의견을 수렴하였다. 주민들은 환경영향평가(EIA) 내용에 대한 질의나 추가적으로 필요한 연구 · 조사 제안서를 제출하기도 했다. 해당 지역의 신문 광고를 통해 행사 개최를 알리고 개별 가구에도 초대장을 발송하였다.

둘째, 환경영향평가(EIA) 뉴스레터는 지역주민들이 건설사업과 EIA 과정에 대해 인지하고 참여를 독려하기 위해 제작되었다. 뉴스레터는 1997년 4회, 1998년 2회 발간해 2만 여부가 배포되었다. 심지어 여름 별장지로도 발송되었으며 1997년에 배포된 뉴스레터에는 '회수 용지'가 포함되어 700여 명으로부터 400건의 의견을 접수한 것으로 나타났다.

셋째, 지역에서 토론을 원하는 그룹을 위한 소규모 미팅은 환경영향평가 준비단계인 1997년 40회, 1998년 46회 개최되었다. 넷째, 협력그룹 회의는 지방정부의 공무원과 지방의원을 대상으로 격월로 개최되었으며, POSIVA와 지방정부를 잇는 가교역할을 담당하였다. 이밖에 순회 전시는 부지선정 사업에 대한 홍보와 주민참여를 제고하기 위해 30개 지방정부에서 48곳을 순회하면서 운영한 결과 1,500여 명이 순회 전시장을 방문한 것으로 보고되었다.(전홍찬, 2019)

4) 특징 및 시사점

핀란드가 영구처분장 부지를 확정해 세계에서 가장 먼저 완공을 앞둔 배경에는 다음과 같은 요인이 작용한 것으로 분석되고 있다. 첫째, 정부와 원자력 규제기관(STUK), 방폐물 사업자(POSIVA), 언론 등에 대한 국민의 신뢰가 매우 높다는 점이다. 원자력 규제기관인 방사선원자력안전국(STUK)은 고용

경제부(MEAE) 산하기관이지만 정부로부터 독립된 중립적인 운영으로 신뢰도가 높은 것으로 알려졌다. POSIVA도 에우라요키시와 건설 이전 단계부터 지속적으로 소통과 협상을 진행하며 적극적인 정보공개와 정기적인 교류 활동으로 신뢰를 얻은 것으로 평가되고 있다.(사용후핵연료 공론화위원회, 2014b)

원자력 규제기관(STUK)과 방폐물 사업자(POSIVA)가 부지선정과 원자력 안전에 대한 투명한 정보공개로 신뢰를 쌓았기 때문에 다른 국가들과 달리 격렬한 주민 반대에 직면하지 않고 영구처리장 건설에 착수할 수 있었다.[96] 이 같은 배경에는 1994년 원자력법을 개정하면서 "어떤 원자력시설도 주민이 반대하는 지역에는 영구히 건설하지 않는다"는 조항을 명문화한 것이 크게 작용한 것으로 평가되고 있다.(문화일보, 2016. 9. 26.) 핀란드 정부와 언론에 대한 신뢰 수준도 매우 높은 것으로 나타났다. OECD가 2021년 발표한 정부 신뢰도에서 핀란드는 세계 3위를 기록했고, 국제투명성기구(TI)가 발표하는 국가별 투명성 지수도 매년 최상위를 유지할 정도로 선진적인 정치시스템이 작동되는 국가로 평가되고 있다. 특히 옥스퍼드대 로이터저널리즘연구소가 매년 발표하는 언론 신뢰도는 2017년부터 4년 연속 세계 1위를 차지하고 있다.

둘째, 기존 원전지역에 중간저장시설(습식)과 중 · 저준위 방폐장이 운영

---

96 핀란드 원자력규제기관(STUK)의 공보관은 한국 언론과의 인터뷰에서 "우리는 안정성 이슈에 대한 정확한 정보를 제공하며 특정 의견을 갖고 국민을 설득하지 않는다. 어느 정보가 옳고 그른지 판단은 지역주민의 몫이다. 우리는 소통의 최우선 대상이 원자력산업계가 아닌 지자체라는 사실을 분명히 하고 정보제공 역시 지자체 요구사항을 바탕으로 이뤄진다"고 소개했다.(한겨레신문, 2014. 9. 23.)

되고 있어서 지역주민들의 거부감이 적었고 원전시설에 대한 수용성도 높았다. 인구 6천 명 규모의 작은 마을인 올킬루오토(Olkiluoto)는 핀란드의 원자력시설이 밀집한 곳으로 1992년부터 중 · 저준위 방폐장이 운영되고 있다. 우리나라 경주의 중 · 저준위 방폐장과 유사한 동굴방식의 방폐장 갱도 입구에 영구처분장(ONKALO) 전시관을 건립해 안전성을 홍보한 것도 성공 요인으로 평가되고 있다.(사용후핵연료 공론화위원회, 2014b) 주민들이 전반적으로 원전에 우호적이고 수용성도 높아 영구처분장 부지선정 과정에서도 지방정부나 지역주민으로부터 큰 저항이나 반대가 없었다. 3단계 상세 부지특성조사에서 4개 지역 가운데 2개 지역은 주민 반대로 제외되었지만, 특별한 공론화 프로그램도 없이 POSIVA가 환경영향평가(EIA) 절차를 수행하면서 진행한 통상적인 수준의 의견수렴 활동으로도 부지를 확보할 수 있었다.(Lehtonen, 2010)

셋째, 부지 확정 이후에도 지역주민의 반발이나 지방정부의 거부권 행사와 같은 별다른 반대에 직면하지 않고 처분시설의 완공을 앞두고 있는 것은 '원칙결정'(DiP, Decision in Principle)이라는 핀란드 특유의 정책결정 방식도 크게 적용한 것으로 평가되고 있다. '원칙결정'(DiP)은 정부가 특정 사안에 대한 최종결정을 내리기 이전의 잠정적 승인을 의미한다. 핀란드 원자력법(Nuclear Energy Act)에는 원자력시설 설치계획이 사회 전체의 이익과 일치하고 있다는 취지를 담은 정부의 '원칙결정'과 이에 대한 국회의 승인 절차를 거쳐야 한다. 영구처분장 부지를 확정하는 과정이 해당 지역의 주민투표와 정부의 '원칙결정', 그리고 '원칙결정'에 대한 국회의 인준을 거쳤다는 점에서 사업추진의 지속성과 정당성을 확보할 수 있었다. 1983년에 내려진

'원칙결정'에 따르면 2000년까지 부지를 선정하고, 2010년까지 건설 허가를 받아 2020년 운영 목표로 짜여져 있었다. 실제로 이러한 '원칙결정'의 추진 일정대로 2001년에 올킬루오토(Olkiluoto) 지역을 부지로 확정하였으며, POSIVA는 2016년 착공해 2023년 운영할 계획이다.

넷째, 유치지역 지방정부에 대한 직접적인 재정지원이나 보상이 없었던 것도 특징적이다. 영구처분장 유치에 따른 중앙정부 차원의 재정지원은 없었지만, 원자력시설에 대한 고정자산세 세율이 최고 3.1%로 일반시설(0.5~1.0%)보다 높았다. 이러한 연유로 에우라요키(Eurajoki)시의 전체 예산 가운데 원전 관련 세수입이 25%를 차지할 정도로 원전시설에 대한 건물세가 지방재정에 상당한 기여를 하고 있는 것으로 나타났다. 올킬루오토(Olkiluoto)에 영구처분장이 운영되면 에우라요키시에는 연간 300만 유로(한화 약 40억 원)의 세입이 증가할 것으로 추산되고 있다.(임동진, 2016) POSIVA도 영구처분장 건설에 대한 국회의 승인 이후 2002년 6월 본사를 수도 헬싱키에서 올킬루오토로 이전하였다. 그러나 우리나라에서는 중 · 저준위 방폐장을 건설하면서 3천억 원에 달하는 특별지원금과 한수원 본사 이전 등 막대한 재정지원을 이미 단행했기 때문에 고준위 폐기물 유치지역에 대해서는 보다 획기적인 지원이 불가피한 현실이다.

2. 스웨덴

1) 관리정책 개요

직접처분 국가인 스웨덴은 1964년부터 원전 운영을 시작해 2021년 현재 6기가 가동 중이며 전력의 40%를 원자력으로 공급하고 있다. 1979년 미국 스리마일 원전 사고를 계기로 1980년 국민투표를 실시해 세계 최초로 탈원전을 결정했다. 국민투표 당시에는 2010년까지 모든 원전을 폐쇄한다는 계획이었지만 2010년 6월 보수연합 정권은 신규원전 건설을 허용하도록 원자력법을 개정했다. 이어 2016년 6월에는 여야 정당들이 '에너지정책 기본합의'를 체결해 원전 수를 10기 이하로 유지하면서 가동을 지속하기로 결정하였다.(매일경제, 2020. 12. 31.)

사용후핵연료는 초기에는 재처리 정책을 채택하였으나 스리마일 원전 사고 이후 영구처분으로 변경됨에 따라 1985년부터 중앙 집중식 습식저장시설(CLAB)을 운영하고 있다. 각 원전에서 발생한 사용후핵연료는 원전 내에 있는 습식저장조에 최소 9개월간 저장된 후 클랩(CLAB)으로 운송되어 약 30년간 저장하고 최종 처분될 예정이다.

스웨덴에서는 1972년 오스카샴(Oskarshamn) 원전이 가동되면서 국회에서 방사성폐기물에 대한 논의가 시작될 정도로 초기부터 정치적 이슈로 부각되었다. 1977년 제정된 원자력발전규정법(Nuclear Power Stipulation Act)에는 원전사업자가 사용후핵연료를 '절대적인 안전성'(absolute safety) 기준으로 최종처분 방안을 제시할 것을 규정하였다. 이에 따라 1977년 4개 원전사업자들이 방폐물관리기관(SKB)을 공동설립하고, KBS라는 연구개발

프로그램을 추진하였다. KBS란 스웨덴어 'kärnbränslesäkerhet'의 약어로 사용후연료의 안전한 관리(nuclear fuel safety)를 의미한다.(문병효, 2017)

1984년에는 원자력활동법이 제정되어 방폐물 관리기관(SKB)과 원전 사업자가 사용후핵연료 관리와 지하처분 및 중간저장에 대한 포괄적 책임을 명시하였다. SKB는 오스카샴(Oskarshamn) 원전 인근에 중간저장시설(CLAB)을 1985년부터 운영 중이고, 외스탐마르(Östhammar)시 포스마크(Forsmark) 원전 인근 발틱해 해저에는 1988년에 중 · 저준위 방폐장(SFR)을 건설해 운영하고 있다.

영구처분장 건설은 1977년 SKB가 설립되어 KBS 프로젝트가 시작된지 32년만인 2009년 6월에 외스탐마르(Östhammar)시 포스마크(Forsmark) 지역으로 확정되었다. 그러나 SKB가 2011년 3월 영구처분장 입지 및 건설허가를 신청했으나 스웨덴 법원이 심층처분의 안전성 문제 등으로 추가 자료를 요청해 아직 최종 승인을 받지 못한 상태이다. SKB는 이르면 2022년 하반기에 착공해 2030년대에는 영구처분장을 운영할 수 있을 것으로 전망하고 있다.

2) 부지선정 과정

1977년 원전사업자들이 공동출자한 방폐물 관리기구(SKB)가 설립되어 안전 프로젝트(KBS)를 추진하면서 4단계의 부지선정 절차에 착수했다. 1단계(개략 부지조사)는 1977년부터 1985년까지 8년에 걸쳐 전국 규모의 지질조사를 실시해 지하 데이터베이스를 구축하였다. SKB는 이를 토대로 10개 지역을 대상으로 탐사(시험굴착) 작업에 나섰으나 시추공사를 뒤늦게 알게 된 주민들이 '폐기물 네트워크'를 조직하는 등 반대운동이 전국적으로 확산되었다. 1985년에는 알뭉에(Almunge) 지역의 대규모 반대시위를 경찰이 진압하는 과정에서 물리적 충돌이 발생해 시험굴착 공사가 중단되었다.

부지조사 과정에서 주민저항에 직면하자 SKB는 2단계(광역 입지조사)부터는 유치 공모방식으로 전환하였다. 참여 의사가 확인된 지역을 대상으로 연구·조사를 진행하고 수용성 우선 원칙에 따라 주민투표로 최종 입지를 결정하기로 전략을 수정한 것이다. 이에 따라 1992년 10월 전국 286개 지방정부에 타당성 조사를 요청하는 공문을 보냈으나 두 지역(Storuman, Mala)만 참여 의사를 밝혔다. 그나마 두 지역도 주민투표에서 부결되어 지질조사는 무산되었다.

3단계(타당성 조사)는 1993년부터 2002년까지 다양한 과정을 거쳐 8개 지역이 후보지에 올랐고 최종적으로 외스탐마르(Östhammar)와 오스카샴(Oskarshamn) 2개 지역으로 압축되었다. SKB는 1993년부터 지방의회의 승인을 받은 8개 지역을 대상으로 토지이용 상황과 환경·고용 측면의 영향평가(실현가능성 조사)를 실시하였다. 1995년에는 원전소재지역을 대상으로 타당성 조사를 요청한 결과 6개 지역으로부터 승인을 받아 조사가 진행되었다. 타당성 조사에서 2000년 3개 지역(Östhammar, Oskarshamn, Tierp)이 적합판정을 받았으나 티엘프(Tierp) 지역은 중도에 포기를 선언함에 따라 2개 지역(Östhammar, Oskarshamn)만 남게 되었다.(이영희, 2013)

4단계(부지 특성조사)는 2002년부터 2008년까지 진행되었다. 최종 후보지 2개 지역을 대상으로 시추조사를 포함한 상세 정밀조사를 실시한 결과, 2009년 6월 지질학적 조건이 유리한 외스탐마르(Östhammar)시 포스마크

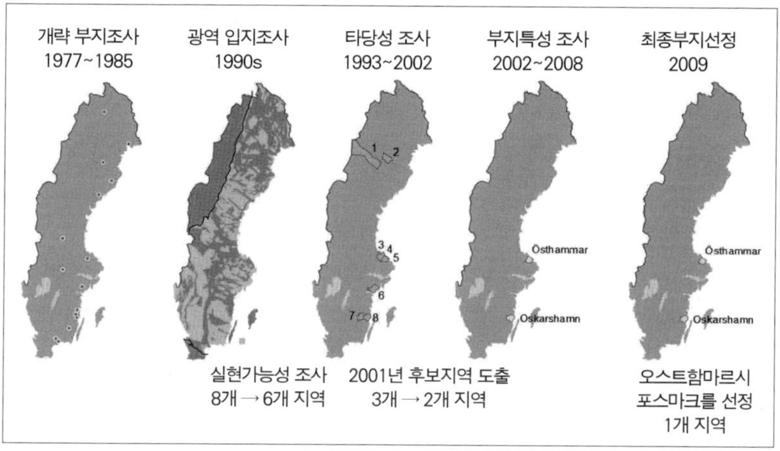

[그림 3-2] 스웨덴의 영구처분장 부지선정 절차
※ 자료출처: 재검토위원회 종합토론회 자료집(2020)

(Forsmark) 지역이 영구처분장 부지로 확정되었다. 주민투표에서는 오스카샴의 찬성율이 84%로 외스탐마르(79%)보다 높았지만, SKB는 지질학적으로 더 안전한 것으로 판단된 외스탐마르를 선정한 것으로 알려졌다. 대신 오스카샴은 처분용기 생산공장 부지로 선정되었다.

포스마크(Forsmark)로 부지가 확보된 이후에도 여정은 순탄치 않았다. SKB는 2011년 3월 영구처분장 입지 및 건설허가를 신청했으나 토지 · 환경법원(Land and Environment Court)이 심층처분의 안전성 문제를 제기함에 따라 아직도 인허가 심사가 진행 중이다. 토지 · 법원은 2018년 1월 처분용기의 장기 격납성능에 대한 추가설명이 필요하다는 의견서를 정부에 제출하였다.

토지 · 환경법원은 "구리와 철의 부식으로 인해 캐니스터(보관 컨테이너)의

무결성을 장기간 보장할 수 없기 때문에 최종 저장시설의 장기적 안전성을 확인할 수 없다"며 "안전성 측면에서 현재까지 제출된 증거자료가 충분하지 않은 것으로 본다"고 밝혔다. 스웨덴 법원이 심층처분방식의 안전성이 입증되지 않았다고 판시함에 따라 탈핵단체들은 "사용후핵연료 처분 프로젝트(KBS)에 기술적인 결함이 있다"고 주장하고 있다.(고준위핵폐기물전국회의, 2019)

한편, 규제기관인 방사선안전청(SSM)은 2018년 1월 중앙정부에 영구처분장 건설허가를 권고하였고, SKB는 법원의 요구에 따라 2019년 4월 처분용기의 장기 격납성능에 관한 보충설명서를 제출하였다. 또한 중앙정부의 최종 인허가 승인 전에는 지방정부에 거부권이 부여되어있지만, 외스탐마르(Östhammar) 시의회는 이미 처분시설 건설에 동의하기로 의결한 상태여서 조만간 부지가 확정될 것으로 전망되고 있다.(한국원자력환경공단, 2020)

3) 공론화 방식

스웨덴 공론화의 핵심은 공공협의(public consultation)와 공청회라고 할 수 있다. 공공협의를 위해 고안된 방법이 'RISCOM Model'이라고 불리는 투명성 증진 프로그램이다. 영구처분장 부지선정 과정에서 진행한 공공협의 절차로 'RISCOM Pilot Project', 'RISCOM Ⅱ Project'와 같은 다양한 프로그램이 활용되었다.

RISCOM Pilot Project는 스웨덴 원자력검사국(SKI)과 방사선방호청(SSI)이 1996년부터 1998년까지 실시한 원자력 투명성 증진 프로그램을 말한다.[97] 방사성폐기물 관리를 위한 투명성 증진 방법으로 환경영향평가(EIA), 대화체(dialogue projects), 공청회(hearings) 등을 제시하고 있다. 특히 환경영향평가(EIA)는 다양한 대중 참여와 의견수렴, 수용성 및 투명성 증진을 위한 공론장으로 중시하고 있다.

RISCOM Ⅱ Project는 원자력검사국(SKI)이 RISCOM Pilot Project를 확대해 유럽 각국에서 방사성폐기물 관리에 대한 지식을 공유하고, 투명성 증진을 위한 RISCOM Model의 적용 가능성을 모색하기 위해 고안되었다. 2000년 11월부터 2003년 10월까지 3년간 실시된 RISCOM Ⅱ Project에는 스웨덴, 핀란드, 영국, 프랑스, 체코 등 5개국이 참여해 방사성폐기물 관리사업의 투명성 증진과 이해관계자의 참여 확대 방안을 논의하였다.

부지선정 과정에서 활용된 RISCOM Pilot Project는 3단계 타당성 조사에 도입되었다. 원자력검사국(SKI)과 방사선방호청(SSI)은 1996년 공동으로 이 과제를 수행하였고, 1999년에는 SKB의 최종 처분시설 입지선정을 검토하기 위해 공청회를 개최하기로 결정하였다. 이에 따라 SKI와 SSI는 2001년 부지 타당성 조사에서 적합 판정을 받은 3개 지역(Östhammar, Oskarshamn, Tierp)을 대상으로 공청회를 주관하였다.(전홍찬, 2019)

RISCOM 모델 : 공공협의와 공청회

첫째, 공공협의는 2002년부터 2010년까지 8년간 총 30회 개최되었

---

97 스웨덴 원자력검사국(SKI)과 방사선방호청(SSI)은 2008년 방사선안전청(SSM)으로 통합되었다.

다. 공공협의는 인허가 신청에 필요한 환경영향성명서(EIS, Environmental Impact Statement)의 필수 절차로 원자력활동법(1984)과 환경법전(1998)에 법적 근거를 두고 있다. 공공협의의 목적은 최종 후보지 선정을 위해 두 지역(Östhammar, Oskarshamn)에 대한 주민 여론을 파악하는 한편, 해당 지역에서 입장을 표명할 기회를 제공하기 위함이었다. 공공협의 참가자는 일반 대중과 관련 단체 · 기관, 정부당국이며 총 30회 가운데 18회를 일반 대중에게 개방하였다. 모든 공공협의 회의는 문서로 기록하고 회의록은 SKB에서 보관하였다. 공공협의 회의 개최 후 2주 동안은 질의와 의견 제출도 가능하며, 2010년 2월 환경영향성명서(EIS) 초안에 대한 공공협의에 대해서는 4주 동안 질의와 의견 제출을 받았다. SKB는 매년 공공협의 기록을 묶어서 발행해 투명성을 제고하였다.

이밖에 오스카샴과 포스마크 지역별 공공협의 회의(Oskarshamn EIA Forum, Forsmark Consultation and EIA Group)도 개최되었고, 특정 주제로 특화된 공공협의 회의도 27회 개최되었다. 이 같은 공공협의는 최종 후보지가 확정된 이후에도 진행되었다. 스웨덴 토지 · 환경법원(Land and Environment Court)이 SKB가 신청한 건설허가에 대해 공청회를 실시한 것도 공공협의 과정의 일환이었다. 특히 공공협의 단계에서 지방정부에 거부권을 부여함으로써 주민수용성을 최대한 보장하고 있는 것도 특징이다. 최종 처분시설에 대한 이러한 협의(consultation)과정은 인허가 신청을 위해 거쳐야 하는 절차로 제도화되어있다.

둘째, 공청회도 의견수렴 과정의 중요한 방법으로 활용되었다. 부지선정 절차에서 공청회는 3단계에 걸쳐 실시되었다. 1단계 공청회는 후보 부지를 좁혀 나가는 과정에서 진행되었고, 2단계는 2002년~2010년 진행된 공공협의 과정에서 최종 후보지 2곳에 대한 환경영향성명서(EIS) 작성 과정에서 필수 절차로 개최되었다. 3단계 공청회는 공공협의 이후에 사업자가 최종적으로 정부에 건설 인허가를 신청하면 토지 · 환경법원이 주관하였다. 이 가운데 1단계 공청회는 2001년 2월 후보지로 선정된 3개 지역(Östhammar, Tierp, Oskarshamn)에서 SKI와 SSI가 주관하였다. 핵심의제는 영구처분장 건설 대상 지역 선정을 위한 과제와 방법이었으며, 시행 계획은 RISCOM Model을 참고하여 수립되었다.[98] 공청회의 주요 대상은 부지조사에 참여할지 여부를 결정하는 지방정부와 지역 정치인, 지역 내 이익집단과 시민단체 등으로 이들은 자문단(reference group)을 구성해 사전 논의과정을 거쳤다.

4) 특징 및 시사점

첫째, 부지선정 과정에서 지방정부에 거부권(veto power)을 부여할 정도로 자율성을 보장하였다는 것이 가장 큰 특징이라고 할 수 있다. 스웨덴에서도 1980년대에는 DAD 방식으로 접근했으나 1985년 알뭉에(Almunge) 지역의 대규모 시위 이후 유치 공모방식으로 전환하면서 지방정부의 자율성을

---

98 2001년 2월 후보지 3곳에서 개최된 공청회는 각 지방정부의 자문단(reference group)과 원자력검사국(SKI)이 구성한 실무준비단이 설계하였다. 세션 구성은 이틀간 늦은 오후와 저녁 세션으로 진행되었다. 첫째 날은 최종 처분방법(disposal method)을 주제로 정부당국과 방폐물 관리회사(SKB)의 발표로 구성된 세미나, 그리고 SKB와 정부당국에 대한 질의 순서로 진행되었다. 둘째 날은 부지선정(site selection)을 주제로 원자력검사국(SKI), 방사선방호청(SSI), 방폐물 관리회사(SKB) 대표를 포함한 200여 명이 참여해 청중들과 질의 · 응답 방식으로 진행되었다.(황용수, 2007; 전홍찬, 2019)

강화하였다. 영구처분시설에 대한 인허가는 중앙정부의 권한이지만 유치지역에서는 중앙정부가 최종 승인을 하기 전에는 처분사업을 거부할 수 있는 권한을 부여하였다. 이러한 거부권은 지방정부의 자율적 참여와 주민수용성을 제고하는 요인으로 작용하였다. 현재 토지 · 환경법원이 심층처분의 안전성에 대한 문제 제기로 인허가 심사가 진행 중이지만 외스탐마르 시의회는 이미 포스마크 처분시설 건설에 동의한 상태이다. 이에 비해 우리나라에서는 지방정부(삼척시)가 신규원전 건설을 유치한 이후에 이를 철회하는 주민투표 실시 요구를 중앙정부가 거부할 정도로 위험시설 입지결정에 대한 지방정부의 자율성이 제한되어 왔다.(정정화, 2015)

둘째, 방폐물 관리기관(SKB)과 원자력 규제기관(SSM)의 투명한 정보공개와 적극적인 소통활동으로 주민들의 신뢰를 얻었다는 점이다. 'RISCOM Model'에 따른 모든 공공협의 회의는 문서로 기록하고 회의록은 SKB가 묶어서 매년 발행하였다. 영구처분장 건설과 관련된 기술적 정보와 환경영향성명서(EIS) 초안 및 최종보고서, 대중 참여와 공공협의 등 공론화 과정의 모든 정보를 투명하게 공개하였다. 특히 SKB는 4천여 권에 달하는 방대한 부지조사 보고서를 번역해 전 세계에 공개하였다. 2000년 11월부터 2003년 10월까지 3년간 실시한 RISCOM Ⅱ Project도 방폐물 관리사업의 투명성 증진과 이해당사자의 참여 확대 방안을 집중적으로 논의한 프로그램이었다. 영구처분시설 설치계획과 원자력안전에 대한 투명한 정보공개를 통해 신뢰를 쌓았기 때문에 공공협의를 통해 부지를 확보할 수 있었던 것으로 평가되고 있다.(송하중 · 고대유, 2018)

셋째, 부지선정 과정에 법원이 규제기관의 역할을 담당하고 있는 것이 특징이다. 스웨덴의 영구처분장 인허가 체계는 원자력활동법(Nuclear Activities Act, 1984)과 환경법전(Environmental Code, 1998)에 따라 이원화되어있다. 방폐물 관리사업자(SKB)가 인허가 신청서를 제출하면 규제기관인 방사선안전청(SSM)과 토지 · 환경법원(Land and Environment Court)은 독자적으로 신청서를 검토한 뒤 중앙정부에 의견서를 제출하게 되어있다. 신청서 검토 과정에서 두 기관이 별도의 공청회를 개최해 일반인 및 이해관계자들과 공공협의를 진행한다. 토지 · 환경법원이 최종 후보지역(Forsmark)에 대한 공청회를 실시하면서 사업자에게 안전성 확인을 위한 추가 자료를 요구한 것도 이러한 권한에 따른 것이다. 최종 처분시설이 환경에 미치는 영향에 대해 토지 · 환경법원이 추가적인 규제기관의 역할을 수행함으로서 인허가에 대한 중립성과 공정성을 확보하고 있는 것으로 평가된다.

넷째, 핀란드와 마찬가지로 영구처분장 유치지역인 포스마크(Forsmark)는 인구밀도가 낮고 이미 원전과 중 · 저준위 방폐장이 운영되고 있어서 지역주민들의 거부감이 적었다는 점도 성공요인으로 작용하였다. 포스마크 원전 인근에는 1988년부터 중 · 저준위 방폐장(SFR)이 운영되고 있고, 외스탐마르(Östhammar) 인구는 2만 1천 명으로 인구밀도는 6.3명/㎢에 불과하다. 중 · 저준위 방폐장 건설 당시 포스마크 인구는 2백여 명의 작은 어촌마을이었으나 지금은 6천 명으로 핀란드의 올킬루오토(Olkiluoto)와 비슷한 규모이다. 유치경쟁에 나섰던 오스카샴도 인구 2만 6천여 명의 작은 항구도시로 스웨덴 원전산업의 중심지이다. 스웨덴의 4개 원전사업자가 공동 설립한 원전기업 SKB의 주요 시설이 오스카샴에 밀집되어있고 중간저장시설(CLAB)도 이곳에 위치해 있다.

다섯째, 영구처분장 유치지역에 대한 지원 규모가 최종 후보지 선정에서 탈락한 지역보다도 적다는 점이다. 부지선정 업무를 맡았던 방폐물 관리기구(SKB)와 최종 후보지 2개 지방정부는 2009년 4월 총 15억~20억 크로나(한화 약 3,000억 원)에 달하는 보상 · 지원에 대한 협약을 체결했다. 최종부지로 확정된 외스탐마르(Östhammar)에는 이 가운데 25%를 배분하고, 미선정된 오스카샴(Oskarshamn)에 75%를 배분한다는 내용이다. 이와 함께 오스카샴에는 처분용기 생산공장을 짓기로 했다. 스웨덴에서 영구처분장 위치(외스탐마르)와 처분용기 생산공장(오스카샴)이 분리된 것은 유치과정에서 경합을 벌인 오스카샴에 대한 배려 차원이었다.

스웨덴의 이 같은 지원방안은 유치지역은 이후에도 부가적 수입과 고용창출 등으로 지속적으로 보상을 받을 수 있지만, 탈락지역은 그간의 노력에도 불구하고 아무런 보상도 없어 상대적 박탈에 대한 조치로 판단된다. 실제로 두 지역에 대한 여론조사에서 미선정된 오스카샴 주민의 찬성률은 84%로 외스탐마르의 찬성률 79%에 비해 높게 나타났다. 부지선정을 높은 찬성률보다도 지질학적 안전성이 우수한 곳을 선택한 결과였다. 이에 비해 우리나라에서는 '경쟁적 주민투표' 방식으로 중 · 저준위 방폐장 후보지를 결정하면서 지질구조의 안전성보다는 찬성률 제고에만 급급했다는 비판을 받고 있다.(주성수, 2007; 정정화, 2012a)

3. 프랑스

1) 관리정책 개요

유럽의 원전 대국인 프랑스는 1962년에 첫 상업용 원전운전을 시작해 2021년 현재 세계에서 두 번째로 많은 56기가 가동 중이다. 원전 비중도 전력의 67%를 차지할 정도로 매우 높다. 다른 유럽 국가들과 마찬가지로 2000년대 들어 프랑스에서도 탈원전을 요구하는 목소리가 작지 않았지만 원전에 비교적 우호적인 편이다. 현재 가동 중인 원전 56기 가운데 40기가 미테랑 대통령의 좌파 정부 집권기에 가동될 정도로 에너지 안보를 중시하는 국가로 통한다.(조선일보, 2021. 6. 17.)

유럽의 탈원전 바람에 따라 프랑스도 원전 비중을 2026년까지 50%로 감축하고 태양광, 풍력 등 신재생에너지 비중을 2배로 확대할 계획이었다. 그러나 마크롱 대통령은 2020년 11월 당초 목표시한보다 10년 연장해 2035년까지 원전 비중을 50%로 축소하는 중장기 에너지계획을 발표했다.

재처리 국가인 프랑스는 라아그(La Hague) 재처리시설에서 중간저장은 물론 독일, 벨기에, 일본, 네덜란드, 오스트리아, 스위스 등 다른 국가의 사용후핵연료도 위탁 처리하고 있다. 프랑스의 원자력 국영기업인 오라노(ORANO) 관계자는 2021년 한국을 방문해 "지리적으로 먼 나라로부터도 방사성폐기물을 받아와서 문제없이 재처리할 정도로 수송 분야에서도 특별한 기술을 보유하고 있다"며 "방사성폐기물을 프랑스에 맡겨달라"고 홍보할 정도로 적극적이다.(중앙일보, 2021. 6. 2.)

프랑스는 1991년 방사성폐기물 처분방식을 검토하기 위해 전담기관

(ANDRA)을 발족하고 2006년 방폐물관리법을 제정해 재처리후 고준위 폐기물은 심지층처분하기로 결정하였다.[99] 이에 따라 방폐물 관리기관(ANDRA)은 파리에서 약 300km 떨어진 뷔흐(Bure) 지역을 심지층처분시설(CIGÉO) 부지로 정하고 2015년 인허가를 신청했다. 고준위 방폐장과 중 · 저준위 방폐장으로 함께 운영될 시제오(CIGÉO)는 이르면 2022년 착공해 2035년 완공될 예정이다.

2) 부지선정 과정

프랑스는 1980년대에 공론화 과정을 거치지 않고 DAD 방식으로 부지선정을 추진하면서 격렬한 주민반발에 직면하였다. 원자력청(CEA)과 방폐물 관리기관(ANDRA)은 1987년 기술 · 과학적 판단기준에 따라 4개 지역(Ain, Maine-et-Loire, Deux-Servre, Aisne)을 후보지로 선정한 뒤 지역주민 의견수렴이나 소통 절차를 거치지 않고 일방적으로 진행하면서 강력한 저항에 직면하자 1990년 2월 사업추진을 중단하였다.

이 사건을 계기로 정부와 의회는 방사성폐기물 관리를 투명하고 체계적으로 추진하기 위해 1991년 방폐물관리연구법을 제정해 향후 15년간 방폐물 관리방안에 대한 연구를 실시한 뒤 관리정책을 결정키로 하였다. 프랑스

99 ANDRA(방폐물 관리기관)는 1979년 원자력청(CEA) 부속 기관으로 설립되었으나, 1991년 CEA로부터 분리되어 독립 행정청(agency)으로 승격되었다. 핀란드와 스웨덴의 방폐물 관리기관(POSIVA, SKB)은 원전사업자들이 설립한 민간회사이지만, ANDRA는 프랑스 정부의 공공기관이라는 점에서 차이가 있다. ANDRA는 2006년 방폐물관리법이 제정되면서 심지층처분 연구개발과 처분장 건설 및 운영을 담당하는 기관으로 지정되었다. 우리나라의 원자력환경공단과 같은 역할을 하는 공공기관이다.

정부는 관리정책 수립과 별도로 지하연구시설(URL, underground research laboratory) 건립을 위해 1992년 유치공모방식으로 부지선정에 착수했다.

1994년에는 유치공모에 관심을 표명한 30개 지역 가운데 4개 지역(Gard, Vienne, Meuse, Haute-Marne)에 대한 예비 지질조사가 실시되었다. 이 가운데 뫼즈(Meuse)와 오트마른(Haute-Marne)은 두 지역의 경계에 걸쳐있는 뷔흐(Bure)를 단일 후보지로 제시하였다. 이에 따라 1997년 갸흐(Gard), 비엔(Vienne), 뷔흐(Bure) 등 3개 지역에서 지하연구시설 설치에 대한 공청회가 개최되었다. 그러나 갸흐(Gard), 비엔(Vienne) 지역은 주민 반대 등으로 대상에서 제외되면서 유일하게 남은 뷔흐(Bure) 지역을 1998년 지하연구시설 부지로 선정하고 2000년 건설공사에 착공하였다.

이와 함께 2005년에 심지층처분 방식에 대한 타당성 연구보고서가 발표되자 2005년 2월부터 2006년 3월까지 국가공공토론위원회(CNDP)가 주관하는 1차 공론토론이 개최되었다. 1차 공공토론은 사용후핵연료 관리방안이 쟁점이었으며, 토론 결과를 바탕으로 심지층처분을 결정하고 2006년 6월 방폐물관리법이 제정되었다. 1차 공공토론과 방폐물관리법에 근거해 안드라(ANDRA)는 심지층처분 부지를 확보하기 위하여 2006년부터 2012년까지 상세 지질조사와 지역 협의 등을 거쳐 뷔흐(Bure) 지역을 후보지로 잠정 결정하고 '심지층처분사업'(Projet CIGÉO)을 발표하였다.

시제오(CIGÉO) 프로젝트에 대한 일반국민과 지역주민 의견수렴을 위한 2차 공공토론은 2013년 5월부터 12월까지 6개월간 진행되었다.[100] 당초 일정은 4개월간 14차례의 토론회를 개최할 계획이었으나 이해관계자들 간의 대립으로 파행이 거듭되어 2개월 연장되었다. 2017년 11월부터 시제오(CIGÉO) 프로젝트에 대한 '공공토론 이후 협의'가 진행되었고,[101] 일반국민을 대상으로 한 민의조사(EP)도 실시되었다. 심지층처분사업은 인허가를 거쳐 2022년 착공할 예정이다.

CNDP의 공론화 절차

1997년 환경부 산하기관으로 설치된 국가공공토론위원회(CNDP)는 2002년 행정청으로 승격된 정부조직이지만 행정부뿐만 아니라 의회 등으로부터 독립성이 부여되어있다. 위원(25명)들도 중앙 및 지방정부, 입법기관, 사법부, 환경 · 소비자단체 등 각계의 추천으로 구성되며 상호 견제와 균형으로 공정성을 담보하고 있다.[102]

CNDP가 주관하는 공론화의 대상은 중앙 · 지방정부와 공공기관이 시행하는 공공사업은 물론 민간 기업이 시행하는 일정 규모 이상의 공공사업도

100 CNDP가 주관한 2차 공공토론의 총 기간은 2012년 10월 공공토론 실시 여부에 대한 검토 요청부터 2014년 5월 ANDRA의 사업결정 발표까지 1년 7개월이 소요되었다.

101 '공공토론 이후 협의'는 사업 진행 단계에서 실시하는 협의를 말한다. CNDP는 '공공토론 이후 협의'(concertation post-débat) 외에도, ①공공토론이나 본격적인 협의 단계 전에 실시할 수 있는 '사전 협의(concertation préalable)', ②본격적인 협의로서 CNDP의 권고에 의해 사업자가 진행하는 '권고에 의한 협의(concertation recommandée)', ③사업자가 자발적으로 진행하는 '자발적 협의(concertation volontaire)' 등이 있다.(전홍찬, 2019)

102 CNDP의 구성과 운영에 대해서는 은재호(2010/2017), 박재근 외(2014), 정정화(2012a) 참조.

포함된다. 사업 성격과 사업비 규모를 기준으로 공공토론 실시 여부를 판단하지만 3억 유로 이상 공공사업은 의무적으로 CNDP에 공공토론을 요청하도록 되어있다. CNDP는 개별 사업에 대한 공론화를 실시하기 위해 임시조직인 공공토론특별위원회(CPDP)를 조직한다. CPDP는 개별 사업에 대한 공공토론을 준비하고 진행하는 실무 조직이다. CNDP는 대상 사업별로 CPDP 의장을 임명하고, CPDP 의장 추천에 따라 CPDP 위원을 임명하게 된다.

CNDP의 공공토론 절차는 △1단계 CNDP에 의한 공공토론 결정, △2단계 CPDP에 의한 준비 및 공공토론 실시, △3단계 토론 결과 정리로 정형화 되어있다. 1단계는 사업자가 CNDP에 공공토론 실시 여부에 대한 검토를 요청하면서 시작된다. CNDP는 이를 검토하여 공공토론 실시를 결정하면 해당 사업에 대한 공공토론을 진행할 CPDP를 구성한다.

이렇게 구성된 CPDP는 사업자로부터 관련 자료를 제출받아 공공토론의 일정과 방법 등 세부사항을 결정한다. 공공토론 준비가 완료되면 예정된 일정에 따라 보통 4개월 동안 공공토론을 진행한다. 실질적인 공공토론이 종료되면 CPDP는 토론보고서를, CNDP는 최종보고서를 작성하여 발표한다. 사업자는 토론보고서와 최종보고서, 그리고 공공토론 내용과 결과 등을 고려해 사업 진행 여부와 구체적인 사업계획에 대한 수정 사항 등을 발표한다. 마지막으로 공공토론 중에 나타난 다양한 입장과 주장, 사업자가 발표한 최종 사업계획서 내용 등에 대해 민의조사(EP)를 실시해 일반국민의 의견을 수렴하는 과정을 거친다.(박재근 외, 2014; 은재호, 2017)

3) 공론화 방식

프랑스의 공론화는 국가공공토론위원회(CNDP)가 주관하는 공공토론이 대표적인 프로그램이다. 심지층처분시설(CIGÉO) 건설을 위한 공공토론은 두 차례 실시되었다. 첫째, 1차 공공토론은 2005년 2월 16일 생태 · 지속가능개발부장관과 산업부위임장관의 공공토론 실시 여부 심사 요청으로 절차가 시작되었다. CNDP가 공공토론 실시를 결정하고 공공토론특별위원회(CPDP)의장을 지명하면서 공론화가 본격화되었다. CPDP에 의한 실질적인 공공토론은 2005년 9월부터 2006년 1월까지 4개월간 진행되었다.

CPDP와 CNDP가 각각 토론보고서와 최종보고서를 제출하고, 경제 · 금융 · 산업부가 2006년 3월 「방사성폐기물의 관리: 공공토론에 대한 후속조치」를 발표하면서 1차 공공토론은 마무리되었다. 이후 2006년 6월에는 1차 공공토론의 결과로 방폐물관리법이 제정되었다.

둘째, 2차 공공토론은 2012년 10월 10일 심지층처분시설 설치사업(Projet CIGÉO) 시행사인 안드라(ANDRA)가 CNDP에 공공토론 실시 여부를 검토 요청하면서 시작되었다. CNDP가 공공토론 실시를 결정하고 CPDP 의장을 지명한 후 당초에는 2013년 5월부터 10월까지 4개월간 14차례 토론회를 개최할 계획이었으나 진행 과정에서 파행이 반복되어 2개월 연장되었다.

CNDP는 기간 연장과 함께 기존의 토론방식 이외에 전화조사, 공청회, 소규모 지역미팅(local meetings), 국내외 전문가와 여론 주도층 등이 참여하는 인터넷 토론회(online debates), 시민 대표가 주관하는 시민토론회(citizen's conference) 등 다양한 방식을 보완하였다. CPDP와 CNDP가 2014년 2월 각각 토론보고서와 최종보고서를 발표하였고, ANDRA는 시민토론회 의견서와 토론보고서, 최종보고서 등을 토대로 사업계획을 수정 · 보완해 2014년 5월 관보에 발표하면서 2차 공공토론도 일단락되었다.

CNDP의 공론화 기법

CNDP가 2차 공공토론에서 사용한 공론화 방식은 이해관계자들이 참여하는 라운드테이블, 온라인 토론회, 시민토론회가 주를 이루었다. 첫째, 통상적인 공공토론은 각 지역의 이해관계자들이 참여하는 라운드테이블 형식이었다. 해당 지역 지방정부와 지방의원, 정당, 공공기관, 노동조합, 시민사회단체 등이 참여하는 토론회를 지역별로 14차례 개최할 계획이었으나 반대시위 등으로 원활하게 진행되지 못하였다. 이해당사자들은 토론회에서 자신들의 입장 · 주장을 담은 문서나 관련 보고서, 백서 등을 근거자료로 제출하였다.

둘째, 온라인 토론회는 2013년 7월 11일~12월 15일까지 사용후핵연료에 대한 광범위한 주제로 9차례 실시되었다. 규제기관 대표, 공공토론 주관자, ANDRA 대표, 비정부기구(NGO) 대표 등이 인터넷을 통해 시민들의 질의에 실시간으로 답변하는 방식으로 진행되었다.

셋째, 시민토론회는 온라인 토론회에 이어 2013년 12월~2014년 2월(학습기간 포함) 실시되었고 종료 후 시민패널이 기자회견을 통해 의견서를 발표하였다. 시민패널은 "뷔흐 지역에 심지층처분시설(CIGÉO) 설치를 허용할 것인가? 아니면 허용하지 말 것인가?"에 대해 전문가에게 질의하고 답변 · 토론을 통해 합의를 도출하였다. 시민패널은 연령 · 지역 · 직업을 반영해 17명으로 구성되었으며 이 중 8명은 해당 지역인 머즈(Meuse)와 오뜨-마흔(Haute-Marne) 출신으로 배정되었다. 시민토론회를 운영하고 평가하는 운영위원회와 평가위원회는 사업시행사(ANDRA)로부터 독립성과 중립성을 확보하기 위해 CNDP가 구성에 관여하였지만, 시민사회가 신뢰하고 선호하는 인물로 구성된 것으로 알려졌다.

시민패널은 토론 종료 후 시제오 프로젝트를 연기할 것을 요청하는 의견 성명서를 발표하였다. 심지층처분시설에 고준위 및 장수명 중준위 폐기물을 처분하기 전에 열을 식히기 위해 60년간 기다려야 하기 때문에 시간적 여유가 있고, 안전성에 대해서도 충분한 연구가 이루어지지 않았다는 점을 근거로 들었다. 또한 화재 위험성과 지하시설 근무자들의 대피 절차 등 사업시행자(ANDRA)가 제시한 계획의 비현실성을 지적했다.(전홍찬, 2019)

공공토론 결과의 정책 반영

CNDP와 CPDP는 2차 공공토론 결과를 토대로 2014년 2월 다음과 같은 요지의 토론보고서와 최종보고서를 발표하였다. ①2006년 제정된 방폐관리법에 명시된 추진 일정이 너무 촉박하게 설정되었다. ②심지층처분시설(CIGÉO)의 안전성에 대한 추가적인 증거가 제시되어야 하며, 파일럿(pilot) 운영이 필요하다. ③심지층처분시설(CIGÉO)의 수용 대상 방폐물은 회수할 필요성이나 회수 가능성이 없는 방폐물만 최종 처분해야 한다. ④100년 동안 발생할 수 있는 화재와 사람에 의한 오작동 등의 요소도 고려해야 한다. ⑤국내·외의 독립적인 전문가를 통한 심도 있는 연구가 필요하다. ⑥시민토론회를 통해 특별한 전문지식이 없는 일반인들도 다양한 출처를 통한 교육을 받음으로써 복잡한 주제에 대해 의견을 개진할 수 있음을 보였다.

방폐장 사업시행자(ANDRA)는 CNDP의 공공토론 결과를 반영해 2014

년 5월 사업계획을 다음과 같이 수정 · 보완해 정부 관보에 발표하였다. ①심지층처분시설 설치사업은 안정성을 최우선으로 하여 추진한다. ②처분시설 운영은 파일럿 규모로 출발하고, 프로젝트의 마스터플랜을 정기적으로 검토한다. ③프로젝트 일정을 좀 더 합리적으로 변경한다. ④프로젝트 추진과정에 시민사회의 의견을 적극 반영하고 지역개발과 보전을 동시에 고려한다. ANDRA가 발표한 이 같은 수정계획은 공공토론에서 제시된 사항을 거의 대부분 수용한 것으로 볼 수 있다.

ANDRA는 공공토론 이후 시제오 프로젝트에 시민사회의 참여 증진을 위해 2017년 11월부터 '공공토론 이후 협의'(concertation post-débat)를 진행하였다. 이와 함께 프로젝트의 마스터플랜을 정기적으로 검토 · 수정하는 과정에서 지역 및 전국 수준의 이해당사자들과의 정보교류를 촉진하고 뷔흐(Bure) 지역정보위원회(CLIS)와의 협의도 강화하였다.(전홍찬, 2019)

4) 특징 및 시사점

첫째, 공론화 전담기구인 국가공공토론위원회(CNDP)가 독립적이고 중립적으로 공공토론을 주관해 전문성과 신뢰를 제고하였다는 것이 가장 큰 특징이다. CNDP의 구성 및 활동이 정부와 국가권력기관, 정당, 이해관계자 등으로부터 거리를 유지할 수 있었던 것이 성공요인으로 평가되고 있다. 1차 공공토론(처분방식 결정)과 2차 공공토론(부지 결정)이 연속성을 갖고 단계적으로 진행되어 공론화의 노하우(know-how)와 경험을 활용한 것도 강점으로 꼽힌다. 또한 CNDP의 최종보고서와 CPDP의 토론보고서에 위원회 차원의 독자적인 판단이나 권고를 포함한 것이 아니라, 일반국민과 이해관계자들의 다양한 의견을 균형 있게 제시함으로써 공론화 결과에 대한 수용성을 담보할 수 있었다. 이에 비해 우리나라에서 실시한 두 차례의 사용후핵연료 공론화는 최종권고안에 담긴 일부 내용의 임의성과 작위성으로 문제가 제기되었다. 의견수렴 과정에서 도출되지 않은 내용이 권고안에 포함됨으로써 독립성과 중립성을 훼손했다는 비판을 받았다.

둘째, CNDP와 CPDP가 주관하는 공식적인 토론회와 별도로 시민사회가 주관하는 토론회가 개최되어 보다 다양한 의견을 수렴하였다는 것은 우리나라가 눈여겨보아야 할 대목이다. CNDP가 2012년 11월 2차 공공토론 실시를 결정하고 구체적인 일정과 토론회 구성 방법도 확정하였지만 해당 지역과 시민사회에서 공공토론회를 거부하면서 파행이 거듭되었다. 시민토론회 개최는 CNDP가 시민사회의 요구를 받아들인 것이다. 시민토론회는 시민사회를 대표하는 시민패널이 중심이 되어 개최된 뒤 심지층처분시설 설치 사업의 연기를 요청하는 의견성명서를 발표하였다. 이에 대해 CNDP는 시민사회의 의견뿐만 아니라 정부, ANDRA, 원전사업자 등 다양한 이해관계자들이 의견을 반영해 최종 결론을 제시하였다. CNDP는 최종보고서에서 "시민토론회를 통해 특별한 전문지식이 없는 일반인들도 다양한 출처를 통한 교육을 받음으로써 복잡한 주제에 대해 의견을 개진할 수 있음을 보였다"고 기술했다. 이에 비해 우리나라의 사용후핵연료 공론화위원회는 시민사회계의 보이콧을 이유로 '반쪽 공론화'를 강행함으로써 공론화 결과에 대한 사회적 수용성을 확보하지 못한 것이 가장 큰 문제점으로 지적되고 있다.

셋째, 정부와 방폐장 관리기관(ANDRA)은 부지선정 초기 단계에서는 우리나라와 마찬가지로 DAD 방식으로 접근했으나, 이후 지역주민과 시민사회 의견을 대폭 수용함으로써 합의점을 찾을 수 있었다. 부지선정 방식을 기존의 기술 · 관료적 접근에서 1992년 유치공모 방식으로 전환하고, 1999년에는 뷔흐(Bure)에 지역정보위원회(CLIS)를 발족해 정보교류와 협의를 강화하였다. ANDRA는 CNDP의 공공토론 결과를 반영해 사업추진과정에 시민사회의 의견을 적극적으로 반영하였으며, 지역개발과 보전을 동시에 고려하는 방향으로 사업계획을 수정 · 보완하였다. 공공토론 이후에도 지역 및 전국 수준의 이해당사자들과의 정보교류를 촉진하고, 지역정보위원회(CLIS)와의 협의도 강화하였다. 이에 비해 우리나라에서는 비선호시설 입지결정을 유치지역에 대한 경제적 보상으로 해결하려는 시각에서 여전히 벗어나지 못하고 있다. 특히 사용후핵연료 관리방안은 지역사회와 상생 · 발전을 모색하는 방향으로 대안을 찾아야 한다.

3장
부지 미확보 국가의 딜레마

1. 영국

1) 관리정책 개요

원자력발전의 역사가 가장 깊은 영국은 세계 최초로 1956년 상업용 원전을 가동하기 시작한 이래 65년이 넘도록 사용후핵연료 문제를 해결하지 못한 딜레마를 안고 있다. 재처리 국가인 영국의 가동 원전 수는 2021년 현재 15기이며 전력의 19%를 원자력으로 공급하고 있다.

고준위 폐기물은 셀라필드(Sellafield) 재처리시설과 윌파(Wylfa) 원전에서 중간저장하고 있고, 저준위 폐기물은 1959년부터 셀라필드(Sellafield) 원전에 인접한 드릭(Drigg) 처분장에서 처리하고 있다. 잉글랜드 북서부의 호수지대로 유명한 컴브리아(Cumbria)주 셀라필드에는 원전과 재처리시설, 저준위 방폐장이 밀집되어있다. 2009년부터 3년 동안 셀라필드에 지층처분시설(GDF, geological disposal facility)을 건설하기 위한 공론화를 실시하였지만 무산되었다.

영국의 방폐물 관리정책은 1990년대 중반까지는 폐쇄적이고 권위주의적인 방식으로 추진되었지만, 1990년대 말부터는 전문가뿐만 아니라 일반인과 이해관계자들의 참여를 중시하는 방식으로 전환되었다. 1997년 셀라필드 지하암반시설(RCF) 설치가 백지화되면서 관리정책은 전환기를 맞게 되었다. 2003년 방사성폐기물관리위원회(CoRWM, Committee of Radioactive Waste Management)가 설립되면서 공론화를 통해 15개 권고안을 도출하였다. 해외 사례에서 대표적인 공론화 기구인 CoRWM의 활동은 사용후핵연료 문제의 중요성과 해결방안을 국민적 공감대를 통해 도출하였다는 점에서 세계적으로 주목을 받았다.

그러나 3년에 걸친 CoRWM의 공론화 이후에도 영구처분장 부지선정은 지방정부의 거부권 행사로 아직도 표류하고 있다. 2008년 6월「방사성폐기물의 안전한 관리: 지층처분의 이행을 위한 틀」이라는 1차 백서를 발표하였지만, 2013년 컴브리아 의회(Cumbria County Council)의 반대로 부지선정은 무산되었다. 이후에도 정부는 내용을 보완해 2014년「지층처분의 이해: 고준위방사성폐기물 장기관리를 위한 틀」이라는 2차 백서를 발표했고, 2018년에는 갱신된 틀을 다시 백서로 내놓았다. 영국 정부가 고민을 거듭해 3차례에 걸쳐 백서를 발간하고 부지선정 절차도 거듭 수정해 2018년에 이어 2019년에도 지방정부와 협의(consultation)를 벌였지만 유치를 희망하는 지역은 아직도 나오지 않고 있다.

2) 부지선정 과정

영국의 방폐장 부지선정 역사는 원자력에너지청(UKAEA)이 1976년 스코틀랜드 아레셔(Ayreshire) 지역을 대상으로 지질조사에 착수하면서 비롯되었다. 이 과정에서 지역주민의 거센 반발로 사회적 이슈로 부각되자 정부는 방폐물 관리 주무부처를 환경부(DOE)로 지정하고 산하에 정책자문기구(RWMAC)를 설립했다.[103] 1977년에는 핵연료처리업체(BNFL)가 잉글랜드 북서부 윈스케일(Windscale)에 재처리시설 건설을 추진하면서 갈등이 불거졌다. 공청회에서 각종 문제점이 제기되었고 지역사회에서도 강력히 반대하였으나 정부가 재처리시설 설립안을 승인하면서 격렬한 저항에 직면하였다.

1980년대에는 중 · 저준위 방폐장 부지선정 과정에서 갈등이 증폭되었다. 원전사업자와 핵연료처리업체(BNFL)가 공동설립한 방폐물관리단(NIREX)이 1983년 엘스토우(Elstow)와 빌링햄(Billingham) 지역에 중 · 저준위 방폐장 건설을 추진하면서 지역주민들의 강력한 반대에 봉착하였다. NIREX는 1994년에는 셀라필드(Sellafield) 재처리장 인근에 지하암반시설(RCF) 설치도 추진했지만 컴브리아 의회(Cumbria County Council)의 반대로 무산되었다.

1997년 셀라필드 지하암반시설(RCF) 설치가 백지화되면서 영국의 방폐물 관리정책은 전환기를 맞게 되었다. 영국 상원 과학기술위원회가 국민과의 소통 필요성을 강조하면서 1999년 5월 '국가 방사성폐기물 합의회의'(UK National Radioactive Waste Consensus Conference)가 열렸다. 합의회의는 정부가 일방적으로 부지선정을 추진하던 과거와 달리 일반인과 이해관계자들이 실질적으로 참여하는 시발점이 되었다.[104]

---

103 RWMAC(Radioactive Waste Management Advisory Committee)는 2006년 원자력해체기구(NDA)가 발족되면서 해체되었고, 방폐물관리단(NIREX)도 2006년 NDA에 통합되었다.

104 '영국 국가 방사성폐기물 합의회의'(UK National Radioactive Waste Consensus Conference)가 방사

환경농림부(DEFRA)는 2001년 「방폐물의 안전한 관리」(MRWS)에 관한 보고서를 발표하고 2003년 11월 독립기구인 CoRWM을 설립했다. CoRWM은 출범 이후 2006년 7월까지 2년 9개월 동안 공론화를 실시해 정부에 권고안을 제출했다. 정부는 CoRWM의 권고안을 토대로 지방정부와 협의를 거쳐 2008년 6월 지층처리시설 부지선정 방법과 절차를 명시한 백서를 발표하였다.

6단계 부지선정 절차

부지선정 절차는 2008년 발표한 백서에 따라 6단계로 구체화되었다. 1단계(유치공모) → 2단계(부지적합성 조사) → 3단계(지방정부, 다음단계 참가 여부 결정) → 4단계(참여지역 탁상조사) → 5단계(지표조사) → 6단계(지하작업)로 추진하기로 하였다. 이에 따라 유치의사를 표명한 서컴브리아(West Cumbria)의 커플랜드(Copeland) 자치구와 앨러데일(Allerdale) 자치구, 그리고 컴브리아 카운티 의회가 관심을 표명한 셀라필드(Sellafield)에 지층처분시설(GDF)을 설치하기 위한 논의를 시작하였다.(전홍찬, 2019)

성폐기물 관리방안에 대해 15명으로 구성된 시민패널(citizens' panel)이 숙의학습과 4일간의 집중토론(1999. 5. 21. ~5. 24.)을 통해 내린 주요 결론 및 권고안은 다음과 같다. ①지상에 보관하고 있는 방사성폐기물은 지하로 이동하여 저장해야 하며 회수가능(retrievable) 해야 한다. ②방사성폐기물을 관리하고 부지선정을 위한 '중립 기구'를 설립할 것을 권고한다. ③원자력발전에 근본적으로 반대하는 것은 아니지만, 방사성폐기물 문제를 적절히 다룰 수 있는 방법을 찾기 전까지 원자력발전소를 더 늘려서는 안 된다. ④기존에 체결한 국제 재처리계약은 이행하지만 새로운 계약을 체결해서는 안 된다. ⑤과거에 원자력 산업계는 은밀함으로 유명했지만, 이런 난제들을 다루는 것에 대해 공개적인 방향으로 문화를 바꾸는 것에 대해 환영한다.(전홍찬, 2019)

그러나 2013년 1월 컴브리아 의회가 사업 참여를 중단하기로 결정하면서 원점으로 돌아갔다. 커플랜드와 앨러데일 자치구 의회(borough council)는 찬성하였지만 상위 지방의회인 컴브리아 카운티 의회의 반대로 무산되었다.[105] 이에 따라 에너지기후변화부(DECC)는 3년간의 협의 과정을 거친 후에도 해당 지역에서 수용하지 않았던 전철을 되풀이하지 않기 위해 2014년 부지선정 과정에 지방정부의 철회권(right of withdrawal)을 공식적으로 보장하였다. 지층처분시설 유치 이후에도 착공 전에 주민의사를 다시 확인하는 절차를 도입한 것이다.

개정된 부지선정 절차에 따라 기업에너지 · 산업전략부(BEIS)는 2018년 1월~4월 잉글랜드, 북아일랜드, 웨일즈에서 지방정부와 협의(consultation)를 실시하였다.[106] 참여 지역에 대한 투자계획, 철회권 보장, 일반인과 이해관계자의 참여 활성화 방안 등에 대한 의견을 수렴하였다. BEIS는 2018년 12월 지방정부와의 협의를 바탕으로 2014년의 백서를 개정한 부지선정 절차를 다시 발표하였다.

---

105 컴브리아(Cumbria) 주의회가 반대한 이유로는 지질학적 적합성에 대한 우려, 세계적인 관광지(호수)에 대한 부정적 영향, 그리고 부지선정 과정에 지방정부의 철회권이 법률로 명시되지 않은 점 등이 작용한 것으로 알려졌다. 컴브리아 주의회는 부지선정 절차 3단계(지방정부, 다음단계 참가여부 결정)에서 4단계(참여지역 탁상조사)로 진행하지 않겠다고 결정하였다. 앨러데일 자치구 등 유치의사를 표명한 3개 지방정부는 모든 지역이 동의하지 않으면 4단계에 참여하지 않기로 각서를 체결했기 때문에 부지선정은 무산되었다.

106 기업에너지 · 산업전략부(BEIS, Department for Business, Energy & Industrial Strategy)는 2016년 7월 테레사 메이 내각 출범과 함께 기존의 에너지기후변화부(DECC, Department of Energy and Climate Change)와 비즈니스혁신기술부(BIS, Department for Business, Innovation and Skills)가 통합된 부처이다.

첫째, 유치신청 주체를 지방정부 단위가 아니라 개인 지주 또는 기업으로 확대하였다. 개인 또는 집단도 부지를 제안할 수 있고 사업추진기관인 방폐물관리회사(RWM)와 직접 접촉할 수 있도록 허용함으로써 부지선정에 있어서 지방의회의 전속적인 결정권을 상당 부분 완화하였다.

둘째, 부지선정 과정에 참여하는 지역공동체에 연간 최대 100만 파운드를 제공하고 시추조사 단계에서는 최대 250만 파운드까지 경제적인 인센티브를 제공하기로 하였다. 지역공동체 투자기금(community investment funding)은 부지선정 경비로 사용하거나 지역경제개발, 고용창출, 직업교육, 환경조성, 지역복지사업 등을 위해 사용할 수 있도록 했다.

셋째, 지역공동체는 공식적인 주민의사 확인 단계(test of public support)까지는 언제든지 철회할 수 있는 권한(right of withdrawal)을 거듭 확인했다. 다만, 예전에는 참여 지방정부 가운데 한 곳이라도 반대하면 부지선정 절차가 중단되었지만, 향후에는 참여하는 모든 지방의회가 동의해야 중단할 수 있도록 철회요건을 강화하였다.

이처럼 영국 정부가 고민을 거듭해 재수정한 부지선정 절차를 토대로 2018년에 이어 2019년에도 잉글랜드와 웨일즈 지역에서 지방정부와 협의(consultation)를 실시했지만 유치를 희망하는 지역은 아직도 전무한 상태이다.

3) 공론화 방식

전국 공론화: CoRWM의 PSE 프로그램

공론화 주관기구인 CoRWM은 PSE(public and stakeholder engagement) 프로그램을 통해 전국적 수준에서 일반인과 이해관계자들을 대상으로 방폐물 관리정책 전반에 대한 다양한 의견을 수렴하였다. PSE 프로그램은 2년 9개월 동안 4단계에 걸쳐 8개의 토론 그룹과 4개 시민 패널, 학교 프로젝트, 14개 원전지역별 원탁회의 등 다양한 숙의과정에 5천여 명이 참여하였다. PSE 프로그램의 단계별 논의내용은 다음과 같다.(CoRWM, 2007; 정익철, 2014; 이영희, 2017)

① PSE 1단계(2004. 11. ~2005. 1.) : CoRWM의 사전 조사결과에 대한 일반인과 이해관계자들의 의견수렴단계로 처분해야 할 고준위 폐기물의 규모부터 파악하였다. 이어 전문가그룹이 제시한 15개 처리 방안(long-list options) 가운데 대안의 수를 줄이기(short-listing) 위한 기준을 마련하였다. 1단계에서는 지역 · 연령 · 성별 · 계층 등을 고려해 선발한 시민 64명이 집단토론에 참여하였다.

② PSE 2단계(2005. 4. ~2005. 6.) : 1단계에서 도출된 선정 기준을 바탕으로 15개 대안을 축소하고 최적 대안을 도출하기 위한 평가 기준을 마련하였다. 이를 위해 12~14명으로 구성된 4개의 시민패널은 3차례의 회의를 거쳐 대안을 4개로 축소하고 최적 대안 평가 기준을 도출하였다. 4개 대안은 장기중간저장(long-term interim storage), 지층처분(deep geological disposal), 단계적 지층처분(phased deep geological disposal), 천층처분(nearsurface disposal)으로 압축되었다.

③ PSE 3단계(2005. 10. ~2006. 2.) : 2단계에서 축소한 4대 대안과 최종 대안 선택 기준 및 방법이 적절한지 평가하기 위한 논의에 주안점을 두었다. 이를 위해 시민패널 4회, 전국이해관계자포럼 1회, 원전지역 이해관계자 라운드테이블이 8회 개최되었다. 평가 방법으로는 다기준 의사결정기법(MCDA)과 총체적 평가기법(HA) 등이 활용되었다. 3단계에서는 미래세대의 의견을 반영하기 위해 15개 학교에서 1,300명의 학생을 대상으로 의견을 수렴하였다.

④ PSE 4단계(2006. 4. ~2006. 7.) : 권고안 초안에 대한 의견수렴을 위해 일반인과 이해관계자, 전문가 등을 대상으로 다양한 포럼과 회의가 개최되었다. 이러한 과정을 거쳐 마련된 대정부 권고안에는 최종적인 고준위 폐기물 처리 방안과 실행과정에서의 고려사항, 시민참여 활성화 방안 등 15개 사항으로 정리되었다.[107]

PSE 단계별 공론화 기법

• 시민토론그룹(citizen discussion groups, PSE 1단계) : 원전과 관계없는 지역의 일반인을 무작위 선발해 8개 토론그룹이 구성되었다. 각 토론 그룹에

---

107 CoRWM(2007)이 제안한 15개 권고사항 가운데 주요 내용은 다음과 같다. ①장기적으로 지층처분(geological disposal)이 최선의 방법이다. ②지층처분이 지연되거나 실패할 위험에 대비해 중간저장 프로그램이 필요하다. ③부지선정을 포함해 신용 및 신뢰 구축을 위해서는 일반인과 이해관계자의 계속적인 참여가 반드시 필요하다. ④부지선정을 위한 유치지역 공모 시, 처분 대상이 되는 방폐물의 양을 명확히 규정해야 한다. ⑤지역은 미리 정해진 시점까지 유치신청을 철회할 수 있는 권한을 가져야 한다. ⑥지층처분 이행과정을 감독하는 독립기구를 선정하여야 한다.

는 8명씩 총 64명이 참여하였다. PSE 1단계에서 활용된 시민토론그룹에서는 방폐물 관리에 대한 일반인의 생각과 관심 내용, 그리고 관리 대안을 평가할 때 고려해야 할 점 등을 청취하였다.

- 공개회의(open meetings) 및 서면 협의(consultation documents, PSE 1~2단계) : 원전 인근 8개 지역에서 공개 미팅을 실시해 쟁점 사안에 대한 지역주민들의 다양한 의견을 수렴하였다. 서면 협의는 사용후핵연료에 대한 문서와 자료를 온라인 게시판을 통해 일반인들에게 알리는 한편, CoRWM의 공론화 프로그램에 관심을 보인 4천여 명에게 우편 발송해 153명으로부터 회신을 받았다.

- 학교 프로젝트(school project) 및 토론 가이드(discussion guide, PSE 3단계) : 베드포드셔(Bedfordshire) 지역의 15개 학교에서 1,305명의 학생을 대상으로 의견을 청취하였다. 토론 가이드는 지역공동체와 환경단체, 여성단체, 노인회, 학교 등 영국 전역에서 568개의 자발적인 토론그룹이 형성되어 대안 평가 및 관련 이슈에 대한 토론이 이어졌다.

- 시민패널(citizens' panels, PSE 2~4단계) : 성별 · 연령 · 지역 · 계층 등 인구사회학적 대표성 고려해 선발된 시민패널이 주말에 모여 심층적인 논의를 진행하였다. 시민패널은 스코틀랜드, 웨일즈, 북잉글랜드, 남잉글랜드 등 지역별로 12~16명씩 4개의 패널이 구성되었다. 시민패널 회의는 PSE 2 · 3 · 4단계별로 1회씩 총 3회 개최되었다.

- 전국이해관계자포럼(national stakeholder forum) 및 원전지역 라운드테이블(round tables, PSE 1~4단계) : 다양한 기관 · 단체 대표 18명으로 구성된 전국이해관계자포럼은 이틀 동안 CoRWM이 제기한 주제(사용후핵연료의

양, 대안평가)에 대한 입장을 표명하였다. 또한 14개 원전지역 이해관계자들로 구성된 라운드테이블에서는 대안 평가 및 최종보고서에 대한 입장을 제시하였다.

• 양자 회의(bilateral meetings) 및 온라인 참여(web-based, PSE 1~4단계) : 양자 회의는 CoRWM 위원들과 이해관계자 대표들이 모여 입장을 정리하였다. 온라인상에서도 서면 협의가 진행되었고, 대안에 대한 전문가들의 판단과 권고안 초안에 대한 의견이 제시되었다.(정익철, 2014; 전홍찬, 2019)

부지선정을 위한 지역 공론화

CoRWM이 2003~2006년 실시한 공론화는 전국민을 대상으로 방폐물 관리정책의 주요 의제를 다루었다면, 부지선정을 위한 지역 공론화는 유치 공모에 참여한 컴브리아(Cumbria) 3개 지방정부를 대상으로 2009~2012년 진행되었다. '방폐물의 안전한 관리(MRWS)를 위한 서컴브리아 파트너십 협의'(West Cumbria MRWS Partnership Consultation)로 불리는 지역 공론화에서도 3단계로 구성된 PSE 프로그램이 진행되었다.

첫째, PSE 1단계(2009. 11~2010. 3.) 홍보와 PSE 2단계(2010. 11. ~2011. 2.) 지질학적 심사 및 결과 전파에서는 동네포럼(neighbourhood forums), 주민패널(resident's panels), 이해관계기관 워크숍(workshops with stakeholder organizations), 토론 팩(discussion pack, 피드백을 제공하기 위한 소규모 토론 그룹), 지역 방문행사(community drop-in events), 미디어 · 홍보책자 · 전자게시판 · 홈페이지를 통한 정보 제공, 단계별 여론조사 등이 활용되었다.

둘째, PSE 3단계(2011. 11~2012. 3.)에서는 공식협의(formal consultation)

와 여론조사(opinion survey)가 실시되었다. 공식협의는 PSE 1 · 2단계에서 유치지역 연합조직인 파트너십(Partnership)의 입장에 대해 일반인과 이해관계자들의 의견을 청취하는 방식이었다. 여론조사는 유치 의사를 표명한 해당 지방정부가 다음 단계의 부지선정 절차에 계속 참여할지 여부를 판단하기 위해서였다.

PSE 3단계에서 주민투표(referendum)가 아닌 여론조사를 실시한 것은 지방정부가 최종적으로 유치의사를 확정하는 단계가 아니라, 부지선정에서 다음 단계로 진행할지 여부를 결정하기 위한 절차라는 점이 고려되었다. 파트너십(Partnership)은 다음 단계(Stage 4)로 계속해야 한다는 의견을 제시하였지만, 2013년 1월 의사결정기구인 컴브리아 카운티 의회(county council)의 반대로 부지선정은 6단계 가운데 3단계에서 종료되었다.

4) 특징 및 시사점

첫째, 영국의 공론화는 주관기구인 방폐물관리위원회(CoRWM)의 활동이 독보적이다. CoRWM의 공론화는 영국 역사상 최대 규모이며 우리나라의 사용후핵연료 공론화위원회와 신고리 5 · 6호기 공론화도 CoRWM 모델을 벤치마킹할 정도로 대표적인 성공사례로 꼽히고 있다. 2003년 11월 CoRWM이 설립되면서 기존에 부처별(환경부, 통상산업부), 기관별(RWMAC, NIREX)로 폐쇄적이고 방만하게 운영되던 관리정책결정체계가 일원화되어 국민 신뢰를 회복하는 계기가 되었다. 이에 따라 우리나라에서도 독립기구인 '사용후핵연료 관리위원회'(가칭) 설립이 논의되고 있다. CoRWM 운영의 기본원칙은 공개성, 대표성, 투명성, 공정성 등이며 위원 구성도 공개모집을 통해 선발되었다. CoRWM 위원은 원자력계 전문가뿐만 아니라 사회과학자, 공무원, 환경단체 등 다양한 시각을 가진 13명으로 구성되었으며 정부(환경부)로부터 예산지원을 받지만 독립적 기구로 중립성을 유지한 것으로 평가되고 있다.

둘째, CoRWM이 시행한 전국 공론화와 '서컴브리아 파트너십'(West Cumbria Partnership)이 실시한 지역 공론화가 단계별로 잘 짜여진 프로그램을 통해 일반인과 이해관계자들의 다양한 의견을 체계적으로 수렴하였다. PSE 각 단계가 끝나는 시점마다 그동안 진행된 공론화 과정을 평가하고 환류 과정(feedback)을 통해 다음 단계와 전체 프로그램에 반영한 점이 돋보인다. 어떤 방법을 통해 의견을 수렴하고, 어떤 기준으로 수렴된 의견을 반영하는지 등을 체계적으로 설정하고 이를 문서로 명확히 제시함으로써 투명성을 제고하였다. 이러한 과정은 최종권고안에 반영된 의견들이 어떻게 형성되었는지 투명하게 확인하고 추적할 수 있다는 점에서 우리나라에 시사하는 바가 크다. 특히 CoRWM과 '서컴브리아 파트너십'은 공론화 과정에서 접수된 의견과 피드백 자료 등 전 과정을 자세하게 기록하여 문서로 남기고 이를 투명하게 공개한 것은 '공론화의 모범'으로 평가되고 있다.(정익철, 2014; 전홍찬, 2019)

셋째, 공론화 방식과 참여자의 다양성이다. 기술적 기준에만 입각한 정부의 일방적인 결정 방식에서 탈피해 전국 및 지역단위 이해관계자, 일반시민, 시민단체 등의 광범위한 참여를 통해 개방적이고 투명한 의사결정 방식을 도입하였다. CoRWM이 수행한 PSE 프로그램은 단계별로 시민토론그룹, 시민패널(citizens' panels), 학교 프로젝트, 전국이해관계자포럼, 원전지역 라운드테이블, 공개회의, 서면 협의(consultation documents), 양자 회의

(bilateral meetings), 온라인 참여 등 논의주제에 적절한 공론화 기법이 동원되었다. PSE 3단계에서는 다기준 의사결정기법(MCDA)과 숙의지도(DM), 총체적 평가기법(HA) 등 체계적인 방법론을 활용해 일반인의 의견과 전문가들의 견해를 균형 있게 통합하고자 노력한 것으로 평가되고 있다. '서컴브리아 파트너십'(West Cumbria Partnership)이 수행한 지역 공론화도 동네 포럼(neighbourhood forums), 주민패널(resident's panels), 이해관계기관 워크숍, 토론 팩(discussion pack), 지역 방문행사 등 다채로운 방식이 활용되었다. 이에 비해 시민참여형 공론조사와 종합토론회 위주의 우리나라는 '이벤트형 공론화'에 치우치고 있다는 비판을 받고 있다.

넷째, 중장기적으로 방폐물 관리정책 수립을 위한 전국 공론화와 부지선정을 위한 지역 공론화는 시행 주체와 실시 시기가 다르게 설계되었다는 점을 주목할 필요가 있다. 전국 공론화는 CoRWM이 2003~2006년 전국민을 대상으로 방폐물 관리정책의 주요 의제를 다룬 반면, 부지선정을 위한 지역 공론화는 유치공모에 참여한 컴브리아 지역 3개 지방정부를 대상으로 2009~2012년 진행되었다. 부지선정을 위한 공론화는 CoRWM이 아니라 유치응모지역 이해관계자들로 구성된 '서컴브리아 파트너십'(West Cumbria Partnership)이 주관하였다.[108] 이에 비해 문재인 정부의 재검토위원회는 전국 공론화와 지역 공론화를 동시에 실시함으로써 임시저장시설 확충이라는

108 CoRWM은 전국 공론화가 종료된 이후에는 2007년 10월 새로운 위원회(CoRWM 2)를 구성해 지층처분을 포함한 장기 관리방안에 대한 자문역할을 수행하고 있다.

지역적 이슈에 전국 이슈가 함몰되어 중장기 관리방안에 대한 국민적 관심을 이끌어내지 못하였다. 지역실행기구를 구성해 지역 공론화를 주관한 것은 영국 사례를 벤치마킹한 것으로 볼 수 있다.

다섯째, CoRWM의 성공적인 공론화에도 불구하고 아직도 영구처분장 부지를 확보하지 못하고 있다는 사실이 최대 딜레마이다. 영국 정부는 CoRWM의 권고안을 토대로 2008년 지층처분시설(GDF) 부지선정 방법과 절차를 명시한 백서를 발표하였지만 2013년 지방의회의 반대로 부지확보에 실패했다. 2014년과 2018년에도 부지선정 절차를 근본적으로 재검토한 수정 백서를 잇달아 제시했지만 유치 희망지역은 아직도 나오지 않고 있다. 그래도 영국은 셀라필드(Sellafield) 원전에 수용 공간이 넉넉한 중간저장시설을 운영하고 있기 때문에 우리나라보다는 형편이 나은 편이다. 한국은 중간저장시설도 없는 상태에서 사용후핵연료를 언제까지 원전 부지에 '임시저장'할 수 있을지 가장 큰 고민거리이다.

2. 일본

1) 관리정책 개요

재처리 국가인 일본은 2011년 후쿠시마 사고로 운영 중이던 원전 54기를 전면 중단함에 따라 원전 비중이 2010년 24.8%에서 2012년 1.5%로 급락했다. 후쿠시마 사고 이후 21기는 영구 폐로 결정하였고 안전성이 확보된 원전은 순차적으로 재가동해 2021년 현재 33기가 운영되고 있다. 이에 따라 원전 비중도 2012년 1.5% → 2019년 6.4% → 2021년 7.5%로 회복세를 보이고 있다.

일본은 사용후핵연료를 재처리하여 추출된 플루토늄을 혼합액연료(MOX)로 만들어 원전 연료로 재활용하고 있다. 한국과 달리 미 · 일 원자력협정에 따라 사용후핵연료를 재처리할 수 있는 권한이 부여되어있다. 재처리는 일본 내 재처리공장과 영국, 프랑스에 위탁 처리하고 있다. 이바라키현 도카이무라에 연간 90톤 규모의 재처리시설을 운영한 경험이 있으며, 아오모리현 로카쇼무라 재처리공장이 이르면 2022년 가동될 예정이다.

로카쇼무라 재처리공장은 2020년 7월 일본 원자력규제위원회의 안전대책 심사에서 합격 판정을 받았으며 현재 지방정부의 동의절차가 진행 중이다. 로카쇼무라 재처리공장은 1993년 착공해 1997년 준공될 예정이었으나 후쿠시마 사고로 승인 절차가 중단되는 등 수십 차례 심사가 지연되었다. 운영사인 일본원연(JNFL)은 2014년 1월 새로운 안전기준에 따라 원자력규제위원회에 안전심사를 신청한 이후 6년 4개월 동안 심사가 진행되었다.

사용후핵연료를 재처리하는 과정에서 발생하는 고준위 폐기물은 심지층처분한다는 방침을 정하고 2000년 원자력환경정비기구(NUMO, Nuclear Waste Management Organization of Japan)를 설립해 지방정부의 유치공모를 통한 부지확보 사업을 추진해왔다. 그러나 아무런 성과를 거두지 못하자 2015년 5월 최종처분에 관한 기본방침을 개정해 자율적인 유치공모와 함께 기술적으로 타당한 부지를 NUMO가 직접 선정하는 방식을 병행하고 있다. 이에 따라 2017년에는 일본 전역의 부지특성을 분석한 '과학적 특성맵'을 제작해 배포하였으며, 2020년 10월 홋카이도 슷츠쵸(寿都町)가 부지선정을 위한 문헌조사에 응모해 절차가 진행 중이다.

아오모리현 무츠에는 3천 톤 규모의 중간저장시설(RFS)이 2013년 완공되어 운영되고 있고, 2단계로 2천 톤 규모의 중간저장시설도 추가건설 중이다. 무츠의 리사이클연료저장센터(RFS) 외에 각 원전에서도 소내 중간저장시설을 운영하고 있다. 아오모리현은 일본 원자력산업의 메카로 로카쇼무라 재처리시설도 이곳에 위치해 있다. 이와 함께 홋카이도 호로노베쵸(幌延町)에는 일본원자력연구개발기구의 방폐물 지층처분 연구시설인 호로노베 심지층연구센터가 설립되어있다. 지하연구시설은 일본 내 원자력 연구시설이 밀집한 이바라키현 도카이무라에도 설치되어있다.

2) 부지선정 과정

일본의 부지선정 역사는 1976년 원자력위원회(JAEC)가 지층처분에 역점을 두고 사회적 · 지리적 조건에 맞는 처분 방법에 대한 조사연구를 진행하면서 시작되었다. 1980년대 중반부터 실증연구에 착수해 핵연료사이클개발기구(현재 원자력연구개발기구)는 1999년 심지층처분이 기술적으로 가능하다는 요지의 보고서를 원자력위원회에 제출하였다. 보고서의 주요 내용은 다음과 같다. 첫째, 지층처분에 필요한 조건을 만족시키는 지질 환경이 일본에 광범위하게 존재하고 특정 지역이 그런 조건을 갖추고 있는지 평가하는 방법이 개발되었다. 둘째, 인공 장벽과 처분시설을 적절하게 설계 · 시행하는 기술이 개발되었다. 셋째, 지층처분의 장기적인 안전성을 평가하는 방법이 개발되었고 그를 사용한 안전성이 확인되었다는 것이다.(한국원자력산업회의, 2015)

이에 대해 시민단체 '지층처분 문제 연구그룹'은 핵연료사이클개발기구의 보고서가 △비공개적으로 작성되었고, △측정 · 계산 결과에 대한 한정적인 공개로 충분한 검증이 이루어지 않았으며, △근거 문헌 및 데이터가 제3자의 심의를 거치지 않는 내부 자료가 많은 점 등을 비판하였다. 또한 지질의 장기적인 안전성과 인공 장벽 및 자연 장벽의 기능 등 지질처분의 안전성에 대해서도 우려를 표명하였다.(小池拓自, 2015)

부지선정은 2000년 6월 「특정 방사성폐기물 최종처분에 관한 법률」(최종처분법)이 제정되면서 본격적으로 추진되었다. 이 법에는 부지선정 절차를 3단계로 설정하였다. △1단계: 지방정부의 공모와 문헌조사에 의한 개요조사지구(PIA) 선정, △2단계: 시추와 굴착조사 등으로 지질이 장기적으로 안정적인지를 조사하는 정밀조사지구(DIA) 선정, △3단계: 실제로 지하에 시험시설을 설치해 지층 적성을 조사하는 최종처분장 건설지(RS) 선정이다.[109] 구체적인 부지선정 작업은 방폐물 처분사업 주체인 원자력환경정비기구(NUMO)가 맡았다.

NUMO는 1단계의 문헌조사를 실시하기 위해 2002년 12월 지방정부를 대상으로 후보지 공모를 시작하자 2007년 1월 고치현(高知県) 토요쵸(東洋町) 정장이 일방적으로 문헌조사 신청을 발표하였다. 이에 대해 반대 주민단체가 결성되고 지방의회도 반대결의와 함께 정장의 사임을 권고하면서 지역 내 갈

---

109 문헌조사는 말 그대로 문헌자료와 데이터를 통해 해당 지역의 지층을 파악하는데 2년 정도 소요된다. 개요조사는 4년 정도의 시간을 들여 표준관입시험(boring)을 통해 직접 지질을 조사한다. 마지막 단계인 정밀조사는 약 14년 정도의 시간을 들여 지층을 굴삭하여 정밀조사하는 단계이다. 문헌조사에서 정밀조사까지는 최소 20년이 소요될 예정이다.(資源エネルギー庁, 2007; 최종민, 2020)

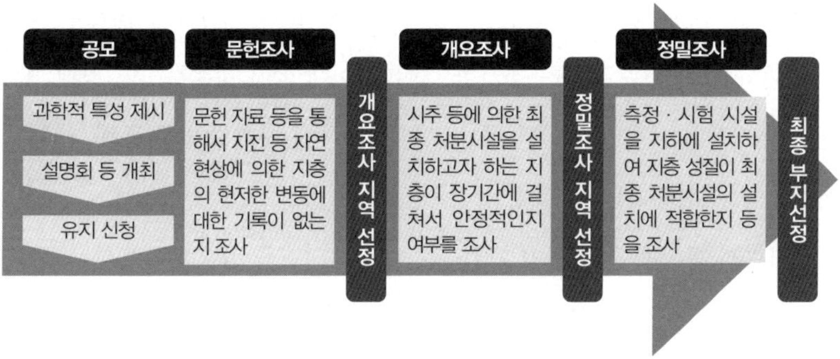

[그림 3-3] 일본의 영구처분장 부지선정 절차
※ 자료출처: 재검토위원회 숙의자료집(2020)

등이 증폭되었다. 그해 4월에는 반대 주민에 의해 주민소환 운동이 본격화되면서 정장이 사임하고 보궐선거를 실시한 결과, 유치신청에 반대한 후보가 70% 지지율로 압승을 거두었다. 선거 다음 날 새로운 정장이 문헌조사 신청을 취소하면서 부지선정은 실패로 끝났다.(西郷貴洋 외, 2010; 타카노 사토시, 2017)

지방정부의 유치공모를 통한 문헌조사가 무산되자 원자력위원회는 2010년 9월 부지선정을 기술적 관점뿐만 아니라 사회과학적 시각을 포함한 폭넓은 관점에서 대안을 모색하기 위해 일본학술회의(SCJ, Science Council of Japan)에 심의를 의뢰하였다. 2012년 9월 일본학술회의(SCJ)는 사용후핵연료의 '잠정보관'과 '총량관리' 등 기존 정책 틀에 대한 근본적인 수정을 요청하는 보고서를 제출하였다.

하지만 일본 정부는 부지선정에 적극적인 대응이 필요하다고 판단해 2015년 5월 최종처분에 관한 기본방침을 개정하였다. 중앙정부가 과학적으로 적합한 후보지를 물색한 뒤 해당 지방정부(시 · 정 · 촌)에 문헌조사 신청을 요청하는 새로운 절차를 추가한 것이다. 이에 따라 주무부처인 경제산업성은 부지선정을 위한 지역별 특성 요건과 기준에 대한 논의를 통해 '과학적 특성맵'을 작성해 2017년 7월 전국에 공표하였다.

'과학적 특성맵'은 영구처분장으로 적합한 지역을 평가해 지도에 표시한 것으로 짙은 연두색이면 지층처분에 적합하다는 의미이다. 그러나 부지 평가를 위한 지질 특성지도를 작성하는 과정에서 47개 현(縣) 가운데 20개 현이 지질조사를 거부할 정도로 반대에 직면하였다. 이러한 와중에 2020년 10월 '과학적 특성맵'에 따라 인구 3천 명의 작은 어촌마을인 홋카이도 슷츠쵸(寿都町)가 문헌조사에 응모해 현재 절차가 진행 중이다. 하지만 슷츠쵸 지역주민들은 주민투표를 요구하는 등 반대운동이 일고 있어 부지조사가 마무리될 수 있을지는 미지수다.

3) 공론화 방식

일본에서는 영구처분장 부지선정이나 사용후핵연료 관리정책과 관련한 정부 차원의 공론화는 실시되지 않았다. 다만, 후쿠시마 사고 직후인 2011년 6월 내각부 국가전략실이 주관하는 '에너지 · 환경회의'를 설치해 2010년 대비 2030년의 원전 비중에 대한 3개 시나리오(0%, 15%, 20~25%)를 발표하고 이에 대한 국민 의견을 수렴하기 위한 공론화를 실시하였다.

원전 비중에 대한 공론화는 2012년 6~8월에 걸쳐 의견청취회(공청회), 토론형 여론조사(공론조사), 공적 코멘트(public comments) 등 3가지 방식으로 진행되었다. 공론화 시행 결과 세 가지 방식 모두에서 원전 '제로 시나리오'에 대한 응답이 가장 높게 나타났다.[110] 이에 따라 '에너지 · 환경회의'는 2012년 9월 공론화를 토대로 2030년 원전 비율을 '제로'로 축소하는 혁신적인 에너지 · 환경전략을 결정하였지만, 2012년 12월 아베 신조(安倍晋三)의 자민당이 집권하면서 민주당의 탈원전정책은 원점으로 돌아갔다.(김정인, 2018)

고준위 폐기물에 대한 공론화는 연구단체인 일본학술회의(SCJ)가 주도적으로 나섰고, 일본 언론의 심층 보도로 국민적 인식이 확산되는 '민간주도형' 공론화로 진행되었다. 일본학술회의는 후쿠시마 사고 발생 이후인 2012년 9월 '회답'을 통해 원자력정책에 대한 근본적인 수정과 과학적 지식의 한계를 인정할 것을 요구했다. 대안으로 '잠정 보관'과 '총량 관리'를 골자로 하는 정

---

110 일본 '에너지 · 환경회의'가 2012년 실시한 공론화의 구체적인 내용은 다음과 같다. 첫째, 의견청취회(공청회)는 2012년 7월 14일~8월 4일 전국 11곳에서 내각부(국가전략실) · 경제산업성 · 환경성 등 부처 장관들이 참석해 시민 의견을 청취하였다. 일반 참여자는 희망자 중에서 추첨을 통해 100~200명이 선발되었다. 의견청취회 과정은 인터넷으로 생중계되었으며 정부측 인사가 세 가지 시나리오를 설명하면 이에 대해 참여자들이 의견을 개진하는 방식이었다. 둘째, 토론형 여론조사(공론조사)는 '에너지 · 환경 선택지에 관한 토론형 여론조사 실행위원회'가 구성되어 2012년 7월 7일부터 8월 4일까지 진행되었다. 토론형 여론조사는 일본 정부가 주도한 최초의 공론조사로 기획 · 운영을 담당하는 실행위원회 외에 감수위원회, 전문가위원회, 검증위원회를 설치하여 공정성과 객관성을 확보하려고 노력하였다. 모집단은 전국 20세 이상 남녀 6,849명을 무작위 선발해 1차 전화 여론조사를 실시하였고, 이들 가운데 희망자 286명을 대상으로 8월 4일~5일 이틀간 게이오대학교에서 열린 토론포럼을 개최하였다. 셋째, 공적 코멘트(public comments)는 인터넷 홈페이지, 우편, FAX 등을 활용해 의견을 수렴하였다. '에너지 · 환경 선택지'에 관한 의견 모집은 7월 2일부터 8월 12일까지 실시되었다. 2개월에 걸친 공론화 시행 결과, 의견청취회에서는 참가자 1,400명 가운데 70%가 '제로 시나리오'를 지지하였고, 토론형 여론조사는 전화 여론조사(32.6%), 토론포럼 전 조사(41.1%), 토론포럼 후 조사(46.6%)에서 모두 '제로 시나리오'가 가장 높은 지지를 받았다. 공적 코멘트에서도 89,124건 가운데 87%가 '제로 시나리오'를 지지한 것으로 나타났다.(김정인, 2018)

책 틀의 재구축이 필요하다고 지적했다.

'잠정 보관'이란 기술적 안전성이 확립되지 않은 상태에서 고준위 폐기물을 영구처분하지 말고 지상에서 수십 년~수백 년간 잠정적으로 보관하자는 것이다. '총량 관리'는 고준위 폐기물의 양을 무한정 늘리는 것이 아니라 총량에 대한 한계를 정하고, 여기에 맞추어 원전 재가동도 검토해야 한다는 것이다. 나아가 이 문제를 해결하기 위해서는 원전 찬성론자와 반대론자를 포함해 광범위한 국민이 참여하는 토론의 장을 설치해 단계적으로 공감대를 확산하는 다단계 합의형성 절차가 필요하다고 강조했다.

일본학술회의는 이후에 일본 정부의 요청 없이 독자적으로 고준위 폐기물에 대한 심층적인 연구 · 검토를 진행하기 위해 2013년 5월 '고준위 폐기물 처분에 관한 후속 검토위원회'를 설치하고, 산하에 '잠정 보관에 관한 기술적 검토분과회'와 '잠정 보관과 사회적 합의형성에 관한 분과회'를 설치해 기술적 안전성과 사회적 수용성을 제고하기 위한 조사 · 연구에 착수했다. 후속 논의를 토대로 2015년 4월 최종 제언으로 『고준위 방사성폐기물의 처분에 관한 정책제언: 국민적 합의형성을 위한 잠정 보관』을 발표하였다.(정현숙, 2015; 今田高俊, 2016; 최종민, 2020)[111]

---

111 일본학술회의가 2015년 발표한 제언은 2012년의 회답을 보다 구체적인 형태로 제시하였다. 첫째, 현재 과학지식의 한계를 고려해 고준위 폐기물을 안전성과 경제성을 고려해 건식으로 밀봉해서 지상에서 잠정 보관한다. 이를 위한 기간은 총 50년으로 설정해 지금부터 30년 동안 국민적 합의형성을 통해 처분장 후보지를 선정하고, 이후 20년 이내에 처분장을 건설한다. 둘째, 원전사업자의 고준위 폐기물 발생에 대한 책임을 명확히 하여 사업자가 보관과 처분에 대해 책임을 지도록 한다. 국민은 자신이 원전의 수혜자라는 점을 자각해 잠정 보관시설이나 최종처분장 선정에 관한 공론 형성에 적극적으로 참여하며, 이

매스미디어가 주도한 공론화

일본학술회의의 제언을 사회적 이슈로 채택해 공론화를 확산한 기폭제는 매스미디어였다. TV와 신문, 잡지 등 다양한 미디어 가운데 고준위 폐기물의 실태를 가장 적극적으로 보도한 매체는 공영방송인 NHK, 그리고 아사히신문과 같은 계열의 TV아사히였다.[112] NHK는 일본학술회의가 회답을 발표한 직후인 2012년 10월 '10만 년의 안전을 지킬 수 있을까? 갈 곳 없는 고준위 폐기물'이라는 내용으로 집중 보도했다. NHK는 일본학술회의의 논의를 소개하면서 심층처분의 지질학적 문제점을 다양한 각도에서 조명해 지진과 화산활동이 활발한 일본에서 안정된 지층을 발견하는 것은 사실상 불가능하다고 지적했다.

민영방송사인 TV아사히도 핀란드, 스웨덴, 프랑스 등 영구처분장 부지를 확보한 해외 현장을 취재해 사용후핵연료 처분이 기술적으로 얼마나 어려운 문제인지를 추적했다. TBS, 간사이TV, 마이니치방송(毎日放送)도 핀란드나

들 시설의 선정에 있어서는 해당 지역주민의 의향을 충분히 반영한다. 셋째, 미래세대에 대한 책임을 자각해 잠정 보관에 대한 안전성을 확보하고, 잠정 보관기간을 늘리지 않는다. 또한 원전을 재가동하기 위해서는 고준위 폐기물 보관대책을 조건으로 해야 한다. 넷째, 최종처분지 선정과 리스크 평가에 있어 현재의 지질학적 특성을 상세히 검토하고, 해당 지역의 자발적 수용을 존중해야 한다. 지층처분의 안전성에 관해서는 원전에 대해 다른 견해를 갖는 다양한 전문가를 포함해 충분한 논의를 해야 한다. 다섯째, 합의형성을 위한 조직체제를 갖추기 위해 국민 의견을 다양하게 반영하는 위원회를 설치해야 한다. 이 위원회는 다양한 입장의 이해관계자가 참여할 수 있도록 하고, 산하에 기술적 검토를 하는 조직과 시민참여에 중점을 둔 국민회의와 같은 조직을 설치해 국민 의견이 반영되도록 한다.(정현숙, 2015)

112 일본 언론도 우리나라와 마찬가지로 보수 · 진보 진영으로 나뉘어져 고준위 폐기물에 대한 논조와 보도빈도의 편차가 매우 큰 것으로 나타났다. 아사히신문, 도쿄신문, 마이니치신문 등은 탈원전 관점에서 사용후핵연료 문제를 적극적으로 취재한 반면, 원전에 우호적인 일본경제신문(니혼게이자이신문), 산케이신문, 요미우리신문 등은 고준위 폐기물 문제를 중요한 이슈로 보도하지 않았다.(정현숙, 2015)

프랑스의 지층이 수억 년 전에 형성되어 안정적인 반면, 일본은 지속적인 지진이나 화산활동으로 인해 안정된 지층을 찾기 어렵다는 점을 강조했다. 특히 10만 년 동안 기술적인 안전성을 보증하기 어렵고, 10만 년이라는 시간이 인류의 관리 · 통제 범위를 넘어선 것이라는 근본적인 한계를 제기하였다.

일본학술회의에서 매스미디어로 이어지는 일련의 논의 과정은 전 국민에게 고준위 폐기물 문제의 심각성을 인식하고 공감하는 계기가 되었다. 이즈음 사용후핵연료 처리를 다룬 다큐멘터리 영화 〈영원한 봉인(Into Eternity, 마이클 매드슨 감독)〉이 개봉되어 큰 반향을 일으켰다. 고이즈미 준이치로(小泉純一郎) 전 총리가 전국을 순회하며 고준위 폐기물의 실상을 적극적으로 알린 것도 일본 국민에게 상당한 영향을 미친 것으로 알려졌다.(정현숙, 2015)

4) 특징 및 시사점

첫째, 일본의 공론화는 정부 주도가 아닌 민간 주도로 전개되었기 때문에 고준위 폐기물 문제를 심층적으로 접근해 근본적인 해결을 촉구하고 있다는 것이 가장 큰 시사점이라고 할 수 있다. '학자들의 국회'로 불리는 일본학술회의(SCJ)는 총리실 산하의 연구기관으로 원자력위원회(JAEC)로부터 의뢰를 받아 고준위 폐기물 문제에 대한 검토를 시작하였지만, 후쿠시마 원전 사고를 겪으면서 문제의 심각성을 고려해 정부의 요청 없이 독자적인 후속 검토 작업에 착수해 논의를 발전시켜 나갔다.[113] 매스미디어도 고준위 폐기물 논

113 일본학술회의(SCJ)는 총리실 산하 연구기관으로 인문학과 자연과학 등 일본 학계를 대표하는 전문가

의를 확산시키는 데 중요한 역할을 담당하였다. NHK 등 방송사들은 경쟁적으로 유럽의 고준위 폐기물 처분시설을 현장 취재해 심각성을 부각시켰다. 이에 비해 한국 언론은 사용후핵연료 문제에 대한 관심이 상대적으로 떨어지며, 보수 · 진보 매체 간 이념적 편향성이 강해 공론장의 역할을 제대로 수행하지 못하고 있다는 지적을 받고 있다.

둘째, 일본의 부지선정은 2000년 6월 제정된 「특정 방사성폐기물 최종처분에 관한 법률」에 따라 지방정부의 유치공모가 관건이지만, 몇 차례의 시도가 무산되자 최근 중앙정부가 직접 개입하고 있다는 점은 눈여겨볼 대목이다. 원자력환경정비기구(NUMO)를 설립해 2002년 지방정부를 대상으로 후보지 공모에 나섰지만 5년 뒤인 2007년 고치현(高知県) 토요쵸(東洋町)가 유일하게 신청할 정도였다. 그나마 토요쵸(東洋町) 정장의 일방적인 유치신청으로 인한 거센 주민반발로 실패하고 말았다. 자율적인 유치공모로는 부지확보가 어렵다고 판단한 일본 정부는 2015년 5월 최종처분에 관한 기본방침을 개정해 지방정부의 유치공모와 함께 과학기술적으로 적합한 부지를 NUMO가 직접 선정해 지방정부와 협상하는 방안을 도입하였다. 2017년에는 일본 전역의 부지특성을 분석한 '과학적 특성맵'을 제작해 배포하면서 적

210명으로 구성되어있다. 임기 6년의 회원들은 총리가 임명하지만 "SCJ에서 추천받은 사람은 총리가 거부하지 않는다"는 관례가 있을 정도로 독립성이 보장되어있다. 정부 정책에 대한 조언 역할을 담당하고 있으며, 태평양 전쟁에 학자들이 동원되었던 전철을 답습하지 않기 위해 1949년 독립기구로 설립되었다. 2020년 스가 요시히데(菅義偉) 총리가 아베 정권의 우경화 정책을 비판했던 와세다대 교수 등 진보 성향의 학자 6명을 임명에서 배제하자 일본 학계와 시민사회로부터 거센 비판을 받았다.(조선일보, 2020. 10. 5.)

합 지역의 응모를 유도하고 있다.

셋째, 지방정부의 유치공모를 위해 중앙정부가 거액의 교부금 지원방안을 제시하고 있다. 경제산업성은 2007년 지방정부가 유치공모에 신청하면 문헌조사 단계에서는 최대 20억 엔, 개요조사 단계에서는 최대 70억 엔의 교부금을 지원하기로 했다.(資源エネルギー庁, 2007) 고치현(高知県) 토요쵸(東洋町)가 문헌조사에 응모한 배경도 부지조사 참여만으로도 거액의 교부금을 받을 수 있기 때문이었다. 일본에서는 이전에도 원전 입지 지역에 대한 교부금제도가 지역 경제구조를 원전에 의존하게 만드는 악순환 고리라는 비판이 제기되었다. 위험시설 입지를 위해 교부금으로 지방정부를 포섭한다는 것이다.(清水修二, 1992; 湯浅陽一, 2011; 川久保篤志, 2013, 平岡和久, 2014; 최종민, 2020 재인용) 토요쵸 사례도 재정이 열악한 지방정부가 중앙정부의 교부금을 받기 위해 일방적으로 유치공모에 나서면서 갈등이 증폭되었다. 자치단체장의 독단적인 유치신청으로 주민반발이 격화된 것은 우리나라의 부안사태와 유사하다고 할 수 있다.

3. 미국

1) 관리정책 개요

세계 최대 원전 국가인 미국은 2021년 현재 93기의 원전을 운영 중이며, 전체 발전량의 19%를 원전이 담당하고 있다. 원전 비중은 2050년까지 11%로 축소할 계획이다. 미국은 초기에는 재처리 정책을 추진하였으나 1973년 직접처분 방식으로 선회하였다. 영구처분장 부지선정을 위해 1987년 방사성폐기물정책법(NWPA, Nuclear Waste Policy Act)을 개정해 네바다(Nevada)주 유카 마운틴(Yucca Mountain)을 후보지로 확정하였지만 주정부와 지역주민의 거센 반발로 무산되었다.

고준위 폐기물은 각 원전별로 부지에 중간저장시설을 운영하고 있으며, 소외 중간저장시설은 물론 영구처분장도 아직 확보하지 못하고 있다. 2017년 뉴멕시코주 칼스배드(Carlsbad)시와 홉스(Hobbs)시 사이에 통합중간저장시설(CISF, Consolidated Interim Storage Facility) 건설을 추진하였으나 운반경로 문제와 환경영향분석 미흡, 캐니스터 누설가능성 등이 제기되어 차질을 빚고 있다. 미국 원자력규제위원회(NRC, Nuclear Regulatory Commission)는 사업시행사인 홀텍(HOLTEC)이 제출한 환경영향성명서(EIS, Environmental Impact Statement)에 대한 평가를 토대로 이르면 2021년 최종 인허가 결정을 내릴 예정이다.(한국원자력환경공단, 2020)

미국의 방폐물 관리정책과 부지선정은 에너지부(DOE)에서 담당하였으나 2015년 제정된 방폐물관리법(NWAA, Nuclear Waste Administration Act)에 따라 독립기구로 방사성폐기물관리국(NWA)이 설립되면서 업무가 이관되었다. 방폐물관리국(NWA)은 기존의 에너지부(DOE)에서 담당하던 처분시설 입지선정 및 건설, 추가시설 운영, 시험 및 평가 등의 업무를 맡고 있다. 통합중간저장시설(CISF) 건설도 방폐물관리국(NWA) 소관이다. 영구처분장 건설을 위한 유카 마운틴 프로젝트가 무산된 이후 2018년 미국 하원에서 논의가 재개되었지만 여전히 답보상태에 있다.

2) 부지선정 과정

미국의 부지선정 역사는 1954년 고준위 폐기물 관리방안을 담은 원자력에너지법이 제정되고 1960년대 초에 원자력위원회(AEC, Atomic Energy Commission)가 미시간주와 오하이오주 일대의 암염층에 대한 지질조사에 착수하면서 비롯되었다.[114] 원자력위원회(AEC)는 1970년대 초에는 캔자스주와 뉴멕시코주의 암염층에 대한 지질조사를 벌였고, 1970년대 말에는 미시간 · 텍사스 · 유타주의 암염층 지역, 루이지애나 · 미시시피주의 암염돔 지역, 워싱턴주 핸퍼드의 현무암 지역, 네바다주 유카 마운틴의 용결응회암 지역 등을 대상으로 지질조사를 추진하였다.

그러나 지질조사 과정에서 번번이 지역주민과 주정부의 반대로 조사가 진행되지 못하자 1979년 에너지부(DOE) 주도로 부처 간 검토그룹(Interagency Review Group)이 출범해 영구처분장 후보지 선정 기준을 마련하였다. 부처 간 검토그룹(IGR)은 기술적 조건을 충족하는 다수의 후보 지역을 선정한 후 주민들에게 적정한 보상을 제공하는 방안을 권고하였다. 부지선정 기준으로는 △방폐물 발생량 예측의 불확실성 수용, △폐기물 운반의 용이성, △지역형평성 고려, △처분시설 운영중단에 따른 대비책 마련 등을 제시하였다.

이어 1982년 방사성폐기물정책법(NWPA, Nuclear Waste Policy Act)이 제

114 원자력위원회(AEC)는 1975년 1월 원자력규제위원회(NRC)와 ERDA(Energy Research and Development Administration, 지금의 에너지부)로 분리되었다.

정되면서 본격적으로 부지선정 절차가 진행되었다. 이 법이 규정한 핵심 내용은 협의(consultation)에 의한 부지선정 작업을 위해 처분 프로그램에 대해 주정부의 감독권을 보장하고 최종부지선정에는 주정부의 거부권을 보장하였다. 또한 하나의 주(State)나 한 지역이 방폐물 관리의 모든 책임을 떠맡지 않도록 복수의 부지를 선정하도록 규정하였다.

방폐물정책법(NWPA)에 따라 연방 에너지부(DOE)는 6개 주에서 9개 지역을 물색한 뒤 1986년 네바다(Nevada)주 유카 마운틴(Yucca Mountain), 워싱턴(Washington)주 핸퍼드(Hanford), 텍사스(Texas)주 디프 스미스 카운티(Deaf Smith County) 등 3곳을 후보지로 압축하였다. 하지만 3곳 모두 주정부와 주민들의 거센 반대로 부지선정 프로그램은 중단되었다.(송하중 · 고대유, 2018)

유카 마운틴 프로젝트와 블루리본위원회(BRC)

1960년대부터 추진한 부지조사가 번번이 무산되자 1987년 방폐물정책법(NWPA)을 개정해 네바다주 유카 마운틴을 단독 후보지로 결정하였다. 이와 함께 방폐물교섭국과 연방기관인 방폐물기술평가위원회(NWTRB)를 신설해 지역주민 설득작업을 벌이는 한편, 부지적합성 조사에 착수했다. NWTRB는 2002년 유카 마운틴의 부지가 적합하다고 발표하였고, 조지 부시 대통령은 처분시설 건설에 대한 후속 권고안을 의회에 송부하였다. 이에 대해 네바다주는 공식적으로 거부하였지만 연방의회는 네바다주의 거부권을 기각하면서 갈등이 증폭되었다.

유카 마운틴 처분시설의 안전기준에 관한 소송이 제기되고 건설기금 부족 등으로 6년의 세월이 흐른 2008년 6월, 에너지부(DOE)는 원자력규제위원회(NRC)에 처분장 건설 인허가를 신청했다. 원자력규제위원회(NRC)의 인허가 승인과 함께 부지 적합 판정을 받아 순조롭게 진행되는 듯했지만, 오바마 정부가 출범하면서 다시 원점으로 돌아갔다.

오바마 대통령은 2009년 3월 유카 마운틴 프로젝트를 중단하고 에너지부(DOE) 산하에 방폐물 관리정책을 재검토하고 부지선정 방식 등 새로운 전략을 마련하기 위해 블루리본위원회(BRC, Blue Ribbon Committee on America's Nuclear Future)를 설치하였다. BRC는 前 상 · 하원의원과 前 NRC 위원, 산업계 및 노조 대표, 전문가 등 15명으로 출범해 2010년 3월부터 2012년 1월까지 1년 10개월 동안 전문가와 이해관계자들의 다양한 의견을 수렴한 보고서로 발표했다.

블루리본위원회(BRC)는 방폐물 관리시설 설치는 지역의 동의를 바탕으로 한 새로운 접근법과 전담조직의 필요성 등 8개 사항을 권고하였다(BRC, 2012). 에너지부(DOE)는 BRC의 권고를 토대로 2013년 1월 「사용후핵연료 및 고준위 방사성폐기물 관리와 처분에 관한 전략」을 발표하였다. 주요 내용은 △2021년까지 파일럿 규모의 중간저장시설 건설 및 운영, △2025년까지 상용 규모의 중간저장시설 부지선정 및 인허가, △2048년까지 영구처분장 부지선정 및 부지 특성조사 실시로 되어있다.(DOE, 2013; 주지은 외, 2019)

3) 공론화 방식

영구처분장 부지선정 과정에서 특별한 공론화 프로그램은 시행되지 않았다. 핀란드, 스웨덴과 마찬가지로 환경영향평가와 방폐물정책법(NWPA)에 규정된 의견수렴 절차에 따라 공청회를 개최한 정도였다. 부지선정은 전형적인 DAD(DecideAnnounceDefend) 방식으로 추진하면서 지역주민들의 거센 반발에 봉착해 무산되었다.(Endres, 2012)

1987년 방폐물정책법(NWPA)을 개정해 네바다주 유카 마운틴을 일방적으로 단독 후보지로 상정하면서 이미 실패를 예고했다. 유카 마운틴은 1970년대부터 후보지로 떠올라 두 차례나 지질조사를 벌였지만 주민 반대로 무산된 지역이었다. 그럼에도 불구하고 에너지부(DOE)가 복수의 후보지 선정에 따른 비용 과다 등을 이유로 방폐물정책법(NWPA)에 명시된 2개 후보지가 아닌 단독 후보지로 유카 마운틴을 확정하면서 불신을 자초했다. 방폐물정책법을 개정하면서 납득할 만한 사유 없이 부지선정 절차를 간소화하였고, 유카 마운틴을 최종 후보지로 선정한 이후 후속 입법조치 과정에서도 네바다주와 협의하지 않았을 정도로 일방적이었다.(송하중 · 고대유, 2018)

이에 대해 네바다 주정부와 주의회는 유카 마운틴이 최종부지로 확정되자 지속적으로 반대하였다. 주지사와 주의회 다수당의 교체에도 불구하고, 연방정부의 보상프로그램도 거부한 채 한목소리로 강력하게 맞섰다. 네바다주는 연방정부를 상대로 연방법원에 소송도 제기하였다. 다만, 유카 마운틴이 위치한 지방정부(Nye County)의 분위기는 주정부에 비해서는 다소 온건한 편이었다. 나이 카운티(Nye County)는 처분시설 유치에 따르는 경제적 보상의 직접적인 수혜지역인 데다 원자력에 대한 거부감이 비교적 적은 곳이었다. 네바다주 17개 지방정부(county) 가운데 면적이 가장 넓고, 1940년대에 원자폭탄의 실험장소(test site)였다는 점도 지역정서에 작용한 것으로 보인다.

미국의 공론화는 2002년 부시 대통령의 서명으로 유카 마운틴이 최종 후보지로 결정된 이후 2008년 6월 연방 에너지부(DOE)가 제출한 처분장 허가신청서에 대해 원자력규제위원회(NRC)가 심사하면서 2008년 10월 공청회(Hearing)를 개최한 것이 전부라고 할 수 있다.(송하중 외, 2019)

4) 특징 및 시사점

미국은 세계 최대 원전 국가임에도 불구하고 영구처분장 부지확보에 관해서는 2010년 유카 마운틴 프로젝트가 무산된 이후 한 걸음도 나아가지 못하고 있다. 연방 에너지부(DOE)는 네바다주 유카 마운틴에 사용후핵연료를 심층처분하기 위해 20년 동안 수조 원의 조사연구비를 투입했지만 오바마 대통령의 취임으로 원점으로 돌아갔다. 유카 마운틴에 지진활동이 발견된 것도 원인이었지만, 주정부와 상 · 하원의원, 지역주민의 거센 반대가 결정적인 이유였다.

미국 사례는 선진국일수록 부지선정을 DAD 방식으로 접근하면 해결방안을 찾기 어렵다는 사실을 역설적으로 보여준다고 하겠다. 유카 마운틴 프로젝트 무산 이후 미국은 영구처분장 확보보다는 통합중간저장시설(CISF) 건설에 초점을 두고 있다. 이르면 2021년에 뉴멕시코주 칼스배드(Carlsbad)시와 홉스(Hobbs)시 사이에 통합중간저장시설(CISF) 건설을 위한 인허가 승인이 날 것으로 보인다.

4. 독일

1) 관리정책 개요

세계에서 대표적인 탈원전 국가인 독일은 1986년 체르노빌 사고 이후 신규원전 건설을 중단한 이래 2021년 현재 6기가 가동 중이며 전체 전력의 11%를 원전이 담당하고 있다. 1998년 출범한 사민당과 녹색당 연립정부는 2002년 원자력법을 개정해 신규원전 건설금지, 기존 원전 가동연한 제한, 2022년까지 모든 원전 폐쇄 등 강력한 탈원전정책을 천명했다. 이와 함께 2005년부터 고준위 폐기물의 해외 반출을 금지하고 심지층처분하도록 명시함에 따라 최종 처분장이 마련될 때까지 각 원전별로 소내 중간저장하고 있다.

이 같은 탈원전정책은 2005년 집권한 메르켈(Merkel) 정부가 온실가스 배출과 안정적인 전력공급, 러시아 가스 의존도 심화 등을 우려해 사민 · 녹색당 연정의 탈원전정책을 폐기하고 2010년 10월 기존 원전 17기를 계속 운전하기로 수정했다. 그러나 1년도 채 못되어 2011년 후쿠시마 원전 사고가 터지자 가동 중이던 원전 17기 가운데 8기를 즉시 폐쇄하고 나머지 원전도 2022년까지 전면 폐쇄로 다시 선회했다. 메르켈 총리 재임 기간에 재생에너지 비중이 10%에서 40%대로 확대되는 등 2030년까지 재생에너지 비중을 65%로 확대하는 에너지전환(Energy Transition) 정책을 추진하고 있다.

사용후핵연료는 1990년대까지는 재처리 및 해외 위탁 처리했으나 2002년 원자력법 개정으로 직접처분(심층처분)으로 전환되었고, 프랑스와 영국으로 보냈던 위탁 처리도 2005년부터 중단되었다. 고준위 폐기물은 아하우스(Ahaus), 고어레벤(Goreleben) 등 4곳에 중간저장시설을 건설해 운영했으나 주민들의 격렬한 반대로 기차 운송이 막혀 2005년부터 각 원전별로 부지에 저장하고 있다.

영구처분장 부지선정은 1977년 니더작센(Niedersachsen)주의 암염돔 지역인 고어레벤(Gorleben)을 후보지로 결정하였으나 진통을 거듭하다 36년 만인 2013년 「고준위 폐기물 처분장 부지선정법」(RSSA)이 제정되면서 원점에서 다시 논의하고 있다. 고어레벤은 독일 북부 니더작센주 탄넨베르크(Tannenberg)에 위치한 인구 1천 명이 안되는 작은 마을로 1984년부터 중간 저장시설이 운영되었지만 현재는 반입이 중단된 상태이다. 니더작센주에는 콘라드(Konrad) 처분시설, 앗세(Asse) 연구광산 및 중·저준위 방폐장(2013년 폐쇄) 등 원자력시설이 밀집되어있다.

부지선정법(RSSA)에 따라 2016년 설립된 방폐물관리기구(BGE)는 2021년 현재 처분장 선정을 위한 온라인 토론을 진행하고 있다. BGE(Bundesgesellschaft für Endlagerung)는 2020년 입지 탐색의 첫 작업으로 보고서를 발간하고 90개 지역을 선정해 지질학적 배제조건에 대한 조사를 벌이고 있다. 90개 지역에서 6가지 배제조건(채광이력, 화산활동, 지진활동, 지하수 유동, 활성단층영역, 대규모 융기·침강) 가운데 3가지(채광이력, 화산활동, 지진활동)에 대한 조사를 마무리하고 나머지 3가지에 대한 조사작업이 진행중이다. BGE는 2031년까지 최종부지를 확정하고 2050년부터 처분장을 운영할 계획이다.(원자력환경공단, 2020; 뉴시스, 2020. 9. 28.)

2) 부지선정 과정

독일의 부지선정은 1973년 방폐물통합관리센터(NEZ, Nukleares

Entsorgungszentrum) 건설을 추진하면서 시작되었다. NEZ에는 고준위 폐기물 재처리시설뿐만 아니라 중간저장시설, 심층처분시설, 중 · 저준위 처분시설 등을 집중시켜 방사성폐기물을 한꺼번에 처리한다는 전략을 수립하였다. 당시 독일 정부는 NEZ의 부지 조건으로 암염을 기본요소로 물색한 결과 니더작센(Niedersachsen)주의 3개 암염돔(salt rock dome) 지역이 적합한 것으로 평가되었다. 이에 따라 부지조사에 착수했으나 지역주민들의 거센 반발로 1976년 조사가 중단되었다.

니더작센 주정부는 1977년 2월 자체적으로 고어레벤(Gorleben)을 NEZ 후보지로 지정하고 공청회와 토론회를 거친 후 1979년 5월 재처리시설은 제외하고 최종처분시설과 중간저장시설 건설은 수용하겠다고 밝혔다. 이에 따라 1984년 지상 중간저장시설이 건설되었지만 지하조사와 시추작업은 1986년 체르노빌 원전 사고와 지하수 누출 등으로 순조롭게 진행되지 못하였다. 이런 와중에 1998년 탈원전을 내건 사민당과 녹색당의 연립정권이 출범하면서 획기적인 변화가 발생했다.(Appel. 2006; 타카노 사토시, 2017)

연립정부는 부지선정에 일반 대중의 참여 방안을 수립하기 위해 1999년 '최종처분시설 부지선정 절차위원회'(AkEnd, Arbeitskreis Auswahlverfahren Endlagerstandorte)를 구성하고, 2000년 10월에는 고어레벤(Gorleben) 암염돔에 대한 지하조사를 중단하는 '모라토리엄'을 선언하였다. 2009년에는 기민당과 자유당 연립정권의 등장으로 고어레벤 부지조사가 재개되었지만 2011년 후쿠시마 원전 사고로 다시 중단되었다.

후쿠시마 사고 이후 원전에 대한 비판적인 여론이 높아진 가운데 2013년 7월 「고준위 폐기물 처분장 부지선정법」(RSSA, Repository Site Selection

Act)이 제정되어 부지선정 절차를 다시 논의하기 시작했다. 이 법에 따라 2031년까지 최종처분장 부지를 선정하기 위해 연방의회 및 주정부 대표 각 8명, 환경단체 · 산업계 · 종교계 · 노동조합 대표 16명 등 총 33명으로 구성된 '고준위 방사성폐기물 처분위원회'(EndKo, Commission for the Storage High-Level Radioactive Waste)가 발족되었다.

부지선정법(RSSA)에 따라 부지조사 및 건설 전담기관(BfS)과 감독기구(BfE)도 설립되었다. 연방 방사선방호청(BfS)은 최종처분시설 후보지역 선정 및 부지조사를 실시해 연방 방폐물처분청(BfE)에 건설허가를 신청하게 된다. 인허가 기관인 BfE는 부지선정 전반에 대한 자문과 지원, 그리고 각 조사단계에서 조사계획 및 기준에 대한 기술적 평가를 내리는 기구이다. 일반 대중에게 관련 정보를 제공하고 공중 참여 방안을 마련하는 것도 BfE의 임무이다.(윤혜선, 2015)

부지선정법(RSSA)에 따른 부지선정 절차

2013년 제정된 「고준위 폐기물 처분장 부지선정법」(RSSA)에는 부지선정 절차를 9단계로 규정하고 있다. ①부지선정요건 확정 → ②부지 후보지 결정 → ③지표조사 대상부지 및 제외부지 결정 → ④지표조사 실시 → ⑤지하조사 대상부지 결정 → ⑥지하조사 실시 → ⑦환경영향평가 실시 → ⑧최종 비교검토 및 최종부지 제안 → ⑨최종처분시설 부지 결정 등으로 상세하게 짜여져 있다.

첫째, 1단계는 부지선정 요건을 확정하는 준비단계로 처분위원회(EndKo)가 연구조사한 결과보고서를 토대로 배제 기준, 최소 요건, 형량 기준 및 저장위원회가 권고한 의사결정의 근거 등을 RSSA에 명시하는 단계이다. RSSA 개정을 통해 부지선정 요건이 확정되어야 연방 방사선방호청(BfS)이 시행자로서 전면에 나서게 된다. 후속 절차는 전담기관인 BfS와 BfE가 협력하여 진행한다.

둘째, 2단계는 연방 방사선방호청(BfS)이 1단계에서 확정된 부지선정 요건과 다른 공익을 고려하여 후보지를 결정한다. 2단계에서는 안전요건을 충족하지 못하거나 지질검사, 수문검사 및 계획 기준에 미달하는 지역을 골라내어 이후 고려 대상에서 배제하는 반증주의 방법론(falsification methodology)을 활용한다.

셋째, 지표조사 대상부지 및 제외부지를 결정하는 3단계에서는 BfS가 후보지에 대한 지표조사제안서를 작성하면 연방의회가 지표조사 대상부지와 제외부지를 결정하고, 그 결과를 법률에 명시한다. 4단계에서는 조사대상 부지가 법률로 지정되면, BfS는 부지별 조사계획과 평가기준을 작성해 BfE의 승인을 얻은 후 지표조사를 실시한다.

넷째, 지하조사를 위한 부지선정 절차도 조사 대상부지의 결정은 법률에 의해 확정된다(5단계). 이어지는 지하조사는 철저한 지질조사계획과 부지 관련 평가기준을 근거로 이루어지며(6단계), 환경영향평가를 실시해야 한다(7단계).

다섯째, 지하조사가 완료되면 BfE는 모든 사익과 공익 및 의견수렴 결과를 고려한 후 그 결과를 비교하여 처분시설 부지를 제안한다. 부지제안서에는 당해 부지에 고준위 폐기물 처분시설을 설치 · 운영 · 해체함으로 인하여 발생하는 손해에 대하여 현재의 과학기술 수준에 의해 요구되는 모든 사전배려 조치를 취했으며, 아울러 공법(公法)에서 요구하는 모든 법률상의 요건을 충족했다는 증거가 포함되어있어야 한다(8단계). 마지막으로 최종처분시설 부지 결정은 법률로 확정되며 이후의 건설 · 운영 · 허가절차에 대한 구속력을 갖게 된다.(윤혜선, 2015; 김재광, 2020)

3) 공론화 방식

부지선정 과정에서 시행된 독일의 공론화는 △사민당-녹색당 연립정부가 1999년 구성한 '최종처분시설 부지선정 절차위원회'(AkEnd), △후쿠시마 원전 사고 직후인 2011년 4월 구성된 '안전한 에너지 공급을 위한 윤리위원회', △2013년 제정된 「고준위 폐기물 처분장 부지선정법」(RSSA)에 따라 발족한 '고준위 폐기물 처분위원회'(EndKo), △참여적 거버넌스를 위해 2016년 설립된 국가시민사회위원회(NBG) 등 시기별로 다양한 위원회가 설립되어 일반인과 이해관계자의 참여방안을 지속적으로 논의해 왔다.

첫째, '최종처분시설 부지선정 절차위원회'(AkEnd)는 정기회의(27회)뿐만 아니라 공적 워크숍(3회), 안전기준 워킹그룹 미팅(40회), 공공성 워킹그룹 미팅(27회) 등을 통해 이해관계자와 일반 대중의 참여를 통한 합의형성을 강조하였다. 연방 환경부 산하에 설치된 아켄트(AkEnd)는 2년간 활동을 정리해 2002년 12월 공표한 최종보고서를 통해 부지선정에 있어서 투명성과 주민참여를 가장 중요한 요소로 꼽았다. AkEnd 보고서는 △의사결정의 단계적 접근, △과학적 기준에 근거한 평가, △비교심사방식에 의한 부지선정, △각 단계마다 일반 대중의 참여 보장, △종합적인 부지선정기준 적용 등을 권고하였다. 부지선정을 백지상태에서 시작해서 5단계로 나눈 새로운 선정 방식 등 권고안의 내용을 담은 법안은 의회 해산 등으로 통과되지 못하지만

2013년 제정된 부지선정법(RSSA)에 큰 영향을 미쳤다.(AkEnd, 2002; Haury, 2006; 윤혜선, 2015)

둘째, 후쿠시마 사고 직후인 2011년 4월 다양한 분야의 에너지 전문가 17인으로 구성된 '안전한 에너지 공급을 위한 윤리위원회'는 「새로운 에너지원이 원전을 충분히 대체할 수 있는가」를 주제로 2개월 동안 전문가와 일반국민을 대상으로 토론회를 개최했다. 윤리위원회는 원전의 기술적 위험을 윤리적 · 사회적으로 평가하고 원전 폐쇄에 따른 사회적 위험도에 관한 공개토론을 진행했다. 윤리위원회가 개최한 토론회는 전국에 생중계되어 탈원전에 대한 사회적 합의도출에 기여한 것으로 평가되고 있다. 윤리위원회는 원전 폐쇄의 윤리적 당위성과 함께 원전을 포기한 결과에 대해서도 책임을 져야 한다는 공감대를 형성하였다. 위원회는 최종적으로 원전을 최대한 빠른 시일 안에 폐쇄하되, 폐쇄 속도는 원전보다 위험이 적은 다른 에너지원으로 대체되는 속도를 고려해 10년 내로 탈핵을 실현할 수 있다는 결론을 내렸다. 윤리위원회의 이 같은 결론을 바탕으로 독일 연방의회는 정부의 원전 폐기안을 최종 승인하였다.

셋째, 메르켈 정부가 2013년 제정한 「고준위 폐기물 처분장 부지선정법」(RSSA)에 따라 발족한 '고준위 폐기물 처분위원회'(EndKo)는 부지선정 과정뿐 아니라 부지선정 절차를 설계할 때도 시민참여가 중요하다는 원칙에 따라 2년 동안 다양한 워크숍과 포럼을 개최하였다. 2016년 해산한 처분위원회(EndKo)는 최종보고서에서 "일반국민은 부지선정의 초기 단계부터 전 과정을 통해 폭넓고 체계적으로 정보를 제공받고 참여할 수 있어야 한다"고 강조했다. 처분위원회(EndKo)는 과학계 8명, 시민사회계 8명(환경단체 · 노조 ·

교회 · 산업계 각 2명), 연방 상 · 하원 각 8명 등 총 33명으로 구성되었다. 특징적인 것은 정치권을 대표해 참여한 연방 상 · 하원의원들은 의결권 없이 의견만 개진할 수 있었다. 위원회의 권고안에 따라 독일 정부는 2016년 12월 참여적 거버넌스를 위한 국가시민사회위원회(NBG)를 설립하였다. NBG는 연방의회가 지명한 12명과 시민위원 6명으로 구성되어 부지선정 과정에 대한 감시 역할을 맡고 있다.

4) 특징 및 시사점

첫째, 독일 사례의 가장 큰 특징은 부지선정 절차에서 주요 결정권한을 행정부에서 입법부로 전환시켰다는 점이다. 처분시설 부지선정 절차를 「고준위 방폐물 처분시설 부지선정법」(RSSA)을 통해 구체적으로 명시하고 있다. 부지선정법(RSSA)은 최종처분시설 부지를 △단계적으로(stepwise), △과학적 기준에 근거하여(criteria based), △비교심사방식(comparative selection process)으로 선정할 것을 규정하고 있다. 영구처분장 부지선정 과정에서 사회적 수용성을 담보하기 위해 투명한 소통과 참여적 접근법을 강조하고 있다. 특히 부지선정법(RSSA) 제1조 제1항은 이 법의 목적을 '최고의 안전'을 100만 년 동안 보장할 수 있는 부지를 선정하기 위한 것이라고 선언하고 있다. 부지선정 기준으로 안전성을 최고의 가치로 천명한 독일 입법자의 의지를 보여준 것으로 평가할 수 있다. 독일 사례와 관련해, 우리나라에서 영구처분장 부지선정에 관한 결정권을 입법부에 부여하는 것은 정치사회적 환경과 현실 여건을 감안할 때 실현가능성은 희박한 것으로 판단된다.

둘째, 부지선정 과정에서 DAD(decideannouncedefend) 방식으로 일관했던 기존의 의사결정 구조에서 탈피해 각 단계마다 투명한 정보공개와 이해관계자와 일반 대중의 참여를 제도적으로 보장하고 있다는 점이다. 부지선정법(RSSA)은 소통과 참여의 주체를 지역 차원, 국가 차원, 행정기관 차원으로 세분해 새로운 소통방식과 참여의 저변을 입체적으로 확대하고, 각종 위원회의 다양한 구성과 의사결정 구조의 다변화를 통해 참여의 기회를 확장하였다는 평가를 받고 있다.[115] 여기서 주목할 기관이 부지선정법(RSSA)에 따라 설립된 연방 방폐물처분청(BfE)이다. 고준위 폐기물에 대한 규제와 관리를 전담하는 BfE의 가장 중요한 임무는 일반 대중에게 관련 정보를 제공하고 참여 방안을 관리하도록 부지선정법(RSSA)에 규정되어있다는 점이다. 정부당국이 더 이상 DAD 방식으로 접근하지 않도록 법률로 명시한 것은 2000년 '고어레벤(Gorleben) 모라토리엄' 선언의 전철을 밟지 않겠다는 입법부의 강한 의지로 평가된다.

셋째, 부지선정을 위한 특별한 공론화 프로그램은 시행되지 않았지만, 1999년부터 최근까지 시기별로 다양한 위원회가 설립되어 일반인과 이해관계자의 참여 방안을 지속적으로 논의해 왔다. 시기별 공론화 주관기구를 보면, △사민당-녹색당 연립정부가 1999년 구성한 부지선정 절차위원

---

115 독일의 부지선정 절차는 부지선정법(RSSA)에 따라 각 단계마다 관계 행정청과 국민들의 참가를 의무화하고 다양한 분야의 전문가들로 사회동반감시위원회와 지역시민모임을 구성하도록 명시되어있다. 사회동반감시위원회는 연방의회와 연방 참사원의 동의를 받아 연방 교육부에 설치되며, 위원들은 연방 방폐물처분청(BfE)과 연방 방사선방호청(BfS)의 모든 문서와 서류를 열람할 수 있다. 또 관계 행정청도 해당 지방정부 및 관할 행정청이 법률로 정하는 절차에 따라 참여할 수 있도록 규정하고 있다.(이종영, 2014)

회(AkEnd), △후쿠시마 원전 사고 직후인 2011년 4월 구성된 '안전한 에너지 공급을 위한 윤리위원회', △2013년 발족한 '고준위 폐기물 처분위원회'(EndKo), △참여적 거버넌스를 위해 2016년 설립된 국가시민사회위원회(NBG) 등을 들 수 있다. 탈원전에 대한 사회적 합의를 도출하기 위해 다양한 위원회가 설립되어 지속적으로 논의해 왔다는 점에서 문재인 정부의 탈원전 정책을 둘러싼 한국 사회의 갈등 양상과는 대조적이라고 할 수 있다.

5. 캐나다

1) 관리정책 개요

직접처분 국가인 캐나다는 2021년 현재 19기의 원전이 가동 중이며 전체 전력의 15%를 원전이 담당하고 있다. 사용후핵연료 관리정책은 1978년 캐나다 원자력공사(AECL, Atomic Energy of Canada Limited)가 심지층처분 방안을 제시한 이후 방폐물관리기구(NWMO)의 공론화 결과를 토대로 '적응적 · 단계적 관리'(APM, Adaptive Phased Management) 방식을 채택하고 있다. APM 방식은 정책실행 단계에서 기술발전이나 상황변화를 고려하자는 것으로 일단 중간저장시설을 확보한 뒤 지질조사를 거쳐 영구처분 여부를 결정하기로 했다.

캐나다에서는 고준위 폐기물은 발생지역에서 관리하는 것이 바람직하다는 공감대가 형성되어있고, 사용후핵연료의 지역 간 이동에 대한 거부감도 강해 현재 각 원전별로 분산저장하고 있다. 다른 지역의 고준위 폐기물이 지역에 유입되는 것도 꺼려 중앙 집중식 저장시설도 확보하지 못하고 있다. 이에 따라 온타리오주 클라링턴(Clarington)에 위치한 달링턴(Darlington) 원전과 포인트 르푸르(Point Lepreau) 원전 등에 소내 건식저장시설을 운영하고 있다.(사용후핵연료 공론화위원회, 2014b)

캐나다 원전은 중수로형(CANDU)으로 우리나라의 월성원전 건식저장시설인 캐니스터와 맥스터는 캐나다 기술을 도입한 것이다. 월성원전의 캐니스터(CANSTOR-200)는 캐나다에서 개발한 콘크리트 사일로 300기를 4차에 걸쳐 건설하여 1992년부터 운영하고 있다. 맥스터(MACSTOR-400)도 캐나다와 공동개발한 것으로 캐니스터의 저장용량을 2배로 증가시킨 모듈로 7기를 설치하여 운영하고 있으며, 지역 공론화를 거쳐 2022년까지 7기가 추가 건설될 예정이다.

방폐물관리기구(NWMO)는 2010년부터 부지선정 작업에 착수해 처분시스템에 관심을 표명한 22곳 가운데 온타리오(Ontario)주의 화강암지역(Ignace)과 퇴적암지역(South Bruce) 2곳에서 현재 부지 예비 적합성 조사를 실시하고 있다. NWMO는 2023년까지 단일 부지를 확정하고, 부지특성 조사와 인허가 절차를 거쳐 2033년 착공해 2043년부터 심층처분장을 운영할 계획이다.

2) 부지선정 과정

캐나다 원자력공사(AECL)가 1978년 심지층처분방안을 제시하면서 부지선정 과정이 시작되었다. 1984년에는 환경평가패널(Seaborn Panel)이 구성되어 심지층처분이 기술적 측면에서는 안정성이 있지만 사회적 수용성이 부족하다고 지적했다. Seaborn Panel은 원자력공사(AECL)의 대안이 사회적 수용성을 확보하기 위해서는 광범위한 대중참여 프로그램(PSE)이 필요하다고 권고했다.

이와 함께 원자력공사(AECL)의 처분시스템이 감시체계가 모호하다는 비판도 제기되었고, 처분장 건설로 인해 원주민이 토지를 사용할 수 있는 권리(aboriginal right)를 침해하는 문제가 쟁점으로 부각되면서 1998년 심지층처분정책은 중단되었다. 캐나다 정부는 2000년 제정된 고준위폐기물법(NFWA, Nuclear Fuel Waste Act)에 따라 2002년 방폐물관리기구(NWMO, Nuclear Waste Management Organization)를 설립해 사용후핵연료에 대한 장기적 관리방안을 검토했다.

NWMO는 △원자력공사(AECL)가 제시한 지하 500~1000m 심도에 처분하는 심지층처분방식(deep geological repository), △원전 부지에 50년간 저장하는 소내 중간저장 방식(storage at reactor sites), △100~300년간 한 곳에서 저장하는 중앙 집중식 저장방식(centralized storage) 등 3가지 대안에 대한 공론화를 진행하였다. NWMO는 3가지 대안의 장단점에 대한 전문가 그룹의 의견과 일반국민들의 참여를 통해 제4의 대안(APM, Adaptive Phased Management)을 담은 최종보고서를 2005년 연방 천연자원부에 제출했다. 캐나다 정부는 이에 따라 2007년 APM을 사용후핵연료 관리계획으로 선정해 NWMO가 현재 부지선정 작업을 추진하고 있다.

9단계 부지선정 절차

적응적 · 단계적 관리방안(APM)에 따라 2010년 확정한 9단계 부지선정 절차는 다음과 같다. ①정보제공 및 국민인식 구축 활동 → ②지역사회의 요청에 따른 정보제공 및 적합성평가 → ③부지 예비 적합성조사 → ④상세 부지조사 → ⑤지역사회 수용성(승인) 확인 → ⑥지역사회와 공식계약 체결 → ⑦규제기관 검토 및 승인 → ⑧부지특성 조사를 위한 지하 파일럿시설 건설 · 운영 → ⑨처분시설 건설 · 운영 등이다.

첫째, 1단계는 전반적인 홍보활동으로 일반국민을 대상으로 부지선정에 대한 정보를 제공하고, 다양한 창구를 통해 제시된 질문에 대한 응답을 통해 국민 인식을 제고한다. 2단계는 관심이 있는 지역의 선호를 파악해 초기 심사를 실시하고, 3단계로 진입해 잠재적 적합성에 대한 예비평가를 실시한다.

둘째, 4단계는 예비 적합성 조사를 통과한 지역에 대해 상세 부지조사를 실시해 입지 적합성 평가를 실시한다. 5단계에서는 심층처분시설 건설에 대한 지역사회의 수용 여부를 확인하고, 6단계에서는 해당 지역에 대한 규제조건 파악과 지역사회와 계약 체결 등 공식적인 확인 절차를 거친다.

셋째, 7단계는 심층처분시설 건설에 대한 규제당국의 검토와 승인을 거치고, 8단계는 부지특성 조사를 위한 지하 파일럿시설을 건설해 운영하면서 지하 기반시설에 대한 건설 · 운영에 착수한다. 마지막으로 9단계는 처분시설을 건설해 운영을 개시한다.

NWMO는 2012년부터 잠재적 후보 부지에 대한 기술적 · 사회적 · 경제적 평가에 착수해 21개 지역을 물색하였다. 이들 지역을 대상으로 예비평가를 거쳐 2017년 12월 5개 후보지를 선정하였고, 2019년에는 2개 후보지로 압축해 9단계의 부지선정 절차 가운데 현재 3단계가 진행 중이다.

최종 후보지 2곳은 온타리오(Ontario)주의 화강암 지역(Ignace)과 퇴적암 지역(South Bruce) 으로 부지 예비 적합성 조사가 진행되고 있다. 이그나스(Ignace) 지역은 2019년부터 시추조사가 실시 중이고, 사우스 브루스(South Bruce) 지역의 시추조사는 2021년에 진행될 예정이다. NWMO는 시추조사와 함께 지진활동을 모니터하기 위한 관측소 설치, 지하수 흐름 및 유량을 연구하기 위한 모니터링을 거쳐 2023년까지 두 지역 가운에 한 곳을 최종부지로 확정할 계획이다.(원자력환경공단, 2021)

3) 공론화 방식

캐나다의 공론화는 방폐물관리기구(NWMO)가 2002년 10월부터 2005년 9월까지 3년 동안 4단계에 걸친 공론화가 대표적이다. NWMO는 사용후핵연료 관리방안을 수립하기 위해 일반 대중과 이해관계자들이 참여하는 PSE(public and stakeholder engagement) 프로그램을 통해 새로운 대안을 도출하였다. NWMO는 공론화 과정에 보다 많은 시민의 참여를 위해 화상대화(e-dialogue) 등 다양한 의사소통 방법을 사용하였다.(황용수 외, 2008)

NWMO가 실시한 4단계 공론화 과정은 다음과 같다. 첫째, 1단계에서는 사용후핵연료 관리방안에 대한 대중의 기대와 목표에 관한 의견을 수집하기 위해 일반 대중에게 다음과 같은 세 가지 질문을 하였다. ①관련 연구가 어떻게 실시되어야 하는가? ②관련 연구의 목표와 결과물은 무엇인가? ③관련 연구에서 도출될 대안들은 무엇인가? 세 가지 질문에 대한 대답은 대면조사, 편지, 이메일, 전화 설문조사, 워크숍, 토론회 등을 통해 수집되었다, 이 과정에서 NWMO는 전문가와 과학자들의 의견은 물론, 원주민과 지역공동체의 의견도 균형 있게 수집될 수 있도록 안배하였다.

둘째, 2단계는 근본적인 문제 탐색으로 1단계에서 나온 대답들을 바탕으로 대안을 분석하기 위한 주요 평가 기준들을 찾기 위한 작업이 진행되었다. NWMO는 1단계에서 수집한 다양한 의견을 정리해서 국민에게 소상히 알리고 이를 바탕으로 앞으로 어떻게 진행될 것인지에 대해 공개하였다.

셋째, 3단계에서는 2단계의 결과물을 토대로 만들어진 평가 프레임을 통해 기존의 3가지 관리 방법의 장단점을 평가한 후 새로운 대안을 마련해 초안을 작성하였다. NWMO는 국민 참여를 토대로 작성한 평가 프레임과 전문가들의 보완 작업을 거쳐 기존 대안을 비교분석하고 각 대안의 장점을 반영한 제4의 관리방안을 마련했다.

넷째, 4단계에서는 대정부 권고안의 초안에 대한 일반 대중의 의견을 수렴해 최종보고서를 작성하였다. 초안에 대한 일반국민의 우려와 제안, 비평 여론을 수렴하기 위해 개인 · 집단 · 기관별 워크숍을 개최해 의견을 공유하였다. NWMO는 이러한 과정을 통해 수렴된 의견을 반영해 최종보고서를 제출하였다.

NWMO가 제시한 제4의 대안인 APM(Adaptive Phased Management)은 '적응적 · 단계적 관리' 방식으로 실행 단계에서 기술발전이나 변화가 생겼을 때 이를 받아들이도록 고안되었다. 캐나다 정부는 공론화 결과를 토대로 15개 시나리오 가운데 중간저장시설을 먼저 확보한 뒤 지질조사를 거쳐 영구처분 여부를 결정하는 APM을 관리정책으로 확정했다.

구 분	처분 방식	내 용
방안 1	심지층처분	- 지하 500~1000m 심도에 처분 - 30년 운영 후 폐쇄 - AECL에 의해 1978~1996년까지 연구 - 1984년 Seaborn Panel 검토
방안 2	소내 중간저장	- 10년간 습식저장 후 수명이 최소 100년인 콘크리트 및 철제 사일로에 50년간 저장 - 현재 7개 소내 저장시설에서 신규 · 증설 - 새로운 장기 저장시설은 300년마다 보수 의무
방안 3	중앙 집중식 저장	- 100~300년 동안 중간저장 - 300년마다 장기 저장시설 보수 의무
방안 4	단계적 관리방식	- 중앙 집중식 저장 및 최종적인 심층처분 - 단계별 수정이 가능한 의사결정 - 처분장 거치 전 중앙 집중식 저장시설에 중간저장 - 연속적인 모니터링, 회수가능성, 주민참여

[표 3-2] 캐나다 NWMO의 사용후핵연료 관리방안
※ 자료출처: 황용수 외(2008: 186)

4) 특징 및 시사점

첫째, 사용후핵연료 관리정책이 소수의 전문가와 정부 관료에 의해서 폐쇄적으로 결정된 것이 아니라 일반국민과 이해관계자들이 광범위하게 참여하는 공론화 과정을 통해 캐나다에 적합한 새로운 대안(APM)을 도출하였다는 점이다. NWMO가 주관한 PSE(public and stakeholder engagement) 프로그램은 화상대화(e-dialogue) 등 다양한 의사소통 방법을 사용해 보다 많은 시민의 참여를 유도하였다. 주민을 포함한 이해관계자들이 4단계 공론화 프로세스에 초기 단계부터 참여하였고, 교육 및 홍보를 통해 지방정부의 자발적인 신청을 유도한 결과 캐나다 전역에서 22곳이 관심을 표명하였다. NWMO는 22곳 가운데 5곳을 압축해 현재 2곳에서 부지 예비 적합성 조사를 실시하고 있다. 부지조사에서도 지역주민과의 유대감 형성을 위해 공동답사를 실시하고, 관련 보고서와 토론 자료 등을 웹사이트를 통해 공개해 투명성과 신뢰를 확보하였다.

둘째, 캐나다 관리정책의 특징은 '적응적 · 단계적 관리'로 불리는 APM(Adaptive Phase Management) 방식이다. 기술발전과 상황에 따라 유연한 선택을 하겠다는 전략이다. 일단 중간저장시설 건설을 위한 부지를 선정한 이후에 정밀 지질조사를 통해 최종처분시설 건설 여부를 결정하겠다는 것이다. APM은 기술적 방법으로는 심층저장소에 중앙 집중식으로 처분하고, 지속적인 관찰을 통해 사용후핵연료의 회수가능성도 고려하고 있다. 관리시스템은 유동적인 계획 실행, 단계적이고 수용적인 의사결정방식을 채택하고 있다. 1단계에서는 중간저장 및 처분장 부지선정 작업을 추진하고(30년), 2단계에서 중앙 집중식 저장 옵션이 채택되면 소내 저장된 사용후핵연료를 이송하지만, 미채택될 경우에는 소내 중간저장을 계속한다는 것이다. APM은 장기 계획인 만큼 처분방법에 대한 R&D 수준, 후보 지역에 대한 정보와 신뢰 형성, 사회적 가치관의 변화 등에 대비한 적응전략이라고 할 수 있다.

단 계	기 간	추 진 내 용
1단계	– 중앙 집중식 관리방안 준비 – 초기 30년	– 사용후핵연료 소내 중간저장 – 부지선정 기술개발 및 실행 관련 주요 결정에 대중 참여 – 인허가를 위한 규제기관과의 지속적인 접촉 – 중간저장 및 처분장 부지선정 작업 – 환경영향평가 등 인허가 시작 – 중간저장시설, 실증처분시설 및 처분장 부지특성 조사 – 부지 준비를 위한 인허가 취득 – 수송용기 개발 및 사용후핵연료 취급 능력 배양 – 중간저장시설 도입 여부 결정 – 중간저장시설 도입 시 건설 및 운영 인허가 취득
2단계	– 중앙 집중식 저장 및 실증기술 개발 – 30년	– 중앙 집중식 저장 옵션 채택 경우, 사용후핵연료 이송 – 중앙 집중식 저장 옵션 미채택 경우, 소내 저장 – 부지 적정성 실증 및 확인을 위한 연구시설 운영 – 부지, 기술, 처분 시기 결정 평가를 위한 대중 참여 – 처분시설 건설 시점 결정 – 최종 설계 및 안전성 평가
3단계		– 60년 후

[표 3-3] 캐나다 '적응적 · 단계적 관리'(APM)의 단계별 추진내용
※ 자료출처: 황영수 외(2008)

캐나다의 '적응적 · 단계적 관리'(APM) 방식은 현재 우리나라가 추진하고 있는 집중식 중간저장 및 영구처분장 건설계획과 유사한 측면이 있다. 동일 부지에 중앙 집중형으로 중간저장시설과 영구처분시설을 건설하는 방안은 박근혜 · 문재인 정부의 두 차례 공론화위원회가 권고한 핵심 내용이다. 산업부의 2016년 관리 기본계획에도 중앙 집중식 관리방안에 대한 구체적인 일정과 절차를 밝히고 있다. 차이점이 있다면, 캐나다의 APM 방식은 중앙 집중식 저장 옵션이 미채택될 경우 소내 중간저장 방안에 대한 국민적 공감대가 형성되어있지만, 우리나라에서는 각 원전별 임시저장에 대한 지역사회의 거부감이 매우 강한 편이다.

문재인 정부의 재검토위원회가 파행을 거듭한 것도 임시저장시설 확충에 대한 지역사회의 찬반 갈등이 매우 격렬했기 때문이었다. 사용후핵연료를 원전별로 소내 중간저장하면서 기술발전과 여건의 변화를 기다리는 캐나다의 APM 방식에 비해, 언제 반출될 기약도 대안도 없이 원전에 임시저장해야 하는 상황은 근본적으로 차이가 있다. 더구나 우리나라의 현행 법체계로는 소내 임시저장(관계시설)과 소내 중간저장(관련시설)을 다른 개념으로 보고 있기 때문에 관리정책에 대한 근본적인 재검토가 필요하다.

4장
해외 사례의 특징과 시사점

1. 핀란드, 스웨덴과 우리나라 비교

원전을 운영하는 세계 32개국 가운데 영구처분장 부지를 확보해 시설을 건설 중인 나라는 핀란드가 유일하다. 핀란드는 2001년 최종부지를 확정한 뒤 2016년 영구처분장 건설공사에 착공해 2023년부터 운영할 예정이다. 스웨덴은 2009년 최종부지를 선정해 2011년 입지 및 건설허가를 신청했으나 아직도 인허가 심사가 진행 중이다. 프랑스도 심지층처분시설(CIGÉO) 부지를 확정해 2015년 인허가를 신청했지만 아직 착공하지 못한 상태여서 현재로서는 핀란드와 스웨덴이 가장 앞서 있다. 이런 연유로 영구처분장 확보와 관련해 두 나라가 대표적인 성공사례로 회자되고 있지만 우리나라와는 사정이 매우 다르다. 원자력시설에 대한 주민수용성의 차이도 크고, 좁은 국토에 인구밀도가 매우 높다는 인문지리적 특성, 그리고 정부와 원전사업자에 대한 불신 등 두 나라와 판이한 여건을 살펴본다.

1) 주민수용성의 차이

핀란드와 스웨덴에서 영구처분장을 확보할 수 있었던 것은 한마디로 주민들이 받아들였기 때문이다. 핀란드는 부지선정 과정에서 지역주민이나 지방정부로부터 큰 저항이나 반대가 없었다. 상세부지조사 단계에서 4개 지역 가운데 2개 지역(Romuvaara, Kivetty)이 주민 반대로 제외되었지만, 전반적으로 원전에 우호적이고 주민수용성도 높았다. 스웨덴은 1980년대에는 DAD(Decide-Announcement-Defence) 방식으로 시추공사를 벌이다 주민저항에 직면했지만, 1992년 유치공모 방식으로 전환한 뒤에는 지방정부의 자발적인 참여를 최우선으로 두었다. 지역수용성 우선 원칙에 따라 주민투표로 후보지를 결정했고, 정부의 최종 승인 전에는 지방정부에 거부권도 부여했다.

이에 비해 우리나라는 1986년부터 19년 동안 9차례에 걸쳐 부지선정에 나섰지만 모두 실패하고 2005년 경주에 중 · 저준위 방폐장 부지를 확보했다. 그나마 이 과정에서도 안면도 사태(1990), 굴업도 사태(1994), 부안 사태(2003)라는 격렬한 주민저항을 겪고 나서야 고준위 방폐장과 중 · 저준위 방폐장을 분리해 겨우 부지를 확보할 수 있었다. 영구처분 및 중간저장시설 확보와 관리정책 수립을 위해 박근혜 · 문재인 정부에서 두 차례나 공론화를 실시했지만 '반쪽 공론화'라는 한계를 극복하지 못하고 표류하고 있다. 핀란드, 스웨덴 두 나라에서 영구처분장 건설에 대한 주민수용성이 높았던 것은 법적 · 제도적 장치와 함께 신뢰에 기반한 사회문화적 요인이 작용했기 때문이다.

첫째, 핀란드와 스웨덴에서는 최종부지선정 과정에서 지방정부의 권한을 강화해 거부권을 부여하는 등 주민수용성을 가장 우선적으로 고려하였다. 핀란드에서는 국책사업을 추진하는 민간사업자(POSIVE)가 정부에 '원칙결정'(DiP)을 위한 사업신청서를 제출할 때는 원자력법(Nuclear Energy Act)에 따라 먼저 지방정부의 승인이 필요하다. 사업자가 '원칙결정'(DiP) 승인을 받기 위해서는 원자력시설 설치계획이 사회 전체의 이익과 일치하고 있다는 동의가 필요하다.[116] 핀란드에서는 1994년 원자력법을 개정하면서 "어떤 원자력시설도 주민이 반대하는 지역에는 영구히 건설하지 않는다"는 조항을 명문화하였다. 또 1994년 제정된 환경영향평가법에는 영구처분장의 적합성 평가기준으로 '사회적 수용성'(social acceptance)이 명시되어있다. 부지적합성은 '물리적' 환경뿐만 아니라 '사회적 · 정치적' 환경을 반영할 수 있도록 주민수용성을 확보하라는 것이다. 이러한 제도적 장치로 인해 방폐물 사업자(POSIVE)는 영구처분장 건설 지역인 에우라요키시와 건설공사 이전부터 지속적으로 소통과 협상을 추진했다.

스웨덴에서는 방폐물 사업자(SKB)가 건설 인허가를 신청한 이후에도 정부의 최종 승인 이전에는 지방정부에 거부권을 부여하였다. 토지 · 환경법원(Land and Environment Court)이 SKB가 신청한 건설허가에 대해 공청회를 개최한 것도 지방정부와 주민의사를 재확인하는 절차였다. 공공협의(public consultation) 단계에서 지방정부에 거부권을 부여함으로써 주민수용성을 최

---

116 핀란드에서는 1983년의 '원칙결정'(DiP) 자체가 원자력시설 설치계획이 사회 전체의 이익과 일치하고 있다는 동의이기 때문에 부지선정 과정에서 지방정부의 참여와 주민 의견수렴은 안전성 조사에 초점을 두었다. 이러한 점에서 핀란드의 성공요인은 공론화 과정에서 일반대중의 참여보다는 정부 안전당국(safety authorities) 및 위임된 의사결정에 대한 신뢰, 경제적 의존성 및 인센티브, 원자력 기술에 대한 지역 수준의 수용성으로 분석되고 있다.(송하중 · 고대유, 2018)

대한 보장하는 조치로 볼 수 있다. 이밖에 주민수용성을 제고하는 법적 장치로 1977년 제정된 원자력발전규정법(Nuclear Power Stipulation Act)에는 원전사업자가 사용후핵연료를 '절대적인 안전성'(absolute safety) 기준으로 최종처분 방안을 제시할 것을 규정하고 있다. 또 1984년 제정된 원자력활동법에는 방폐물 관리기관(SKB)과 원전사업자가 사용후핵연료 관리와 지하처분 및 중간저장에 대한 포괄적인 책임이 있음을 명시하고 있다.

둘째, 영구처분장 건설과 관련된 기술적 정보와 환경영향평가(EIA, EIS) 초안 및 최종보고서, 일반 대중의 참여와 공공협의(public consultation) 등 공론화 과정의 모든 정보를 투명하게 공개함으로써 정부와 원자력 규제기관에 대한 신뢰가 매우 높았다. 핀란드의 원자력 규제기관(STUK)은 고용경제부 산하기관이지만 정부로부터 독립된 중립적인 운영으로 신뢰도가 높은 것으로 평가되고 있다. 방폐물 사업자(POSIVA)도 환경영향평가 보고서를 5개국 언어로 번역해 배포하는 등 적극적인 정보공개와 정기적인 교류활동으로 신뢰를 유지하였다.(전홍찬, 2019)

스웨덴이 공공협의를 위해 고안한 'RISCOM Model'도 원자력 투명성 증진 프로그램을 말한다. 공공협의 과정의 모든 회의는 문서로 기록하고 회의록은 방폐물 관리기관(SKB)이 매년 묶어서 발행하였다. SKB는 4천여 권이 넘는 부지조사 보고서를 번역해 전 세계에 공개하고 있다. 2000년 11월부터 2003년 10월까지 3년간 실시한 RISCOM Ⅱ Project도 방폐물 관리사업의 투명성 증진과 이해당사자의 참여 확대 방안을 집중적으로 논의한 프로그램이었다.

국제투명성기구(TI)가 2021년 1월 발표한 '2020년 국가별 부패인식지수

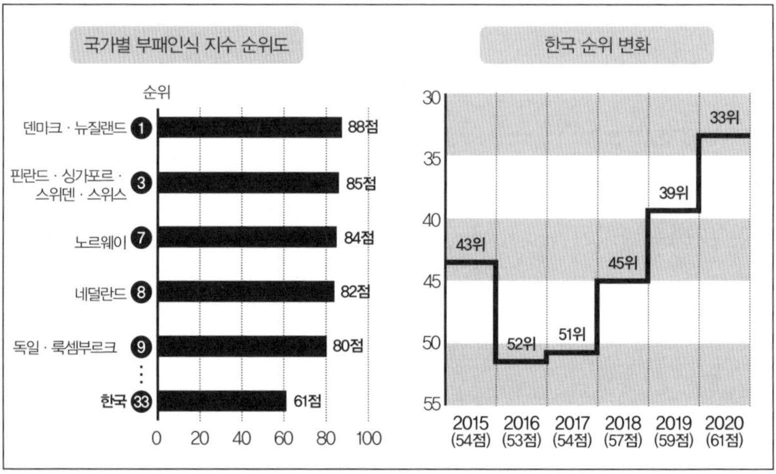

[그림 3-4] 국가별 부패인식지수 순위 및 한국 순위 변화
※ 자료출처: 국제투명성기구(TI); 연합뉴스(2021. 1. 18.)

(CPI)'에서도 핀란드와 스웨덴은 공동 3위를 차지할 정도로 국가 전체적으로 투명성이 높은 나라이다. 2020년 평가에서도 공동 1위는 2019년과 마찬가지로 덴마크와 뉴질랜드(88점)가 차지했으며, 핀란드 · 스웨덴 · 싱가포르 · 스위스(85점)는 공동 3위에 올랐다. 핀란드와 스웨덴은 2018년에도 공동 3위를 기록할 정도로 매년 최상위를 유지하고 있다.

이에 비해 우리나라의 부패인식지수(CPI)는 전체 평가대상 180개국 가운데 33위(61점)를 기록했다. 우리나라의 순위는 2016년 52위(53점) → 2017년 51위(54점) → 2018년 45위(57점) → 2019년 39위(59점)에 이어 2020년에는 6단계 상승한 33위로 역대 가장 높은 순위를 기록했다. 그러나 OECD 37개 국가 중에는 23위에 그치고 있고, 핀란드와 스웨덴에 비해서는 한참 낮은 순위이다.

2) 공론화 방식과 의제의 차이

핀란드와 스웨덴의 공론화는 우리가 이해하는 공론화라기보다는 환경영향평가의 일환으로 주민 의견을 수렴하는 차원인 데다, 갈등의 지역적 범위도 매우 제한적이었다. 환경영향평가(EIA, EIS)를 물리적 환경뿐만 아니라 주민수용성 확보를 위한 공론장으로 활용하였다.

핀란드의 공론화는 방폐물 관리기관(POSIVA)이 환경영향평가(EIA)를 수행하면서 실시한 주민참여 프로그램과 공청회가 의견수렴의 전부라고 할 정도이다. 열린 토론, 뉴스레터 배포, 소그룹 미팅 등 초보 단계의 공론화 방식으로도 갈등을 해결할 수 있었다. 스웨덴의 공론화도 공공협의(public consultation)와 공청회가 핵심이었다. 공공협의를 위해 'RISCOM Model'이라는 투명성 증진 프로그램을 실시한 것이 핀란드보다는 한 걸음 더 발전한 수준이었다. 공공협의가 원자력활동법(1984)과 환경법전(1998)에 법적 근거를 두고 있고, 주민 의견을 수렴하는 제도적 장치가 겹겹이 마련되어있다는 것도 특징적이다.

두 국가 모두 환경영향평가라는 틀 안에서 공론화가 수행되었기 때문에 영국의 CoRWM, 프랑스의 CNDP, 우리나라의 사용후핵연료 공론화위원회와 같은 공론화 전담기구도 굳이 설립할 필요가 없었다. 환경영향평가를 수행하는 민간사업자(POSIVE, SKB)가 공론화는 물론, 부지선정 작업을 주관한 것도 우리나라와 큰 차이점이라고 할 수 있다.

공론화 의제도 부지선정 과정에 주민 의견을 수렴하는 데 초점을 두었다. 사용후핵연료의 안전한 처분과 관련한 기술적 영역은 전문가들이 판단하였고, 공청회에서는 후보지를 선정하기 위한 방법이 핵심의제였다.[117] 지방정부와 지방의회, 지역주민, 환경단체 등 다양한 이해관계자들이 공청회를 통해 부지조사에 참여할지 여부를 결정하였다. 최종 처분방식이나 시설 설치 계획 등은 전문가와 기술관료의 판단영역으로 공론화 의제에서는 제외되었다. 이는 사용후핵연료 관리방식이 두 국가에서는 사회적 이슈로 부각되지 않았다는 것을 의미한다. 그만큼 문제를 풀기가 쉬웠다고 할 수 있다.

이에 비해 우리나라 문재인 정부의 공론화는 영구처분 · 중간저장 · 임시저장 시설 확보뿐만 아니라 사용후핵연료 관리원칙과 처분방식(6개 시나리오), 정책결정체계, 부지선정 절차, 유치지역 지원원칙과 지원방식 등 매우 복잡하고 다양한 의제를 다루었다. 여기에다 탈핵단체들은 사용후핵연료의 재처리 여부와 원전 정책에 대한 근본적인 논의도 요구하는 상황이어서 공론화를 통해 사회적 합의를 도출하기가 어려운 여건이라고 할 수 있다.

3) 인구밀도와 경제규모의 차이

핀란드와 스웨덴의 영구처분장 유치지역은 인구밀도가 낮고, 이미 원전과 중간저장시설, 중 · 저준위 방폐장까지 운영되고 있어서 지역주민들의 거부감이 적었다는 점도 우리나라와 차이점이다. 핀란드의 올킬루오토

---

117 이러한 점 때문에 스웨덴의 사용후핵연료 관리정책 수립이 민주적 방식이 아니라 기술관료적 접근이라는 비판도 있다. 방폐물 관리를 위한 정책결정 과정에서 'KBS'(nuclear fuel safety) 시스템으로 불리는 저장시설의 안전성과 같은 기술적인 부분은 전문가들의 영역으로 제한하고, 논의과정이 사회적으로 개방되지 않았기 때문에 바람직한 의사결정 모델로 보기 어렵다는 것이다.(이영희, 2013)

(Olkiluoto) 지역은 인구 6천 명 규모의 작은 마을에 원전이 밀집되어있고 인구밀도는 2009년 당시 13명/㎢이었다. 또 올킬루오토에는 1992년부터 중 · 저준위 방폐장도 운영되고 있다. 우리나라 경주의 중 · 저준위 방폐장과 유사한 동굴방식의 입구에 영구처분장(ONKALO) 전시관을 건립해 안전성을 홍보한 것도 성공요인으로 평가되고 있다.(사용후핵연료 공론화위원회, 2014b)

스웨덴의 포스마크(Forsmark) 원전 인근에도 1988년부터 중 · 저준위 방폐장(SFR)이 운영되고 있다. 포스마크가 속한 외스탐마르(Östhammar)시 인구는 2만 1천 명 정도이고 인구밀도는 6.3명/㎢에 불과하다. 중 · 저준위 방폐장 건설 당시 포스마크 인구는 2백여 명의 작은 어촌마을이었으나 지금은 6천 명으로 핀란드의 올킬루오토(Olkiluoto)와 비슷한 규모이다. 포스마크와 유치경쟁에 나섰던 오스카샴도 인구 2만 6천여 명의 작은 항구도시로 스웨덴 원전산업의 중심지이다. 스웨덴 4개 원전사업자가 공동 설립한 원전기업 SKB의 주요 시설이 모여있고, 중간저장시설(CLAB)도 이 곳에 위치해 있다.[118]

국가별 전체 면적과 인구를 비교해 보면 차이가 보다 명확하게 드러난다. 핀란드의 인구밀도(인/㎢)는 2020년 기준 16명으로, 우리나라보다 3.4배나 넓은 국토에 인구는 1/10 수준이다. 스웨덴도 인구밀도는 22명으로, 우리나

118 영구처분장 부지를 확보한 프랑스의 경우도 뷔흐(Bure) 지역에는 고준위 폐기물 처분연구소가 운영되고 있고, 인구 100여 명의 작은 마을이어서 영구처분장 건설로 인한 고용효과나 지역발전에 대한 기대감이 작용하였다. 특히 뷔흐지역은 주민 수가 매우 적어 조직적으로 반대운동을 전개하기도 어려웠던 것으로 알려지고 있다.(정현숙, 2015)

라보다 면적은 4.5배 넓지만 인구는 1/5에 불과하다. 이에 비해 우리나라의 인구밀도는 511명으로 OECD 국가 중 1위를 차지하고 있다. 일본(336명), 영국(278명), 프랑스(118명), 미국(35명)에 비해서도 매우 높다. 지질구조와 별개로 우리나라는 핀란드, 스웨덴에 비해 방폐장을 건설할 수 있는 한적한 부지를 확보하기가 그만큼 어렵다는 의미이다. 좁은 국토에서 활성단층 지진대를 제외하고 나면 영구처분장을 건설할 수 있는 부지는 매우 한정적일 수밖에 없다.

	핀란드	스웨덴	한국
인구밀도 (2020년, 인/㎢)	16명	22명	511명
원전 수 (2021년 가동)	4기	6기	24기
GDP (2020년 IMF)	43위	24위	10위

[표 3-4] 핀란드, 스웨덴, 한국의 인구밀도 및 경제규모

인구밀도의 차이 못지않게 경제 규모도 우리나라가 월등하게 크다. 우리나라의 GDP(국내총생산)는 2020년 기준 1조 6,382억 달러(한국은행 집계)로 세계 10위를 차지하고 있다. 이 같은 경제 규모는 IMF 발표 기준으로 핀란드(세계 43위)의 6배, 스웨덴(세계 24위)에 비해서도 3배나 많다. 좁은 국토에 인구가 밀집해 있으면서 경제활동이 왕성한 나라에서 10만 년 이상 안전하게 보관해야 하는 위험시설이 들어설 땅을 내줄 곳이 별로 없다는 것이다.

특히 우리나라는 원전 밀집도가 세계에서 가장 높다. 2021년 현재 가동 중인 원전은 핀란드 4기, 스웨덴 6기에 비해 우리나라는 24기로 세계 6위를 차지하고 있다. 원전은 주로 동해안 일대에 집중되어있고, 인근에는 수백만 명이 밀집해 거주하고 있다. 가동 원전 수와 인구 밀집도만으로 보면, 비교적 손쉽게 영구처분장을 확보한 핀란드나 스웨덴과는 비교조차 할 수 없다.

또 다른 차이점도 있다. 핀란드 올킬루오토(Olkiluoto) 처분장과 스웨덴 포스마크(Forsmark) 처분장 주변에는 중간저장시설이나 중 · 저준위 처분장이 운영되고 있지만, 우리나라는 2005년 제정된 「중 · 저준위방사성폐기물 처분시설의 유치지역지원에 관한 특별법」에 따라 중 · 저준위 방폐장이 건설된 경주에는 중간저장시설이나 영구처분시설을 설치하지 못하도록 규정하고 있다. 원자력시설에 대한 지역주민의 거부감이나 저항이 두 나라에 비해 우리나라는 상당히 크다는 사실을 단적으로 말해준다.

4) 정부에 대한 낮은 신뢰

영구처분시설이나 중간저장시설을 건설하기 위해서는 정부가 투명한 절차에 따라 공정하게 부지를 선정해 안전하게 관리할 것이라는 신뢰가 선결과제이다. 이러한 신뢰가 없다면 방폐장 건설은 부지선정은커녕 논의조차 진행하기도 어려워진다. OECD(경제협력개발기구)가 2011년부터 2년마다 발표하고 있는 '한눈에 보는 정부'(Government at a Glance) 보고서에 따르면, 우리나라의 2021년도 정부신뢰도(2020년 조사)는 45%로 37개 회원국 가운데 20위를 기록하고 있다. 이에 비해 핀란드의 신뢰도는 81%(3위), 스웨덴은 67%(7위)로 우리나라보다 정부에 대한 국민의 신뢰 수준이 매우 높은 편이

다.[119]

우리나라의 2021년도 정부신뢰도는 직전 조사인 2019년도(39%, 22위)보다는 6%포인트가 상승한 20위로 역대 최고 성적이다. 하지만 2021년도 OECD 국가의 평균 50.7%에 비해서는 여전히 떨어지는 수준이다. OECD는 이번 조사에서 회원국 평균치가 2019년 45%에서 2021년에 50.7%로 상승한 것에 대해 "코로나19 팬데믹으로 인한 국가 위기상황에서 '결집효과'(rallying around the flag)가 있었을 것"이라고 분석했다.(행정안전부 보도자료, 2021. 7. 9.)

OECD 회원국 가운데 정부 신뢰도가 가장 높은 나라는 스위스다. 스위스의 정부신뢰도는 매년 부동의 세계 1위 자리를 지키고 있다. 2021년 조사에서 스위스 국민의 85%가 정부를 신뢰하는 것으로 나타났다. [표 3-5]에서 보는 바와 같이, 핀란드는 2015년 12위(47%), 2017년 11위(49%), 2019년 10위(56%)에 이어 2021년에는 3위(81%)로 수직 상승했다. 스웨덴도 2015년 9위(56%), 2017년 10위(49%), 2019년 14위(49%)에서 2021년에는 7위(67%)로 뛰어 올랐다.

미국 하버드대 조셉 나이(Joseph S. Nye) 교수는 1997년 출간한 '국민은 왜 정부를 믿지 않는가(Why people don't trust government)'에서 미국, 유럽,

---

119 OECD의 정부신뢰도 조사는 2007년부터 국제 여론조사기구인 월드 갤럽 폴(World Gallup Poll)에 의뢰해 각국의 국민 1,000명을 대상으로 '당신은 중앙정부를 신뢰하십니까?(Do you have confidence in national government?)'라는 단일 문항의 설문을 통해 측정한다. 우리나라에서는 '귀하는 우리 대한민국 정부를 신뢰하십니까?'라는 질문으로 조사를 실시하였다.

	2021년		2019년		2017년		2015년	
	순위	신뢰율	순위	신뢰율	순위	신뢰율	순위	신뢰율
스위스	1	85%	1	85%	1	80%	1	75%
노르웨이	2	83%	3	68%	3	66%	3	70%
핀란드	3	81%	10	56%	11	49%	12	47%
네덜란드	4	78%	4	66%	7	57%	11	53%
룩셈부르크	5	78%	2	76%	2	68%	4	66%
덴마크	6	72%	6	63%	12	47%	14	46%
스웨덴	7	67%	14	49%	10	49%	9	56%
독일	8	65%	9	59%	9	55%	8	60%
오스트리아	9	63%	13	49%	15	43%	21	41%
뉴질랜드	10	63%	5	64%	8	57%	7	63%
캐나다	12	60%	8	61%	4	62%	14	46%
영국	19	46%	20	42%	18	41%	20	42%
대한민국	20	45%	22	39%	32	24%	26	34%
호주	22	45%	15	47%	13	45%	18	46%
일본	23	42%	24	38%	22	36%	23	39%
프랑스	26	41%	25	38%	29	28%	34	26%
이탈리아	30	37%	34	21%	32	24%	31	31%
미국	32	35%	30	31%	28	30%	25	35%
OECD 평균		50.7%		45%		42%		42%
회원국 수	37		36		35		35	

[표 3-5] 2015~2021년도 OECD 정부신뢰도 주요 국가별 순위
※ 자료출처: OECD, 〈한눈에 보는 정부 2021〉

일본 등 선진국의 정부신뢰도가 1930~40년대에 비해 1990년대에 거의 절반 수준으로 떨어진 현상을 분석했다. 조셉 나이(Joseph S. Nye) 교수는 이 책에서 정부에 대한 불신의 역사적인 배경을 비롯해 정치 · 경제 · 사회문화적인 측면에서 다양한 요인을 분석해 대안을 제시하면서 "정부에 대한 불신이

높으면 국민 대다수가 정부에 대해 기대하는 일을 정부가 수행하기 힘들어진다"고 설명했다.

우리나라의 정부신뢰도는 다행스럽게도 점차 상승하고 있다. OECD 조사가 처음 시작된 2007년에는 31위(24%)로 하위권이었으나 2011년 31위(27%) → 2013년 29위(23%) → 2015년 26위(34%) → 2017년 32위(24%) → 2019년 22위(39%) → 2021년 20위(45%)로 상승추세를 타고 있다. 그러나 방폐장 부지선정 과정에서 한국 정부가 지난 40여년 동안 보여준 행태는 지역주민은 물론, 일반국민들로부터 엄청난 불신을 자초했다. 사용후핵연료 문제의 실타래를 풀기도 어려울 지경으로 문제를 꼬이게 만든 가장 큰 책임이 정부에게 있는 이유가 여기에 있다.

5) 언론에 대한 높은 불신

핀란드, 스웨덴이 우리나라와 또 다른 차이점은 언론에 대한 신뢰도이다. 영구처분장 건설이 성공하려면 부지선정 절차와 과정에 대한 공정하고 객관적인 정보가 투명하게 제공되어야 한다. 이 과정에서 사회적 합의형성을 위한 언론의 역할이 매우 중요하다. 공정하고 균형 있는 공론장(public sphere)을 형성하기 위해서는 언론의 중립적이고 공정한 보도와 논평은 필수적인 요소이다. 일반국민이나 이해관계자들이 공론장에서 이러한 역할을 수행하는 언론에 대한 신뢰도가 낮을 경우 영구처분장 입지에 대한 사회적 합의를 도달하기 어렵다.

이런 측면에서 보면, 핀란드 국민들의 자국 언론에 대한 신뢰도는 세계에서 가장 높다. 영국 옥스퍼드대 부설 로이터저널리즘연구소가 2012년부터 매년 발표하고 있는 각국의 뉴스 신뢰도 조사보고서에 따르면, 핀란드는 부동의 세계 1위를 굳히고 있다. 스웨덴은 중위권에 머물고 있다. 반면, 우리나라는 2016년 조사에 참여한 이래 2017년부터 2020년까지 4년 연속 최하위를 벗어나지 못하고 있다.

로이터저널리즘연구소의 '디지털 뉴스리포트 2020'에서 핀란드는 조사대상 40개국 중 신뢰도 56%로 포르투갈과 함께 공동 1위를 차지했다. 스웨덴은 38%로 19위를 기록했다. 이에 비해 우리나라는 핀란드의 절반 수준에도 못 미치는 21%로 꼴찌였다. 2019년에도 핀란드는 신뢰도 59%로 세계 1위 자리를 유지했고, 스웨덴은 39%로 공동 25위에 머물렀다. 반면, 우리나라는 신뢰도 22%로 최하위의 불명예를 벗어나지 못했다. 2018년과 2017년에도 마찬가지였다.

	2020년	2019년	2018년	2017년
핀란드	1위 (56%)	1위 (59%)	1위 (63%)	1위 (62%)
스웨덴	19위 (38%)	25위 (38%)	23위 (41%)	19위 (42%)
한국	40위 (21%)	38위 (22%)	37위 (25%)	36위 (23%)
조사대상	40개국	38개국	37개국	36개국

[표 3-6] 핀란드, 스웨덴, 한국의 언론 신뢰도 비교
※ 자료출처: 옥스퍼드대 부설 로이터저널리즘연구소

2. 해외 공론화의 특징과 시사점

1) 공론화 주관기구의 독립성과 국민적 신뢰

독립적인 공론화 주관기구를 통해 사용후핵연료 문제에 대한 국민적 공감대를 형성한 대표적인 국가로는 영국과 프랑스를 들 수 있다. 첫째, 영국의 방폐물관리위원회(CoRWM)는 단계적이고 체계적인 공론화 프로그램으로 사회적 합의를 통해 해결방안을 모색하였다는 점에서 세계적인 성공모델로 꼽히고 있다. 영국은 CoRWM을 설립해 기존에 부처별, 기관별로 폐쇄적이고 방만하게 운영되던 정책결정체계를 일원화함으로써 국민 신뢰를 회복하는 계기가 되었다. 정부로부터 독립적으로 운영되어 온 CoRWM은 원자력계뿐만 아니라 사회과학계, 공무원, 환경단체 등 다양한 시각을 가진 위원을 공개모집으로 선발하였다는 것도 특징이다. 그러나 CoRWM의 성공적인 공론화에도 불구하고 지방정부의 거부로 아직도 영구처분장 부지를 확보하지 못하고 있다는 사실은 영국은 물론, 세계 원전 운영국가들이 직면한 최대의 딜레마이다.

둘째, 프랑스는 국가공공토론위원회(CNDP)라는 상설기구를 통해 2차례 공공토론을 실시해 영구처분장 부지를 확보했다는 점에서 또 다른 성공사례로 회자되고 있다. CNDP는 환경부 산하기관으로 출발한 정부조직이지만, 독립적이고 중립적인 운영으로 전문성과 국제적인 명성을 얻고 있다. 위원들도 중앙 · 지방정부와 입법기관, 사법부, 환경 · 소비자단체 등 각계의 추천으로 구성되어(25명) 다양성과 국민적 대표성을 확보하고 있으며, 상호 견제와 균형으로 공정성을 담보하고 있다. 사용후핵연료 처분을 주제로 두 차례에 걸친 공공토론은 1차 전국 공론화(2005)와 2차 지역 공론화(2013)로 구분해 단계적으로 연속성을 갖고 전문기관이 주관함으로써 공론화의 노하우(know-how)와 경험을 충분히 활용한 것도 강점으로 꼽힌다.

셋째, 일본은 정부 차원의 공론화 기구는 구성되지 않았지만 학자들의 연구단체인 일본학술회의(SCJ)가 주도적으로 나섰고, 언론의 심층 보도로 국민적 인식이 확산되는 '민간주도형' 공론화로 진행되었다.[120] 일본학술회의가 2012년 9월 발표한 '회답'은 일본 원자력위원회((JAEC)의 의뢰에 따른 심의 결과였지만, 2015년 4월 공표한 『고준위 폐기물 처분에 관한 정책제언』은 일본 정부의 요청 없이 독자적으로 고준위 폐기물에 대한 심층적인 검토를 진행한 결과였다. 2015년 보고서의 부제는 '국민적 합의형성을 위한 잠정보관'으로 고준위 폐기물에 대한 기술적 안전성과 사회적 수용성을 강조하였다. 일본학술회의의 제언을 사회적 이슈로 채택해 공론화를 확산한 기폭제는 일본 언론이었다. 공영방송인 NHK와 TV아사히 등은 유럽의 핵폐기물 시설을 현장 취재해 문제의 심각성을 부각시켰다. 이에 비해 한국 언론은 사용후핵연료 문제에 대한 관심이 상대적으로 떨어지며, 보수 · 진보 매체 간 이념적 편향성이 강해 공론장의 역할을 제대로 수행하지 못하고 있다는 지적을 받고 있다.

넷째, 대표적인 탈원전 국가인 독일은 1990년대부터 시기별로 다양한 위

120 후쿠시마 원전 사고 직후인 2011년 6월 일본 내각부 국가전략실이 주관한 '에너지 · 환경회의'는 향후 원전 비중에 대한 국민 의견을 수렴하기 위한 공론화로, 사용후핵연료 문제를 의제로 다루지는 않았다.

원회를 설립해 일반인과 이해관계자의 참여 방안을 지속적으로 논의해 대안을 모색했다. 예를 들면, △사민당-녹색당 연립정부가 1999년 구성한 '최종 처분시설 부지선정절차위원회'(AkEnd), △후쿠시마 원전 사고 직후인 2011년 4월 구성된 '안전한 에너지 공급을 위한 윤리위원회', △2013년 제정된 고준위 방폐장 부지선정법(RSSA)에 따라 발족한 '고준위 폐기물 처분위원회'(EndKo), △참여적 거버넌스를 위해 2016년 설립된 국가시민사회위원회(NBG) 등을 들 수 있다. 이 가운데 '고준위 폐기물 처분위원회'(EndKo)는 과학계 8명, 시민사회계 8명(환경단체 · 노조 · 교회 · 산업계 각 2명), 연방 상 · 하원 각 8명 등 총 33명으로 구성되어 2년간 활동하였다. 저장위원회(EndKo)는 2016년 발표한 최종보고서에서 "일반국민은 부지선정의 초기 단계부터 전 과정을 통해 폭넓고 체계적으로 정보를 제공받고 참여할 수 있어야 한다"고 강조했다.

이밖에 영구처분장 부지를 확보한 핀란드와 스웨덴은 정부나 공공기관이 아닌 방폐물 사업자가 환경영향평가의 일환으로 공론화 프로그램을 진행하였지만, 원자력 규제기관과 방폐물 관리회사에 대한 신뢰와 투명성으로 지역사회의 지지를 확보하였다. 핀란드의 원자력 규제기관(STUK)과 방폐물 사업자(POSIVA)는 부지선정과 원자력안전에 대한 투명한 정보공개로 신뢰를 쌓았기 때문에 다른 국가들과 달리 격렬한 주민 반대에 직면하지 않고 영구처리장 건설에 착수할 수 있었다. 이 같은 배경에는 1994년 원자력법을 개정하면서 "어떤 원자력시설도 주민이 반대하는 지역에는 영구히 건설하지 않는다"는 조항을 명문화한 것이 크게 작용한 것으로 평가되고 있다.(문화일보, 2016. 9. 26.)

스웨덴의 방폐물 사업자(SKB)도 투명한 정보공개로 국민의 신뢰를 얻은 것으로 평가되고 있다. SKB는 'RISCOM Model'에 따른 모든 공공협의 회의 문서와 자료를 책자로 발간해 공표하고, 4천여 권이 넘는 부지조사 보고서를 번역해 전 세계에 공개하였다. 1977년 제정된 원자력발전규정법(Nuclear Power Stipulation Act)에는 원전사업자가 사용후핵연료를 '절대적인 안전성'(absolute safety) 기준으로 최종처분 방안을 제시할 것을 규정해 안전성을 최우선 가치로 천명한 것도 국민적 신뢰 제고에 기여한 것으로 보인다.

2) 전국 및 지역 공론화의 구분과 의제의 포괄성

해외 공론화 사례는 사용후핵연료 처분 방법에 대해 일반국민을 대상으로 하는 전국 공론화와 영구처분장 부지선정을 위한 지역 공론화가 구분되어 실시되었다. 최종처분 방법을 전국 공론화 의제로 논의한 국가도 있고, 처분 방법은 전문가와 기술관료들이 결정하고 부지선정에 대해 해당 지역주민을 대상으로 수용 여부를 묻는 공론화만 진행한 나라도 있었다.

첫째, 프랑스는 1991년 방폐물 처분방식을 연구하기 위해 전담기관(ANDRA)을 설립한 후 공론화를 거쳐 2006년 방폐물관리법을 제정해 재처리 후 고준위폐기물을 심지층처분하기로 결정하였다. 이 과정에서 ANDRA가 제시한 심지층처분방식에 대해 2005년 국가공공토론위원회(CNDP)가 주관하는 1차 공공토론이 개최되었다. 전국 공론화 의제는 사용후핵연료 관리 방안이 쟁점이었고, 토론 결과를 토대로 심지층 방식을 권고하였다. 지역 공론화는 심지층 부지를 확보하기 위해 ANDRA가 2006년~2012년 상세 지질조사와 지역 협의 등을 거쳐 뷔흐(Bure) 지역을 후보지로 잠정 결정하면서

2013년 실시되었다. CNDP의 2차 공공토론 이후 ANDRA는 2017년 시제오(CIGÉO) 프로젝트에 대한 '공공토론 이후 협의'를 진행하였고, 일반국민을 대상으로 한 민의조사(EP)를 거쳐 2022년 착공될 예정이다.

둘째, 영국도 전국 공론화와 지역 공론화의 시기 및 의제가 명확히 구분되었다. 최초의 전국 공론화는 1999년 개최된 방폐물 합의회의(Consensus Conference)로 고준위 폐기물의 심층처분과 회수가능성, 신규원전 중단 등을 권고하였다. 본격적인 전국 공론화는 방폐물관리위원회(CoRWM)가 2003년~2006년 실시하였고, 지역 공론화는 '서컴브리아 파트너십'(West Cumbria Partnership)이 주관해 2009년~2012년 진행되었다. CoRWM이 주관한 전국 공론화에서는 장기적인 지층처분과 단기적인 중간저장, 고준위 폐기물의 규모 파악, 지역의 철회권 보장 등을 권고하였다. 부지선정을 위한 지역 공론화는 유치공모에 참여한 컴브리아(Cumbria)주 3개 지역을 대상으로 실시되었지만 지방의회의 반대로 무산되었다.

영국와 프랑스 사례에서 시사점은, 전국 이슈와 지역 이슈를 분리함으로써 심도 있는 공론화를 진행할 수 있었다는 점이다. 이에 비해 우리나라 문재인 정부의 사용후핵연료 재검토위원회는 전국 및 지역 공론화를 동시에 진행함으로써 임시저장시설 확충이라는 지역사회의 쟁점에 전국 이슈가 함몰되어 중장기 관리방안에 대한 국민적 관심을 이끌어내지 못하였다. 지역실행기구를 별도로 구성해 지역주민 의견수렴을 주관한 것은 영국 사례를 벤치마킹한 것이지만, 위원 구성의 대표성을 확보하지 못해 파행을 거듭하였고 공론화 결과에 대한 논란도 극복하지 못하였다.

셋째, 캐나다는 사용후핵연료에 대한 장기적 관리방안을 3년에 걸친 4단계의 전국 공론화를 통해 '적응적 · 단계적 관리'(APM)로 불리는 새로운 대안을 도출하였다는 점에서 공론화 의제의 포괄성이 해외 사례 중에서 가장 광범위한 것으로 평가된다. 소수의 전문가와 정부 관료가 관리정책을 결정해온 폐쇄적 시스템에서 탈피해 일반국민과 이해관계자들이 광범위하게 참여하는 공론화 과정을 통해 캐나다식 대안을 마련하였다는 점에서 의미가 크다. 캐나다 방폐물관리기구(NWMO)는 장기 관리방안으로 3가지 대안을 제시한 뒤 공론화를 통해 제4의 대안을 마련하였다. 3가지 대안은 △원자력공사(AECL)가 제시한 지하 500~1000m 심도에 처분하는 심지층처분방식(deep geological repository), △원전 부지에 50년간 저장하는 소내 중간저장 방식(storage at reactor sites), △100~300년간 한 곳에서 저장하는 중앙집중식 저장방식(centralized storage)이었다. NWMO는 3가지 대안의 장단점에 대한 전문가그룹의 의견과 일반국민의 참여를 통해 제4의 대안(APM, Adaptive Phased Management)을 담은 최종보고서를 2005년 연방 천연자원부에 제출했다. 캐나다 정부는 이에 따라 2007년 APM을 사용후핵연료 관리계획으로 선정해 NWMO가 현재 부지선정 작업을 추진하고 있다.

넷째, 일본의 공론화는 정부 주도가 아닌 민간 주도로 전개되었기 때문에 고준위 폐기물 문제를 심층적으로 접근해 근본적인 해결을 촉구한 점이 가장 큰 특징이라고 할 수 있다. 일본학술회의(SCJ)는 2012년 9월 '회답'을 통해 원자력정책에 대한 근본적인 수정과 과학지식의 한계를 인정할 것을 주문했다. 관리방안으로 사용후핵연료의 '잠정 보관'과 '총량 관리'를 골자로 하는 정책 틀의 재구축이 필요하다고 지적했다. '잠정 보관'은 기술적 안전성이 확립되지 않은 상태에서 고준위 폐기물을 영구처분하지 말고 지상에서 수십 년~수백 년간 잠정적으로 보관하자는 것이다. '총량 관리'는 고준위 폐기물의 양을 무한정 늘리는 것이 아니라 총량에 대한 한계를 정하고, 여기에 맞추어 원전 재가동도 검토해야 한다는 것이다.

일본학술회의가 2015년 발표한 제언은 보다 획기적인 내용을 담고 있다. 원전사업자의 고준위 폐기물 발생 책임을 명확히 하여 사업자가 보관과 처분에 대한 책임을 지도록 해야 한다는 것이다. 또한 (후쿠시마 사고 이후) 원전을 재가동하기 위해서는 고준위 폐기물 보관대책을 제시해야 하고, 잠정 보관기간을 늘리지 않아야 한다는 내용을 담았다. 그러나 영구처분을 위한 부지선정이 지방정부의 기피로 거듭 무산되자, 일본 정부는 2015년 5월 최종처분에 관한 기본방침을 개정해 지방정부의 유치공모와 함께 원자력환경정비기구(NUMO)가 부지를 직접 선정해 지역과 협의하는 방안을 도입하는 등 중앙정부가 적극적으로 개입하는 양상으로 바뀌고 있다.

이 밖에 핀란드와 스웨덴은 최종처분 방법에 대해서는 전문가와 기술관료가 결정하고, 부지선정도 방폐물 사업자가 예비 후보지를 선정한 뒤 지방정부와 지역주민을 대상으로 의견수렴과 협의 과정을 거치는 top-down 방식으로 접근하였다. 핀란드와 스웨덴의 공론화 의제와 포괄성이 매우 협소함에도 불구하고 성공적으로 부지를 확보할 수 있었던 것은 앞서 여러 차례 언급한 바와 같이 높은 신뢰사회였다는 점에 기인하였다.

3) 다양한 공론화 기법

해외 사례에서 가장 다양하고 체계적인 공론화 기법을 활용한 국가는 영국이라고 할 수 있다. 첫째, 영국의 CoRWM이 수행한 PSE 프로그램은 단계별로 시민토론그룹, 시민패널, 학교 프로젝트, 이해관계자포럼, 라운드테이블, 공개회의, 서면 협의, 양자 회의, 온라인 참여 등 논의주제에 적절한 공론화 기법이 사용되었다. PSE 3단계에서는 다기준 의사결정기법(MCDA)과 숙의 지도(DM), 총체적 평가기법(HA) 등 체계적인 방법론을 활용해 일반인의 의견과 전문가들의 견해를 균형 있게 통합하고자 노력한 것으로 평가된다. '서컴브리아 파트너쉽'(West Cumbria Partnership)이 수행한 지역 공론화도 동네 포럼(neighbourhood forums), 주민패널(resident's panels), 이해관계기관 워크숍, 토론 팩(discussion pack), 지역 방문행사 등 다채로운 방식이 활용되었다.

이에 비해 우리나라는 주로 시민참여형 공론조사와 종합토론회 위주로 공론화가 진행되어 '이벤트형 공론화'라는 비판을 받고 있다. 정부당국이 공론화를 정책의 정당성 확보 수단으로 활용하려는 의도가 실릴 경우, 이 같은 '이벤트형 공론화'에 치우칠 우려가 높다고 하겠다.

둘째, 프랑스의 CNDP가 공공토론에서 활용한 공론화 방식은 영국의 CoRWM에 비해 다양성은 다소 떨어지지만 이해관계자들이 참여하는 라운드테이블과 온라인 토론회, 시민토론회 등을 통해 집중적인 토론과 숙의를 중시하고 있다는 점이 특징이다. 부지선정을 위한 CNDP의 2차 공공토론에서 각 지역의 이해관계자들을 망라한 라운드테이블에는 지방정부와 지방의원, 정당, 공공기관, 노동조합. 시민사회단체 등이 참여해 치열한 토론을 벌였다.

특히 CNDP가 주관하는 공공토론과 별도로 시민사회가 주관하는 토론회가 개최되어 보다 다양한 의견을 수렴하였다는 것은 우리나라가 눈여겨보아야 할 대목이다. CNDP는 2차 공공토론 실시를 결정하고 구체적인 일정과

토론회 방식도 확정하였지만, 해당 지역과 시민사회에서 공공토론회를 거부하면서 파행이 거듭되자 CNDP는 시민사회의 요구를 받아들여 별도의 시민토론회를 개최하였다. 시민토론회는 시민사회를 대표하는 시민패널이 중심이 되어 개최된 뒤 심지층처분시설 설치사업의 연기를 요청하는 의견성명서를 발표하였다. 이에 대해 CNDP는 최종보고서에서 "시민토론회를 통해 특별한 전문지식이 없는 일반인들도 다양한 출처를 통한 교육을 받음으로써 복잡한 주제에 대해 의견을 개진할 수 있음을 보였다"고 평가하였다. 이에 비해 우리나라에서 실시된 두 차례 사용후핵연료 공론화는 시민사회계의 보이콧을 이유로 '반쪽 공론화'를 강행함으로써 공론화 결과에 대한 사회적 수용성을 확보하지 못한 것이 가장 큰 문제점으로 지적되고 있다.

셋째, 독일의 '최종처분시설 부지선정 절차위원회'(AkEnd)는 정기회의(27회)뿐만 아니라 공적 워크숍(3회), 안전기준 워킹그룹 미팅(40회), 공공성 워킹그룹 미팅(27회) 등을 통해 이해관계자와 일반 대중의 참여를 통한 합의형성을 강조하였다. 연방 환경부 산하에 설치된 AkEnd는 2년간 활동을 정리해 2002년 12월 공표한 최종보고서를 통해 부지선정에 있어서 투명성과 주민참여를 가장 중요한 요소로 꼽았다.

캐나다의 방폐물관리기구(NWMO)가 실시한 4단계 공론화도 보다 많은 시민의 참여를 위해 화상대화(e-dialogue) 등 다양한 의사소통 방법이 동원되었다. NWMO는 장기 관리방안을 수립하기 위해 일반 대중과 이해관계자들이 참여하는 PSE 프로그램을 통해 새로운 대안(APM)을 도출한 것은 괄목할 실적이라고 평가할 수 있다. 특히 PSE 1단계에서는 사용후핵연료 관리방안에 대한 일반국민의 기대와 목표를 파악하기 위해 대면조사, 편지, 이메일,

전화 설문조사, 워크숍, 토론회 등을 통해 다양한 의견을 수집하였다.

이에 비해 핀란드와 스웨덴의 공론화는 기본적으로 환경영향평가 보고서(EIA, EIS)를 작성하는 과정에 지역주민과 지방정부를 대상으로 한 의견수렴이었기 때문에 공론화 기법이 공청회(hearings), 공공 협의(public consultation), 순회 전시 등으로 제한적이었다. 그러나 이들 국가에서는 환경영향평가를 일반 대중의 참여와 의견수렴, 수용성과 투명성 증진을 위한 공론장으로 중시하였다는 사실은 우리나라에 시사하는 바가 크다고 하겠다.

4) 이해관계자의 참여로 수용성 증대

사용후핵연료 갈등의 핵심 쟁점이자 최대 딜레마는 영구처분시설 건설을 위한 부지확보이다. 부지선정을 위해서는 지역주민의 동의와 지방정부, 시민사회계 등 이해관계자의 수용성이 기본전제이다. 따라서 각국의 공론화는 기본적으로 다양한 이해관계자의 참여와 수용성 확보에 초점을 두고 있다. 이 점에서도 역시 영국이 가장 앞서 있다고 할 수 있다.

첫째, 영국의 방폐물 관리정책은 1990년대 중반까지는 폐쇄적이고 권위주의적인 방식으로 추진되었지만, 1990년대 말부터는 전문가만이 아니라 일반인과 이해관계자들의 참여를 중시하는 방식으로 전환되었다. 1997년 셀라필드 지하암반시설(RCF) 설치가 백지화되고 1999년 5월 열린 '국가 방폐물 합의회의'(National Radioactive Waste Consensus Conference)는 정부에 제출한 권고안에서 "과거에 원자력 산업계는 은밀함으로 유명했지만 이런 난제들을 다루는 것에 대해 공개적인 방향으로 문화를 바꾸는 것에 대해 환영한다"고 평가하였다. 합의회의는 정부가 일방적으로 부지선정을 추진하던 과거와 달리 일반인과 이해관계자들이 실질적으로 참여하는 시발점이 되었다.

방폐물관리위원회(CoRWM)가 시행한 공론화 프로그램의 명칭도 'PSE'(public and stakeholder engagement)로 일반 대중과 이해관계자의 참여를 전제로 하고 있다. 기술적 기준에만 입각한 정부의 일방적인 정책결정 방식에서 탈피해 전국 및 지역단위의 이해관계자, 일반시민, 시민단체 등의 광범위한 참여를 통해 개방적이고 투명한 의사결정 방식을 도입함으로써 국민적 공감대를 형성할 수 있었다.

둘째, 독일도 부지선정을 DAD 방식으로 일관했던 기존의 의사결정 구조에서 탈피해 투명한 정보공개와 이해관계자 및 일반 대중의 참여를 제도적으로 보장하였다. 2013년 제정된 부지선정법(RSSA)은 소통과 참여의 주체를 지역 차원, 국가 차원, 행정기관 차원으로 세분하여 새로운 소통방식과 참여의 저변을 입체적으로 확대하였다. 이에 따라 부지선정 절차는 각 단계마다 관계 행정청과 일반국민의 참여를 의무화하고 다양한 분야의 전문가들로 사회동반감시위원회와 지역시민모임을 구성하도록 명시하고 있다.

독일에서 주목할 정부기관은 부지선정법(RSSA)에 따라 설립된 연방 방폐물처분청(BfE)이다. 고준위 폐기물에 대한 규제와 관리를 전담하는 BfE의 가장 중요한 임무는 일반 대중에서 관련 정보를 제공하고 참여 방안을 관리하도록 부지선정법(RSSA)에서 규정하고 있다는 점이다. 정부당국이 더 이상 DAD 방식으로 접근하지 않도록 법률로 명시한 것은 2000년 '고어레벤(Gorleben) 모라토리엄' 선언의 전철을 밟지 않겠다는 입법부의 강한 의지로 평가된다.

셋째, 프랑스도 부지선정 초기 단계에서는 우리나라와 마찬가지로 DAD

방식으로 접근했으나 이후 지역주민과 시민사회 의견을 대폭 수용함으로써 합의점을 찾을 수 있었다. 부지선정 방식을 기존의 기술관료적 접근에서 1992년 유치공모 방식으로 전환하였고, 1999년에는 뷔흐(Bure)에 지역정보위원회(CLIS)를 발족해 정보교류와 협의를 강화하였다. 방폐물관리기관(ANDRA)은 CNDP의 공공토론 결과를 반영해 사업추진과정에 시민사회의 의견을 적극 반영하고 지역개발과 보전을 동시에 고려하는 방향으로 사업계획을 수정 · 보완하였다. 공공토론 이후에도 지역 및 전국 수준의 이해당사자들과의 정보교류를 촉진하고, 뷔흐(Bure) 지역정보위원회(CLIS)와의 협의도 강화하였다.

캐나다에서도 영국의 CoRWM이 실시한 PSE 프로그램을 도입해 일반국민과 이해관계자들이 광범위하게 참여하는 공론화 과정을 통해 새로운 대안(APM)을 마련하였다. 방폐물관리기구(NWMO)가 주관하는 4단계 공론화 프로세스에 지역주민과 이해관계자들이 초기 단계부터 참여하였고, 교육 및 홍보를 통해 지방정부의 자발적인 신청을 유도한 결과 22개 지역이 유치에 관심을 표명하였다. NWMO는 최종적으로 압축된 2개 지역을 대상으로 현재 부지 예비 적합성 조사를 실시하고 있다. 부지조사에서도 지역주민과의 유대감 형성을 위해 공동답사를 실시하고, 관련 보고서와 토론 자료 등을 웹사이트를 통해 공개해 투명성과 신뢰를 확보하였다.

넷째, 스웨덴 공론화의 핵심인 공공협의(public consultation)와 공청회의 목적도 최종 후보지로 압축된 2개 지역(Östhammar, Oskarshamn)에 대한 주민 여론을 파악하는 한편, 해당 지역에서 입장을 표명할 기회를 제공하기 위함이었다. 공공협의를 위해 고안된 'RISCOM Model'도 방폐물 관리사업의 투명성 증진과 이해관계자의 참여 확대 방안을 집중적으로 논의한 프로그램이었다. 스웨덴은 지역주민과 이해관계자를 대상으로 영구처분시설 설치계획과 원자력안전에 대한 투명한 정보공개로 신뢰를 쌓았기 때문에 공공협의를 통해 부지를 확보할 수 있었다.

이밖에 일본학술회의가 2015년 발표한 제언에도 지역주민과 이해관계자의 참여를 통한 수용성 확보를 강조하였다. 일본학술회의는 잠정 보관시설이나 최종처분장 선정에 있어서는 해당 지역주민의 의향을 충분히 반영하고, 최종처분지 선정과 리스크 평가에 있어서도 해당 지역의 자발적 수용을 존중해야 한다고 강조했다. 또한 합의형성을 위한 조직체제를 갖추기 위해 다양한 입장의 이해관계자가 참여하는 국민회의와 같은 위원회 설치를 제언하였다.

3. 해외 사례의 최근 경향

1) 우선순위는 중간저장시설 확보

최근 캐나다, 영국, 미국, 독일 등 각국에서는 영구처분장 부지선정이 난항을 거듭하자 사용후핵연료를 최소 50년에서 최대 300년까지 보관할 수 있는 중간저장시설 확보로 관심을 돌리고 있다. 첫째, 캐나다에서 고안한 '적응적 · 단계적 관리'(APM, Adaptive Phased Management) 방식은 일단 중간저장시설 건설을 위한 부지를 선정한 이후에 지질조사 통해 최종처분시설 건설 여부를 결정하겠다는 것이다. 기술발전과 상황 변화에 따라 유연한 선택을 하겠다는 전략이다. '적응적 · 단계적 관리'(APM) 1단계는 중앙 집중식 관리방안을 준비하는 기간(30년)으로 사용후핵연료를 원전별로 소내 저장하면서 중간저장시설, 실증처분시설 및 처분장 부지에 대한 특성조사를 실시한다는 계획이다.

APM 2단계는 중앙 집중식에 대한 저장 및 실증기술 개발 기간(30년)으로 대중 참여(공론화)를 통해 중앙 집중식 저장 옵션이 채택되면 사용후핵연료를 처분시설로 이송하고, 미채택될 경우에는 종전대로 소내 저장한다는 방침이다. 캐나다에서는 고준위 폐기물은 발생지역에서 관리하는 것이 바람직하다는 국민적 인식이 형성되어있고, 사용후핵연료의 이동에 대한 거부감도 강해 현재 각 원전별로 분산저장하고 있다. 다른 지역의 고준위 폐기물이 지역에 유입되는 것도 꺼리기 때문에 중앙 집중식 저장시설도 아직 확보하지 못하고 있다. 이에 따라 온타리오주 클라링턴(Clarington)에 위치한 달링턴(Darlington) 원전과 포인트 르프르(Point Lepreau) 원전 등에 소내 건식저장시설을 운영하고 있다.

둘째, 세계 최대 원전 국가인 미국은 1987년 방폐물정책법(NWPA)을 개정해 네바다(Nevada)주 유카 마운틴(Yucca Mountain)을 후보지로 확정하였지만 주정부와 지역주민의 거센 반발로 무산되었다. 영구처분장 건설을 위한 유카 마운틴 프로젝트가 실패한 이후 2018년 미국 하원에서 논의가 재개되었지만 여전히 답보상태여서 사용후핵연료는 각 원전별로 소내 중간저장시설을 운영하고 있다. 이 같은 상황에서 미국은 영구처분장 확보보다는 통합중간저장시설(CISF, Consolidated Interim Storage Facility) 건설에 초점을 두고 있다. 2017년 뉴멕시코주 칼스배드(Carlsbad)시와 홉스(Hobbs)시 사이에 통합중간저장시설(CISF) 건설이 추진되었으나 운반경로 문제와 환경영향 분석 미흡, 캐니스터의 누설 가능성 등이 제기되면서 차질을 빚고 있다. 원자력규제위원회(NRC)는 사업시행사인 홀텍(HOLTEC)이 제출한 환경영향성명서(EIS)에 대한 평가를 토대로 이르면 2021년에 최종 인허가 결정을 내릴 전망이다.

셋째, 영국의 CoRWM(2007)도 지층처분이 지연되거나 실패할 위험에 대비해 중간저장 프로그램이 필요하다고 권고하였다. 영국은 1990년대부터 수차례에 걸쳐 셀라필드(Sellafield)에 지층처분시설(GDF) 건설을 시도했지만 연이어 무산되어 현재 셀라필드 재처리시설과 윌파(Wylfa) 원전에서 중간저장하고 있다. 하지만 셀라필드 재처리시설에서 운영하고 있는 중간저장시설의 수용 공간이 넉넉하기 때문에 영구처분장 확보에는 아직 시간적 여유가 있는 편이다. 영국은 최근까지도 잉글랜드와 웨일즈 지역에서 지방정부와 협의(consultation)를 진행하고 있다.

독일은 2005년 아하우스(Ahaus)와 고어레벤(Goreleben)의 중간저장시설이 주민들이 반입 저지로 운영이 중단된 이후 각 원전별로 저장하고 있다. 집중식 중간저장이 무산된 이후 분산형(소내) 중간저장으로 전환되면서 주민수용성는 높아진 것으로 나타났다. 독일에서는 소내 중간저장시설에는 당해 원전에서 발생한 고준위 폐기물만 저장할 수 있도록 되어있다. 독일은 2013년 부지선정법(RSSA) 제정에 따라 2016년 설립된 방폐물처분기관(BGE)이 현재 90개 지역을 대상으로 부지선정을 위한 온라인 토론 및 조사 작업을 벌이고 있다.

일본에서도 일본학술회의(SCJ)가 2012년과 2015년에 발표한 제언의 주요 내용도 사용후핵연료의 '잠정 보관'이다. 현재 과학지식의 한계를 고려해 고준위 폐기물을 안전성과 경제성을 고려해 건식으로 밀봉해서 지상에서 수십 년~수백 년간 '잠정 보관'하자는 것이다. 이를 위해 총 50년의 기간을 설정해 30년 동안 국민적 합의형성을 통해 처분장 후보지를 선정하고, 이후 20년 이내에 처분장을 건설하는 방안을 제시하였다. 재처리 국가인 일본은 로카쇼무라 재처리공장에 3천 톤 규모의 중간저장시설이 2022년부터 운영될 예정이어서 고준위 폐기물 처분은 당분간 여유가 있는 편이다.

넷째, 문제는 우리나라이다. 박근혜 · 문재인 정부의 두 차례 사용후핵연료 공론화위원회의 권고안과 산업부의 2016년 관리 기본계획은 중간저장시설과 영구처분시설을 동일 부지에 집중형으로 건설하는 방안을 주요 내용으로 담고 있다. 얼핏 보면 캐나다의 '적응적 · 단계적 관리'(APM) 방식과 유사해 보이지만, 중앙 집중식 관리방안이 무산될 경우에 대비한 후속 방안이 다르다. 캐나다의 APM 방식은 중앙 집중식 저장 옵션이 미채택될 경우 소내 중간저장에 대한 국민적 공감대가 형성되어있지만, 우리나라는 각 원전별 '임시저장'에 대한 지역사회의 거부감이 매우 강한 편이다. 또한 중간저장시설에 비해 지질조건이 더 까다로운 영구처분장 부지를 동시에 물색할 수 있을지도 미지수다.

이러한 점을 감안해 2016년 신창현 의원이 대표 발의한 법안의 명칭은 「고준위방사성폐기물 중간저장시설 부지선정에 관한 법률안」으로 되어있다. 주민수용성을 고려해 영구처분시설이 아닌 중간저장시설 부지부터 먼저 선정하자는 것이다. 그러나 신창현 의원안은 사회적 갈등이 극심한 부지선정 절차를 최소한 두 번 이상 진행해야 하고, 중간저장시설과 영구처분시설이 별도 부지에 건설될 경우 고준위 폐기물의 이동에 따른 위험성 증가 등이 지적되고 있다.(함철훈 · 장윤석, 2018)

우리나라에서 실시된 두 차례의 공론화에서도 '동일 부지 집중형'이 바람직한 대안으로 선택된 연유도 분산형에 내재된 문제점이 더 심각하다고 보았기 때문이다. 하지만 현실적으로는 30년~50년간 소외 중간저장(장기저장) 후 직접 처분하는 Wait & See 정책을 고려해야 한다는 주장이 끊이지 않고 있다.(주지은 외, 2019) 여기에다 소내 중간저장(관련시설)도 현행 법체계로는 소내 임시저장(관계시설)과 다른 개념으로 보고 있기 때문에 관리정책에 대한 근본적인 재검토가 필요하다.

2) 자율유치에서 중앙정부의 개입 확대

처분시설 부지확보 과정에서 각국에서는 1990년대까지도 정부와 방폐물 관리기관의 일방적인 후보지 선정과 시추작업으로 주민저항에 부딪혀 무산되는 사례가 반복되었다. 기술관료주의와 전문가 비밀주의로 추진하는 DAD 방식으로는 더 이상 처분시설 확보가 불가능하다고 판단한 각국에서는 자율적인 유치공모 방식으로 전환했지만, 이마저도 난항을 거듭하자 최근에는 중앙정부가 적극적으로 나서는 움직임이 가시화되고 있다. 이 과정에서 유치지역에 대한 경제적 지원방안을 제시하는 '당근 전략'을 활용하는가 하면, 지방정부의 철회권을 제한하는 조치도 단행하고 있다. 대표적인 국가가 영국과 일본이다.

첫째, 영국은 1990년대 중반까지도 폐쇄적이고 권위주의적인 방식으로 처분시설 건설을 추진했지만 1990년대 말부터 전문가뿐만 아니라 일반인과 이해관계자들의 참여를 중시하는 방식으로 전환하였다. 그러나 3년에 걸친 방폐물관리위원회(CoRWM)의 성공적인 공론화 활동과 영국 정부의 거듭된 노력에도 불구하고 지방정부의 거부권 행사로 적신호가 켜지자 다시 방향을 선회하고 있다.

기업에너지 · 산업전략부(BEIS)가 2018년 12월 개정한 부지선정 절차는 세 가지로 요약된다. ①유치신청 주체를 개인 지주 또는 기업으로 확대해 부지선정에 지방의회의 전속적인 결정권을 제한하였다. ②부지선정 과정에 참여하는 지역공동체에 연간 최대 100만 파운드를 제공하고 시추조사 단계에서는 최대 250만 파운드까지 경제적 인센티브를 제공하기로 하였다. ③지방정부의 철회권(right of withdrawal)을 제한하였다. 이전에는 유치공모에 참여한 지역 가운데 한 곳이라도 반대하면 부지선정 절차가 중단되었지만, 향후에는 참여한 모든 지방의회가 동의해야 부지선정 절차를 중단할 수 있도록 철회요건을 강화하였다.

둘째, 일본도 지방정부의 유치공모를 통한 부지선정을 2000년부터 추진했으나 번번이 무산되자 최근 중앙정부가 적극적으로 나서고 있다. 자율적인 유치공모만으로는 부지확보가 어렵다고 판단한 일본 정부는 2015년 5월 최종처분에 관한 기본방침을 개정해 지방정부(시 · 정 · 촌)의 유치공모와 함께 과학기술적으로 적합한 후보지를 원자력환경정비기구(NUMO)가 직접 선정해 지역과 협상하는 방안을 새로 도입하였다. 2017년에는 일본 전역의 부지특성을 분석한 '과학적 특성맵'을 제작해 배포하면서 적합 지역의 응모를 유도하고 있다.

이와 함께 경제산업성은 2007년 지방정부가 유치공모에 신청하면 문헌조사 단계에서는 최대 20억 엔, 개요조사 단계에서는 최대 70억 엔의 교부금을 지원하기로 했다. 고치현(高知県) 토요쵸(東洋町) 정장이 일방적으로 문헌조사에 응모한 배경도 부지조사 참여만으로도 거액의 교부금을 받을 수 있기 때문이었다. 2020년 10월에는 인구 3천 명의 작은 어촌마을인 홋카이도 슷츠쵸(寿都町)가 문헌조사에 응모한 상태이지만 부지선정까지는 갈 길이 멀다.

셋째, 미국은 연방정부가 일방적으로 부지선정을 밀어붙이다 실패한 대표적인 사례이다. 1960년대부터 추진한 지질조사가 지역주민과 주정부의 반대로 제대로 진행되지 못하자 1987년 방폐물정책법(NWPA)을 개정해 네바다주 유카 마운틴을 일방적으로 단독 후보지로 결정하면서 실패를 예고했다. 연방 에너지부(DOE)가 방폐물정책법(NWPA)에 명시된 2개 후보지가 아닌 단독 후보지로 유카 마운틴을 확정하면서 이미 불신을 자초했다. 방폐물정책법을 개정하면서 납득할만한 사유 없이 부지선정 절차를 간소화하였고, 유카 마운틴을 후보지로 발표한 이후에도 네바다주를 설득하고 협의하는 노력도 부족해 결과적으로 지역사회 전체로부터 거센 저항에 직면하게 되었다.

유카 마운틴 프로젝트가 무산된 이후 2018년 미국 하원에서 영구처분장 건설 논의가 재개되었지만 상황이 반전될 기미는 보이지 않고 있다. 미국 사례는 선진국일수록 부지선정을 DAD 방식으로 접근하면 해결방안을 찾기 어렵다는 사실을 역설적으로 보여준다고 하겠다. 미국은 최근에는 영구처분장 확보보다는 통합중간저장시설(CISF) 건설에 역점을 두고 있다.

3) 단계적 · 체계적 부지선정 절차

해외 사례에서 부지선정 방법과 절차를 법률이나 백서로 공표하고, 3~9단계로 세분해 체계적으로 추진하는 것이 공통점이다. 첫째, 영국은 2008년 발표한 1차 백서(방폐물의 안전한 관리: 지층처분의 이행을 위한 틀)에 부지선정 절차를 6단계로 제시하였다. 1단계(유치공모) → 2단계(부지적합성 조사) → 3단계(지방정부, 다음 단계 참가여부 결정) → 4단계(참여지역 탁상조사) → 5단계(지표조사) → 6단계(지하작업)로 규정하였다.

일본은 2000년 제정한 「특정 방사성폐기물 최종처분에 관한 법률」(최종처분법)에 3단계로 설정하였다. △1단계: 지방정부의 공모와 문헌조사에 의한 개요조사지구(PIA) 선정, △2단계: 시추와 굴착조사 등으로 지질이 장기적으로 안정적인지를 조사하는 정밀조사지구(DIA) 선정, △3단계: 실제로 지하에 시험시설을 설치하고 지층 적성을 조사하는 최종처분장 건설지(RS) 선정이다.

독일은 2013년 제정된 「고준위폐기물 처분장 부지선정법」(RSSA)에 9단계로 세분하였다. ①부지선정요건 확정 → ②부지 후보지 결정 → ③지표조사 대상부지 및 제외부지 결정 → ④지표조사 실시 → ⑤지하조사 대상부지 결정 → ⑥지하조사 실시 → ⑦환경영향평가 실시 → ⑧최종 비교검토 및 부지 제안 → ⑨최종처분시설 부지 결정 등으로 상세하게 짜여져 있다.

둘째, 캐나다는 '적응적 · 단계적 관리'(APM) 방식에 따라 2010년 부지선정 절차를 9단계로 확정하였다. ①정보제공 및 국민인식 구축활동 → ②지역사회의 요청에 따른 정보제공 및 적합성평가 → ③부지 예비 적합성조사 → ④상세 부지조사 → ⑤지역사회 수용성(승인) 확인 → ⑥지역사회와 공식 계약체결 → ⑦규제기관 검토 및 승인 → ⑧부지특성 조사를 위한 지하 파일럿 시설 건설 · 운용 → ⑨처분시설 건설 · 운영 등이다.

핀란드는 '원칙결정'(DiP)이 내려진 1983년부터 3단계에 걸친 부지조사에 착수해 18년만인 2001년에 최종 후보지를 확정하였다. △1단계(광역 부지조사)는 전국 규모의 지질조사로 지질학적 요인, 인구밀도와 사용후핵연료 운반 등 사회환경적 요인에 대한 문헌조사를 통해 102개 지역을 잠재부지로 도출하였다. △2단계(일반 부지특성조사)는 지방정부의 동의를 얻어 잠재적으로 적합한 5개 암반 지역을 대상으로 지표시추 등 예비조사를 실시하였다. △3단계(상세 부지특성조사)는 예비조사를 토대로 4개 지역으로 압축한 뒤 최종적으로 올킬루오토(Olkiluoto) 지역을 선정하였다.

스웨덴은 4단계에 걸쳐 부지조사를 실시하였다. △1단계(개략 부지조사)는 전국 규모의 지질조사를 실시해 지하 데이터베이스를 구축하였고, △2단계 (광역 입지조사)는 유치 공모방식으로 진행하였다. △3단계(타당성 조사)에서는 8개 지역이 2개 지역으로 압축되었다. △4단계(부지특성조사)는 2개 지역을 대상으로 시추조사를 포함한 상세 정밀조사를 실시해 포스마크(Forsmark) 지역으로 확정되었다.

셋째, 해외 사례 부지선정 절차의 시사점은 영구처분장 건설을 위한 부지조사에만 기본적으로 20년~30년이 소요되고, 매 단계마다 해당 지역과 협의를 거치는 과정에서 상당 기간의 일정 지연도 불가피하다는 점이다. 이에 비해 우리나라는 부지조사의 기초작업이라고 할 수 있는 전국 활성단층지도 구축사업은 2036년에야 완료될 예정이다. 지질조사에서 적합한 곳을 찾아내 원만하게 부지를 확보한다고 가정해도 처분시설 건설까지는 최소한 50년 이상 걸릴 전망이다. 그러나 문제는 국내 원전(고리 · 한빛 · 한울)의 임시저장시설은 10년 이내에 포화상태에 달해 증설이 불가피하다. 신월성(경주)과 새울(울주) 원전도 각각 2042년과 2065년이 포화시점이어서 영구처분장 완공 전까지 원전 부지에 마냥 '임시저장'하며 기다리기 어렵다는 것이 우리나라의 현실이다.

4) 탈원전에 대한 사회적 합의

후쿠시마 원전 사고 이후 유럽을 중심으로 탈원전 바람이 거세게 불었다.[121] 가동 원전 규모에 따라 사용후핵연료의 발생량도 달라지기 때문에 원전 정책은 사용후핵연료 처분에 직접적인 영향을 미치게 된다. 그러나 유럽에서 탈원전을 포함한 에너지전환은 장기간에 걸쳐 국민적 논의를 통해 사회적 공감대를 형성하면서 추진되었다는 사실에 주목해야 한다.

대표적인 탈원전 국가인 독일은 정권이 바뀌면서 원전 정책도 부침을 거듭하다 탈원전으로 가닥을 잡았다. 후쿠시마 사고 직후인 2011년 4월에 구성된 '안전한 에너지 공급을 위한 윤리위원회'는 「새로운 에너지원이 원전을 충분히 대체할 수 있는가」를 주제로 2개월 동안 전문가와 일반국민을 대상

---

121 2011년 후쿠시마 원전 사고 이후 10년 만에 중국, 인도, 러시아, 한국 등 몇 개국을 제외한 각국의 원전 수는 전반적으로 감소하였다. 미국은 2011년 104기에서 2021년 94기로 10기 감소했고, △일본 54기 → 33기(-21), △영국 19기 → 15기(-4), △프랑스 58기 → 56기(-2), △독일 17기 → 6기(-11)로 줄어들었다. 이에 비해 △중국 13기 → 50기(+37), △러시아 32기 → 38기(+6), △한국 21기 → 24기(+3), △인도 19기 → 23기(+4)로 증가하였다. 특히 중국의 원전이 37기로 대폭 늘어나 세계 31개국의 원전 수는 2021년 1월 현재 443기로 2011년에 비해 2기가 늘어났다.(IAEA, 2021; 한겨레신문, 2021. 8. 5.)

으로 토론회를 개최해 원전을 최대한 빨리 폐쇄하고, 원전보다 위험이 적은 에너지원으로 대체하기로 결론을 내렸다. 윤리위원회는 원전 폐쇄의 윤리적 당위성과 함께 원전 포기에 따른 결과에 대해서도 책임을 져야 한다는 공감대를 형성하였다. 윤리위원회의 이 같은 결론을 바탕으로 독일 연방의회는 정부의 원전 폐기안을 최종 승인하였다.

세계에서 가장 먼저 탈원전을 결정했던 스웨덴도 오랜 기간 논의과정을 거쳤다. 미국의 스리마일 원전 사고를 계기로 1980년 국민투표를 실시해 탈원전을 결정했지만, 2010년 보수연합 정권이 등장하면서 신규원전 건설을 허용하도록 원자력법을 개정했다. 2016년에는 여야 정당들이 '에너지정책 기본합의'를 체결해 원전 수를 10기 이하로 유지하면서 가동을 지속하기로 결정하였다. 스웨덴의 원전 정책은 정치권의 합의를 통해 추진되었다는 점에서 우리나라에 시사하는 바가 크다.

영국의 '방사성폐기물 합의회의'(Radioactive Waste Consensus Conference)는 1995년 숙의학습과 집중토론을 거쳐 "원전에 근본적으로 반대하는 것은 아니지만, 방사성폐기물 문제를 적절히 다룰 수 있는 방법을 찾기 전까지 원전을 더 늘려서는 안 된다"는 결론을 제시하였다. CoRWM(2007)이 제안한 권고안에도 "부지선정을 위한 유치지역 공모 시, 처분 대상이 되는 방폐물의 양을 명확히 규정해야 한다"는 내용이 포함되어 있다.

일본학술회의도 2012년 9월 발표한 '회답'을 통해 "고준위 폐기물의 양을 무한정 늘리는 것이 아니라 총량에 대한 한계를 정하고, 여기에 맞추어 (후쿠시마 사고로 중단된) 원전의 재가동 여부를 검토해야 한다"며 '총량 관리'

방안을 제시하였다. 이에 앞서 후쿠시마 사고 직후인 2011년 6월 '에너지 · 환경회의'가 실시한 공론화에서는 2010년 대비 2030년의 원전 비중에 대한 3개 시나리오(0%, 15%, 20~25%) 가운데 '제로 시나리오'에 대한 응답이 가장 높게 나타났다.

이에 비해 우리나라에서는 사용후핵연료 관리정책의 기본원칙으로 '원전의 지속가능한 발전'이 포함되어 해결방안 마련을 더욱 어렵게 하고 있다. 탈원전 진영에서는 원전 가동을 위한 공론화에 참여하지 않겠다는 입장을 고수하고 있다. 문재인 정부가 출범하면서 탈원전을 천명했지만, 국민적 공감대가 부족해 정권 내내 정치적 논쟁의 대상이었다. 우리나라도 사용후핵연료 문제를 진지하게 논의하기 위해서는 원전 정책에 대한 사회적 합의가 선행되어야 한다. 최근 갈수록 심각해지는 기후변화에 대응하기 위한 에너지전환이 국제적인 이슈로 부각된 가운데, 범국민적 동참과 실천을 위해서도 탈원전과 탈석탄에 대한 국민적 공감대가 먼저 형성되어야 한다.

4부
쟁점과 해법, 그리고 과제

1장

사용후핵연료 갈등의 쟁점

1. 영구처분 및 중간저장시설 확보가 가능한가?

사용후핵연료 갈등의 가장 '뜨거운 감자'는 우리나라에서 과연 영구처분장 부지를 선정해 시설을 건설할 수 있을 것인가이다. 해외에서도 영구처분장 부지를 확보한 국가는 핀란드, 스웨덴, 프랑스 3개국에 불과하다. 이 중에서 핀란드만 유일하게 건설공사가 진행 중이고 스웨덴과 프랑스는 아직 착공하지 못하고 있다. 미국, 영국, 독일, 일본, 캐나다 등 원전을 운영하는 대부분의 국가에서는 부지확보에 난항을 거듭하면서 영구처분장 건설은 요원한 실정이다.

우리나라도 1986년부터 고준위 방폐장 부지선정에 나섰으나 주민들의 격렬한 저항과 반대로 35년이 지난 현재까지도 사용후핵연료를 처분할 장소를 확보하지 못하고 있다. 경주에 중 · 저준위 방폐장을 건설하기까지의 암울한 역사와 박근혜 · 문재인 정부에서 실시한 두 차례의 '반쪽 공론화'가 던진 함의는 어두운 전망에 도달할 수밖에 없게 한다. 현재와 같은 방식으로는 도무지 돌파구를 찾을 수 없다는 것이 사용후핵연료의 딜레마이다.

영구처분장 확보와 관련한 첫 번째 쟁점은, 우리나라에 지질학적으로 10

만 년 동안 안전하게 심지층처분할 수 있는 암반층이 존재하느냐이다. 전국 규모의 활성단층 지도는 2036년에야 구축될 예정이고, 부지적합성을 판단할 정밀 지질조사는 시도조차 하지 못하고 있다. 어느 세월에 지질조사에 착수해 적합한 부지를 찾아낼지는 아무도 알 수 없는 상황이다.

두 번째 쟁점은, 현재로서는 영구처분의 유일한 대안으로 거론되고 있는 심지층처분방식의 안전성 문제이다. 원자력계와 탈원전 진영에서는 심지층처분의 안전성 여부를 놓고 치열한 논쟁을 벌이고 있다. 기술 발달로 안전성 문제가 해결된다고 해도 끊임없이 발생하는 크고 작은 원전 사고로 인한 불안과 정부에 대한 뿌리 깊은 불신의 벽도 넘어야 한다.

세 번째 쟁점은, 영구처분장과 중간저장시설을 한곳에 집중적으로 건설한다는 이 야심찬 계획의 실현가능성이다. 박근혜 · 문재인 정부의 두 차례 공론화 권고안과 산업부의 1차 기본계획(2016)도 두 시설을 동일 장소에 마련한다는 계획이다. 그러나 집중형 건설에 대해 원자력계는 물론이고 탈원전 진영에서도 실현가능성에 강한 의문을 제기하며 '숨겨진 대안'을 꺼내고 있다. 전국의 원전 부지 내 임시저장시설이 모두 포화되기 전에 집중형 처분장이 완공될지는 어느 누구도 장담할 수 없기 때문이다.

세 가지 관문을 통과한다고 하더라도 마지막으로 넘어야 할 가장 험난한 코스는 주민수용성이다. 10만 년 이상 깊은 땅속에 보관해야 할 이 위험천만한 시설을 어느 지역주민이 선뜻 받아들이겠는가? 중 · 저준위 방폐장을 짓기 위해 쏟아부은 예산의 수십 배로도 해결하기 어려운 이 난제를 어떻게 풀 것인가? 갈수록 첩첩산중이다. 기존의 접근방식으로는 한 걸음도 앞으로 나갈 수 없다. 사용후핵연료를 둘러싼 갈등의 쟁점을 하나하나 살펴보자.

1) 적합한 부지가 있는가?

사용후핵연료를 영구처분하는 방식으로는 해양처분, 빙하처분, 심지층처분, 초장도심도처분,[122] 우주처분, 국제공동처분 등 다양한 방안이 논의되었으나 현재 상황에서는 심지층처분이 유일한 대안으로 고려되고 있다. 심지층처분(deep geological disposal)은 사용후핵연료를 부식과 압력에 초장기간 견딜 수 있는 용기에 넣어 지하 500~1,000m 깊이의 안정된 지질층에 처분하는 기술이다. 지하암반의 지질 환경이 지표면보다 안정적이기 때문에 인간의 생활환경으로부터 오랜 기간 동안 격리 · 차단이 가능할 것으로 보고 있다. 국제원자력기구(IAEA)와 OECD의 원자력기구(NEA)도 심지층처분을 권고하고 있고, 대부분의 국가들도 이 방식을 택하고 있다.

심지층처분을 위해서는 1차적으로 지질학적으로 적합한 부지가 존재해야 한다. 영구처분을 위해서는 넘어야 할 첫 번째 관문이다. 영구처분시설의 부지 요건에 대해서는 원자력안전위원회 고시(제2017-74호)「고준위방사성폐기물 심층처분시설에 관한 일반기준」에 자세히 제시되어있다. 고시에는 심층처분시설의 부지선정시 고려해야 할 자연환경과 인문사회적 특성, 지질학적 안전성, 천연방벽(암반) 등에 대한 기준을 명시하고 있다.

지질학적 안정성으로는 활동성 단층 지역에 속하지 않아야 하고 역사적

---

122 초장심도 처분(very deep borehole disposal)은 지하 3~5㎞ 깊이의 암반층에 처분하는 심부시추공 방식으로 아직 연구단계에 있다. 심부시추공 처분은 지표에서 5㎞ 심도까지 대구경으로 시추하여 심도 3~5㎞ 구간에 고준위 폐기물을 처분하고 상부는 벤토나이트와 시멘트 등으로 밀봉하여 영구처분하는 방식이다. 하지만 이 작업을 위해서는 심부 지질환경에 대한 데이터베이스가 구축되어야 하는데 아직 기초작업도 착수하지 못하고 있는 실정이다.

으로 지진 발생빈도, 규모 및 진도가 낮아야 하며, 오랜 기간이 지나도 그러할 것으로 예상되는 곳이어야 한다(일반기준 10조 2항). 또한 심층처분시설의 모든 처분고는 석회암이나 이방성이 큰 불안정한 암종이 분포하지 않은 균질한 암반으로서 강도가 큰 단일 기반암 내에 위치하여야 한다(일반기준 12조 1항). 전문가들 사이에서는 한반도에서 이러한 지질조건을 갖춘 부지를 확보할 수 있다는 입장과 심층처분에 적합한 부지확보가 불확실하다는 입장으로 대립하고 있다.

'적합한 부지가 있다'는 입장

원자력계에서는 "우리나라는 영구처분을 할 수 있는 화강암 암반이 널리 분포하고 있으므로 과학적인 조사를 거쳐 이러한 암반지역을 찾을 수 있다"는 입장이다. 원자력환경공단이 2016년 발간한 홍보책자 「사용후핵연료 이야기 70」에서는 "과학적이고 면밀한 조사가 이루어지면 영구처분에 적합한 지역을 찾을 수 있다"고 설명하고 있다.

기술 수준도 한국원자력연구원(KAERI)이 1997년 영구처분 연구를 시작해 2007년부터 연구원 부지에 지하연구시설(KURT)을 건설해 심층처분시스템 개념설계 연구를 수행하였고, IAEA의 검토와 조언을 받아 안전성 입증보고서를 발간할 정도로 우수하다는 것이다. 안전성 보고서에서도 지진과 같은 복합 시나리오를 고려한 총 위험도 기준이나 최대 연간선량 기준을 추정해도, 원안위에서 규정하는 기준을 여유있게 충족하는 것으로 나타났다. 심층처분에 대한 국내 연구가 다소 부족하더라도 영구처분 개념이 기술적으로 근거가 약한 것이 아니며 해외의 많은 연구결과를 활용할 수 있다는 것이다.

부지선정작업 1단계에서는 문헌조사를 통해 기존 단층대를 후보지역에서 배제하고, 2단계에서 실제 부지조사를 통해 활성단층 등에 대한 상세조사를 할 수 있기 때문에 전국 활성단층 조사가 완료되지 않아도 부지선정 작업에 착수할 수 있다는 입장이다.(재검토위원회 전문가검토그룹 논의결과보고서, 2020)

'부지확보가 불확실하다'는 반박

우리나라는 현재 지질정보 데이터베이스(DB)가 구축되지 않았기 때문에 심층처분이 가능할지 불가능할지도 확인하기 어렵다는 입장이다. 심층처분을 위해서는 엄밀한 지질조사를 통해 부지적합성을 평가해야 하는데, 전국을 대상으로 하는 활성단층 지도는 2036년에 완료될 예정이어서 정밀 지질조사조차 불가능하다는 것이다. 영구처분을 위한 부지는 지진, 단층, 지열 등의 지질학적 특성이 안정된 지역이어야 하고, 처분장 건설에 충분한 공간이 동일 암종으로 이루어져야 하는데 우리나라에서 이러한 지역을 찾을 수 있을지 의문이라는 주장이다.

심층처분 방식이 관념적으로 옳다고 하더라도, 심층처분을 실제로 적용해 운영 중인 나라가 없다는 사실도 반박 논거로 들고 있다. 핀란드와 스웨덴이 심층처분에 대한 인허가를 받아 시설을 건설 중이거나 안전성 검사 단계에 있지만 아직 확실히 검증되지 않았다는 것이다.

재검토위원회에 참여한 전문가들은 영구처분장은 지질학적 부지적합성 확인이 가장 중요하므로 정확한 지질조사가 선행되어야 한다는 점에 대해서는 의견일치를 보고 있다. 지질조사 기준 및 결과를 투명하게 공개해 신뢰를 확보해야 부지공모와 심층조사 등을 통한 부지선정이 가능하다는 것이다. 일본의 경우처럼 문헌조사를 통해 암종과 인구밀도 등 배제조건을 적용해 후보지역을 도출한 뒤 지질 특성지도 제작 등 사전준비 작업을 우선 추진할 것을 제안했다.

영구처분장 없는 중간저장(장기저장) 방안

영구처분장 부지확보의 불확실성과 심층처분 방식의 기술적 안전성 문제 등으로 영구처분장 대신 중간저장(장기저장) 하는 방안도 제시되었다. 영구처분장에 비해 부지확보가 보다 용이한 중간저장시설을 건설해 수백 년 동안 장기저장하면서 기술이 고도화되었을 때 영구처분을 고려하는 방안(wait & see)이다. 실제로 일본과 캐나다에서는 300년 정도 중간저장한 이후에 영구처분하는 '잠정 보관'과 '적응적 · 단계적 관리'(APM) 방식을 도입하고 있다. 캐나다의 APM 방식은 일단 중간저장시설 건설을 위한 부지를 선정한 이후에 정밀 지질조사를 통해 영구처분시설 건설 여부를 결정하자는 것이다.

우리나라에서도 2007년부터 이 같은 방안이 논의되었다. 노무현 정부의 국가에너지위원회 산하 '공론화 TF'(2007. 4. ~2008. 4.) 는 중간저장 방안에 대한 공론화를 우선 추진하고, 최종관리 방안에 대해서는 추후 논의하는 방안을 권고했다. 2012년 '사용후핵연료 정책포럼'이 발표한 대정부 권고사항도 공론화의 핵심의제는 중간저장 방안이라고 밝혔다. 2016년 신창현 의원이 대표 발의한 「고준위방사성폐기물 중간저장시설 부지선정에 관한 법률안」은 영구처분장이 아니라 중간저장시설 부지선정을 위한 법안이었다. 영구처분장 부지확보의 불확실성을 염두에 둔 것으로 볼 수 있다.

그러나 이 방안에 대해서도 견해가 엇갈렸다. 일부 전문가들은 "수백 년간 안전하게 장기저장(중간저장)하는 방안은 현재 기술로는 불가능하고, 주민수용성도 담보하기 어렵다"고 반대했다. 사용후핵연료를 인간 생활권을 벗어나 안전하게 보관하자는 것이 영구처분의 개념이므로, '안전'이라는 기준에서 보면 지상보관이나 천층처분하는 중간저장에 비해 심층처분 방식이 훨씬 안전한 방법이라는 것이다. 더구나 우리나라는 이미 2015년과 2020년 실시한 두 차례의 공론화와 산업부의 1차 관리 기본계획을 통해 동일 부지에 영구처분시설과 중간저장시설을 동시에 건설하는 방향으로 가닥을 잡은 상태이다.

2) 심층처분은 안전한가?

영구처분의 두 번째 쟁점은 심층처분 방식의 안전성이다. 미국, 영국, 독일, 캐나다, 일본 등 각국이 영구처분장을 확보하지 못한 배경에는 지역주민의 거센 반대도 있었지만, 처분기술의 안전성 문제가 해결되지 않았기 때문이다. 전문가검토그룹의 논의과정에서도 심층처분 기술에 대해 안전성이 '입증되었다'는 주장과 '입증되지 않았다'는 상반된 의견이 팽팽하게 대립하였다. 원자력계 전문가들이 제시한 안전하다는 의견은 공학적 방벽과 자연 암반이 방폐물의 유출을 막아 10만 년 이상 안전한 처분이 가능한 것으로 과학적으로 거의 검증되었다는 것이다. 반면, 안전성이 입증되지 않았다는 시민사회계 전문가들은 스웨덴 토지·환경법원의 판결을 근거로 반박하고 있다. 해외에서도 아직 심층처분시설을 건설해 운영하는 국가가 전무하기 때문에

안전성을 담보할 수 없다는 입장이다.(전문가검토그룹 논의결과보고서, 2020)

'안전하다'는 입장

심층처분 방식이 안전하다는 전문가들은 구리 캐니스터와 벤토나이트 등 공학적 방벽과 자연 암반이 사용후핵연료의 방사능(radioactivity) 유출을 막아 10만 년 이상 안전한 처분이 가능한 것으로 보고 있다. 공학적 방벽으로 방사능의 유출을 막을 수 있는 기간은 1,000년 정도이며, 나머지 기간은 자연 암반으로 유출을 방지할 수 있다는 것이다.

국제적으로도 지하 500m의 땅속에 사용후핵연료를 보관하는 것이 물과 지진 등의 영향으로부터 안전성이 검증되었다는 주장이다. 지하 500m 이상을 내려가면 산소와 물이 없어 처분 용기나 사용후핵연료가 부식될 가능성이 크게 낮아진다는 것이다. 지진에 의한 영향도 지상에 비해 낮기 때문에 사용후핵연료 처분의 안전성이 높다고 보고 있다. IAEA도 이러한 지질학적 조건을 고려해 2011년 심층처분을 권고하였고, 핀란드는 지하 500m 암반에 심층처분하는 기술에 대해 규제기관으로부터 안전성을 인정받아 처분장 건설에 착수한 것을 근거로 들고 있다.(원자력환경공단, 「사용후핵연료 이야기 70」, 2016)

'위험하다'는 반박

심층처분의 안전성에 의문을 제기하는 전문가들은 구리 캐니스트와 콘크리트 구조물의 부식 가능성, 암염 단상이 사용후핵연료의 열에 녹을 가능성, 심층에서 화재발생 가능성 등 위험요소가 상존하고 있다고 주장한다. 인류가 지구상에 존재한 것이 2만 년에 불과한데 10만 년 이상 지하에서 안전하게 보관할 수 있는 공간이나 부지를 확보할 수 있겠느냐는 것이다. 지반이 1년에 1㎜만 움직여도 10만 년이면 100m 이상 움직이기 때문에 어떠한 기술도 절대적으로 안전한 기술이라고 할 수 없다고 반박하고 있다.

탈핵단체들은 "심층처분은 핵폐기물을 충분히 관리할 수 있다는 환상을 심어 핵발전의 안전신화를 계속 유지하려는 시도"라고 비판한다. 고준위핵폐기물전국회의 · 그린피스 · 에너지시민연대가 '전 지구적 위협, 핵폐기물'이라는 주제로 2019년 3월 공동주최한 정책토론회에 참가한 그린피스의 원자력전문가 숀 버니(Shaun Burnie)는 "심층처분은 위험요인이 너무 많기 때문에 용납할 수 없는 방식이며, 지각에 불가역적인 오염을 야기해 미래세대가 무기한 고통받게 되는 결과를 초래할 것"이라고 경고했다.[123]

3) 집중형(영구처분+중간저장)의 실현가능성

영구처분장과 중간저장시설을 동일 부지에 집중형으로 건설하는 방안은 박근혜 · 문재인 정부의 두 차례 공론화위원회가 제시한 권고안의 핵심 내용이다.[124] 산업부도 2016년 수립한 1차 관리 기본계획에 동일한 내용을 담

---

123 이처럼 심층처분의 안전성과 실현가능성에 대해 전문가들 사이에서는 치열한 쟁점임에도 불구하고 재검토위원회의 전국 공론화에 참여한 시민참여단은 숙의자료집에 기술된 내용 가운데 '우리나라에서 심층처분방식은 실현가능하다'는 응답(88.2%)과 '심층처분기술은 안전성이 입증되었다'는 응답(62.0%)이 매우 높게 나타났다. 종합토론회 과정에서 심층처분의 쟁점에 대한 전문가들의 토론과 충분한 논의가 진행되었는지 의문이 드는 대목이라고 할 수 있다.(재검토위원회 전국의견수렴 결과설명 자료집, 2020)

124 재검토위원회의 전국 공론화에서 6가지 사용후핵연료 관리 시나리오별 선호도는 '집중형 중간저장 및

고 있다. 그러나 순조롭게 영구처분장에 적합한 부지를 확보한다고 해도 지하연구시설(URL)을 건설하기까지 최소한 30~50년이 걸리는데, 언제 이곳에 중간저장시설까지 건설해 운영할 수 있을지가 의문이다. 당장 10년 후에는 원전 부지 내 임시저장시설에 보관 중인 사용후핵연료의 포화시점이 임박하기 때문이다.

재검토위원회의 전문가검토그룹 논의과정에서도 중간저장시설과 영구처분시설 건설방안을 놓고 '동일 부지 건설'과 '별도부지 건설' 방안이 대립하였다. 동일 부지를 선호하는 측은 우리나라는 국토 면적이 좁아 영구처분장과 중간저장시설 부지를 별도로 각각 확보하기 어렵기 때문에 동시에 선정해 함께 운영하는 것이 효율적이라고 주장했다. 원자력계 전문가들은 "사용후핵연료 관리정책의 핵심은 신뢰성 확보인데, 2016년의 기본계획 수립 당시와 기술적 · 환경적 변화가 없으므로 기존의 기본계획을 존중하여 동일 부지로 추진하는 것이 타당하다"는 입장이다.

이에 비해 별도부지를 선호하는 측은 영구처분시설 부지선정은 지질조건도 엄격하고 주민수용성도 불확실하기 때문에 상대적으로 부지 조사기간이 짧고, 현재 원전 부지 내 임시저장기간도 단축할 수 있는 중간저장시설 건

영구처분'이 63.6%로 가장 높았다. 이에 비해 '분산형 중간저장후 영구처분' 방식은 3.3%에 그쳤다. 6개 시나리오별 순위와 선호도는 다음과 같다. ①집중형 중간저장 및 영구처분(63.6%), ②임시저장후 영구처분(20.5%), ③집중형 중간저장(8.2%), ④분산형 중간저장후 영구처분(3.3%), ⑤분산형 중간저장(2.8%), ⑥집중형 중간저장후 영구처분(1.4%), ⑦모름(0.2%) 순으로 나타났다. 특히 ④분산형 시나리오에 대한 선호도는 9.1%(2차) →4.2%(3차) →3.3%(4차)로 조사가 거듭될수록 선호도가 떨어졌다.(재검토위원회 권고안, 2020)

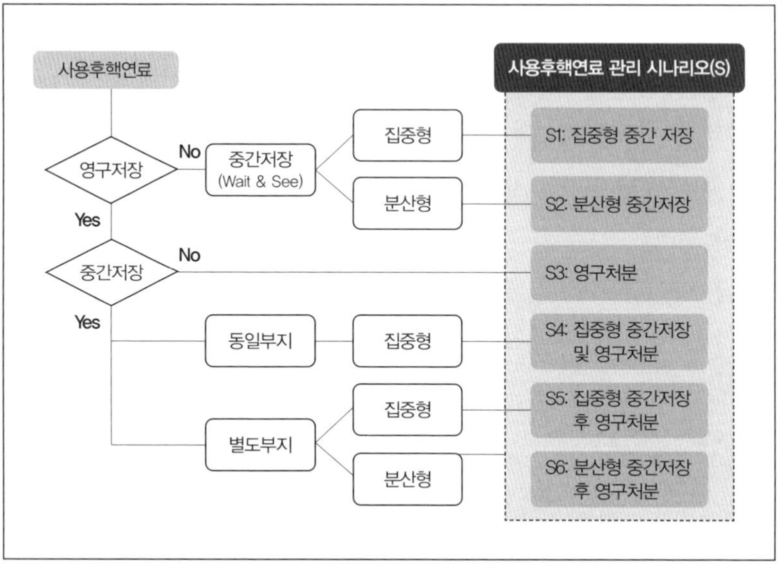

[그림 4-1] 사용후핵연료 시나리오
※ 자료출처 : 재검토위원회 전국의견수렴 결과설명 자료집(2020. 10. 30.)

설을 우선적으로 추진해야 한다는 입장이다. 사용후핵연료 저장기간 측면에서도 평생(영구적으로) 보관해야 한다는 부담감은 주민수용성을 저하시킬 수 있기 때문에 중간저장시설을 유치한 뒤 영구처분시설은 여유를 갖고 확보하자는 것이다.(전문가검토그룹 논의결과보고서, 2020)

'소외 중간저장'의 쟁점

중간저장시설을 한 곳에 집중형으로 건설하는 방안과 여러 곳에 분산형으로 건설하는 방안도 쟁점이었다. 여기서 말하는 '분산형'은 복수의 중간저장시설을 기존 원전 부지 외부에 건설하자는 것이다. 전문가검토그룹의 논의과정에서도 의견이 대립하였다.

첫째, '집중형'은 인구가 밀집한 좁은 국토에서 주민들이 위험시설 입지를 반대하고 있기 때문에 수용성 측면에서 1개 부지를 선정하는 것이 효율적이라는 입장이다. 임시저장시설 확충도 어려운 상황에서 2개 이상 중간저장시설 부지를 확보하는 것 자체가 불가능하다는 것이다. 건설 · 운영 측면에서도 1개의 집중형 시설을 관리하는 것이 효율적이라는 주장이다. 현재 우리나라의 기술 수준은 육 · 해상 운반시스템 설계 및 제작기술, 운반용기 소재 및 제작기술이 상당히 축적되어있기 때문에 집중형이 가능하다는 입장이다.

둘째, '분산형'은 원전이 동해안과 서해안에 밀집한 상태에서 집중형으로 한 곳에 중간저장시설을 건설할 경우, 사용후핵연료의 운반 및 이동과정에서 안전성을 우려하는 입장이다. 독일에서도 육로 이송에 반대하는 주민들의 철로 점거 농성으로 사용후핵연료를 중간저장시설로 옮기지도 못하고 원전 부지에 보관할 수밖에 없었던 사례를 근거로 제시하였다. 해상 운송도 동해안에서 서해안으로, 또는 서해안에서 동해안으로 이송 경로가 길기 때문에 육상운송과 마찬가지로 위험성이 도사리고 있다고 주장한다.

셋째, '절충안'은 기술적 측면에서는 집중형과 분산형 모두 선택 가능한 대안이기 때문에 현시점에서 미리 결정할 필요가 없다는 입장이다. 향후 관리 측면에서 안전성을 향상시킬 수 있는 방향으로 판단하면 되기 때문에 현 단계에서 결정해 제약할 사안이 아니라는 의견이다.

중간저장시설의 저장방식에 대해서는 기술성 · 안전성 측면에서 지상, 지하, 터널 등 어느 방식으로도 설치가 가능하다는 의견이 제시되었다. 안전성 측면에서는 지하 또는 터널 방식이 외부 환경으로부터 차단되어 보다 안

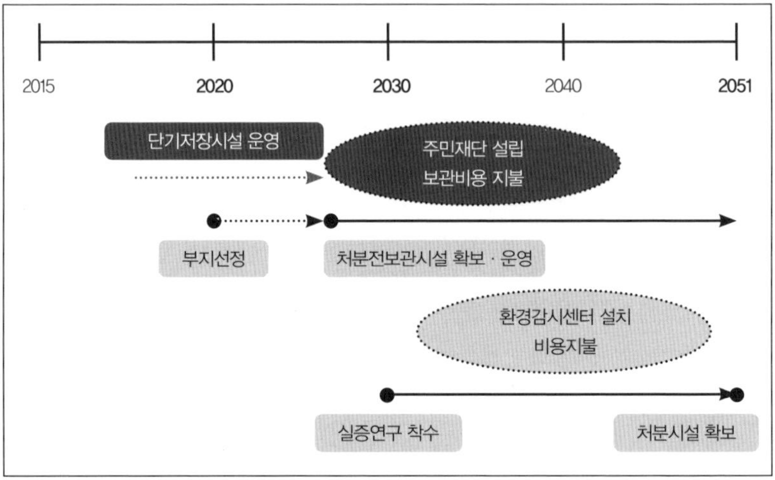

[그림 4-2] 산업부 1차 기본계획의 관리 흐름도
※ 자료출처: 산업부(2016), 고준위방사성폐기물 관리 기본계획

전할 수 있지만, 수용성 측면에서 장기적으로 영구처분이 될 수 있다는 오해를 받을 가능성이 있다는 것이 단점이다.

중간저장시설의 부지 요건은 원전의 부지 조건과 유사하며, 현재 확보된 기술로도 부지조사가 가능하고 조사기간도 심층처분을 위한 지질조사 기간에 비해 매우 짧다는 장점도 피력되었다. 원자력안전위원회 고시(제2017-58호) 「사용후핵연료 중간저장시설의 위치에 관한 기술기준」에는 중간저장시설 부지에 대한 지질학적 특성, 항공기 추락과 같은 인위적 사건, 방사성물질의 대기확산 및 희석조건, 자연현상, 하천범람, 지하수 등 수문학적 특성 등에 관해 구체적으로 명시되어있다.

산업부와 탈핵단체의 상반된 입장

처분시설 건설방안에 대해서는 박근혜 · 문재인 정부의 두 차례 공론화 권고안과 산업부의 2016년 관리 기본계획은 동일한 입장을 취하고 있다. 영구처분장과 중간저장시설을 동일 부지에 '집중형'으로 건설하자는 것이다. 박근혜 정부의 공론화위원회가 2015년 산업부에 제출한 권고안에는 2020년까지 영구처분장 부지를 선정해 인허가용 지하연구시설(URL)을 건설하고,[125] 2030년 영구처분 실증연구에 착수, 2051년부터 영구처분장을 운영한다는 계획이다. 영구처분장이 건설되기 전까지는 지하연구시설 부지에 건설한 '처분전보관시설'에서 사용후핵연료를 관리한다는 복안이다. 이 처분전보관시설이 '중간저장시설'인데, 불가피할 경우에는 기존의 원전 부지 내에 '단기저장시설'을 설치해 운영할 것을 권고하였다.

산업부의 2016년 관리 기본계획은 2015년의 공론화 권고안을 토대로 작성되었는데, 큰 골격에서는 대동소이하다. 다만, 구체적인 시기는 밝히지 않고 영구처분 부지선정에 12년, 부지확보 이후 중간저장시설 건설(7년) 및 지하연구시설(14년) 동시 착공, 영구처분장 건설에 10년이 걸릴 것으로 추산하였다. 부지선정에 착수해 영구처분장 완공까지 총 36년이 소요될 것으로 보

---

125 지하연구시설(underground research laboratory)은 땅속 환경을 조사해 영구처분시설의 안전성 확보 기준과 상세설계 등을 마련하기 위한 시설을 말한다. 대개 영구처분시설 입지 지역에 건설해 지질학적 특성을 연구하며, 그 목적에 따라 연구용과 인허가용으로 구분된다. 연구용은 기반암 관련 데이터베이스 구축, 안전성 평가를 위한 모델 시험 및 검증, 처분개념 연구 및 실증 시험 등이 주목적이다. 인허가용은 향후 영구처분을 고려해 부지특성자료 수집이 주목적이다.(「사용후핵연료이야기 70」, 2016)

았다. 산업부도 중간저장시설 완공 이전에는 원전 부지에서 사용후핵연료를 보관하기로 했다.

문재인 정부의 공론화 권고안에는 구체적인 추진 일정은 제시하지 않고, "동일 부지에 영구처분시설과 중간저장시설을 모두 확보하는 것을 우선시하는 관리정책을 마련하기 바란다"며 "심층처분기술의 안전성과 실현가능성, 1차 기본계획의 부지선정기간(12년)의 적절성과 관련해서는 다양한 의견을 고려하여 구체적인 추진방안을 마련하기 바란다"고 두루뭉술하게 주문했다.[126]

이에 대해 탈핵단체는 사용후핵연료는 영구처분할 부지도 확보할 수 없고, 안전성도 담보할 수 없기 때문에 원전 폐쇄만이 해결책이라고 주장하고 있다. 공론화 자체를 거부해 온 탈핵단체는 권고안의 폐기를 촉구하며, 산업부가 아닌 독립적인 행정기구를 구성해 원점에서 다시 의견수렴을 실시하라고 촉구했다. 이들은 "영구처분장 없이 임시저장시설을 원전 부지 안에 계속 건설하는 것이 맞는지, 우리나라에 영구처분장으로 적합한 곳이 있는지, 적합한 부지가 없다면 전 국민이 영구처분장 대책도 없이 원전을 계속 가동해야 하는지 함께 논의해야 한다"고 주장하고 있다.(오마이뉴스, 2020. 5. 23.)

---

126 재검토위원회의 전국 의견수렴 결과, 시민참여단의 82.5%는 중간저장시설과 영구처분시설을 동일 부지에 운영하는 것이 바람직하다고 응답하였다. 중간저장시설은 한 장소에 집중형으로 확보하는 것이 바람직하다는 의견도 74.6%에 달했다. 영구처분시설과 별도의 부지에 중간저장시설을 건설해 운영하자는 응답자(15.4%)도 중간저장시설은 분산형(27.9%)이 아닌 집중형(70.3%)을 선호하였다. 일반국민은 위험시설을 분산하지 말고 한곳에 모아 처리하자는 것이다.(재검토위원회 권고안, 2020)

4) '숨겨진 대안', 소내 중간저장

영구처분장과 중간저장시설을 동일 부지에 건설하는 '집중형'은 좁은 국토에 위험 분산의 우려와 주민수용성 등을 고려할 때 합리적인 선택으로 보인다. 그러나 문제는 시간과 실현가능성이다. 집중형이 건설되기까지는 순조롭게 진행되어도 최소한 30~50년이라는 오랜 시간이 필요하다. 그동안에는 각 원전별로 지금처럼 '임시저장'할 수밖에 없다. 영구처분장 부지가 확보되면 그나마 다행이겠지만 해외 사례를 비춰볼 때 실현가능성도 희박해 보인다.

그래서 등장한 대안이 '소내 중간저장'이다. 현재의 임시저장을 중간저장으로 전환해 최소한 50년 이상 보관하자는 것이다. '소내 중간저장' 방안에 대해서는 원자력계는 물론, 탈원전 진영에서도 불가피성을 인정하고 있다. 중간저장시설의 부지 조건은 원전 입지 조건과 동일한 수준이기 때문에 부지확보에는 별 문제가 없다는 입장이지만 관건은 주민수용성이다. '임시저장'이라는 용어에서는 언젠가는 외부로 반출될 것이라는 희망이 묻어있지만, '중간저장'으로 전환되면 자칫 영구처분이 될 수 있다는 우려가 커지기 때문이다.

정부와 원자력계의 입장

산업부가 공론화위원회 권고를 토대로 2016년 제출한 법률안에는 '소내 중간저장'을 염두에 두었다. 「고준위방사성폐기물 관리시설 부지선정절차 및 유치지역지원에 관한 법률안」 제21조(원자력발전소 내 사용후핵연료 저장시설의 건설)에는 "산업통상자원부장관은 관리시설이 설치되기 전에 발전용원자로 운영자가 원자력발전소 부지 내에 사용후핵연료 저장시설을 건설하려는 경우 그 발전용원자로 운영자와 협의하여 그 저장시설의 시설계획에 관한 사항을 방사성폐기물 관리 기본계획에 포함하여야 한다"고 명시하였다.

법률안 제21조의 의도는 영구처분장이 건설되기 전이라도 원전 내에 새로운 저장시설을 설치할 수 있는 근거를 마련한 것이다. 더욱 심각한 문제점은 '소내 저장시설'을 설치할 경우 (지방정부나 주민의사와 상관없이) 산업부장관과 원전사업자가 협의해 일방적으로 결정할 수 있도록 하였다는 점이다.(문병효, 2017)

재검토위원회도 권고안에서 영구처분장과 중간저장시설을 동일 부지에 집중형으로 확보할 것을 주문하면서도 "영구처분시설 확보의 불확실성을 이유로 별도 부지에 중간저장시설을 확보하자는 의견과 위험분산 측면에서 분산형 중간저장시설을 확보하자는 의견 등이 있었다는 점도 함께 고려되어야 할 것"이라고 밝혔다.(재검토위원회 권고안, 2021) 부지확보에 오랜 시간이 걸리거나 실패할 경우를 염두에 두고 정부에 선택의 여지를 넓혀준 것이다.[127]

원자력계에서도 소내 중간저장을 선호하고 있다. 재검토위원회가 2020

127 재검토위원회의 전국 의견수렴에서 별도 부지를 선호한 응답자는 15.4%로 동일 부지가 바람직하다는 응답자(82.5%)의 1/4 수준에 불과했다. 또 분산형 중간저장시설 건설이 바람직하다는 응답자는 23.0%로 집중형(74.6%)에 비해 1/3 정도였다. 의견수렴 결과가 이렇게 명확함에도 불구하고 재검토위원회가 어떤 연유로, 어떠한 논의과정을 거쳐 양립 불가능한 선택지를 동시에 권고하게 되었는지 의문이다. 박근혜 정부의 공론화위원회가 공론화 과정에서 논의되지 않았던 '단기저장' 방안을 권고안에 삽입한 것과 같은 맥락에서 권고안이 작성되었음을 알 수 있다. 재검토위원회의 이 같은 권고안 작성 기준은 자기모순에 봉착해 있다. 지역 의견수렴에서 월성원전 임시저장시설 추가건설에 반대하는 의견은 11.0%였다. 그러나 권고안에는 "지역 의견수렴 결과 다수의 시민참여단(81.4%)이 증설에 찬성하였다. 정부는 월성원전 임시저장시설을 적기에 안전하게 건설하여 주시기 바란다"고 명확하게 권고했기 때문이다. 지역 의견수렴에서는 전국 의견수렴과 달리 소수 의견은 권고안에 반영하지 않는 대신, 다수 의견에 따라 '적기 건설'만 권고한 것과 대조적이다.

년 10월 전국 의견수렴 결과설명 및 정책토론회에서 원자력계 S교수는 시민참여단의 공론화 결과와 반대로 중간저장시설을 집중형이 아니라 분산형으로 확보해야 한다고 주장했다.(재검토위 정책토론회, 2020. 10. 30.) 해외 사례에서도 확인된 바와 같이 동일 부지에 영구처분장과 중간저장시설을 모두 건설하는 방안이 거의 불가능하다는 점을 잘 알고 있는 친원전 전문가들은 오래전부터 소내 중간저장을 주장해왔다.[128] 영구처분장은 고사하고 중간저장시설도 확보하지 못하면 자칫 원전 가동이 중단될 수 있기 때문이다.

일부 환경운동가와 전문가의 견해

원전 부지에 분산 보관하는 방안에 대해 탈원전 진영에서도 검토할 수 있다는 입장이다. 다만, 사용후핵연료의 추가 양산을 중단 또는 최소화한다는 국민적 합의가 성립되고, 건식저장시설(맥스터)의 법률적 성격이 임시저장시설이 아니라 중간저장시설로 규정되어야 한다는 전제조건을 제시하였다. 고준위핵폐기물전국회의 등이 2019년 3월 공동주최한 정책토론회에서 g환경운동가 L씨는 "핵폐기물은 답이 없기 때문에 핵발전소를 중단하는 것만

128 박근혜 정부의 공론화위원회가 구성한 전문가검토그룹은 2014년 7월 「사용후핵연료 관리방안에 관한 이슈 및 검토의견서」를 통해 기존 원전 부지 내에 저장하는 것이 현실적이라는 의견을 제시하였다. 기존 원전은 부지 안전성을 확인받은 상태이지만 새로운 부지를 선정하려면 지진과 태풍 등 자연재해 영향과 활성단층을 비롯해 지질학적 안전성을 조사하는 데 오랜 시간이 걸린다는 것이 가장 큰 이유로 거론되었다.(중앙일보, 2014. 9. 15.) 박근혜 정부의 공론화위원회가 2014년 8월 실시한 여론조사에서도 기존 원전의 저장시설을 확충하자는 의견이 50.3%를 차지하였다. 이에 비해 다른 지역에 새로운 저장시설을 마련해야 한다는 의견은 39.9%로 나타났다.

이 해결책이지만, 현실적 대안으로는 건식저장시설에서 중간저장하는 방안이 임시 선택지"라는 의견을 제시했다. 그러나 L씨는 "일본학술회의에서 제시한 300년간 중간저장 방안에 대해서는 동의할 수 없다"고 밝혔다.(고준위핵기물전국회의 정책토론회, 2019. 3. 25.)

일부 전문가는 소외 중간저장 방안을 포기하고 원전 부지에 50년간 '임시저장'하면서 영구처분장을 마련하자고 주장하고 있다. 전문가검토그룹에서 탈퇴했던 시민사회계 B교수는 "현재 상태에서는 소외 중간저장이 영구처분인데 어느 지역에서 받아들이겠는가"라고 반문하면서 "사용후핵연료는 기존 원전 부지에 분산 보관하는 것이 현실적이고 효율적인 방안"이라고 주장했다. B교수는 대안으로 '원전 지연해체+소내 50년 임시저장+30년 프로세스 처분부지 마련'이라는 플랜을 제시했다.(국민일보, 2021. 3. 23.)

원전 인근지역의 반발

사용후핵연료를 기존 원전 부지에 분산저장하는 방안에 대해 원전 인근지역에서는 강력하게 반대하고 있다. 원전 인근 16개 기초지자체들로 구성된 '전국원전동맹'은 2021년 10월 성명서를 내고 "현재 임시저장시설에 43년간 보관되고 있는 51만 다발(2,280만 개)의 사용후핵연료를 서울, 경기 등 원전이 소재하지 않는 광역지자체에 분산배치해야 한다"고 주장했다. 임시저장시설을 광역지자체별로 설치해 원전 인근지역 주민의 고통을 분담해야 한다는 것이다.

전국원전동맹 박태완 회장(울산 중구청장)은 이날 울산 중구청에서 기자회견을 열고 "아무리 파격적인 인센티브를 제공해도 사용후핵연료 저장시설을 유치하려는 지자체가 있을 수 없다는 불편한 진실을 인정해야 한다"며 "2029년부터 한빛원전을 포함한 거의 모든 원전의 임시저장시설이 포화상태에 이르기 때문에 사용후핵연료의 광역별 분산배치가 시급하다"고 주장했다. 박 회장은 "정부는 지난해 월성원전 인근 지역 국민의 강력한 반대에도 임시저장시설(맥스터) 추가증설 계획을 확정했다"며 "이제는 원전 인근 314만 국민에 대한 무한 희생 강요를 멈춰야 한다"고 강조했다.

전국원전동맹은 또 더불어민주당 김성환 의원이 2021년 9월 대표발의한 「고준위 방사성폐기물 관리에 대한 특별법」은 "원전소재지역의 주민 의견수렴으로 임시저장시설 설치를 가능하게 하여 원전 내 임시저장시설을 핵폐기장으로 활용하기 위한 것"이라며 즉시 폐기를 촉구했다.(연합뉴스; 매일신문, 2021. 10. 25.) 울산지역 노동계와 탈핵울산시민공동행동도 2021년 11월 울산시청 앞에서 기자회견을 열고 "김성환 의원이 대표발의한 고준위 특별법안은 핵폐기물 중간저장시설과 영구처분시설을 건설하기 전까지 기존의 원전 부지에 핵폐기물을 보관하는 '부지 내 저장'을 허용하고 있다"며 "원전지역을 핵폐기장으로 만드는 고준위 특별법안을 즉각 폐기하라"고 주장했다.(울산매일; 오마이뉴스, 2021. 11. 2.)

2. 주민들이 수용할 것인가?

부지선정 과정에서 최대 난관은 주민수용성이다. 지질조사결과 영구처분장 부지로 적합하고, 심층처분의 안전성이 입증되었다고 하더라도 주민들이 거부하면 더 이상 진행하기 어렵다. 그렇다고 과학 · 기술적 평가 결과 안전성에 문제가 있는 지역을 주민들이 원한다고 선정할 수도 없다. 대부분의 일반국민은 '부지적합성에 대한 과학적 평가가 나온 후 유치지역주민들의 과반 이상 동의'로 선정하는 것이 바람직하다는 의견을 보이고 있다. 재검토위원회의 전국 의견수렴 결과 80.1%가 이 방식에 동의했다.[129] 권고안도 이 같은 의견수렴 결과에 따라 "과학 · 기술적 타당성과 국민 · 주민수용성을 모두 확보할 수 있는 부지선정 원칙과 절차를 마련하여 주시기 바란다"고 두루뭉술하게 권고하였다.

주민수용성과 관련한 쟁점은, 부지선정의 주요 결정요인으로 주민동의와 과학 · 기술적 평가 가운데 어디에 우선순위를 둘 것인가이다. 전문가들은 주민동의를 우선적으로 고려해야 한다는 입장과 일정 수준 이상의 주민동의가 있는 경우 과학 · 기술적 평가 결과를 우선적으로 고려해야 한다는 입장으로 양분되었다. 부지선정 절차에서 주민의사를 확인하는 단계에 대해서도 다양한 의견이 제시되었다.

1) 부지선정 절차와 주민참여

산업부가 2016년 수립한 1차 기본계획에서는 부지선정 절차를 5단계로 구분하였다. △1단계에서는 전 국토를 대상으로 처분장 입지가 부적합한 지

129 관리시설 부지선정 절차에 대해서는 ①주민 과반이상 동의 80.1%, ②주민 만장일치 15.8%, ③과학적 평가 3.5%, ④모름 0.7% 순으로 나타났다.(재검토위원회 권고안, 2021)

역을 배제하고, △2단계에서는 적합 지역을 대상으로 부지공모를 실시한다. △3단계 부지 기본조사에서는 대상부지에 대한 엄밀한 기초조사와 부지특성 및 적합성을 평가하고, △4단계에서는 기본조사에 통과한 지역을 대상으로 주민의사를 확인하는 절차를 거친다. △5단계는 주민의사가 확인된 부지에 대해 심층조사를 거쳐 최종적으로 확정하게 된다. 산업부는 △1~4단계에 8년, △5단계 심층조사에 4년 등 총 12년이 소요될 것으로 추산했다. 그러나 1차 기본계획의 문제점은 주민의사 확인이 부지공모 및 기본조사 이후 4단계에서 실시되고, 구체적으로 어떤 방법으로 확인할 것인지도 명확하지 않다는 점이다.

단계	① 부적합 지역 배제	▶	② 부지 공모	▶	③ 부지 기본조사	▶	④ 주민의사 확인	⑤ 부지 심층조사
소요연도	8년							4년

[그림 4-3] 산업부 1차 기본계획의 부지선정 절차

20대 국회에서 발의되었으나 임기만료로 폐기된 3개 법안에도 부지선정 절차가 명시되어있다. 첫째, 정부가 발의한 「고준위 방사성폐기물 관리시설 부지선정절차 및 유치지역지원에 관한 법률안」(2016. 11. 2.) 이 규정하고 있는 부지선정 절차는 ①부지적합성 조사계획수립 → ②기본조사 후보지역 선정 → ③주민 의견 확인 및 기본조사 신청 → ④기본조사 시행 → ⑤심층조사 후보부지선정 및 조사 → ⑥관리시설 예정부지선정 등 6단계로 되어있다. 정부안의 문제점은 산업부 장관이 위촉한 부지선정위원회에서 부지적합성 조사계획을 수립하도록 규정하고 있어 공정성과 중립성을 담보하기 어렵다는 점이다. 또한 지자체가 부지적합성 기본조사 신청과정에서 어떤 방법으로(지방의회 동의 또는 주민투표 등) 주민 의견을 수렴할 것인지도 구체적으로 명시하지 않고 있다. 특히 입법예고된 법안(의안 3236)과 달리 수정된 법안에는 유치공모에 응하는 지자체가 없을 경우에는 후보지역 전부 또는 일부를 기본조사 및 심층조사 대상지역으로 선정할 수 있도록 규정해 주민의사와 무관하게 부지를 선정해 확정 · 고시할 수 있는 여지를 두었다.(문병효, 2017)

둘째, 우원식 의원이 대표 발의한 「고준위 방사성폐기물 관리에 관한 특별법안」(2018. 7. 20.)의 부지선정 절차는 ①부지적합성 조사계획 수립 → ②기본조사 후보부지 도출 → ③주민 의견 확인, 지방의회 동의 및 기본조사 신청 → ④기본조사 대상부지선정 및 조사 시행 → ⑤심층조사 후보부지선정 및 조사 → ⑥관리시설 예정부지 도출 → ⑦관할 지자체의 주민투표 → ⑧안전관리위원회 심의 · 의결 → ⑨관리시설 부지선정 등 9단계로 세분화되어 있다. 우원식 법안이 정부안에 비해 가장 큰 차이점은 국무총리 소속의 안전관리위원회에서 부지선정을 주관해 공정성을 강화하였다는 점이다. 또한 기본계획 수립시 초안 공람, 국민 의견수렴 및 공청회 개최, 공론화 실시, 지방의회 동의, 최종 선정 전 주민투표 실시 등 각 단계마다 다양한 주민참여 방안을 마련해 지역의 자율성과 주민수용성을 제고하였다.(김재광, 2020)

셋째, 신창현 의원이 대표 발의한 「고준위 방사성폐기물 중간저장시설 부지선정에 관한 법률안」(2016. 11. 10.)의 부지선정 절차는 ①부지적합성 조사계획 수립 → ②기본조사 후보부지 도출 → ③지방의회 동의 및 기본조사 공모 → ④기본조사 대상부지선정 및 조사시행 → ⑤심층조사 후보부지선정 및 조사 → ⑥중간저장시설 예정부지선정 → ⑦관할 지자체의 주민투표 →

⑧부지선정위원회 심의 · 의결 → ⑨중간저장시설 예정부지 확정 등 9단계로 되어있다. 신창현 법안의 특징은 법안 명칭에서도 알 수 있듯이 영구처분시설이 아닌 중간저장시설 부지부터 먼저 선정하자는 것이다. 그러나 이 법안은 사회적 갈등이 극심한 부지선정 절차를 최소한 두 번 이상 진행해야 하고, 중간저장시설과 영구처분시설이 별도 부지에 건설될 경우 고준위 폐기물의 이동에 따른 위험성 증가 등이 지적되었다.(함철훈 · 장윤석, 2018)

넷째, 21대 국회에서 더불어민주당 김성환 국회의원이 2021년 9월 대표발의한 「고준위 방사성폐기물 관리에 관한 특별법」은 부지선정 과정에서 주민수용성을 대폭 강화한 것이 특징이다. 유치를 희망하는 지자체는 신청 단계부터 주민 의견을 확인하고 지방의회의 동의를 받아야 하며, 심층조사 이후 최종 선정 단계에서 주민투표로 확정하도록 하였다. 후보 부지가 다른 지자체와 인접한 경우에는 인접 지자체장과도 협의를 거쳐야 하며, 주민투표에도 인접 지자체가 참여할 수 있도록 규정하였다. 특히 최종 선정과정에서 인접 지자체의 주민투표 참여를 명문화한 것은, 2020년 월성원전 맥스터(임시저장시설) 증설과정에서 인접한 울산지역의 의견을 반영하지 않아 파행을 거듭한 전철을 반면교사로 삼은 것으로 보인다.

2) 부지선정의 우선순위

재검토위원회 전문가검토그룹 논의과정에서는 부지선정 과정에서 주민수용성과 안전성 모두 중요한 요소이지만, 주민동의가 관건이므로 수용성 확보를 우선적으로 고려해야 한다는 입장과 안전성 확보가 중요하므로 과학 · 기술적 평가를 우선적으로 고려해야 한다는 입장으로 나뉘어졌다. 부지선정과 관련해 전문가들이 합의한 사항으로는 부지선정을 위해 한시적으로 별도 기구인 부지선정위원회의 신설이 필요하며, 부지선정 원칙으로 ①국민의 신뢰와 수용성 확보를 위한 부지선정 절차의 법제화, ②처분장 안전성 확인을 위한 정확한 지질조사 선행, ③부지선정 과정에서 과학 · 기술적 적합성과 사회 · 문화적 요소를 함께 고려, ④주민 수용성 확보를 위한 투명한 정보공개 및 지역사회와 파트너십 구축 등이 제시되었다.(전문가검토그룹 논의 결과보고서, 2020)

주민동의가 우선이라는 입장

부지확보에 성공한 해외 사례에서도 알 수 있듯이, 주민수용성이 핵심이므로 주민동의를 우선적으로 고려해 부지가 결정되어야 한다는 입장이다. 중 · 저준위 방폐장도 주민 반대로 부지선정이 10여 차례나 실패한 전례가 있기 때문에 고준위 방폐장 건설은 주민동의 없이는 성공하기 어렵다는 점을 중시하고 있다. 지역주민의 최대한 다수가 동의하는 방안으로 합의를 도출해야 하며, 부지선정 절차의 모든 단계에서 주민의사를 확인할 필요가 있다는 입장이다. 핀란드와 스웨덴이 부지선정에 성공한 것도 지역사회의 수용성을 확보할 수 있었기 때문이라는 점을 근거로 들고 있다.

부지선정 절차와 관련해 주민의사를 확인하는 단계는 기본조사 전, 심층조사 전, 최종 확정 전 등 각 단계마다 주민동의가 전제되어야 한다는 입장이다. 주민수용성이 부지선정의 핵심 요소이므로 부지선정 절차의 모든 단계에서 주민의사를 확인할 필요가 있다는 것이다. 산업부의 1차 기본계획과 2016년 정부제출 법안에는 심층조사 전 또는 기본조사 전 단계에서만 주민의사를 확인하도록 하였다. 그러나 최종부지 확정은 주민동의가 필수사항이므로 심층조사 후에도 주민동의를 확인할 필요가 있다는 의견도 제시되었다.

주민동의를 우선적으로 고려해야 한다는 입장의 단점은, 부지공모 단계에서 유치를 신청하는 지역이 없을 경우이다. 영국, 일본, 미국 등 해외에서도 지자체의 유치공모 방식을 도입하였으나 희망 지역이 전무해 부지선정작업이 진행되지 못하고 있다. 또 다른 문제점은 주민동의에 우선순위를 두게 되면, 정부가 처분장 부지를 확보하기 위해 인구감소로 재정 여건이 매우 열악한 지자체에 막대한 지원방안을 빌미로 과학 · 기술적 평가에서 낮은 등급을 받은 지역이 선정될 수도 있다는 우려이다. 중 · 저준위 방폐장을 건설하는 과정에서 부지적합성보다는 '경쟁적 주민투표'를 실시해 주민수용성 제고에만 급급했던 전철을 답습할 수도 있기 때문이다.

과학 · 기술적 평가가 우선이라는 입장

영구처분시설은 '안전성'이 가장 중요하기 때문에 일정 수준 이상의 주민동의가 있다면, 최종적인 부지선정은 과학 · 기술적 평가에 따라 결정되어야 한다는 입장이다. 10만 년 이상 안정적인 관리가 필요한 사용후핵연료를 현세대와 현재 거주하는 주민들의 동의 여부에 따라 결정하는 것 자체가 미래세대에 무책임할 수 있다는 것이다. 주민수용성을 우선하여 찬성률에 따라 부지를 결정하는 것은 장기적인 관점에서 보면, 기술적으로 최적이 아닌 지역이 선정되는 바람직하지 못한 결과를 초래할 수도 있다는 주장이다.

주민의사를 확인하는 단계도 부적합지역 배제 후 기본조사 실시 전에 주민의사를 묻게 되면, 기본조사 단계에서부터 일부 부지가 배제되어 최적 부지가 제외될 수 있다는 점을 우려하였다. 안전성을 담보하기 위해서는 정확한 지질조사를 통해 지질학적 부지적합성을 확인하는 작업이 선행되어야 한다는 것이다. 산업부가 2016년 1차 기본계획에서 제시한 부지선정 절차를 선호하는 입장이라고 할 수 있다. 재검토위원회가 방사성폐기물학회 등 4개 전문기관에 의뢰한 자문 결과도 지질학적 적합성과 과학기술적 안전성을 부지선정의 핵심 요소로 꼽았다.(재검토위원회 권고안, 2021)

과학 · 기술적 평가를 우선적으로 고려해야 한다는 입장도 지질조사 기준 및 결과를 투명하게 공개해 신뢰를 확보해야 부지공모 및 심층조사를 통한 부지선정이 가능하다는 점을 강조하고 있다. 국내외 사례를 보면 Top-Down 방식으로 추진한 경우에는 번번이 실패했으나, 투명한 정보공개와 지역의 자발적인 참여에 근거한 국가에서는 성공적인 결과를 얻을 수 있었다는 것이다. 대표적인 사례로 핀란드와 스웨덴을 들 수 있다.

전문가검토그룹에서는 부지선정 과정에서 과학 · 기술적 적합성은 물론 사회 · 문화적 요소도 함께 고려하는 것이 바람직하다는 견해에 공감하였다. 지역사회와 상호신뢰를 통해 파트너십이 구축되어야 부지선정 및 향후 운영 과정에서도 지속가능성을 확보할 수 있기 때문이다. 이와 함께 향후 구성될 부지선정위원회는 신뢰성과 독립성을 확보하기 위해 원자력진흥위원회와 별도의 한시적 기구로 설치해 운영하는 방안에 일치된 견해를 보였다.(전문가검토그룹 논의결과보고서, 2020)

3. 사용후핵연료 관리 기본원칙의 쟁점

사용후핵연료 관리의 기본원칙으로 재검토위원회 전문가검토그룹 논의에서는 '국가 책임', '국민 안전', '국민 신뢰', '지속가능한 발전' 등이 핵심적인 원칙으로 포함되어야 하며, 고준위 폐기물의 장기적인 관리 필요성과 관리 기술의 발전을 고려해 미래세대가 관리정책을 선택할 수 있도록 '의사결정 과정의 가역성' 및 '처분시설 운영과정에서의 회수가능성' 원칙을 추가할 필요가 있다고 동의하였다.

기본원칙 가운데 쟁점은 '원전의 지속가능한 발전'과 '발생의 최소화'를 포함할 것인지 여부였다. '원전의 지속가능한 발전'과 '발생의 최소화'는 탈핵단체들이 가장 민감하게 반응하는 원칙이었다. '원전의 지속가능한 발전'이 사용후핵연료 관리의 기본원칙으로 채택될 경우 탈핵단체들이 공론화 과정에서 정부의 정책결정 자체를 거부하는 명분이 될 수도 있었다. 이러한 점 등을 감안해 전문가 논의에서는 방폐물 관리는 원자력진흥과 분리되어야 하므로 '원전의 지속가능한 발전'은 기본원칙에서 삭제하기로 합의하였다.(전문가검토그룹 논의결과보고서, 2020)

'발생의 최소화' 원칙에 대해서는 견해가 대립하였다. 국제원자력기구(IAEA)가 언급한 '발생의 최소화'(minimum practicable level)는 사용후핵연료의 재활용이나 재사용(recycling and reuse)을 의미하지만, 일각에서는 원전 가동 중단을 통해 사용후핵연료의 발생량 자체를 줄여 '점진적 탈핵'을 염두에 둔 것으로 해석될 소지도 있기 때문이었다. 그런데 문제는, 이 두 원칙에 대해 재검토위원회의 공론화 과정에서 충분한 논의와 검토과정을 거치지

Ⅲ 고준위방사성폐기물 정책방향

1 관리 원칙

◈ 국가 책임하에 국민의 안전을 최우선으로 고려한 투명한 관리를 통해 국민신뢰 확보, 지역사회와 원전의 지속가능한 발전 등에 기여

* IAEA의 방사성폐기물관리원칙(붙임 1. 참조)

① 국가 책임하에 관리

☞ 고준위방폐물은 장기간에 걸친 안전한 관리가 필요하므로 국가책임 하에 안전하게 관리하고 안전관리에 관한 국내·외 규범을 성실히 준수

② 국민의 안전과 환경보호를 최우선으로 고려

☞ 고준위방폐물을 생태·환경적으로 안전하게 관리하여 국민건강과 환경에 대한 위해를 방지

③ 국민 신뢰하에 고준위방폐물 관리

☞ 고준위방폐물 관련정보를 투명하게 공개하고, 국민적 이해와 공감대하에 지역사회와 원전의 지속가능한 발전에 기여하는 방향으로 추진

④ 현세대가 고준위방폐물 관리책임 부담

☞ 원자력발전의 혜택을 향유한 현 세대가 고준위방폐물 관리책임을 부담하고, 고준위방폐물 관리비용은 발생자가 부담

⑤ 고준위방폐물 관리의 효율성 제고

☞ 운반・저장・처분능력 향상과 부피・독성 저감 등 고준위방폐물의 효율적 관리를 위해 필요한 제반기술을 지속 개발

[그림 4-4] 산업부 1차 기본계획의 관리원칙

않고 상반된 내용이 권고안에 모호하게 기술되어있다는 점이다.

1) '원전의 지속가능한 발전'이 기본원칙인가?

재검토위원회는 산업부에 제출한 권고안에서 "사용후핵연료 관리 기본원칙으로 '원전의 지속가능한 발전'에 대해서는 추가적으로 소통하여 반영 여부를 검토해 주시기 바란다"고 요청했다. 전문가검토그룹의 합의에도 불구하고 권고안에 포함된 것이다. 위원회의 권고는 시민참여단의 의견조사결과에 근거를 두고 있다. 시민참여단은 "'국민 안전'과 '원전의 지속가능한 발전'은 모두 중요한 가치이기 때문에 기본원칙에 포함되어야 한다"는 설문에 60.4%가 찬성한 것으로 나타났다. 이에 비해 "'국민 안전'이라는 최우선 가치에 '원전의 지속가능한 발전'은 모순되기 때문에 원전의 지속가능한 발전은 기본원칙에서 삭제해야 한다"는 선택지에는 38.6%가 찬성하였다.

쟁점은 시민참여단의 이 같은 의견조사결과를 토대로 '원전의 지속가능한 발전'을 관리원칙에 포함시키는 것이 타당한가이다. 사용후핵연료 관리원칙에 대한 설문(문13)은 "2016년 정해진 우리나라의 방사성폐기물 관리 기본원칙에 따르면 '국민 안전'과 '원전의 지속가능한 발전'을 동시에 고려하고 있습니다. 이에 대한 입장은 무엇입니까?"라고 물었다. 그러나 산업부의 1차 기본계획이 천명한 관리원칙의 대전제는 "국가 책임하에 국민의 안전을 최우선으로 고려한 투명한 관리를 통해 국민신뢰 확보, 지역사회와 원전의 지속가능한 발전 등에 기여"하는 것으로 명시되어있다. 문맥상으로도 '국민 안전'이 최우선이며, '원전의 지속가능한 발전'과 동일한 차원이 아님을 밝히고 있음에도 불구하고 [문13]은 이를 '동시에 고려하고 있다'고 표현했다는 점이다.

실제로 '원전의 지속가능한 발전'은 5대 관리원칙 가운데 세 번째 원칙인 '국민 신뢰하에 고준위 방폐물 관리'를 부연설명하면서 "고준위 방폐물 관련 정보를 투명하게 공개하고, 국민적 이해와 공감대하에 지역사회와 원전의 지속가능한 발전에 기여하는 방향으로 추진"한다고 명시되어있다. 만일 시민참여단에게 기본원칙 가운데 중요도를 묻거나, 선택지 여하에 따라서는 상이한 응답 결과가 나왔을 것으로 추측된다.

탈핵단체들은 이 같은 권고안에 대해 "전국 의견수렴에서 '국민 안전과 원전의 지속가능한 발전'이라는 의제를 넣은 것은 (모순되므로) 잘못되었으며 국민적 숙의결과로 인정하기 어렵다"고 반박했다.(오마이뉴스, 2021. 3. 25.) 특히 전문가들이 삭제하기로 합의한 원칙에 대해 정부에 반영 여부를 검토하라고 권고한 것은 "탈원전을 추진해온 문재인 정부의 국정기조와도 상반되는 것이어서 향후 검토과정에 논란이 일 것으로 보인다"고 지적했다.(한겨레신문, 2021. 3. 18.)

전문가검토그룹 논의과정에 참여했던 K교수도 2020년 10월 KTV 유튜브 생중계방식으로 진행된 전국 의견수렴 결과설명 및 정책토론회에서 "전국 의견수렴의 결과로 발표된 사용후핵연료 관리원칙에서 '원전의 지속가능한 발전' 원칙에 대해서는 검토그룹에 참여한 전문가들이 삭제하기로 합의했음에도 불구하고 설문문항에 포함된 것은 이해하기 어렵다"며 "설문이 전문가 검토그룹의 합의사항과 연계되지 않고 별도로 작성된 것 같아 설문 의도가 의심받을 수 있다"고 지적했다.(재검토위원회 정책토론회 자료집, 2020. 10. 30.)

2) '발생의 최소화'도 포함할 것인가?

전문가검토그룹 논의에서 '발생의 최소화' 문구를 추가할 것인가에 대해서는 견해가 대립하였다. 산업부의 1차 기본계획상의 5번째 관리원칙인 '고준위 방폐물 관리의 효율성 제고'를 논의하면서 '부피 · 독성 저감'과 '효율적 관리' 문구는 삭제하는 것이 바람직하다고 합의했지만, '발생의 최소화' 문구를 추가하자는 의견이 제시되어 쟁점으로 부각되었다.(전문가검토그룹 논의결과보고서, 2020)

'발생의 최소화' 문구를 추가하자는 입장은, 방폐물의 전과정(full-cycle)을 관리하려면 운반 · 저장 · 처분 외에 '발생'이 포함되어야 하며, 효율적인 관리를 위해서 관리 대상인 사용후핵연료를 줄일 수 있는 기술개발이 필요하다는 것이다. 또한 방사성폐기물 관리의 지속가능성을 위해서는 발생도 최소화되어야 하며, 관리원칙을 통해 이를 선언적으로 보여줄 필요가 있다는 점을 강조했다. 특히 1995년 국제원자력기구(IAEA)에서 방사성폐기물 전문가들이 모여 만든 관리원칙 중 '폐기물의 발생은 최소화해야 한다'는 원칙을 근거로 제시하였다. IAEA의 방사성폐기물 관리원칙(The Principles of Radioactive Waste Management, SAFETY SERIES No. 111-F, IAEA)에서 '폐기물 발생의 조절' 원칙을 참고하여, '발생의 최소화'를 추가하여 '운반 · 저장 · 처분'과 함께 방폐물의 모든 주기를 관리할 것을 원칙으로 명시할 필요가 있다는 것이다.

이에 대해 반대하는 입장은, 발생량 조절은 원자력발전과 관련되어있으므로 원자력발전과 방폐물 관리를 분리하자는 기본 취지와 맞지 않으며, '발생의 최소화'는 다양한 해석의 여지가 있으므로 원칙으로 적절하지 않다는 주장이다. 발생 부분은 원자력 이용에 관한 사항으로 방사성폐기물 관리원칙에서 제외하는 것이 적절하다는 것이다. IAEA가 제시한 '발생의 최소화'는 사용후핵연료의 재처리 또는 재활용을 염두에 두고 있지만, 일반국민의 입장에서는 원전을 멈추어야 사용후핵연료 발생이 최소화된다고 생각할 수 있으므로 적절하지 않다는 것이다. 더구나 기존 관리원칙인 '운반 · 저장 · 처분 능력 향상과 부피 · 독성 저감 등 고준위 방폐물의 효율적 관리'에 발생 최소화의 의미가 이미 포함되어있다는 점도 반대 이유로 들었다.

권고안의 내용과 해외 사례

'발생의 최소화'에 대해서는 전문가들 사이에서도 의견이 대립하였고 '원전 중단'이나 '재처리 · 재활용'이라는 상반된 의미를 내포하고 있음에도 불구하고, 재검토위원회는 권고안에서 "이견이 있었던 방폐물 '발생의 최소화' 원칙 포함 여부에 대해서는 이견들에 대한 추가적인 검토를 요청한다"고 밝혔다.

권고안에 이 같은 내용이 포함된 배경에는 시민참여단의 설문조사결과를 반영한 것으로 보인다. 시민참여단을 대상으로 한 설문조사에서 숙의자료집에서 확인한 내용 가운데 '방사성폐기물 발생량을 최소화하는 것도 관리원칙에 추가되어야 한다'는 문항에 90.9%가 동의한다고 응답하였다. 전문가들도 의견이 팽팽했던 쟁점에 대해 시민참여단이 토론과정도 거치지 않고 숙의자료집에 기술된 내용에 대한 설문조사만으로 권고안에 포함된 것이다.

해외 사례를 보면, 영국의 CoRWM(2007)이 제안한 15개 권고사항 가운데 "부지선정을 위한 유치지역 공모 시 처분 대상이 되는 방폐물의 양을 명확히 규정해야 한다"는 내용이 포함되어있다. 이에 앞서 1999년 열린 영국 방사성폐기물 합의회의(Consensus Conference)도 "원자력발전에 근본적으로 반대하는 것은 아니지만 방사성폐기물 문제를 적절히 다룰 수 있는 방법을 찾기 전까지 원자력발전소를 더 늘려서는 안된다"고 권고했다.

일본학술회의(SCJ)가 2012년 9월 제시한 '총량 관리'는 고준위 폐기물의 양을 무한정 늘리는 것이 아니라 총량에 대한 한계를 정하고, 여기에 맞추어 (후쿠시마 사고로 중단된) 원전의 재가동 여부를 검토할 것을 제안하였다. 2015년 발표한 제언에는 "고준위 폐기물 발생에 대한 원전사업자의 책임을 명확히 하여 사업자가 보관과 처분에 대해 책임을 지도록 한다"는 내용도 포함되어있다.

3) 가역성과 회수가능성

관리원칙으로 새로 추가된 가역성(reversibility)과 회수가능성(retrievability)은 국제원자력기구(IAEA)는 물론 프랑스, 독일, 일본 등 해외에서도 이미 채택하고 있는 기본원칙이다. IAEA는 가역성(reversibility)을 처분 프로그램의 어느 단계에서라도 처분장 개발의 초기나 이전 단계로 되돌아가는 것이라고 정의하고 있다. 가역성에는 기술적 방법과 초기 결정의 재평가도 포함된다. 회수가능성(retrievability)은 가역성의 특별한 경우로 처분단계(처분용기 처분, 처분터널 밀봉, 처분장 폐쇄)에서 폐기물을 다시 꺼내는 행위를 의미한다.(재검토위원회 숙의자료집, 2020)

프랑스는 2006년 제정한 「방사성폐기물 등 관리계획법」에서 100년 이상 가역성을 확보할 것을 규정하였다. 여기서 가역성이란 미래세대에 선택지를 남겨 놓기 위해 최종 처분시설의 설계변경이나 고준위 폐기물의 회수 등 처분 프로세스의 역전을 가능하게 하는 것으로 회수가능성을 포함한 유연성 있는 처분개념을 말한다. 가역성은 처분사업에 대한 지역주민의 신뢰를 높이는 목적도 가지고 있다.(김민훈, 2013)

독일은 2013년 제정한 부지선정법(RSSA)에 "부지선정 절차는 원칙적으로 가역적이어야 하며, 처분시설을 운영하는 기간과 사용후핵연료 밀봉 이후 일정 기간에는 방사성폐기물의 회수가 가능해야 한다"고 규정하고 있다. 일본도 2015년 최종처분에 대한 기본방침을 수정하면서 미래세대를 위한 의사결정의 가역성과 처분된 폐기물의 회수가능성을 포함시켰다. OECD의 원자력기구(NEA)는 1995년 심지층처분을 권고하면서 "최종 처분시설이 폐쇄된 후에도 고준위 폐기물을 회수하는 것이 기술적으로 가능하므로 지층처분을 단계적으로 실시한다면 장래의 선택지를 배제하는 것은 아니다"고 강조했다.

우리나라도 원자력안전위원회 고시(제2017-74호) 「고준위방사성폐기물 심층처분시설에 관한 일반기준」에 회수가능성이 반영되어있다. 고시 제14조(설계 일반사항) 4항에는 "심층처분시설은 운영과정에서 필요한 경우 방사성폐기물을 안전하게 회수할 수 있는 방안을 가져야 하며, 회수한 방사성폐기물을 관리할 수 있는 공간과 설비를 지상과 지하의 적절한 위치에 각각 확보할 것"을 규정하고 있다.

전문가검토그룹 논의과정에서도 고준위 폐기물의 장기적인 관리 필요성과 관리기술의 발전을 고려해 미래세대가 관리정책을 선택할 수 있도록 '의사결정과정의 가역성'과 '처분시설 운영과정에서의 회수가능성' 원칙을 추가하기로 합의하였다. 재검토위원회의 전국 공론화에서 시민참여단도 가역성에 대해서는 79.8%, 회수가능성에 대해서는 72.2%가 동의하였다.(재검토위원회 권고안, 2021)

4. 원전 및 임시저장시설의 안전성

사용후핵연료 문제는 영구처분 및 중간저장시설 부지확보나 안전성 문제 못지않게 당장 현실로 닥친 임시저장시설의 확충과 안전성 확보가 핵심 현안이다. 월성원전에 이어 포화시점이 임박해진 한빛(2029), 한울(2030)과 2017년 영구정지가 결정된 고리1호기의 본격적인 해체를 위해서도 임시저장시설 확보는 시급한 과제이다. 더구나 추가건설할 임시저장시설은 월성원전의 맥스터(중수로형)와 달리 경수로형이어서 건설에 더 많은 시간과 기술이 필요하기 때문에 시간적 여유가 많은 것도 아니다.

임시저장시설과 가동 중인 원전의 안전성 문제는 재검토위원회의 전문가검토그룹 논의과정에서도 의제 포함 여부를 둘러싸고 진통을 겪었다. 시민사회계 전문가들은 임시저장시설은 물론 가동 중인 원전의 안전성 문제도 함께 논의해야 한다는 입장이었다. 반면, 원자력계 전문가들은 임시저장시설과 가동 원전의 안전성은 별개의 이슈이므로 논의과정에서 제외해야 한다는 입장으로 맞섰다. 특히 2016년 이후 건설된 원전시설에 대해서는 안전성 기준이 대폭 강화되었기 때문에 안전성에는 문제가 없다는 주장이었다.

하지만, 임시저장시설에 대한 주민들의 위험 인식은 원전 운영 전반에 대한 판단에 근거하기 때문에 가동 원전의 안전성과 분리해서 논의하는 것은 비현실적이다. 임시저장시설은 기존 원전 부지 내에 건설되기 때문에, 저장수조에 보관 중인 사용후핵연료의 안전성과 건식저장시설로 옮겨진 사용후핵연료의 안전성을 별개의 문제로 인식하기 어려울 것이다. 여기서는 재검토위원회의 전문가검토그룹에서 논의된 내용을 중심으로 원전 내 습식저장조(조밀랙)의 안전성과 가동 원전의 안전성 문제를 함께 살펴본다.

1) 원전 내 저장수조(조밀랙)의 안전성

사용후핵연료를 보관하는 방식은 습식과 건식 두 가지로 분류된다. 습식은 원자로에서 반출한 사용후핵연료를 원전 내 저장수조에서 보관하는 것이고, 건식은 원전 부지 내에 별도의 건물을 지어 지상에서 보관하는 방식이다. 사용후핵연료도 다시 경수로형과 중수로형 두 종류로 구분되는데, 이 중 경수로형 사용후핵연료는 원전 내 각 호기별로 설치된 수조에 저장해 관리하고 있다. 경주 월성원전 1~4호기만 중수로형이고 나머지 모든 원전의 사용후핵연료는 경수로형이다. 고리1호기를 포함해 오래전 준공된 경수로형 원전의 경우 저장수조 용량이 한정되어 저장수조 바닥의 단위 면적당 저장용량을 증설하는 조밀랙 방식을 도입하거나, 원전본부 내 다른 호기의 저장수조로 옮겨 관리하고 있다.

중수로형(월성원전) 사용후핵연료도 경수로형과 마찬가지로 원자로에서 반출된 후에는 일정기간 저장수조에 보관해 관리한다. 월성원전에서는 1992년부터 저장수조의 용량 부족으로 6년 정도 수조에서 냉각한 후에는 건식저장시설인 콘크리트 사일로(캐니스터)에 저장하고 있다. 2010년에는 사일로 저장시설도 포화되어 다른 형태의 건식저장시설인 맥스터(MACSTOR) 7기를 건설해 운영하고 있다. 이마저도 포화가 임박해 2020년 지역 의견수렴을 거쳐 2022년 추가로 7기를 건설해 운영할 계획이다. 원전 내 습식저장조 조밀랙의 안전성 문제는 원전의 안전성과 직결되기 때문에 원전산업계와 원자력학계에서 추천한 전문가들은 안전하다는 입장을 굽히지 않았고, 탈원전 시민사회계의 입장을 지닌 전문가들은 조밀랙의 위험성을 집중적으로 제기하였다.

'조밀랙은 안전하다'는 주장

조밀랙(습식저장조)은 안전하다는 전문가들은 원자력발전을 하는 모든 국가에서 조밀랙을 운영하고 있으며, 원안위에서 일정기간 동안 인허가를 내준 시설은 그 기간 동안에는 안전성을 보장하는 것이라고 주장했다. 원안위의 안전기준에 따라 운영되고 있는 조밀랙은 안전하며 법적으로도 하등의 문제가 없다는 입장이다. 2016년 원전에 대한 중대사고 예방능력 평가에서 안전기준이 강화되어 '테러행위와 같이 발생가능성을 예측할 수 없는 의도적인 항공기 충돌'과 같은 사고에 의한 재해가 발생하더라도 원자로 및 사용후핵연료 저장시설 내 핵연료의 냉각기능, 원자로 격납고의 방호기능들이 복구 · 유지되도록 규정하고 있다. 이에 따라 2016년 이후 건설되는 신규원전과 사용후핵연료 저장시설은 해당 안전기준을 모두 만족하도록 설계되고 있다.

원자력환경공단이 발간한 홍보책자에도 "조밀랙은 우리나라뿐만 아니라 미국, 독일 등 전 세계적으로 약 120개 이상의 원전에서 사용 중이며 안전성이 입증된 기술"이라고 설명하고 있다. 저장수조는 중성자를 흡수하는 물질의 함량을 높이고 냉각수의 순환을 통해 안전하게 관리되며 냉각수의 누설, 순환장치의 고장에도 대비되어있다는 것이다. 저장수조의 온도를 최대 60°C 이하로 관리하고 있으며, 특수한 재질의 금속(붕소가 함유된 스테인레스 강)으로 만든 조밀랙(조밀저장대)은 물속에 촘촘히 저장해도 안전하다고 강조하고 있다.(「사용후핵연료 이야기 70」, 2016)

'조밀랙이 위험하다'는 반박

위험성을 경고한 전문가들은 조밀랙 저장은 자연재해라든지 테러와 같은 외부의 인위적인 공격이 발생할 경우에는 냉각기능 손실로 인한 사고위험이 더 높다고 주장하고 있다. 조밀랙 수조에 후쿠시마 지진과 같은 자연재해가 일어날 경우 큰 사고로 이어질 수 있다는 것이다. 특히 2016년 이전에 건설된 경수로의 습식저장조는 설계단계에서 최대한 위험요소를 사전에 배제한다는 원칙이 적용되지 않아 위험요소가 많다는 것이다.

그린피스 원자력전문가 숀 버니(Shaun Burnie)는 고준위핵폐기물전국회의 등이 공동주최한 정책토론회에서 "한국의 사용후핵연료 저장 현황은 마치 사고가 나기만을 기다리는 것 같다"고 표현했다. 그는 "한국은 사용후핵연료에 대한 해결책이 없는 상황에서 원래 계획보다 훨씬 높은 밀도의 조밀랙 저장은 붕소를 함유한 금속통의 파티션 구조로 인해 수조의 냉각수가 상실될 경우 냉각용 공기가 수평으로 순환될 수 없는 구조"라며 "이러한 상황에서 냉각기능이 복구되지 않으면 '수조 지르코늄 화재'로 알려진 붕괴열로 중대사고가 발생할 수 있다"고 우려했다.(고준위핵폐기물 정책토론회 자료집,

2019. 3. 25.)

저장수조의 화재 발생 피해 규모에 대해 전 원자력안전위원장 K박사는 "고리3호기 저장수조에서 화재가 발생할 경우를 가정한 시뮬레이션에서 최대 피난지역 및 대피인구는 54,000㎢에 2,430만 명으로 전 국토의 절반까지 피해를 입을 수 있다"고 주장했다. 이에 대해 친원전 전문가들은 "고리3호기 화재 발생과 관련한 주장은 명확한 근거가 없으며, 미국 원자력규제위원회(NRC)는 습식저장조에서 화재가 발생할 가능성은 거의 없다고 발표했다"고 반박했다.(전문가검토그룹 논의결과보고서, 2020)

월성원전 삼중수소 누출사건

저장수조의 안정성 문제는 월성1호기의 사용후핵연료 저장수소(SFB) 차수막 훼손으로 삼중수소가 누출된 것으로 밝혀져 사회적 이슈로 증폭되었다. 월성1호기 차수막 손상은 2012년에 발생했으나 한수원은 2018년 8월에야 이 같은 사실을 확인해 관리부실 문제도 거론되었다. 특히 월성4호기의 저장수조(SFB) 집수정에서는 2009년 4월 방사성물질인 감마핵종이 검출되어 2010년, 2014년, 2018년, 2019년 모두 네 차례에 걸쳐 보수공사가 시행되어 오염수 누출 가능성도 제기되었다.(한겨레신문, 2020. 12. 24; 포항MBC, 2021. 1. 7; 중앙일보, 2021. 1. 14.)

이에 대해 한수원은 "당시 발견된 감마핵종은 액체폐기물 처리계통에서 안전하게 처리되었고 이후 집수정에서 감마핵종이 나오지 않았기 때문에 균열과 누수 등은 없는 것으로 판단한다"고 밝혔다. 그러나 한수원이 작성한 '월성원전 부지 내 지하수 삼중수소 관리현황과 조치계획'(2020. 6. 23.)에서도 월성4호기에서 2019년 8월~2020년 5월 미량의 감마핵종이 7회나 검출된 것으로 보고되었다. 한수원은 "2019년 6월 저장조 수리를 완료한 이후에는 더 이상 누설이 없었다"고 해명했다.(포항MBC, 2021. 1. 11.)

월성원전 부지 내 토양과 물에서 삼중수소 등 방사성물질이 검출되었다는 보도에 따라 원자력안전위원회가 조사에 착수한 지 6개월 만에 사실로 밝혀졌다. 원안위는 2021년 9월 월성원전 삼중수소 민간조사단과 현안소통협의회가 진행한 삼중수소 제1차 조사 경과를 발표하고 월성원전 부지 내 사용후핵연료 저장조(SFB) 주변 시료에서 삼중수소와 감마핵종 등 방사성 핵종이 검출됐다고 밝혔다.

원안위의 조사결과에 따르면, 월성1호기 사용후핵연료 저장조 주변 심도 9m가량의 토양 시료에서 감마핵종인 세슘-137이 최대 0.37*Bq*/g 검출되었다. 고준위 방사성물질인 세슘-137의 자체 처분 허용농도(0.1*Bq*/g)보다 3배가량 많은 양이 나온 것이다. 같은 심도의 물 시료에서는 삼중수소가 최대 75만 6000*Bq*/L, 세슘-137은 최대 0.14*Bq*/g이 검출된 것으로 확인되었다. 조사단은 "1997년 월성1호기 사용후핵연료 저장조 차수막이 원래 설계와 달리 시공돼 그 시점 이후부터 차수 기능을 제대로 수행하지 못했을 것으로 판단된다"며 "사용후핵연료 벽체 저장조의 누설수에서 나타나는 삼중수소 농도(15만~45만Bq/L)보다 주변 물 시료의 농도가 높게 측정되고 감마핵종도 검출돼 추가 유입 경로를 조사하고 있다"고 밝혔다.(한겨레신문, 2021. 9. 10.)

삼중수소 검출은 정치쟁점으로 비화되어 여야가 치열한 공방전을 벌이기도 했다. 더불어민주당은 2021년 1월 9일 대변인의 현안 브리핑을 통해 "월성1호기 주변지역주민들의 몸속에서 방사성 물질인 삼중수소가 끊임없이 검출되고 있는데도 불구하고 국민의힘은 월성1호기 조기폐쇄 결정을 내린 정부 결정을 정쟁화화며 노후된 월성원전 가동을 연장해야 한다고 우기고 있다"며 국회 차원의 조사 필요성을 제기했다.(중앙일보, 2021. 1. 9.) 이에 대해 국민의힘은 "민주당이 월성1호기 검찰 수사를 물타기하려고 가짜뉴스를 퍼뜨리고 있다"며 "과학적 사실이 아닌 일부 주장을 침소봉대해 여당 · 환경단체 · 진보매체가 '원자력 공포'를 조성하고 있다"고 주장했다.(조선일보, 2021. 1. 13.) 국민의힘이 2021년 1월 14일 월성원전 현장을 방문하자 더불어민주당도 1월 18일 연이어 경주를 방문해 현장조사와 주민간담회를 개최하는 등 핫이슈로 부각되었다.[130]

2) 임시저장시설(건식)의 안전성

사용후핵연료는 경수로의 경우 원전 내 습식저장조에서 조밀랙 방식으로 보관하고 있고, 중수로의 경우 월성원전 부지에 임시저장시설을 건설해

130 원자력계와 탈핵단체도 삼중수소 누출을 둘러싸고 치열한 설전을 벌였다. 한국과학기술원(KAIST) J교수는 "월성원전 주변지역주민의 삼중수소로 인한 1년간 피폭량은 바나나 6개 또는 멸치 1g을 섭취하거나 흉부 X레이 1회 촬영의 1/100 정도와 동일한 수준"이라며 "삼중수소는 일상에서도 검출되는데 지금 논의되는 수준에서는 피폭과 암은 관련이 없으며, 월성1호기 수사를 물타기 하기 위한 음모"라고 주장했다.(중앙일보, 2021. 1. 9; 조선일보, 2021. 1. 11.) 이에 대해 에너지전환포럼은 "바나나와 멸치를 섭취할 때의 피폭과 삼중수소의 피폭을 동일선상에서 비교하는 것은 원전지역주민들의 건강피해 우려를 묵살하는 행위"라며 "J교수는 원전업계의 이해관계를 대변하며 국민에게는 원전 안전신화를 강요하는 무책임한 태도"라고 비판했다.(에너지전환포럼 보도자료, 2021. 1. 31.) 탈핵경주시민공동행동은 "경주시가 구성한 민관합동조사단에는 방사능 피폭을 바나나와 멸치로 희화화한 J교수 등 친원전 인사가 태반이어서 조사 자체를 인정할 수 없다"고 반발했다.(연합뉴스, 2021. 2. 2; 프레시안, 2021. 2. 3.)

지상에서 보관하고 있다. 월성원전의 중수로형 건식저장시설인 캐니스터(CANSTOR-200)는 캐나다에서 개발한 콘크리트 사일로 300기를 4차에 걸쳐 건설하여 1992년부터 운영하고 있다. 캐나다와 공동개발한 중수로형 건식저장시설인 맥스터(MACSTOR-400)는 캐니스터의 저장용량을 2배로 증가시킨 모듈로 7기를 설치해 운영하고 있다. 한수원은 이마저도 포화가 임박해지자 추가로 7기를 건설하기 위해 원안위에 인허가를 요청했다. 원안위는 2020년 1월 안전성에 문제가 없다며 허가했고, 2020년 7월 실시한 지역 공론화에서도 추가건설에 찬성하는 의견이 높게 나타나 2022년부터 추가로 7기를 건설해 운영될 예정이다.

문제는 맥스터를 포함해 지상에 설치된 임시저장시설의 안전성에 대한 우려이다. 머지않아 포화가 임박한 영광 한빛원전(2029), 울진 한울원전(2030), 기장 고리원전(2031) 등 다른 지역도 습식저장조 조밀랙이 포화되면 임시저장시설을 원전 부지에서 확충해야 한다. 추가로 확충할 임시저장시설을 건식으로 할 것인지, 습식으로 할 것인지에 대해서는 장단점이 있지만 안전성 우려를 불식시키기는 어렵다. 당장 고리1호기 해체에 따른 사용후핵연료 처리문제가 발등의 불로 떨어졌다. 고리1호기는 월성원전의 맥스터와 달리 중수로형이 아닌 경수로형이기 때문에 아직 건식저장 운영 경험이 없다는 점에서 기술개발과 안전성 문제가 제기되고 있다.

또한 월성원전의 맥스터와 캐니스트는 2016년 중대사고 법제화 이전에 지어진 시설이어서 항공기와 드론으로 인한 인위적 테러공격에 대한 방호설비가 갖추어지지 않았다는 것이 가장 위험한 요소로 꼽힌다. 실제로 2019년 월성원전 상공에 드론이 출몰해 한수원이 긴급대응하는 과정이 언론에 보도되기도 했다. 독일의 경우 여객기가 연료를 가득 실은 상태에서 추락해 임시 저장시설과 충돌해도 안전하도록 설계해야 한다고 법으로 명시하고 있다.

임시저장시설의 안전성에 대해 원자력계에서는 항공기 충돌 가능성은 1,000만분의 1 이하로 확률이 매우 희박하고 중대사고 법제화 이전에 지어진 시설이라는 점을 강조하고 있다. 현재의 임시저장시설도 원자력안전위원회 규칙 제24호 「원자로시설 등의 기술기준에 관한 규칙」 및 발전소 최종안전성분석보고서(FSAR)의 기준에 적합하게 설치되었기 때문에 안전하다고 주장한다. 원자력안전법에 근거한 사고관리계획서(AMP)를 신규 개발하면 항공기 충돌과 같은 인위적 테러와 중대사고 등에 대서도 대처가 가능하다는 입장이다.

이에 대해 시민사회계 전문가들은 현재의 임시저장시설은 고준위 폐기물에 요구되는 안전성이 확보되지 않은 위험한 공간으로 인식하고 있다. 원자력계의 안전성 주장에 대해 기존의 임시저장시설에 대한 방호설비를 하지 않아도 된다는 것은 안이한 대처라며 반박했다. 월성원전 인근에 운영 중인 중 · 저준위 방폐장도 동굴처분 방식인데 비해 위험도가 비교할 수 없을 정도로 높은 사용후핵연료 저장시설을 지상에 보관하는 것은 안전성을 담보하기 어렵다고 지적했다.(전문가검토그룹 논의결과보고서, 2020)

3) 가동 원전의 안전성

원전의 잦은 안전사고는 사용후핵연료 관리에 대한 불안과 함께 위험성에 대한 우려를 가중시키고 있다. 한국원자력안전기술원(KINS)에 따르면 2011년 1월부터 2021년 3월까지 10년간 국내 원전에서 발생한 사고와 고장은 총 120건으로 집계되었다. 원인별로 보면 제어기 등 계측 결함이 29건(24.2%)으로 가장 많았다. 이어 △기계 결함(28건, 23.3%), △전기 결함(20건, 16.7%), △외부 영향(20건, 16.7%), △인적 오류(17건, 14.1%), △기타(6건, 5.0%) 순이었다. 인적 오류는 정비 활동 중 운전원 등의 실수로 발생한 경우이다.(국제신문, 2021. 3. 7.)

영광 한빛원전은 다른 원전에 비해 사건 · 사고가 빈발해 주민들의 불안감과 불신이 높은 지역이다. 한빛원전 3 · 4호기는 격납건물 벽체에 264개의 공극이 발견되어 2017년 5월부터 장기간 가동이 중지되었고, 한빛5호기도 원자로 헤드 관통관 부실공사로 2020년 4월부터 정비작업을 벌였다. 영광에서 탈핵운동이 가장 활발한 이유도 영광원전의 안전성 문제가 거론될 정도이다.(전북중앙신문, 2020. 11. 19; 중앙일보, 2021. 7. 23.)

최근에는 기후변화로 인한 해수면 상승과 폭우, 태풍 등 이상기후의 빈발로 원전이 위험에 노출되었다는 지적도 제기되고 있다. 2011년 후쿠시마 원전 사고가 쓰나미로 인한 것을 시작으로 프랑스에서는 2019년 폭염으로 원전 2기의 가동이 중단되었다. 2021년 2월 미국 텍사스 일대의 기습 한파로 텍사스 원전 4기 가운데 1기가 정지되었다. 국내 원전도 이상기후로 원전에 영향을 미친 사례가 빈발하고 있다. 2020년 9월 태풍 마이삭의 영향으로 고리1~4호기와 신고리1~2호기가 외부 전원이 차단되는 사고가 발생했다. 2020년 7월에는 집중호우로 신고리3 · 4호기 일부 시설이 침수되었다.(뉴스톱, 2021. 3. 12.)

원전 인근 16개 지자체로 구성된 '전국원전동맹'은 2020년 9월 '원자력 안전은 말뿐인가?'라는 제목의 공동성명서를 내고 "9호 태풍 마이삭으로 고리원전 3 · 4호기와 신고리 1 · 2호기가 가동 중단된 데 이어 후속 태풍인 10호 하이선으로 월성원전 2 · 3호기마저 멈추었다"며 "지진도 아닌 태풍으로 원전 6기가 멈춘 사태에 대해 전국 16개 지자체와 소속 주민 314만 명은 심각한 우려를 표한다"고 밝혔다. 전국원전동맹은 "2019년 발생한 한빛1호기 수동정지 사건, 하나로 원자로 자동정지 사고에 이어 2020년 '한국판 명품원전'이라 불리는 신고리 3 · 4호기 침수 사고, 한전원자력연료(주)의 6불화우라늄(UF6) 유출 사고 등이 발생한 상태에서 태풍으로 인한 원전 6기 가동 중단은 사상 초유의 사태"라며 "잇따른 사고로 원전 인근 지역 314만 주민의 불안감은 점점 커지고 있다"고 우려했다.(중앙일보, 2020. 9. 8.)

5. 지역 의견수렴 범위

지역 의견수렴 범위는 사용후핵연료 문제의 이해당사자 범위와 직결된 매우 민감한 사안이다. 원전 부지 내 임시저장시설 확충은 물론, 향후 진행될 영구처분 및 중간저장시설 부지선정 과정에서 협의 대상 지자체와 지역주민 의견수렴 범위를 어디까지로 정할 것인지와 관련된 핵심 쟁점이다.

문재인 정부의 재검토위원회가 파행을 거듭한 주요 원인 가운데 하나는 월성원전 임시저장시설(맥스터) 추가건설 여부에 대한 지역 공론화의 의견수렴 범위였다. 경주시에서는 원전소재지역인 경주시만을 대상으로 지역 공론화를 추진할 것을 줄기차게 요구했고, 울산지역에서는 방사선비상계획구역(원전 반경 20~30㎞)내 주민을 대상으로 의견수렴을 해야 한다고 강력하게 맞섰다. 두 지역 간에 한 치의 양보도 없는 대결국면에서 우왕좌왕하던 재검토 위원회는 결국 '반쪽 공론화'로 막을 내리게 되었다.

월성원전에 이어 바로 풀어야 할 현안은 고리1호기 해체에 따른 사용후핵연료 처리이다. 현재 고리1호기 습식저장조에 보관 중인 사용후핵연료를 꺼내기 위해서는 기존 부지에 임시저장시설을 짓든지 다른 곳으로 이송해야 한다. 인접한 신고리 원전의 저장수조로 호기간 이송하거나, 월성원전의 임시 저장시설(맥스터)로 이송하는 방안도 있지만 복잡한 문제가 얽혀있어 실현가능성은 거의 없다. 산업부의 고리1호기 해체계획(2017. 6.)은 사용후핵연료를 소내 건식저장시설에 한시적으로 보관한 후 최종적으로 고준위 폐기물 처분시설로 이송하는 방안을 추진하고 있다. 따라서 현재 부지에 임시저장시설을 건설하는 방안이 유력한 대안이지만 지역주민들의 반대가 만만치 않다.

기장군은 경주시와 마찬가지로 고리1호기 사용후핵연료 처리 방안에 대한 의견수렴 범위를 기장군으로 한정하고, 지역실행기구도 기장군이 주도적으로 구성하는 방안을 기정사실로 하고 있다. 기장군이 2020년 5월에 잠정적으로 구성했던 지역실행기구는 총 11명 가운데 7명이 반경 5㎞ 이내 주민대표로 짜여졌다. 이밖에 당연직(기장군 공무원) 1명, 기장군의원 2명, 의견수렴 전문가 1명이 포함되었다. 하지만 고리1호기 해체에 따른 공청회는 부산 · 경남지역 9개 시 · 군을 대상으로 실시했기 때문에 기장군만 단독으로 지역실행기구를 구성해 의견수렴을 강행할 경우 월성원전 맥스터 사태가 재연될 소지가 다분하다.

지역 의견수렴 범위와 관련한 갈등은 영구처분 및 중간저장시설 부지선정 과정에서 최고조에 달할 것으로 보인다. 영구처분시설 입지는 지역에서는 위험수용의 문제일 뿐만 아니라 정부의 재정지원과 관련해 인근 지자체간, 그리고 지역 내에서도 이해대립이 첨예하기 때문이다. 부지선정 절차에는 지방의회의 동의와 주민투표를 거쳐야 하는데 미리 의견수렴 범위를 확정해두지 않으면 한 걸음도 앞으로 나아갈 수 없는 쟁점 현안이다.

1) 월성원전(맥스터)의견수렴 범위의 쟁점

월성원전의 임시저장시설(맥스터) 확충에 지역주민 의견수렴이 포함된 것은 산업부의 2016년 1차 관리 기본계획이 발단이 되었다. 기본계획에 "원전 외부에 사용후핵연료 관리시설을 확보하기 전까지는 원전 내 건식저장시설을 확충한다"는 내용이 문제였다. 이에 대해 원전소재지역에서 산업부의 일방적인 결정에 거세게 반발하면서 주민 의견수렴을 요구하였다. 문재인 정부가 출범하면서 사용후핵연료 관리정책에 대한 재검토와 함께 임시저장시설 확충 여부는 주민 의견을 반영하기로 결정되었다.

원자력안전법 제103조(주민의 의견수렴)에도 '발전용원자로 및 관계시설' 건설 허가 또는 승인을 받으려는 자는 주민 의견을 수렴하도록 규정하고 있다. 「원자력이용시설 방사선환경영향평가서 작성 등에 관한 규정」(원자력안전위원회 고시 제2020-7호) 제3조에는 의견수렴 대상 주민을 해당 시설의 비상계획구역 내의 주민 및 비상계획구역 경계를 포함하는 읍 · 면 · 동의 주민으로 명시하고 있다.

월성원전의 맥스터는 '관계시설'로 분류되고 있기 때문에 「원자력사업자의 방사선비상대책에 관한 규정」[별표1]에 따라 방사선비상계획구역(긴급보호조치계획구역)인 반경 20~30㎞를 대상으로 의견수렴을 해야 한다. 그런데

이게 간단한 문제가 아니다. 월성원전으로부터 반경 30㎞에는 경북 경주시와 포항시, 울산 울주군 · 중구 · 남구 · 북구 · 동구 등 2개 광역 지자체에 걸쳐 5개의 기초지자체가 포함되어있다. 월성원전과 7㎞ 떨어진 울산 북구에만 22만 명의 인구가 밀집되어있다.

의견수렴 범위를 반경 30㎞로 확대하면 지역실행기구 구성부터 각 지자체별 시민참여단의 비율, 광역 지자체의 참여 요구 등 의견수렴 방법부터 매우 복잡해진다. 보다 심각한 문제는 단순히 의견수렴으로 끝나는 것이 아니라, 향후 원전지역에 대한 정부의 각종 지원 및 보상체계를 근본적으로 수정해야 한다. 정부의 지원정책 재검토와 해결 의지가 담보되어야 할 뿐만 아니라 지역 내에서도 이해관계가 첨예하게 충돌하는 영역이 의견수렴 범위이다. 이러한 연유로 재검토위원회가 출범하기 전에 6개월간 이해관계자들로 구성된 재검토준비단에서도 '지역'의 범위에 대한 합의안을 도출하지 못하고 5가지 대안을 제시하는 수준에 그칠 수밖에 없었다.(재검토준비단 정책건의서, 2018)[131]

재검토준비단의 5가지 대안

지역 공론화의 의견수렴 범위는 재검토준비단의 논의과정에서 가장 첨예하게 대립한 핵심 쟁점이었다. 재검토준비단이 제시한 5가지 대안은 다음과 같다. 첫째, 원전소재 기초지자체 행정구역으로 하는 방안이다. 이 방안에

---

131 재검토준비단은 2018년 5월부터 11월까지 활동하면서 재검토 의제와 의견수렴 방법, 재검토위원회 구성방안 등을 논의하였다. 재검토준비단은 원전지역 대표 5명, 원자력계 3명, 시민사회계 3명, 정부추천 4명 등 총 15명으로 구성되었다. 원전지역 대표는 5개 원전별 민간환경감시기구 대표가 참여하였다.

따르면 월성원전(경주시), 고리원전(기장군), 새울원전(울주군), 한울원전(울진군) 등 4개 원전은 문제가 없지만 한빛원전(영광군)의 경우 원전소재 기초지자체는 영광군이지만, 반경 5㎞ 안에 고창군 상하면이 포함되어있다. 1안으로 결정할 경우 고창군은 원전 반경 5㎞ 안에 있으면서도 원전소재지 행정구역이 아니라는 이유로 의견수렴 범위에서 제외되는 문제가 발생한다. 고창군 입장에서는 1안은 수용할 수 없는 대안이어서 재검토준비단 논의에서도 최종 단계에서 제외되었다.

둘째, 「발전소주변지역 지원에 관한 법률」(발주법)에 따른 주변지역(반경 5㎞)을 포함하는 기초지자체 행정구역으로 하는 방안이다. 고창군이 의견수렴 범위에서 제외되는 1안의 문제점을 보완하기 위해 제시된 대안이다. 1안과 공통점은 의견수렴의 효율성을 고려하면 기초지자체가 중심되는 것이 바람직하다는 것이다. 의견수렴 범위가 확대될수록 의사결정과정에 상당한 혼란이 예상되고 지역 내, 그리고 지역 간 갈등을 우려하는 입장이다. 의견수렴 범위를 원전소재지역 이외로 확대한 4안과 5안에 반대하는 경주시 등 5개 지자체의 목소리가 반영되었지만 최종 논의단계에서는 제외되었다.

셋째, 발주법에 따른 주변지역(반경 5㎞)으로 제한하는 방안이다. 원전 최인접지역은 다른 지역보다 사용후핵연료 현안에 대한 관심도와 위험으로 인한 불안감이 크다는 점이 근거로 제시되었다. 원전소재 주민대표들이 강하게 주장한 대안으로, 원전 가동으로 가장 큰 피해와 위험에 노출된 반경 5㎞ 이내의 주민 의견만 반영하자는 것이다. 5개 대안 가운데 의견수렴 범위가 가장 협소하고, 발주법에 따라 주변지역에 보상 및 지원이 집중되고 있다는 점에서 다른 지역으로부터 동의를 구하기 어렵다는 것이 단점이지만 유력 대안으로 제시되었다.

넷째, 「원자력시설 등의 방호 및 방사능 방재대책법」에서 규정하고 있는 방사선비상계획구역(긴급보호조치계획구역)인 원전으로부터 반경 20~30km 이내로 하는 방안이다. 지역 공론화는 임시저장시설 확충이라는 중요한 현안을 다루는 만큼 최대한 넓은 범위의 주민들이 참여하는 것이 바람직하다는 입장이다. 원전 내 임시저장시설 확충은 원전의 지속적인 가동을 염두에 두고 있으므로 비상계획구역 내 주민 의견수렴이 반드시 필요하다는 환경단체 대표들의 주장이 반영된 대안이지만 최종 논의에서는 제외되었다.

다섯째, 원전소재 기초지자체 행정구역 및 방사선비상계획구역(긴급보호조치계획구역)을 대상으로 각각 진행하되, 의견 상충 시 원전소재지역 의견을 최대한 존중한다는 방안이다. 1안과 4안을 통합한 절충안이지만, 재검토준비단에 참여하지 못한 울산 북구 등 인근 지자체의 의견이 논의과정에서 반영되지 않았다는 것이 가장 큰 문제점이라고 할 수 있다. 원전소재지역과 방사선비상계획구역간의 의견수렴 결과가 상반되어 원전소재 지자체의 주민 의견에 따라 임시저장시설 건설 여부가 결정될 경우, 인근 지자체의 주민 의견은 '들러리'로 전락할 수도 있기 때문이다. 실제로 재검토위원회가 월성원전의 맥스터 추가 건설을 묻는 지역 공론화 과정에서 5안을 채택하여 경주지역과 울산지역에서 각각 별도의 의견수렴을 추진하였으나, 울산 북구에서는 의견수렴을 거부하고 자체적으로 주민투표를 실시하는 등 지역 공론화가 파행으로 치달았다.

순번	대안	최종
1안	원전소재 기초지자체 행정구역	–
2안	발주법에 따른 주변지역(반경 5㎞)을 포함하는 기초지자체 행정구역	–
3안	발주법에 따른 주변지역(반경 5㎞)	유지
4안	방사선비상계획구역 (긴급보호조치계획구역, 반경 20~30㎞)	–
5안	원전소재 기초지자체 행정구역 및 긴급보호조치계획구역(각각 실시, 2회)	유지

[표 4-1] 재검토준비단 제시 5가지 대안
※ 자료출처: 재검토준비단 정책건의서(2018)

재검토준비단에서는 5가지 대안 가운데 합의안을 제시하지 못했지만 최종적으로 3안과 5안을 유력한 대안으로 압축했다. 원전소재지역주민대표들도 참여한 재검토준비단은 정책건의서에서 "정부가 다양한 의견을 참고하여 지역 공론화의 의견수렴 범위를 확정할 것"을 권고하며 공을 산업부로 넘겼다. 산업부는 다시 재검토위원회에 공을 넘겼지만, 재검토위원회는 이해관계자들이 합의하지 못한 사안을 중립적 인사들이 결정하는 것은 적절하지 않다는 이유로 의견수렴 범위 결정은 지역실행기구에 위임했다.

지역 의견수렴 범위 결정이 재검토준비단 → 산업부 → 재검토위원회 → 지역실행기구로 핑퐁 게임이 이어지면서 경주 지역실행기구는 2안으로 확정하였다. 경주지역 시민참여단의 구성 비율에 대해서도 위원회와 지역실행기구 간에 의견이 갈렸다. 재검토위원회와 숙의분과 자문위원들은 반경 5*km* 지역과 나머지 경주시내 지역을 1:1로 구성할 것을 제안했다. 그러나 지역실행기구에서는 반경 5*km* 주민 100명과 나머지 경주시내 주민 50명 등 총 150명으로 구성안을 제시했다. 결국 시민참여단의 지역별 구성 비율이 2:1로 모집됨에 따라 실질적으로는 재검토준비단에서 원전소재 주민대표들이 강하게 요구했던 3안의 의도대로 의견수렴이 진행되었다.

반경 5㎞의 근거는?

지역 의견수렴 범위를 원전으로부터 반경 5㎞를 주장하는 근거는 「발전소주변지역 지원에 관한 법률」(발주법)에 따른 것이다. 1989년 발주법이 제정될 당시 한국전력공사와 한국수자원공사는 가동 중인 발전소의 발전기를 기준으로 주변지역을 5㎞를 설정하였고, 2000년에 제정된 「댐건설 및 주변지역 지원에 관한 법률」도 주변지역의 범위를 5㎞로 명시하였다. 발주법이 정한 5㎞는 화력과 수력 발전소 등에 대한 일반적인 기준을 설정한 것으로 볼 수 있다. 따라서 발주법을 근거로 원자력발전소의 위험성에 대한 기준을 반경 5㎞로 제한한 것은 과학적 근거로 보기는 어렵다.

원전의 잠재적 위험성에 대비한 의견수렴 범위의 과학적 근거로는 국제원자력기구(IAEA)가 정한 방사선비상계획구역(EPZ, Emergency Planning Zone)을 들 수 있다. IAEA는 원전 사고 발생시 즉시 대피하는 예방적보호조치구역으로 원전 반경 3~5㎞를 설정하고, 주민들에게 방호물품을 지급하거나 대피를 지시하는 긴급보호조치계획구역으로 원전 반경 20~30㎞를 설정하도록 권고하고 있다. IAEA의 권고안에 따라 우리나라의 「원자력시설 등의 방호 및 방사능 방재대책법」(방사능방재법)에도 비상계획구역을 설정하고 있다. 다만, 우리나라의 경우 원자로(reactors)를 기준으로 설정하고 있는 IAEA와 달리 '원자로 및 관계시설'을 기준으로 범위를 설정하였다.

방사능방재법 제2조와 제20조의2에 따르면 방사선비상계획구역은 원자력시설에서 방사선비상 또는 방사능재난이 발생할 경우 주민보호 등을 위하여 비상대책을 집중적으로 마련할 필요가 있어 설정된 구역을 말한다. ①예방적보호조치구역은 원자력시설에서 방사선비상이 발생할 경우 사전에 주민을 소개(疏開)하는 등 예방적으로 주민보호조치를 실시하기 위하여 정하는 구역으로, 발전용 원자로 및 관계시설이 설치된 지점으로부터 반경 3~5㎞ 지역을 말한다. ②긴급보호조치계획구역은 원자력시설에서 방사선비상 또는 방사능재난이 발생할 경우 방사능영향평가 또는 환경감시 결과를 기반으로 구호와 대피 등 주민에 대한 긴급보호조치를 위하여 정하는 구역으로 반경 20~30㎞ 지역이 해당된다.

월성원전의 맥스터는 원자력안전위원회와 법제처의 유권해석에 따라 '관계시설'로 분류되고 있기 때문에 방사선비상계획구역(반경 20~30㎞)을 기준으로 의견수렴 범위를 정하는 것이 논리적으로 타당하다. 하지만 현실적으로는 발주법에 따른 반경 5㎞와 지자체의 행정구역을 기준으로 삼고 있다. 의견수렴 범위를 방사선비상계획구역으로 확대할 경우 원전 가동에 따른 정부의 각종 지원 범위가 달라질 수밖에 없고, 민간환경감시기구 구성 등 매우 복잡한 문제가 얽혀있다.(이원희, 2020)

2) 고리원전 의견수렴 범위의 쟁점

지역 의견수렴 범위를 둘러싼 갈등은 월성원전 맥스터에만 국한된 문제가 아니다. 고리1호기 해체에 따른 임시저장시설을 건설하기 위해 의견수렴 범위를 방사선비상계획(긴급보호조치계획구역)으로 확대할 경우 월성원전에 비할 수 없을 정도로 넓어진다. 고리원전(기장군)은 반경 30㎞ 이내에 부산

해운대구와 금정구, 울산 울주군 · 중구 · 남구 · 북구 · 동구, 경남 양산시 등 3개 광역 지자체에 걸쳐 9개 기초지자체가 포함될 정도로 방대하다. 고리원전과 인접한 부산 해운대구에는 40만 명이, 금정구에도 23만 명이 거주하고 있는 동해안 최대 인구 밀집지역이다.

현재 고리1호기 저장수조에 보관 중인 사용후핵연료를 반출하지 못하면 해체작업은 사실상 불가능하기 때문에 시급한 현안이다. 한수원은 2021년 5월 원안위에 최종 해체계획서를 제출했지만 원안위는 사용후핵연료 처리 계획이 충분하지 않다며 승인 심사를 연기한 상태이다. 이에 앞서 기장군수는 사용후핵연료 처리 방안부터 수립하라며 2020년 7월 청와대, 국무총리실, 산업부 세종청사 앞 등에서 잇달아 1인 시위를 벌일 정도로 사용후핵연료 처리문제는 지역에서도 '뜨거운 감자'이다.(중앙일보, 2020. 7. 24; 한국일보, 2021. 4. 23.)

고리1호기 의견수렴 범위와 관련한 쟁점은 세 가지다. 첫째, 습식저장시설의 사용후핵연료를 꺼내 보관할 부지 내 건식저장시설이 '관계시설'인지 '관련시설'인지 여부에 따라 의견수렴 범위가 달라질 수 있다. 「원자력안전법」 제2조와 동법 시행령 제9조에는 "원자력발전소 안에 위치한 방사성폐기물의 처리시설, 배출시설 및 저장시설"은 관계시설로 규정하고 있다. 이 조항에 근거해 월성원전의 건식저장시설인 맥스터는 '원자로의 안전에 관계되는 시설'로 분류되고 있다. 이에 비해 사용후핵연료 저장 · 처분 · 처리시설은 '관련시설'로 원전사업자인 한수원이 아니라 방폐물관리기관인 원자력환경공단이 인수해 관리하게 된다.

2005년에 제정된 「중 · 저준위 방사성폐기물 처분시설의 유치지역지원에 관한 특별법」 제18조에는 "사용후핵연료의 관련 시설은 유치지역에 건설하여서는 아니된다"고 명시하고 있다. 이러한 제한 규정의 취지는 고준위 방폐장이 유치지역에 건설되거나 중 · 저준위 방폐장이 고준위 방폐장으로 전용될 것을 우려하는 주민들의 불신을 해소하기 위한 방책이었다. 특별법에 따라서 중 · 저준위 방폐장이 건설된 경주시에는 중간저장이나 영구처분시설을 지을 수 없게 되어있다. 2003년 부안 사태를 겪으면서 정부가 중 · 저준위 방폐장 부지를 확보하기 위해 특별법을 제정했지만, 이 법으로 인해 월성원전의 사용후핵연료는 부지 내 '임시저장'은 가능하지만 '소내 중간저장'은 불가능하다. '소내 중간저장'은 '관련시설'이 되기 때문에 '임시저장'이라는 용어를 사용하고 있다.

고리1호기 건식저장시설을 월성원전 맥스터처럼 '관계시설'로 규정하면 「원자력안전법」 제103조(주민의 의견수렴)와 「원자력시설 등의 방호 및 방사능 방재 대책법」 제2조와 제20조의2에 근거해 반경 30㎞ 이내 주민들을 대상으로 의견수렴을 해야 한다.[132] 그러나 기장군에서는 "의견수렴 범위를 기장군을 벗어나 확대하는 것은 주민들이 용납하지 않을 것"이라며 강경 입장을 고수하고 있다.(기장군수 면담, 2020. 6. 4.) 그렇다고 부산 · 경남지역 9개 기

---

132 원자력안전법 제103조(주민의 의견수렴)에는 "발전용원자로 및 관계시설의 건설허가(제1호), 발전용원자로 및 관계시설의 설계수명기간이 만료된 후에 그 시설을 계속하여 운전하기 위한 변경허가(제2호), 방사성폐기물 처분시설 또는 사용후핵연료 저장시설의 건설 · 운영 허가(제3호)를 받으려는 자는 방사선환경영향평가서 초안을 온라인 정보공개 및 관련 지방자치단체 제공을 통하여 공람하게 하여야 하며, 공청회 등을 개최하여 위원회가 정하는 범위의 주민의 의견을 수렴하고 이를 방사선환경영향평가서의 내용에 포함시켜야 한다"고 되어있다.

초지자체를 망라해 의견수렴을 진행하는 것도 앞서 언급한 대로 해결해야 할 과제가 산적해 있다.

둘째, 가동이 중단되어 폐로 결정된 고리1호기 사용후핵연료 보관시설을 원전 운영 및 안전과 관계된 시설로 볼 수 있느냐도 쟁점이다. 만일 고리1호기 건식저장시설을 '관련시설'로 규정할 경우에는 의견수렴 범위를 반경 1.5㎞로 좁힐 수 있다. 「원자력사업자의 방사선비상대책에 관한 규정」[별표1]에는 발전용 원자로 및 관계시설의 방사선비상계획구역(긴급보호조치계획구역)은 반경 20~30㎞이지만, 사용후핵연료 저장 · 처분 · 처리시설은 반경 1.5㎞로 설정되어있기 때문이다.

그러나 동일한 형태의 월성원전 건식저장시설(맥스터)은 '관계시설'이고, 고리1호기 건식저장시설은 '관련시설'로 규정할 경우에는 법적 개념의 혼란은 물론, 정부에 대한 높은 불신으로 격한 주민저항을 피할 길이 없게 된다. 그동안 맥스터를 관련시설이라고 주장해온 탈핵단체와 반대 주민단체를 설득할 명분도 없어진다. 또한 '관련시설'은 임시저장시설이 아니라 사실상 중간저장시설이 되기 때문에 관리주체도 한수원(원전사업자)이 아닌 원자력환경공단(방폐물관리기관)이 인수해야 한다. 동일한 고리원전 부지를 원전사업자와 방폐물관리기관이 공유하는 문제도 발생한다.

구 분		범 위	
		예방적보호조치구역	긴급보호조치구역
발전용 원자로 및 관계시설		반경 3~5㎞	반경 20~30㎞
연구용 원자로 및 관계시설	열출력 2MW~10MW	없음	반경 0.5㎞
	열출력 10MW~50MW	없음	반경 1.5㎞
	열출력 50MW~100MW	없음	반경 5㎞
사용후핵연료 저장 · 처분 · 처리시설	시험 및 연구목적이 아닌 처리시설	개별 시설별로 평가하여 결정	반경 5㎞
	저장 · 처분시설	없음	반경 1.5㎞
	시험 및 연구목적의 처리시설	없음	부지 경계
그 밖의 원자력시설		없음	부지 경계

[표 4-2] 원자력시설별 방사선비상계획구역 기초지역
※ 자료출처: 원자력사업자의 방사선비상대책에 관한 규정[별표1]

셋째, 원전 해체에 따른 주민 의견수렴을 이미 방사선비상계획구역을 대상으로 실시한 상태에서 폐로의 사용후핵연료를 반출하기 위한 건식저장시설 건설 여부는 기장군만을 대상으로 실시하기도 어렵다는 점이다. 원자력안전법에는 해체계획서를 작성하거나 사용후핵연료 저장시설을 지을 때는 반드시 주민 의견을 수렴하도록 명시하고 있다.[133] 이 규정에 따라 한수원은 2020년 7~8월 고리1호기 최종 해체계획서 초안에 대한 주민공람을 고리원

133 원자력안전법 제10조(건설허가), 제20조(운영허가), 제63조(방사성폐기물관리시설 등의 건설 · 운영 허가), 제28조(발전용원자로 및 관계시설의 해체), 제103조(주민의 의견수렴)에 따르면 발전용원자로 및 관계시설의 건설 · 운영, 방사성폐기물의 저장 · 처리 · 처분시설 및 부속시설의 건설 · 운영, 발전용원자로 및 관계시설의 해체 과정에서는 방사선환경영향평가서 초안을 온라인 정보공개 및 관련 지방자치단체에 제공해 공람하도록 규정하고 있다. 또 제103조 제1항에 따라 공청회 등을 개최해 원자력안전위원회가 정하는 범위의 주민 의견을 수렴한 결과를 방사선환경영향평가서에 포함해야 한다.

전의 방사선비상계획구역 내의 주민 및 경계를 포함하는 읍 · 면 · 동 주민을 대상으로 실시하였다.[134] 부산 · 경남지역 9개 기초자치단체가 여기에 해당한다. 한수원은 최종 해체계획서 초안에 대한 공청회와 설명회도 방사선비상계획구역을 대상으로 2021년 11월부터 2021년 3월까지 총 16회 실시하였다.

고리1호기 해체계획서에 대한 주민공람 및 공청회를 고리원전으로부터 반경 30㎞ 이내 부산 · 경남지역주민들을 대상으로 실시하였기 때문에 건식저장시설을 건설하기 위한 주민 의견수렴도 동일한 지역을 대상으로 진행하는 것이 타당하다. 하지만 기존의 시민참여형조사와 지역실행기구 구성 형태로는 이해관계자들 간의 의견대립으로 첫발을 떼기도 어려울 수 있다. 따라서 2부 4장에서 제시한 바와 같이 시민참여형조사의 한계를 보완한 다양한 공론화 기법의 활용이 필요하다.

3) 영구처분 및 중간저장시설 의견수렴 범위

월성원전 임시저장시설(맥스터)이나 고리1호기 건식저장시설 건설에 비해 영구처분 및 중간저장시설 부지선정과 관련한 지역 의견수렴 범위는 방사선비상계획구역이 아니라 기초자치단체 행정구역 단위로 실시하는 것이 현실적인 대안이다. 2005년 중 · 저준위 방폐장 부지선정 과정에서 이미 행정구

134 방사선환경영향평가서에 포함되는 주민 의견수렴 범위는 「원자력이용시설 방사선환경영향평가서 작성 등에 관한 규정」(원자력안전위원회 고시 제2020-7호) 제3조에 "해당 시설의 비상계획구역 내의 주민 및 비상계획구역 경계를 포함하는 읍 · 면 · 동의 주민"이라고 명시되어있다.

역 단위로 주민투표를 실시했기 때문에 고준위 방폐장 건설도 △지방의회 동의 → △기초자치단체 유치신청 → △주민투표로 확정하는 것이 타당하다.

더불어민주당 김성환 국회의원이 2021년 9월 발의한 「고준위 방사성폐기물 관리에 관한 특별법」에도 지방의회의 동의를 거쳐 기초지자체가 유치신청을 하고, 심층 부지조사 이후 최종 선정 단계에서 주민투표로 확정하도록 하였다. 후보 부지가 다른 지자체와 인접한 경우에는 인접 지자체장과도 협의를 거쳐야 하며, 주민투표에도 인접 지자체가 참여할 수 있도록 규정하였다. 김성환 의원안이 이전의 부지선정 절차와 다른 점은 후보지 인접 지자체도 주민투표 대상에 포함했다는 점이다. 월성원전 맥스터 증설과정에서 인접한 울산지역의 의견수렴 문제로 공론화가 파행을 거듭했던 전철을 답습하지 않겠다는 학습효과로 판단된다.

영구처분 및 중간저장시설의 의견수렴 범위를 방사선비상계획에 따라 실시할 경우 원전 반경 1.5㎞로 협소해질 수 있다. 「원자력사업자의 방사선비상대책에 대한 규정」[별표1]에 따르면 '발전용원자로 및 관계시설'의 방사선비상계획구역(긴급보호조치계획구역)의 기초지역은 반경 20~30㎞이지만, 사용후핵연료 저장 · 처분시설은 반경 1.5㎞로 설정되어있다. 그러나 2005년의 선례와 주민수용성 확보를 위해서는 기초지자체 행정구역 단위로 실시하는 것이 합리적인 방안이라고 판단된다.

광역 지자체의 참여 문제

향후 쟁점은 지역 의견수렴 범위와 관련해 부산 · 울산 · 전북 · 전남 · 경북 등 원전소재 5개 광역 지자체의 참여를 보장할 것인지 여부이다. 재검토위원회의 지역 공론화에서도 지역실행기구 구성에 광역 지자체의 참여를 보장하고, 사용후핵연료 관련 논의에 시 · 도의 의견수렴을 수차례 요청해왔다. 특히 고리원전(기장군)의견수렴에 부산시의 참여 요구가 가장 강하였다.

광역 지자체의 참여 요구는 방사능방재법에 따른 시 · 도지사의 임무에 비해 결정 권한은 거의 없다는 문제점으로 기인했다. 방사선비상계획구역의 전부 또는 일부를 관할하는 시 · 도지사는 국가방사능방재계획에 따라 시 · 도 방사능방재계획을 수립해야하고(동법 제19조), 물리적 방호체제 수립(동법 제4조), 시 · 도 방호협의회 설치 및 운영(동법 제7조), 방사능방재훈련 실시(동법 제37조), 방사능재난 사후대책 실시(동법 제42조) 등의 역할이 부여되어있다.

지역 의견수렴에 광역 지자체의 참여를 주장하는 논거는 방사능방재법에서도 찾을 수 있다. 동법 제20조의2(방사선비상계획구역 설정 등) 제2항에는 "원자력사업자는 원자력안전위원회가 고시한 기초지역을 기준으로 해당 기초지역을 관할하는 시 · 도지사와 협의를 거쳐 다음 각 호의 사항을 고려하여 방사선비상계획구역을 설정하여야 한다"고 규정하고 있다. 고려사항인 각호①은 인구분포, 도로망 및 지형 등 그 지역의 고유한 특성이고, 각호②는 해당 원자력시설에서 방사선비상 또는 방사능재난이 발생할 경우 주민보호 등을 위한 비상대책의 실효성을 고려하라는 것이다.

특히 고리1호기의 방사선비상계획구역 안에는 부산 · 경남지역 9개 기초지자체가 포함되어있기 때문에 현실적으로 광역 지자체의 참여와 조정 역할이 필요하다. 영구처분 및 중간저장시설 부지선정 과정에서도 후보지가 2개 이상 기초지자체의 경계에 걸쳐있을 수도 있다. 처분시설 입지 지역 지자체와 인근 기초지자체 간에도 위험에 대한 인식과 경제적 보상 수준의 차이로 갈등이 예상된다. 이러한 상황에서 부지선정위원회나 공론화위원회의 역할보다는 관할 광역 지자체의 조정 활동이 보다 효과적일 수 있다.

이와 함께 원자력발전에 부과하는 지역지원시설세(발전량 kWh당 1원)는 도세이기 때문에 원전 운영으로 거둬들인 세금을 원전소재 기초지자체로 배분하는 역할도 광역 지자체가 맡고 있다. 따라서 향후 지역 의견수렴 범위를 결정할 때에는 광역 지자체와의 협의절차를 거치는 것이 지역 차원에서의 수용성 제고는 물론 기초지자체 간의 갈등도 완화할 수 있을 것으로 판단된다.

6. 원전소재 및 인근 지역 지원방안

1) 원전소재지역 지원체계

원전 운영은 소재지역 지자체와 지역주민들에게 상당한 규모의 경제적 지원과 보상이 뒤따르는 이해관계가 얽혀있다. 지원체계는 원전사업자와 지자체가 추진하는 지원사업과 원전 발전량에 따라 부과되는 지역자원시설세(지방세)로 구분할 수 있다. 첫째, 지원사업은 「발주법」에 근거한 기본 · 특별 · 홍보 · 기타 지원사업으로 기본지원사업의 규모가 가장 크다. 특별지원사업은 발전소 건설 시 1회성으로 지원되는 사업이며, 민간환경감시기구 등에 대한 지자체의 지원은 기타 지원사업으로 분류된다. 이와 별도로 원전사업자인 한수원이 사업자지원사업을 시행하고 있다. 기본지원 사업비의 50%는 발전소 주변지역(반경 5km)에 사용되며, 나머지 50%는 기초지자체내 다른 지역에 사용된다. 사업자지원 사업비도 주변지역에 70%, 그밖의 지역에

30%가 집행된다. 이처럼 지원사업이 원전 주변지역(반경 5㎞)에 집중되어있기 때문에 동일한 기초지자체 내에서도 이해관계가 상반될 수밖에 없다.[135]

둘째, 지방세법에 근거한 지역자원시설세는 주민을 대상으로 시행하는 기본지원사업과 달리 지방세 수입으로 지자체에 귀속된다는 점이 다르다. 지역자원시설세는 원전 운영으로 인한 위험성의 내부화를 위해 원전 발전량에 따라 부과하고 있으며 특별회계로 편성된다. 세입 규모는 2005년 지방세법 개정으로 산정식 단가가 ㎾h당 0.5원에서 1원으로 인상되면서 지원사업비보다 훨씬 크다.

경상북도 내부자료(2020)에 따르면 2022년 기준으로 월성원전 2~4호기 가동으로 경주시에 연평균 252억 원(법정지원금 84억 원, 지역자원시설세 168억 원)의 자체수입이 발생할 것으로 추산되었다. 지역자원시설세는 광역 지자체와 기초지자체에 35:65 비율로 배분되는데, 월성원전의 경우 기본지원금은 연평균 84억 원이지만 지역자원시설세는 168억 원으로 3배나 많다. 지역자원시설세는 발전소의 소재지를 관할하는 도에서 부과하는 도세이기 때문에 원전 운영과 관련해 광역 지자체들이 목소리를 내는 이유도 여기에 있다.

135 영광 한빛원전은 반경 5㎞ 주변지역에 전남 영광군(홍농 · 백수읍, 법성면)과 전북 고창군(상하면) 2개 지자체가 위치해 지원금 배분이 좀 복잡하다. 「발전소주변지역 지원에 관한 법률」(발주법) 제14조 제2항에는 주변지역을 관할하는 지방자치단체가 둘 이상이면 그 지역에 대한 지방자치단체의 관할 면적비율, 인구비율, 발전소로부터의 거리, 소재지 등을 고려하여 지원금을 배분하도록 되어있다. 이 같은 규정에 따라 영광군에 86.2%, 고창군에 13.8% 비율로 지원되고 있다. 그러나 고창군에서는 어민의 직간접 피해 범위가 영광군보다 훨씬 넓다며 수년 전부터 발주법 개정을 촉구하고 있다.(전북일보, 2020. 11. 22.)

지역자원시설세 과세 대상 및 세율

지역자원시설세는 지역의 부존자원 보호 · 보전, 환경보호 · 개선, 안전 · 생활편의시설 설치 등 주민생활환경 개선사업 및 지역개발사업에 필요한 재원을 확보하고 소방사무에 소요되는 제반 비용에 충당하기 위해 부과하는 목적세이다(지방세법 제141조). 현재 발전용수, 원자력발전, 화력발전 등 6개 특정자원 · 시설에 부과하고 있다. 건축물 및 선박(특정부동산)에도 소방시설 재원 충당을 위한 지역자원시설세(소방분)가 부과되고 있다. 그러나 지역자원시설세는 과세 대상 간 세율이 달라 형평성에 어긋나고, 지역에 피해를 유발하면서도 과세 대상에서 제외된 부분이 많다며 지자체에서는 지속적으로 개선을 요구하고 있다.

과세 대상	세 율	도입년도
발전용수	10㎥당 2원	1992년
지하수	㎥당 20원~200원	1992년
지하자원	채광된 광물가액의 0.5%	1992년
컨테이너	컨테이너 TEU당 1만 5000원	1992년
원자력발전	발전량 kWh당 1원	2006년
화력발전	발전량 kWh당 0.3원	2011년

[표 4-3] 지역자원시설세 부과 현황(소방분 제외)

지자체에서는 사용후핵연료와 시멘트에 대해서도 지역자원시설세를 부과하고, 화력발전의 세율도 현재 kWh당 0. 3원에서 1원~2원으로 인상할 것을 요구하고 있다. 시멘트 공장은 분진 · 소음 · 환경 오염 등 피해가 심각하기 때문에 t당 1000원을 과세해야 한다는 법안도 20대 국회에서 더불어민주당 이개호 의원(담양 · 함평 · 영광 · 장성)이 발의했다. 화력발전도 원자력발전에 비해 세율이 턱없이 낮고 미세먼지 논란으로 유연탄 개별소비세(국세) 세율이 2014년 1㎏당 23원에서 현재 46원으로 대폭 상승한 것과 비교해도 형평성에 어긋난다는 주장이다.(파이낸셜뉴스, 2020. 10. 26.) 현행 발주법과 지방세법은 원자력발전에 대한 지역자원시설세의 65%를 원전이 소재한 경주시 등 5개 시 · 군에 배분하고 있으며 그 규모는 매년 총 1000억 원에 달한다. 지역자원시설세의 35%는 원전소재 광역 지자체에 배분된다.

사용후핵연료에 지역자원시설세 부과 요구

원전소재지역에서는 수년 전부터 원전 발전량에 따른 지역자원시설세와 별도로 사용후핵연료 보관에 대해서도 지역자원시설세 부과를 요구하고 있다. 특히 경주시는 2005년 중 · 저준위 방폐장을 유치하면서 정부가 사용후핵연료를 2016년까지 중간저장시설을 건설해 반출하겠다는 약속을 지키지 않고 있다며 보상을 촉구하고 있다. 기장군에서는 "고리1호기에 이어 고리 2 · 3 · 4호기의 운영이 종료되어도 해체에 오랜 기간이 소요되고, 그동안 사용후핵연료는 그대로 존치되기 때문에 방사능 방재와 원전 주변지역의 인프라 유지보수 등을 위해서도 지역자원시설세가 부과되어야 한다"는 입장이다.(동아일보, 2020. 7. 7.)

국회의원들도 지방세법 개정안을 발의해 지역자원시설세 부과를 추진하고 있다. 2020년 8월 사용후핵연료에 지역자원시설세를 부과하는 내용의 지방세법 개정안을 발의한 국민의힘 박형수(영주 · 영양 · 봉화 · 울진)의원은 "일본과 스페인에서도 사용후핵연료에 지방세를 부과해 원전소재 지자체에 합리적인 보상을 하고 있다"며 "지방세법 개정안이 통과되면 울진군에 연간 245억 원, 경북도 514억 원, 경주시 710억 원 등 전국 원전지역에서 매년 총 2,422억 원의 세수 증가가 추산된다"고 설명했다.(뉴시스, 2020. 8. 6.)

20대 국회에서도 강석호 의원(2016. 11.), 이개호 의원(2017. 2.), 유민봉 의원(2017. 7.) 이 지방세법 개정안을 발의했다. 강석호 의원은 사용후핵연료를 다발당(경수로 540만 원, 중수로 22만 원)과세하는 정액제를, 이개호 · 유민봉 의원은 다발당 1. 7% 정률로 과세하는 방안을 제시했다. 전국시도의회의장협의회도 2020년 11월 제6차 임시회에서 '사용후핵연료에 대한 지방세 과세 촉구 건의안'을 채택해 국회와 정부에 전달했다.(연합뉴스; 매일신문, 2020. 11. 25.)

주무부처인 산업부는 과세 방안에 부정적인 입장을 취하고 있다. 사용후핵연료는 원전 운영의 부산물이며 발전량에 따라 이미 지역자원시설세가 부과되고 있기 때문에 이중과세라는 것이 가장 큰 이유이다. 이밖에 전기요금 인상 요인 발생, 원전 지원금 지급에 따른 중복 부담, 외부불경제 과다산정 등을 근거로 제시하고 있다. 에너지경제연구원은 원전 격납건물 내 수조(습식저장시설)에 임시보관하는 사용후핵연료와 달리 원전 부지 내 별도 공간에 설치된 건식저장시설에 대해서는 운반 · 반입 과정에서 사고위험 등 외부비용이 발생하는 것을 근거로 지역자원시설세를 부과할 수 있다는 견해를 제시했다.(전자신문, 2019. 12. 1.)

맥스터 착공 이후 경주시에 대한 지원 및 보상

월성원전 임시저장시설(맥스터) 증설 여부에 대한 지역 공론화에서 보상 문제는 의제에서 제외되었다. 보상이 전제될 경우 의견수렴이 왜곡되거나 와전될 것을 우려했기 때문이었다. 재검토준비단도 27개 의제를 제시하면서 보상 문제와 사용후핵연료의 성격(자원인가? 폐기물인가?) 등 2개 의제에 대해서는 추후에 별도로 논의하기로 유보했다.

경주지역 의견수렴이 종료되고 맥스터 증설공사가 시작된 이후 2020년 10월 지원방안을 협의하기 위해 '월성원전 맥스터 증설 협의기구'가 발족되었다. 민관공동 협의기구에는 산업부, 한수원, 경주시, 지역주민대표 등 14명으로 구성되었다. 한수원과 경주시는 특별지원금의 규모를 놓고 협의를 벌였지만 입장 차이가 상당한 것으로 알려졌다. 경주시는 중 · 저준위 방폐장 유치에 따른 특별지원금(3,000억원)보다 조금 적은 금액을 요구했지만, 한수원은 이보다 훨씬 못 미치는 수백억원 규모를 제시해 난항을 겪었다.

이 밖에 중 · 저준위 방폐장 유치 이후 한수원 본사가 경주로 이전한 것과 마찬가지로 2021년 8월 방사성폐기물관리기금센터가 서울에서 경주로 이전하였다. 관리기금센터는 방사성폐기물 관리사업 재정을 관리하는 조직으로 원자력환경공단의 부설기관이며, 기금 규모는 2020년 결산 기준으로 5

조 7,000억 원이지만 2039년에는 20조 원에 달할 것으로 예상되고 있다.[136]

또 2021년 7월에는 소형모듈원자로(SMR)의 연구 · 개발을 수행할 국내 최대 규모의 원자력연구소가 경주에서 착공식을 가졌다. 한국원자력연구원 산하기관인 문무대왕과학연구소는 2025년 말까지 경주시 감포읍 일대 222만㎡(67만 평) 부지에 핵심연구시설, 연구기반시설, 연구지원시설 등 총 18개 시설이 들어서며 완공까지 국비 3,224억 원을 포함해 총사업비 7,064억 원이 투입된다. 한국원자력연구원은 맥스터 증설을 위한 지역 의견수렴이 한창이던 2020년 7월 주민설명회에서 착공 이후 2025년 12월 완공 때까지 △취업유발 효과: 경북도 2,685명, 전국 5,231명, △생산유발 효과: 경북도 4,073억 원, 전국 8,540억 원, △인구유입 효과: 석 · 박사급 연구인력(1,000명) 등 1,500~3,000명으로 전망했다.(경북도민일보, 2021. 07. 21; 오마이뉴스, 2021. 07. 22.)

2) 원전 인근 지역 지원방안

월성원전의 맥스터 확충과 관련한 지역 공론화의 핵심 쟁점이었던 의견수렴 범위는 지원금 배분이라는 경제적 이해관계와도 관련이 깊다. 월성원전으로부터 7㎞ 떨어진 울산 북구에는 아파트단지가 밀집되어있지만, 원전 소재지가 아니라는 이유로 지원금 배분 대상에서 제외되어있다. 인근 지역

---

136 방사성폐기물관리기금의 주요재원은 원자력발전사업자가 부담하는 사용후핵연료 관리부담금(중수로 2000원/다발, 경수로 4000원/다발)과 방사성폐기물 관리비용(중 · 저준위의 경우 1519만 원/200ℓ) 등이다. 이 기금은 향후 고준위 방폐장을 포함해 방사성폐기물 관리시설의 건설 및 운영에 쓰이게 된다.

주민입장에서는 경주 시내보다도 월성원전에 더 가깝고, 방사선비상계획구역에 속하지만 재정지원도 받지 못한다는 현실을 납득하기 어려울 것이다.

재검토위원회에 앞서 활동했던 재검토준비단의 논의과정에서도 원전 인근 지역은 산업부에 재검토준비단 참여 및 의견 반영을 요구했다. 그러나 재검토준비단은 원전소재지역주민대표(5명)와 환경단체 및 원전산업계(각 3명), 정부추천 인사(4명)들로 구성되었기 때문에 원전 인근 지역의 목소리는 반영되지 못하였다. 지역 공론화 과정에서는 울산지역의 의견을 수렴해 달라는 요구가 가장 강하게 제기되었다. 여기에 부산시도 지역실행기구와 논의과정 참여를 주장하고 나섰다. 실제로 부산시 담당 공무원은 참관인 자격으로 재검토위원회 회의에도 몇 차례 참석하였다.

원전 인근 지역의 불만은 2014년 방사능방재법이 개정되면서 비상계획구역이 8~10km에서 20~30km로 확대되었지만, 원전 지원금은 발주법에 따라 여전히 반경 5km에 속한 지자체에게만 지원되면서 증폭되었다. 울주군을 제외한 울산지역 4개 구청은 2019년 3월 실무협의회를 개최해 원전 관련 불합리한 제도와 규제개혁에 공동 대응하기로 합의했다. 이들은 "방사능방재법 개정으로 주민 보호 훈련을 연 1회 이상 실시하고 방사능 방재장비 확보와 관리, 방사능 방재요원 지정과 교육 등을 실시하고 있지만 원전 지원금은 전혀 받지 못하고 있다"고 성토했다.(오마이뉴스, 2019. 3. 12.)

전북지역에서도 동일한 목소리가 터져 나오고 있다. 전북도의회 S의원은 "한빛원전이 위치한 전남 영광군에만 지역자원시설세를 부과하다 보니 원전 소재지는 아니지만 한빛원전과 인접한 전북에는 보상이 이뤄지지 않고 있다"며 "전북은 고창 대부분과 부안, 정읍이 방사선비상계획구역에 포함되지만 국가 방재 예산은 1억 원에 불과하다"며 대책을 촉구했다. 전북지역에서는 한빛원전 임시저장시설 확충 등과 관련한 지역실행기구 구성에는 고창과 부안 등 전북지역 이해당사자들도 반드시 포함되어야 한다고 주장하고 있다. 고리원전 지역실행기구 구성에 부산시가 목소리를 내는 것도 같은 맥락이다.(국제신문, 2019. 8. 25; 전북중앙신문, 2020. 11. 19.)

원자력안전교부세 신설 요구

원전 인근 지역의 목소리는 2019년 10월 방사선비상계획구역에 포함되는 전국 16개 기초지자체의 연대기구인 '전국원전동맹'이 발족하면서 본격화되었다. 전국원전동맹은 국가사무인 방사능방재 업무 위탁에 따른 사무관리비와 상시 위험지역에 거주하는 주민들의 삶의 질 향상을 위해 원자력안전교부세를 신설해 줄 것을 요구하고 있다. 전국원전동맹은 2021년 1월에 개최된 임시총회에서 "최근 들어 원전 고장과 사건 · 사고가 반복되고 지진과 태풍 등 자연재해로 인한 위험성도 커지고 있지만, 원전 인근 지역주민들은 아무런 보상도 받지 못하고 수십 년 동안 환경권을 박탈당한 채 살아왔다"며 원자력안전교부세 신설을 촉구하는 대정부(국회) 결의문을 채택했다.(국제신문, 2021. 1. 20.)

전국원전동맹은 "원자력안전교부세 신설은 원전 인근 지역에 거주하는 314만 국민들이 겪어온 피해와 불합리에 대한 최소한의 보상인 만큼 국회 상임위에 계류 중인 지방교부세법 개정안을 통과시키고, 지방세법과 발주법도 조속히 개정해 원전 인근 지역주민도 지원금 혜택을 받을 수 있도록 수혜 대상을 확대해야 한다"고 요구하고 있다. 더불어민주당 이상헌 의원(울산 북구)이 2020년 6월 대표 발의한 지방교부세법 개정안에는 지방교부세의 재원 중 내국세 비율을 확대하고 늘어난 재원을 기반으로 원자력안전교부세를 신설하는 내용을 담고 있다.

7. 고준위 방폐장 유치지역 지원방안

영구처분 및 중간저장시설 부지를 확보하기 위해서는 유치지역에 합리적인 지원 및 보상방안이 제시되어야 한다. 중 · 저준위 방폐장을 건설하면서 이미 상당한 수준의 경제적 지원을 했기 때문에 고준위 방폐장 건설을 위해서는 이보다도 월등한 규모의 지원이 필요하다. 고준위 방폐장 유치지역에 대한 지원방안을 마련하기 위해서는 먼저 중 · 저준위 방폐장 유치지역에 대한 지원 내역을 살펴볼 필요가 있다.

정부는 2005년 주민수용성을 확보하기 위해 「중 · 저준위 방사성폐기물 처분시설의 유치지역지원에 관한 특별법」을 제정해 유치지역에 국 · 공유재산의 대부, 국고보조금 인상, 공사 입찰자격 제한, 지역주민 우선고용 등의 특례를 마련하였다. 국무총리를 위원장으로 하는 유치지역지원위원회는 2007년 4월 유치지역지원계획을 수립해 특별지원사업(4개), 지원사업(55개), 장기검토사업(7개) 등 총 66개의 사업을 추진하기로 결정하였다. 이 가운데 특별지원사업은 특별지원금 3,000억 원 지급, 방폐장 운영과정에서 발생하는 반입수수료(연간 85억 원) 지원, 양성자가속기사업추진, 한수원 본사 이전 등이 포함되어있다.

하지만 경주시는 이 같은 지원사업이 아직도 완료되지 않았다며 불만을 제기하고 있다. 특히 특별법 및 시행령 제정 당시 연평균 85억 원에 달할 것으로 추산되었던 지원수수료가 20억 원에 불과하다며 지원수수료를 80~138% 인상해 줄 것을 요구하고 있다.[137] 경주시는 지원수수료를 1드럼당 63만 7,500원에서 80%(51만 500원) 인상한 114만 8000원으로 올리거나, 현행 처분수수료(1드럼당 1,519만 원)의 10% 수준인 151만 9,000원으로 138% 인상해 줄 것을 산업부에 요구했다. 처분수수료는 지원수수료와 별도로 사업자인 원자력환경공단이 방폐물을 반입 · 처분할 때 1드럼(200ℓ)당 1,519만 원을 받고 있다. 처분 및 지원수수료를 조정하기 위해서는 특별법 시행령을 개정해야 한다. 경주시는 방폐장 유치를 통해 지역경제 활성화를 기대했으나 세수 확대가 당초 목표 대비 18%에 불과해 시민들의 불만이 증대하고 있다는 점을 인상 근거로 들고 있다.(뉴시스, 2020. 10. 7.)

유치지역 지원원칙과 지원방식

고준위 방폐장 유치지역에 대한 지원원칙으로 다음과 같은 세 가지가 제시되고 있다. 첫째, 주민의 이주 가능성과 장기적인 관리가 필요한 점 등을

137 중 · 저준위 방폐장 유치를 위해 2005년 9월 제정된 「중 · 저준위 방사성폐기물 처분시설의 유치지역지원에 관한 특별법 시행령」 제31조(수수료의 징수 및 배분 등)에 지원수수료는 방폐물 1드럼(200ℓ)당 63만 7,500원을 납부하도록 명시되어있다. 지원수수료는 유치지역인 경주시가 75%(47만 8,125원)를 배분받고, 사업자인 한국원자력환경공단이 25%(15만 9,375원)를 갖는 구조로 되어있다. 그러나 경주시가 2020년 6월 경주시의회에 제출한 행정사무 감사자료에 따르면 2015년부터 2020년 3월 말까지 발생한 지원수수료는 총 89억 8,800만 원으로 연평균 20억 원 수준으로 나타났다.(오마이뉴스, 2020. 10. 8.)

고려해 개인에 대한 지원보다는 지역사회 및 지역공동체를 대상으로 지원하는 것이 바람직하다. 둘째, 현재세대뿐만 아니라 미래세대도 혜택을 받을 수 있도록 장기적이고 단계적으로 지원이 이루어져야 한다. 셋째, 부지선정 과정에 참여한 모든 지역에 적절한 지원이 필요하다. 유치과정에서 지역주민들이 찬반으로 갈려져 갈등이 발생하고, 공동체가 파괴된 사례가 많았기 때문에 최종부지로 선정된 지자체뿐만 아니라 인접 지자체 또는 광역 지자체에도 적절한 지원이 이루어져야 한다는 것이다.[138] 실제로 스웨덴의 경우 최종부지로 확정된 오스카샴(Oskarshamm) 뿐만 아니라 탈락한 외스탐마르(Östhammar)에 더 많은 지원금을 배분한 사례도 있다.

지원사업추진방식은 '주민재단'이나 '지역개발공사'를 설립하는 방안이 검토되고 있다. 첫째, '주민재단' 설립은 수요자 중심의 지원사업이 추진될 수 있도록 주민이 직접 참여하는 방식으로, 경주 중 · 저준위 방폐장 사례에서 다양한 지역 지원사업이 추진되었으나 주민들의 만족도가 높지 않은 점이 고려되었다. 둘째, '지역개발공사'와 같은 공법인을 설립해 장기간에 걸친 지역개발 투자사업을 담당하는 방식이다. '지역개발공사'에 주민소통 채널을 마련해 주민들이 원하는 중장기 지역개발계획을 수립해 지원하는 방안이다.

전문가들은 국내외 지원 사례를 참고해 구체적인 지원방안도 제시하였다. 첫째, 경주 중 · 저준위 방폐장 부지선정 사례와 같이 고준위 방폐장 유치

138 재검토위원회의 시민참여단 조사결과(4차)에서도 관리시설 유치지역에 대한 지원원칙에 대해 △유치지역 및 인접지역 사회 전체 보상이 44.6%로 가장 높게 나타났다. 다음으로 △유치지역 사회 전체 보상(39.2%), △유치지역주민 개인 보상(15.2%) 순으로 나타났다.(재검토위원회 권고안, 2021: 64)

지역에 방폐장관리기관과 연구기관 등을 이전해 지역발전에 기여할 수 있도록 하는 방안이다. 둘째, 일본 로카쇼무라 처리시설을 유치한 아오모리현에 컨벤션 산업을 지원하여 지역경제를 활성화시킨 사례를 벤치마킹해 유치지역에 특정 산업을 정책적으로 지원하는 방안도 고려할 수 있다.(재검토위원회 전문가검토그룹 논의결과 보고서, 2020)[139]

139 일본의 로카쇼무라 처리시설은 사용전핵연료인 우라늄 농축, 사용후핵연료의 재처리, 재처리를 통해 배출된 고준위 방폐물 저장, 저준위 방폐물 처분, 혼합액연료(MOX) 제조 등을 담당하고 있는 재처리 및 중간저장시설이다.

2장

사용후핵연료 갈등의 해법

1. 이해관계자들이 포괄적으로 참여하는 논의구조

1) 시민사회계의 참여를 통한 수용성 증대

사용후핵연료 처분을 위한 부지선정과 관리정책결정은 사회적 위험 배분과 민주주의의 문제일 뿐만 아니라 정의(正義)의 문제이기도 하다.(문병효, 2017) 공리주의 관점에서 다수를 위해 소수가 불이익을 감당하도록 강요했던 DAD(decideannouncedefend) 방식으로는 사용후핵연료 문제를 풀 수 없다는 사실은 국내외 사례가 생생하게 입증하고 있다. 그래서 등장한 것이 공론화이다.

공론화를 통해 국민적 공감대와 사회적 수용성을 확보하려면 논의과정에 이해관계자들의 포괄적인 참여가 전제되어야 한다. 사용후핵연료 문제의 이해관계자는 넓게는 사회공동체 구성원 전체라고 할 수 있지만, 핵심 이해당사자는 원전소재지역 및 관리시설이 입지할 지역주민, 시민사회계, 원자력계, 그리고 정부당국이라고 할 수 있다. 그동안 정책결정 과정에 지역주민과 시민사회계의 목소리는 제대로 반영되지 못하였고, 최근에 실시된 공론화에서도 시민사회계의 불참으로 논의구조의 형평성 문제가 제기되었다.

박근혜 · 문재인 정부에 걸친 두 차례의 공론화도 불구하고 사회적 수용성은커녕 오히려 갈등이 증폭된 배경에는 이해당사자의 한 축인 시민사회계를 배제한 채 일방적으로 추진되었기 때문이었다. 여기에는 시민사회계가 탈핵을 위한 장외투쟁 전략으로 공론화를 거부한 측면도 없지 않다. 그러나 보다 근본적인 책임은 논의구조를 설계한 정부당국에 있다고 할 수 있다. 원전산업 주무부처인 산업부가 공론화 기구를 구성하고 논의구조에 개입함으로써 주관기구의 독립성과 중립성을 담보하기 어려웠다.

공론화가 정부정책의 정당화나 책임회피의 수단으로 오용될 경우 필연적으로 실패할 수밖에 없다. 대표적인 사례가 문재인 정부의 재검토위원회라고 할 수 있다. 산업부는 이미 월성원전 임시저장시설(맥스터) 확충이라는 답을 정해놓고 의견수렴을 진행했기 때문에 파행을 겪을 수밖에 없었다. 시민사회계의 공론화 보이콧이나 불신은 정부당국에게는 중요한 변수가 아니었다. 사용후핵연료의 '소내 저장'이 현재 시점에서 선택할 수 있는 유일한 대안이라고 하더라도 결론에 도달하는 과정이 문제였다. 절차적 정당성과 공정성을 잃어버린 공론화는 더 이상 공론화라고 할 수 없다.

해외 사례에서 프랑스가 영구처분장 부지를 확보할 수 있었던 이유로 공론화를 주관한 국가공공토론위원회(CNDP)의 엄정한 독립성과 중립성을 들고 있다. CNDP의 구성 및 활동이 정부와 이해관계자 등으로부터 거리를 유지할 수 있었던 것이 성공요인으로 평가되고 있다. CNDP가 주관한 2차 공공토론(2013. 5. ~12.)을 지역주민과 시민사회가 거부하자 CNDP는 이들의 요구를 수용해 시민패널이 중심이 된 별도의 시민토론회를 개최한 것도 CNDP의 독립성으로 설명할 수 있다. 이에 비해 우리나라의 사용후핵연료 공론화는 시민사회계의 보이콧을 이유로 '반쪽 공론화'를 강행함으로써 공론화 결과에 대한 사회적 수용성을 확보하지 못한 것이 가장 큰 문제점으로 지적되고 있다.

공론화위원회 구성 방법

재검토위원회는 위원회 구성 문제로 출범 초기부터 진통이 거듭되면서 제대로 작동되지 못하였다. 시민사회계에서 위원회 참여 요구가 거부당하자 공론화를 보이콧했기 때문이었다. 공론화위원회를 중립적 인사로 구성할 것인지, 이해관계자들을 참여시킬 것인지는 무엇을 논의하고(의제의 특성), 어떤 방식으로 결정할 것인지(논의구조)에 따라 구성 방식에 차이가 있을 수 있다. 공론화의 목적에 따라서도 달라질 수 있다.

기본적으로 공론 형성과 파악을 위한 공론화위원회는 중립적인 인사들로 구성하는 것이 바람직하다. 공론화 의제가 명료하고 논의과정에 어떤 형태로든 이해관계자들이 참여한다면 의견수렴 절차는 중립적인 전문가들이 관리하는 것이 타당하다. 정부정책이나 특정 사안에 대한 이해조정은 공론화위원회가 아니라 정부당국이 맡아야 할 본연의 역할이자 책무이다. 그러나 공론화 의제와 논의방식, 절차 등을 이해관계자들 간의 합의와 조정을 통해 결정해야 하는 경우라면 위원회 구성 방식도 달라질 수밖에 없다.

각 국가에서도 공론화 주관기구의 구성 방식이 상이하고 사례별로도 다양하다. 영국의 전국 및 지역 공론화(CoRWM, 'West Cumbria Partnership')와 독일의 고준위 폐기물 처분위원회(EndKo), 박근혜 정부의 사용후핵연료 공론화위원회, 문재인 정부의 월성원전 지역실행기구(경주)는 전문가와 이해관계자들로 구성되었다. 반면, 프랑스의 국가공공토론위원회(CNDP)와 신고리 5 · 6호기 공론화위원회, 문재인 정부의 사용후핵연료 재검토위원회는 각계를 대표하는 기관 · 단체로부터 추천을 받은 중립적 인사로 구성된 사례이다.

중립적 인사로 구성된 재검토위원회와 신고리 5 · 6호기 공론화위원회도 내막을 들여다보면 큰 차이가 있다. 신고리 5 · 6호기 공론화는 이해관계자들로 구성된 소통협의회가 조사설계, 숙의자료집 제작, 토론회 패널 구성 등 운영과정 전반에 걸쳐 협의하고 조율하는 채널이 구축되어있었다.[140] 이에 비해 재검토위원회는 시민사회계의 공론화 보이콧으로 종합토론회 패널 구성조차 어려울 정도로 일부 이해관계자들이 배제되었다. 외견상으로는 동일한 형태의 중립적 위원회라도 이해관계자들의 참여 여부에 따라 공론화 결과에 대한 수용성은 확연하게 달라졌다.

공론화의 목적이 정부당국의 정책 판단자료나 정당성 확보 차원이 아니라 사회적 합의를 통한 수용성 증대에 있다면, 이해관계자의 참여 없이는 성공하기 어렵다. 특히 향후 진행될 영구처분 및 중간저장시설 확보는 국민적 공감대 형성은 물론, 지역주민과 이해관계자들의 참여와 수용 없이는 한 발자국도 나갈 수 없다. 따라서 시민사회계를 포함한 다양한 이해관계자들이

140 신고리 5 · 6호기 공론화위원회는 절차설계 단계부터 공사재개 및 중단을 요구하는 찬반 양측과 간담회를 개최해 추진현황과 향후 계획, 논의주제 범위, 숙의절차와 방법, 시민참여단 선발 및 운영, 이해관계자 참여방안 등에 대한 의견을 수렴하고 양측의 요구사항을 조율했다. 정례적인 협의 채널로 이해관계자 소통협의회도 구성되었다. 건설중단 측에서는 '안전한 세상을 위한 신고리 5 · 6호기 백지화 시민행동'이 대표로 참여하였고, 건설재개 측에서는 한국원자력산업회의, 한국원자력학회, 한수원 등 3개 기관이 대표로 참여하였다.(신고리 5 · 6호기 공론화위원회, 2017b)

포괄적으로 참여하는 논의구조를 설계해야 한다.

2) 시민사회계의 탈핵 전략과 사용후핵연료

사용후핵연료는 원전의 아킬레스건으로 통한다. 영구처분장이나 중간저장시설을 확보하지 못하면 원전 가동이 중단될 수밖에 없기 때문이다. 그래서 시민사회계에서는 사용후핵연료를 탈핵 전략의 고리로 활용하고 있는 것으로 판단된다. 사용후핵연료의 위험성과 영구처분장 확보의 어려움을 집중적으로 부각시켜 탈핵의 명분을 축적하자는 것이다. 시민사회계 입장에서는 사용후핵연료 문제를 해결하는 것 자체가 탈핵 전략과 상치될 수 있기 때문에 공론화에 적극적으로 참여할 명분도 실리도 적을 수밖에 없다.

산업부가 2016년 1차 관리 기본계획을 수립하면서 '원전의 지속가능한 발전'을 사용후핵연료 관리원칙에 포함한 것도 공론화를 거부하는 명분으로 작용하였다. 시민사회계 입장에서는 이러한 상황에서 공론화에 참여하는 것 자체가 원전 확대 정책의 들러리로 서게 된다는 인식을 떨쳐버릴 수 없었을 것이다. 원전 가동을 멈추지 않기 위해 임시저장시설(맥스터) 확충을 논의하는 공론화에 참여할 실익도 없다고 판단했을 수도 있다. 오히려 사용후핵연료의 발생량이 명확해야 처분시설의 규모와 시기 등을 확정할 수 있기 때문에 처분장 건설을 위한 공론화가 아니라 원전 정책 전반에 대한 공론화부터 실시할 것을 요구하였다.

공론화 결과를 근거로 신고리 5 · 6호기 건설공사가 재개된 이후 시민사회계에서는 '공론화 회의론'이 제기될 정도로 비판적이었다. 탈핵진영 내부에서도 문재인 정부의 사용후핵연료 공론화에 참여하지 않고 장외 투쟁전략으로 임시저장시설(맥스터) 확충을 저지할 것인지, 공론화에 참여해 임시저장시설을 막을 것인지를 두고 치열한 논쟁이 벌어졌다고 한다. 산업부가 주관하는 공론화를 믿을 수 없다는 입장과, 사용후핵연료 문제는 신고리 5·6호기 공론화처럼 찬반의 문제가 아니기 때문에 적극적으로 개입해야 한다는 입장으로 양분되었다. 이 중 적극 개입해야 한다는 온건파들은 임시저장시설 확충을 막을 수 있는 방법으로 재검토준비단에 참여하게 된다.(탈핵신문, 2018. 12. 25.) 그러나 산업부가 탈핵단체와 지역주민 등 이해관계자를 배제하고 중립적 인사로 재검토위원회를 구성하자 공론화 보이콧 전략으로 돌아서게 된다. 탈핵진영의 이 같은 투쟁전략에 따라 재검토위원회의 공론화는 이미 파행이 예고되었다.

공론화 참여를 거부한 탈핵 시민사회계는 "재검토위원회는 일정에 쫓겨 졸속으로 의견수렴을 진행하지 말고 월성원전 임시저장시설이 포화되면 독일이 '원전 모라토리엄'을 선언한 것처럼 우리도 원전을 멈추고 전국민이 인지할 수 있도록 공론화를 진행하는 것이 최선의 방법"이라고 주장했다.(탈핵신문, 2018. 12. 25; 서울파이낸스, 2019. 7. 4.) 사용후핵연료의 위험성과 처분방안이 없다는 사실을 알게 되면 국민들도 탈원전을 선택하게 될 것으로 판단한 것이다.

재검토위원회가 2021년 3월 대정부 권고안을 발표하자 탈핵단체들은 불복을 선언하고 원점에서 재논의할 것을 요구하였다. 이들은 "고준위 핵폐기물 관리정책은 핵발전소 부지에 임시저장시설 확충으로 대응할 문제가 아니다"면서 "최종 처분장도 없이 가동하는 핵발전에 대해 전국민이 제대로 알고 탈핵을 결정할 일만이 남았을 뿐"이라고 밝혔다. 사용후핵연료는 해결할 답이 없으니 원전 가동을 중단하라는 것이다.(오마이뉴스, 2021. 3. 25.)

원자력계의 반박

탈핵 시민사회계의 주장에 대해 원자력계에서는 사용후핵연료 문제는 원전과 별개의 사안으로 풀어야 한다는 것이 일관된 입장이다. 에너지원이 턱없이 부족한 우리나라에서 원전이 전체 전기생산량의 20% 가까이 차지하고 있는 마당에 탈원전은 비현실적인 주장이라고 논박하고 있다. 현재 국내에서 개발 중인 재활용 기술(파이로프로세싱)을 통해 사용후핵연료의 부피를 줄이는 등 기술개발과 처분을 통해 안전하게 관리하는 것이 최선의 대책이라는 것이다.

원자력계 J교수는 "사용후핵연료 처분장은 흩어져 있는 사용후핵연료를 한군데 모아 생활공간과 격리하는 것으로 이보다 더 안전한 방법은 없다"며 "탈원전을 하더라도 사용후핵연료는 남아 있으니 원전 폐쇄 여부를 떠나서 처분장은 안전을 위해서 필요한 시설"이라고 강조했다. 정부정책이 탈원전이건, 친원전이건 반드시 있어야 할 시설임에도 불구하고 근본 생태주의 패러다임에 갇힌 환경운동권에서 처분시설 건설을 막아 원자력 생태계를 붕괴시키려는 전략이라는 것이다.(조선비즈, 2020. 7. 10; 조선일보, 2021. 3. 31.)

원자력계 일부 전문가는 원전 부지 내 임시저장시설 확충은 공론화의 대상이 아니라는 의견을 피력할 정도이다. 재검토위원회 논의과정에서도 "임시저장시설은 원전 운영의 필수시설(관계시설)이기 때문에 한수원이 책임지고 주민들과 협의해 결정할 사안임에도 불구하고 정부가 공론화를 실시해 오히려 갈등만 야기하고 있다"고 주장했다.(전문가검토그룹 논의결과보고서, 2020)

이처럼 시민사회계에서는 탈핵 전략의 일환으로 사용후핵연료 문제에 접근하고 있고, 원자력계에서는 '원전의 지속가능한 발전'에 우선순위를 두고 있기 때문에 양 진영이 합의할 수 없는 평행선을 달리고 있다. 원전 정책에 대한 사회적 합의가 선행되지 않으면 공론장이 형성되기도 어려운 형국이다. 시민사회계에서 탈핵 전략이 아니라 현실적이고 합리적인 대안을 제시할 수 있는 공론장을 마련한 것이 선결과제이다. 이를 위해서는 국가적 차원에서 에너지전환에 대한 국민적 공감대가 형성되어야 한다.

한국 탈핵운동의 흐름

우리나라 탈핵운동의 뿌리는 1970년대 공해추방운동에서 비롯된 환경운동을 시발점으로, 1980년대~2000년대의 반핵운동을 거쳐 2011년 후쿠시마 사고 이후에는 탈핵운동으로 발전하였다. 최초의 반핵운동은 1987년 전남 영광에서 한빛원전 가동으로 인한 어업피해 보상투쟁으로 촉발되었다. 이후 안면도 사태 등 방폐장 건설 반대운동과 삼척 · 영덕 신규원전 반대운동, 월성원전 등 지역주민 피해보상운동이 반핵운동의 주축을 이루었다. 2003년 부안 방폐장 반대운동을 정점으로 경주에 중 · 저준위 방폐장이 건설되면서 침체기로 접어들게 된다.

이런 와중에 후쿠시마 원전 사고는 반핵운동에 새로운 돌파구가 되면서 탈핵운동으로 전환되었다. '탈핵'은 기존의 반핵운동이 가진 극단적이고 소수파적인 이미지에서 벗어나, 원자력발전에 대한 새로운 대안을 제시한다는 의미를 함축하였다. 후쿠시마 사고는 원전의 위험성에 대한 인식을 확산하는 계기가 되었고 탈핵의 주제도 에너지전환, 재생에너지, 송전탑 문제, 에너지 자립, 방사능 오염 식품 등으로 관심이 확장되었다.

소수 운동가 중심의 활동 영역도 각 분야에서 전문단체가 속속 결성되면서 외연도 넓어졌다. 탈핵변호사모임, 탈핵교수모임, 탈핵에너지학회, 차일드세이브(주부 모임), 천주교 탈핵연대, 탈핵신문, 탈핵학교, 태양의 학교, 반핵의사회 등이 전문분야별로 목소리를 내기 시작했다. 고준위핵폐기물전국회의와 같은 전국조직이 발족하고 각 지역별로 탈핵공동행동이라는 시민사회연대조직이 결성되기 시작했다.(이헌석, 2020)

하지만 신고리 5 · 6호기 공론화는 탈핵진영에 새로운 도전으로 닥쳤다. 대선 과정에서 신고리 5 · 6호기 백지화에 운동역량을 총집결했던 탈핵단체들은 공론화 결과 '건설 재개'로 결정되자 전략수정이 불가피해졌다. '기울어진 운동장'에 참여해 명분을 잃는 것보다는, 보이콧 전략으로 장외투쟁이 유리하다고 판단한 것이다. 최근에는 탄소중립이 세계적인 이슈로 부상하면서 탈핵운동이 기후위기와 에너지전환으로 역량을 옮겨가는 추세를 보이고 있다.(오마이뉴스, 2021. 4. 14.)

2. 원전 정책에 대한 사회적 합의

1) '탈원전'에 대한 사회적 합의 논쟁

사용후핵연료 갈등은 원자력 정책에 대한 사회적 합의가 이루어지기 전에는 친원전 진영과 탈원전 진영 간의 이념적 · 정치적 이해대립으로 교착상태에서 벗어나기 어렵다. 원전과 사용후핵연료 문제는 별개의 차원이라는 원자력계의 주장과 탈원전을 전제조건으로 제시하는 시민사회계가 한 치의 양보도 없이 대치하고 있기 때문이다. 더구나 한국 사회에서 원전 이슈는 단순히 에너지 문제가 아니라, 가치관과 이념적 성향이 첨예하게 부딪치는 정치경제적 쟁점이기 때문에 근본적인 해결이 더욱 어려운 구조를 띠고 있다.

'탈원전'을 표방한 문재인 정부가 출범한 이후 원전 문제는 전혀 예상치 못한 폭발력으로 새로운 국면이 조성되었다. 신규원전 건설중단과 노후원전 조기폐쇄로 원전 생태계가 흔들리자 원자력계와 보수 야당은 초강수로 맞섰다. 급기야 월성1호기 조기폐쇄 과정을 수사하고 감사해온 검찰총장과 감사원장이 야당의 대선 후보로 급부상할 정도로 '탈원전'은 정권을 뒤흔든 '핵폭탄'이 되어 돌아왔다. 대통령의 일방적인 공약으로 '탈원전'이 이루어졌기 때문에 수용할 수 없다는 야당 · 원자력계 · 보수언론과 대선 공약으로 내걸어 국민적 동의를 얻었다는 여당 · 시민사회계 · 진보언론 간에 이념적 · 정치적 공방이 격화되었다.[141]

---

141 여론조사에서도 원전 이슈에 대한 일반국민의 이념적 편향성도 심한 것으로 나타났다. 한국리서치가 '에너지전환 4주년'을 맞아 2021년 6월 17일~21일 전국 만 18세 이상 남녀 1,000명을 대상으로 에너지전환에 대한 국민 인식조사에서 '탈원전정책'에 대한 진보층과 보수층 간의 시각 차이가 4년 동안 더 벌어진 것으로 조사되었다. 2017년 9월 조사에서는 '탈원전정책'에 대한 찬성 비율이 진보층 87%, 보수층 52%로 35%포인트 차이가 났다. 2021년 조사에서는 진보층은 79%가, 보수층 31%가 '탈원전정책'에 찬성한다고 응답해 차이가 47%포인트로 더 벌어졌다. 한국리서치는 조사결과를 토대로 "향후 에너지전환 정책은 탈원전에 대한 국민의 의견 차이를 얼마나 좁히는지에 따라 성패가 좌우될 가능성이 높다"고 분석했다.

'사회적 합의가 없었다'는 반박

'탈원전'과 같은 국가 에너지정책의 중대한 변화는 공론화를 통한 사회적 합의과정을 거쳐야 한다는 입장으로 원자력계와 보수언론에서 집중적으로 제기하였다. 선거 과정에서 대통령 후보가 내건 공약에 대해 국민 모두가 인지하고 동의했다고 보기 어렵다는 것이다. 문재인 대통령이 신고리 5 · 6호기 건설도 중단을 공약했지만 공론화를 거쳐 백지화했기 때문에 탈원전정책에 대해서도 국민적 합의가 필요하다는 입장이다.

월성1호기 경제성 평가 조작의혹에 대한 감사를 벌인 감사원장이 "대선에서 41%의 지지밖에 받지 못한 정부의 국정과제가 국민적 합의를 얻었다고 할 수 있겠느냐"며 탈원전의 정당성을 부인한 발언이 대표적이다. 감사원장의 발언 요지는 대선 공약이라고 모두 국민적 합의사항이 아니며, 더구나 문 대통령이 받은 41% 지지를 국민의 대다수라고 보기 어렵다는 것이다.(한겨레신문, 2020. 7. 26; 조선일보, 2020. 10. 21.) 감사원장은 이 같은 발언 등으로 보수진영의 적극적인 지지를 받아 퇴임 이후 곧장 야당의 대선 후보로 출마하였다.

'사회적 합의가 필요하다'는 측에서는 탈원전에 대한 유일한 근거로는 신고리 5 · 6호기 공론화 과정에서 시민참여단을 대상으로 실시한 설문조사에서 '장기적인 원전 정책 방향'에 대해 '원전 축소' 응답이 많았다는 조사결과뿐이라는 것이다. 국가 에너지정책 전환이라는 중차대한 결정을 비전문가인 시민참여단의 설문조사로 결정했다는 것도 문제이지만, 당초 공론화 의제도 아니었던 '원전 정책 방향'에 대한 설문문항을 슬쩍 끼워넣은 것도 자의적이라고 비판했다.(조선일보 사설, 2021. 1. 15.)

오히려 한수원이 여론조사 전문기관 엠브레인에 의뢰해 2020년 11월에 실시한 '2020년 원전산업에 대한 국민 인식조사'에서 64.7%가 '원전이 필요하다'고 답했으며, '필요하지 않다'는 응답(14.6%)에 비해 4배나 높게 나타났다는 점을 반박 논거로 제시하였다.[142] 한국원자력학회가 2018~2019년 3차례에 걸쳐 실시한 원전 인식 여론조사에서도 국민 다수(10명 중 7명)가 원전에 찬성하고 있다는 점도 근거로 내세웠다.(조선일보, 2021. 1. 21.)

'국민적 동의를 얻었다'는 주장

여당(더불어민주당)에서는 월성원전 1호기 조기폐쇄 등 탈원전정책은 문재인 대통령의 대선 공약으로 국민들로부터 '추진해도 좋다'는 승인을 받았다는 입장이다. 민주당에서는 "월성1호기 폐쇄는 대선 공약으로 선거를 통해 국민의 지지를 받은 정책이므로 정책 자체를 감사 또는 수사한다는 것은 민주주의에 대한 정면 도전"이라고 반박했다.(중앙일보, 2021. 2. 21.)

검찰이 월성1호기 경제성 평가 조작 의혹과 관련해 2021년 1월 산업부 장관에 대한 구속영장을 청구하자 국무총리가 나서 "이런 사안이 어떻게 사법적 판단의 대상이 되는지 의아스럽기 짝이 없다"며 "월성1호기 조기폐쇄는 문재인 대통령 후보의 대선 공약이었고 취임 후 100대 국정과제로도 선정되

---

142 한수원은 매년 여론조사 전문기관에 의뢰해 원전산업에 대한 국민 인식조사를 실시하고 있으며, 2020년 11월 엠브레인이 전국 17개 시 · 도에 거주하는 만 19~59세 성인 1,500명을 대상으로 실시하였다. '원전이 필요하다'는 의견은 문재인 정부 출범 첫해인 2017년 56.5%에서 해마다 증가한 것으로 나타났다. 그러나 이 조사에서도 향후 원전 비중을 묻는 질문에는 '늘려야 한다'(32%)는 의견보다는 '축소해야 한다'(42.4%)는 응답이 10%p 높게 나타났다.

었다"고 밝혔다. 더불어민주당 대변인도 "국가정책은 수사 대상이 될 수 없다"며 "산업부 장관에 대한 영장 청구는 문재인 정부 정책 흔들기와 다름없다"고 주장했다.(중앙일보, 2021. 2. 6.)

한국탈핵에너지학회 L회장은 2020년 11월 창립총회에서 "민주적 정당성을 지닌 정부가 탈원전을 주요 정책으로 삼고 월성1호기 폐쇄를 결정한 사안에 대해 근본적인 문제제기를 하는 것은 민주주의를 부정하는 행위"라고 지적했다. 탈원전에 대한 감사와 수사에 대해서는 "민주적 절차를 거쳐 선출된 정부의 정책을 부정하는 행위로 민주주의에 대한 이해부족"이라고 논박했다.(이투뉴스, 2021. 1. 1.)

다만, 탈핵진영에서도 문재인 정부의 탈원전정책은 대통령 개인의 의지와 선언에 의존했기 때문에 구조적으로 취약했고 불완전했다는 점은 인정하고 있다. 여당과 청와대에서 탈원전에 대한 확신과 철학이 부족했고 행정부도 정책적으로 뒷받침하지 못했다는 것이다. 탈원전의 가치와 근거를 명확히 제시하고 장기 전략을 수립해 법적, 제도적으로 뒷받침하지 못했고 세부사항을 점검해 국민에게 설명하고 설득하는 노력도 부족했다는 지적이다. 대통령의 탈원전 선언 이후 짜깁기식 개별 사업과 정책들만 제출되었고, '전기요금 인상도 없고 산업에도 피해가 없다'는 자승자박식 메시지를 전달함으로써 기업과 국민 모두로부터 지지를 얻지 못했다는 평가를 받았다.(오마이뉴스, 2021. 4. 14.)[143]

143 보수진영에서 주장하는 원전에 대한 국민 인식과 달리 상반된 여론조사도 제시되었다. 한국갤럽이 2021년

보수언론의 탈원전 비판

조 · 중 · 동으로 불리는 보수언론과 경제신문들은 문재인 정부의 탈원전 정책에 대해 집중적으로 비판했다. 가장 날을 세운 언론사는 조선일보였다. 조선일보(2020. 12. 7.) 는 '월성 조작 공무원 구속, 이제라도 탈원전 자해극 멈춰야'라는 제목의 사설에서 "지금 정권 전체가 무리수와 궤변을 거듭하는 건 탈원전에 대한 대통령 한 사람의 오기 때문"이라며 "월성1호기 경제성 조작과 수사 방해 등의 씨앗은 결국 대통령이 뿌린 것으로…, 지금이라도 탈원전 자해극을 중단해야 한다"고 성토했다. 또 '단 한 사람 때문에 못 바꾸는 탈원전'이라는 제목의 '만물상'(2020. 3. 28.)에서는 "원전 재난 영화 '판도라'를 본 대통령이 전문적 식견의 보좌도 받지 않고 취임 41일 만에 국가 에너지정책의 혁명적 변경을 발표했다. 대통령 한 사람 때문"이라고 직격탄을 날렸다.

감사원이 2021년 1월 산업부 등을 대상으로 탈원전정책 수립과정의 위법성 여부에 대한 감사에 착수하자 조선일보(2021. 1. 15.) 는 '文 최악결정 탈원전의 추진과정 감사를 주목한다'는 제목의 사설을 통해 "대통령 한 명의 고집으로 월성1호기 보수비 7,000억 원, 신고리 5 · 6호기 건설 지체 1,000억 원의 손실이 났다"며 탈원전정책의 절차적 흠결과 부당성을 강도 높게 지적

1월 26~28일 전국 만 18세 이상 1,005명을 대상으로 국내 원자력발전 방향을 묻는 자체 여론조사에서는 '확대'(25%)의견보다도 '축소'(29%)의견이 다소 높게 나타났다. '현행 수준 유지'가 바람직하다는 응답은 36%로 가장 높았다. 문재인 정부의 탈원전정책 발표 이후 1년이 지난 2018년 6월 조사에서는 원자력발전 확대(14%)보다는 축소(32%)가 월등하게 높았고, 현재 수준 유지는 40%였다. 그러나 2019년 1월 조사에서는 확대 및 축소 의견이 비슷하였고, 2020년 6월과 2021년 1월 조사도 비슷한 분포로 나타났다.(미디어오늘, 2021. 1. 29.)

했다. 다음날 사설(2021. 1. 16.)에서도 "국가 에너지정책의 뿌리를 뽑는 탈원전은 기둥을 들어낸 것인데 대통령 한 사람이 독단적으로 탈원전을 결정했다"며 "이 충격적인 결정에 참여한 전문가는 아직까지 드러나지 않았고, 국회는 고사하고 국민 공론화 절차도 제대로 거치지 않았다"고 목소리를 높였다.

중앙일보(2020. 11. 3.) 도 논설위원 칼럼에서 "감사원의 보고서를 가만히 뜯어보면 문재인 대통령의 탈원전정책은 거짓과 은폐, 조작 같은 공무원 범죄 위에서나 가능한 것 아닐까 하는 의문이 생긴다"며 '최재형 감사보고서'를 탈원전 고발장이라고 명명했다. 또 '신속한 원전 수사 · 감사로 낮 뜨거운 정쟁 끝내야'라는 제목의 사설(2021. 1. 15.)은 "탈원전 강행으로 관련 기업이 벼랑에 몰렸고 태양광 붐이 일었다. 화력발전 연료인 LNG 가격이 올라 전기요금이 인상될 것이라는 분석이 나온다"며 "이런 일련의 변화가 잘못된 정책결정에서 비롯된 결과라면 빨리 궤도를 수정해야 한다"고 지적했다.

중앙일보(2021. 2. 4.) 는 또 '탈원전 후과(後果)가 이리 무겁다'는 제목의 칼럼에서는 "탈원전은 탄소중립과 미세먼지 해결을 어렵게 하고 일자리와 미래 먹거리를 파괴한 주범"이라고 평가했다. 이어서 '탈원전 폐기, 지금이 적기다'(2020. 4. 30.), '와르르 무너지는 60년 원자력 신화'(2020. 3. 25.), '탈원전 집착 버리면 600만 명 일자리 생긴다'(2020. 5. 12.) 등 논설위원 칼럼과 기고문 등을 통해 탈원전을 집중적으로 비판했다. 한국경제신문도 '미 · 중 · 러도 따돌렸던 스마트 원전 기술… 탈원전정책에 고사위기'(2020. 2. 25.), '탈원전, 빠른 포기가 답이다'(2020. 4. 8.) 등 사설과 기고문 등을 통해 탈원전을 성토했다.

진보언론의 탈원전 옹호

한겨레, 경향 등 진보언론은 탈원전정책을 비판하는 친원전 진영을 '핵마피아'로 규정하고 '안전신화'를 비판하고 나섰다. 한겨레신문(2018. 12. 6.)은 '세계 원전은 르네상스 시대라는 허구'라는 제목의 사설에서 "'2018년 세계 원전산업 동향' 보고서를 요약하면, 원전산업은 1980년대를 지나면서 쇠락의 기조가 한 번도 바뀌지 않았으며 그 속도가 갈수록 빨라지고 있는데도 국내 원전업계와 일부 전문가는 정반대되는 주장을 하고 있다"며 "문재인 정부의 에너지 전환정책을 두고 '원전산업의 갈라파고스가 되려 한다'고 맹비난하는 것은 정치적이고 의도적인 것으로밖엔 달리 보기가 어렵다"고 지적했다.

한겨레신문(2019. 12. 25.)은 또 '안전성도 경제성도 없는 월성1호기 폐쇄가 옳다'는 제목의 사설에서는 "원안위가 월성1호기에 대해 영구정지 결정을 내린 것을 두고 조선일보 등 일부 언론과 자유한국당(야당)이 '독재정권의 밀어붙이기'니 '자해적 행동'이니 하며 맹비난을 퍼붓고 있는 것은 한마디로 잘못된 주장"이라며 "안전성과 경제성 모두 없는 월성1호기 폐쇄를 두고 '멀쩡한 원전에 사형선고'라고 과장하는 것은 무책임하기 짝이 없다"고 비판했다.

경향신문(2020. 10. 20.) 도 월성1호기 감사로 탈원전이 도마에 오르자 사설을 통해 "문재인 정부의 국정기조인 탈원전은 노후원전의 수명연장 없이 공사 중인 5개 원전을 제외한 새 원전은 짓지 않는 것으로 원전 수명에 따라 60년간 긴 호흡으로 가는 정책"이라며 "정부는 탈원전 기조를 유지하면서 노후원전 수명연장과 폐로 판단 시 안전성 · 경제성을 종합적으로 살피고, 정책의 신뢰와 투명성을 높이는 전기로 삼기를 바란다"고 주문했다.

'핵마피아'라는 용어도 자주 등장한다. 경향신문(2018. 11. 15.)은 '부쩍 늘어난 핵마피아의 궤변'이라는 제목의 기고에서 "한국의 보수언론과 정치인들은 원전의 중대사고가 해외에서만 발생하는 것으로 착각하여 또다시 국내 원전의 안전신화를 내세우며 현 정권의 탈핵 방침을 비난하고 있다"며 수위를 높였다. 한겨레신문(2018. 11. 21.) 도 '핵마피아의 주장이 타당하지 않은 이유'라는 「왜냐면」 칼럼에서 "최근 핵마피아가 원자력안전위원장의 사퇴를 정치문제로 변질시켜, 문재인 정부의 탈핵 방침을 저지하려는 파상공세를 펴고 있다"며 '핵마피아'의 주장을 조목조목 반박했다.

경향신문은 '사사건건 탈원전 시비'라는 제목의 「녹색세상」 칼럼(2018. 8. 2.)에서 폭염으로 인한 전력수급 불안을 탈원전정책 탓으로 돌린 보수언론에 대해 "참으로 무책임하다"며 "탈원전의 길, 갈 것이냐 말 것이냐가 아니라 어떻게 갈 것이냐가 문제"라고 진단했다. 또 다른 「녹색세상」(2019. 2. 19.)에서는 "핵발전의 기술적 안전성과 경제성 주장 저 밑에 자신의 목적을 관철하려는 자본의 꿈틀거림이 있다"며 "높은 이익이 보장되는 한 자본은 결코 핵발전을 포기하지 않는다. 핵발전소에서도 자본의 논리와 생명의 논리가 충돌한다"고 갈파했다.

2) 문재인 정부의 탈원전 갈등

'탈원전'을 천명한 문재인 정부가 출범하면서 친원전 진영과 탈원전 진영 간의 이념적 대립과 정치적 공방은 정권 내내 지속되었다. 문재인 대통령은 대선 과정에서 탈원전을 공약으로 제시하였고 집권 후에는 100대 국정과제 가운데 탈원전정책을 60번째 과제로 추진하였다. 탈원전정책의 주요 내용은 신규원전 건설계획 백지화, 노후원전 수명연장 금지 등을 통해 단계적으로 원전을 감축하고 이를 전력수급기본계획에 반영하였다. 2020년 12월 확정된 9차 전력수급기본계획(2020-2034)에는 원전과 석탄의 설비용량 및 전원 비중을 줄이고, 신재생에너지의 설비용량을 2020년 20.1GW(15.8%)에서 2034년에는 77.8GW(40.3%)로 4배 가까이 확대하기로 했다.

그러나 문재인 정부의 탈원전정책은 출범 직후부터 격렬한 논쟁과 갈등을 불러일으켰다. 대표적인 사례가 대선 공약으로 내건 신고리 5·6호기 건설중단과 월성원전 1호기 조기폐쇄였다. 특히 월성원전 1호기 경제성 평가 조작 의혹에 대한 감사원의 감사와 검찰 수사에 이어 2021년 1월에는 감사원이 문재인 정부의 탈원전정책 수립과정의 위법성 여부에 대한 감사에 착수하면서 정치 공방으로 증폭되었다. 여기에 '2050 탄소중립'을 선언하면서 대안으로 부상한 소형모듈원전(SMR)을 둘러싼 논쟁에도 불을 지폈다.

신규원전 건설 갈등

탈원전 갈등의 신호탄은 신고리 5·6호기 건설공사 중단 공약이었다. 대통령 취임 직후부터 원자력산업계와 원자력학회 등을 중심으로 원자력발전을 계속 유지·확대하는 방향으로 정책 방향을 수정해야 하고, 신고리 5·6호기 건설이 중단되어서는 안 된다는 목소리가 터져 나왔다. 탈원전 진영에서는 이에 대해 민주주의 국가에서 탈원전을 공약으로 내걸고 당선한 문재인 정부에서 공약을 이행하는 것은 당연하며 공론화 자체가 불필요하다고 맞섰다. 양 진영 간 갈등의 골이 깊어지자 문재인 대통령은 사회적 합의를 통해 건설중단 여부를 결정하기로 하고 2017년 7월부터 10월까지 3개월간 공론화가 실시되었다.

신고리 5 · 6호기 공론화는 건설중단 여부뿐만 아니라 원자력발전에 대한 시민참여단의 의견도 조사한 결과, 53.2%가 '원자력발전을 축소해야 한다'는 입장에 동의했다. 원자력발전의 유지(35.5%)나 확대(9.7%)에 비해 축소(53.2%)가 훨씬 높게 나타나자 원전산업계에서는 공론화위원회가 건설중단 여부를 묻기로 한 당초 의제에서 벗어났다며 항의했다.[144] 시민참여단은 신고리 5 · 6호기 건설 재개에 따른 보완조치로 '원전의 안전기준 강화'(33.1%), '신재생에너지 투자 확대'(27.6%), '사용후핵연료 해결방안 마련'(25.3%), '탈원전정책 유지'(13.3%) 등을 주문했다.(신고리 5 · 6호기 공론화위원회, 2017b)

친원전 진영에서는 이에 대해 "신고리 5 · 6호기 공론화 이후 국민 여론이 변화되었다"며 신한울 3 · 4호기 공사재개 및 탈원전에 대한 사회적 합의 과정을 지속적으로 요구하였다. 특히 월성1호기 조기폐쇄 과정에서 산업부와 한수원의 경제성 조작 의혹에 대한 감사원 감사와 검찰 수사가 이어지면서 원전 갈등이 증폭되었다.

신고리 5 · 6호기 공사가 재개된 이후에는 신한울 3 · 4호기 공사도 재개할 것을 요구하는 원자력계의 요구가 거세졌다. 탈원전에 대한 비판 여

---

144 신고리 5 · 6호기 공론화위원회는 백서를 통해 "위원회의 역할은 건설중단 여부에 대한 공론화 결과를 정부에 권고하는 것이었지만, 건설재개 또는 중단이라는 양자택일이 아니라 '서로 다른 입장과 입장 사이에 존재하는 진실찾기'라는 인식에서 원자력발전정책에 대한 방향과 보완조치도 함께 조사하였다"고 밝혔다. 위원회는 또 "원자력 에너지는 '이념이나 선악의 문제가 아니라 선택의 문제'라는 인식하에 에너지 수급의 본질적인 문제를 국민과 함께 논의하는 기회로 삼았다"고 자평했다.(신고리 5 · 6호기 공론화위원회, 2017b)

론과 월성1호기 조기폐쇄로 사면초가에 몰린 산업부는 2021년 2월 신한울 3·4호기에 대한 공사계획 인가 기간을 2023년 12월까지 연장했다. 산업부는 "한수원이 귀책사유 없이 에너지 전환정책(탈원전정책)으로 인해 신한울 3·4호기 공사계획 인가를 기한 내 받지 못한 것이므로 공사계획 인가 기간을 연장하는 것이 타당하다고 판단했다"고 밝혔다.(조선일보, 2021. 2. 23.)

산업부의 이 같은 결정으로 신한울 3·4호기에 대한 공사재개 여부는 다음 정권으로 넘어가게 되었다.[145] 한수원은 2017년 2월 신한울 3·4호기 발전사업 허가를 받았지만 탈원전정책에 따라 공정률 10% 상태에서 공사가 중단된 채 공사계획 인가를 받지 못하였다. 전기사업법에 따르면 발전사업 허가를 받은 지 4년 이내에 정당한 사유 없이 공사계획 인가를 받지 못하면 발전사업 허가가 취소되기 때문에 산업부는 만료 기한을 5일 앞둔 2021년 2월 22일 인가 기간 연장을 발표한 것이다.[146]

월성1호기 감사원 감사와 검찰 수사

문재인 정부의 탈원전 갈등의 정점은 월성1호기 조기폐쇄였다. 월성1호

145 원자력안전위원회는 2021년 7월 신한울 1호기에 대해 조건부 운영허가를 내렸다. 신한울 1호기는 2010년 착공해 2020년 4월에 완공되었으나 안전성 문제와 테러 및 재해 위험에 대한 대비 부족 등을 이유로 운영허가가 지연되었다. 원안위는 △피동촉매형 수소재결합기(PAR) 안전성 보완, △항공기재해도평가 등을 선결조건으로 운영을 허가했다.(한국일보, 2021. 7. 9.)

146 산업부 장관은 2021년 6월 기자간담회에서 "현재 공사가 중단된 신한울 3·4호기 건설을 재개하지 않겠다"며 "신규원전 건설중단 정책을 바꾸려면 사용후핵연료에 대한 합의와 진전 등을 종합적으로 검토해야 하는데 단시일 내에 이러한 문제가 해결될 것 같지 않다"고 밝혔다.(서울신문, 2021. 6. 8.)

기에 대한 감사는 2019년 9월 국회에서 감사원에 감사를 요구하면서 촉발되었다. 감사원은 한수원과 산업부 등을 대상으로 감사를 벌여 13개월만인 2020년 10월 '월성원전 1호기 조기폐쇄 결정의 타당성 점검'이라는 감사보고서를 발표하였다. 감사 요지는 2018년 6월 한수원이 진행한 월성1호기에 대한 경제성 평가가 불합리하게 낮게 평가되었다는 것이다.[147] 그러나 조기폐쇄 결정의 타당성 여부에 대해서는 감사 범위에 속하지 않는다며 판단을 유보했다. 감사원은 "가동 중단 결정은 경제성 이외에 안정성, 지역수용성 등을 종합적으로 고려한 것으로 이 부분은 감사 범위에서 제외했다"며 "정부의 에너지 전환정책 등 정책결정의 당부는 이번 감사 범위에 해당하지 않는다"고 밝혔다.(경향신문, 2020. 10. 21.)

그러나 감사원의 감사 직전인 2019년 12월 산업부 공무원 B씨가 월성1호기 관련 자료 530개 파일을 삭제한 것으로 드러나 담당 국장과 함께 2020년 12월 구속되었다. 검찰은 경제성 평가 조작 의혹과 관련해 당시 산업부 장관에 대해서도 직권남용 및 업무방해 혐의로 2021년 2월 구속영장을 청구했으나 기각되었다. 이후에 대전지검은 2021년 6월 산업부 장관 등 2명에 대해서는 월성1호기 경제성을 조작해 조기폐쇄시킨 혐의(직권남용 및 업무방해)를, 한수원 사장에 대해서는 업무방해와 한수원에 1,418억 원의 손해를

---

147 감사원의 감사 결과에 따르면 월성원전 1호기 경제성 평가 용역을 맡은 S회계법인은 2018년 5월 당초 분석에서는 경제성이 있는 것으로 평가되었으나, 산업부 및 한수원 관계자들과 회의를 거친 이후인 6월 11일 최종 평가에서는 이용률을 85%에서 60%로 낮추고, 판매단가도 kWh당 평균 63.11원에서 51.52원으로 하향 조정해 경제성이 없는 것으로 뒤바뀌었다는 것이다. 한수원은 이 같은 경제성 평가를 토대로 2018년 6월 15일 이사회를 열어 조기폐쇄를 결정한 것으로 밝혀졌다.

끼친 배임 혐의를 적용해 불구속 기소했다.(조선일보, 2021. 7. 1.)

감사원이 "월성1호기에 대한 경제성 평가과정에 문제가 있었지만, 조기 폐쇄 결정의 타당성은 판단할 수 없다"는 감사 결과를 내놓자 탈원전 진영과 친원전 진영 간에 치열한 공방전이 벌어졌다. 탈원전 진영에서는 정부의 에너지 전환정책이 더욱 탄력을 받을 것으로 기대한 반면, 친원전 진영에서는 월성1호기 재가동을 포함한 탈원전정책을 원점에서 재검토해야 한다고 목소리를 높였다.

탈핵단체들은 "월성1호기는 경제성 평가 여부를 떠나서 안전을 생각한다면 당연히 폐쇄되는게 마땅하다"며 "법원에서도 이미 2017년에 안전성과 규정 위반 등을 이유로 수명연장 처분을 취소하라고 판결한 만큼 정부는 강력하게 탈원전정책을 추진하길 바란다"고 주문했다. 탈핵법률가모임 '해바라기'는 '월성1호기 폐쇄결정에 대해 정치적 감사를 한 감사원장은 사퇴하라'는 제목의 성명서를 발표하고 "감사원은 조기폐쇄 결정의 타당성 전반에 대해 객관적 · 독립적 · 중립적으로 감사해야 함에도 불구하고 '월성1호기가 안전한데도 조기폐쇄해 경제적으로 손실'이라는 정치적 프레임을 갖고 감사했다"며 "감사 대상에서 안전성과 지역수용성 문제를 제외한 것은 한마디로 정치적 감사를 한 것"이라고 주장했다. 해바라기는 또 "월성1호기 수명연장이 위법하다는 법원판결에도 불구하고 수명연장이 적법함을 전제로 한 경제성 평가는 평가 자체가 잘못된 것"이라고 주장했다.(이투뉴스, 2020. 10. 21.)

이에 대해 원자력계에서는 "월성1호기가 정부 지시에 의해 무작정 조기폐쇄되었다는 사실이 드러난 만큼 탈원전정책을 전면 재검토해야 한다"며 "월성1호기 조기폐쇄 결정을 철회하고 신한울 3 · 4호기도 건설을 재개해야 한다"고 요구했다. 원자력학회는 감사원의 감사 결과발표 직후에 '월성1호기 조기폐쇄 감사 결과에 대한 학회의 입장'이라는 성명서를 내고 "월성1호기 조기폐쇄가 정치적 압력과 불법적 절차에 의한 결정이었음이 확인되었다"며 "법적 근거 없이 중지된 신한울 3 · 4호기 건설을 재개하고 탈원전정책도 철회해 원점에서 에너지정책을 재논의해야 한다"고 주장했다. 학회는 또 "에너지 백년대계는 기후, 경제, 산업, 환경, 에너지 안보 등 복합적 측면을 분석해 수립해야 하는데도 탈원전정책이 정치적 압박에 의해 졸속으로 결정되었음이 감사 결과를 통해 드러났다"고 주장했다.(연합뉴스, 2020. 10. 20; 이투뉴스, 2020. 10. 21; 한국경제, 2020. 10. 22.)

원전의 경제성과 사용후핵연료

감사원이 2020년 10월 '월성1호기 조기폐쇄 결정의 타당성 점검'이라는 감사보고서를 발표한 이후 원전의 경제성을 둘러싼 논쟁도 격화되었다. 원전에 대한 경제성 평가는 판매단가와 이용률, 수선비 등 입력변수를 어떻게 적용하느냐에 따라 차이가 크기 때문에 친원전 진영과 탈원전 진영 간에 상당한 차이가 드러난다. 탈원전 진영에서는 원전 가동에 수반되는 사고위험과 사용후핵연료 처분 등에 대비한 사회적 비용을 고려할 경우 원전의 경제성은 낮을 수밖에 없다고 주장하고 있다.[148] 월성1호기에 대한 경제성 평가

---

148 일본 경제산업성은 2030년에는 태양광 발전(사업용)이 ㎾h당 '8엔대 전반~11엔대 후반'으로 원자력(11엔대 후반 이상)보다 저렴해진다는 추산치를 2021년 7월 발표했다. 원자력 비용 상승에는 2011년 후쿠시마 사고 이후 규제가 강화되면서 방사성물질 확산 방지 등 추가공사가 필요해졌고, 사고 시 배상이나

도 중대사고가 발생할 경우 손해비용이 1,420조 원으로 추산(한국전략)되는 점을 감안하면 결과가 달라진다는 것이다.(한겨레신문, 2020. 10. 22.)[149]

반면, 원자력산업계에서는 "원자력발전 단가에는 사용후핵연료 관리비용이 포함되어있기 때문에 경제성이 있다"는 입장이다. 사용후핵연료 관리비용에는 중간저장시설과 영구처분시설의 건설 및 운영비용, 기술개발 소요비용 등이 포함된다. 소요비용은 한수원이 납부한 방사성폐기물관리기금으로 충당하고 있으며 원전해체 소요비용과 원전지역 지원비용, 사고 보험비용 등도 발전단가에 이미 포함되어있다는 것이다.(「사용후핵연료이야기 70」, 2016)

그러나 탈핵진영에서는 비용을 어디까지 산정하느냐에 따라 경제성이 달라진다고 보고 있다. 재검토위원회 전문가검토그룹에 참여했던 P교수는 "원전 폐로비용은 현재 적립된 기금으로는 턱없이 부족하고 사고 비용까지 고

폐로비용이 증가했기 때문으로 분석되었다. 또 사용후핵연료 문제도 비용상승을 부추기는 원인으로 지목되었다. 일본 경제산업성은 육상 풍력이나 천연가스 화력 발전단가도 원전보다 싸질 수 있다고 전망했다.(한겨레신문, 2021. 7. 13.)

149 에너지전환포럼의 분석에 따르면 월성원전 1호기에 대한 경제성 평가는 2009년(한전 전력연구원), 2014년(국회 예산정책처), 2018년(삼덕회계법인) 등 모두 세 차례 실시되었다. 이 중 수명연장 판단의 근거가 된 2009년 보고서에는 수명연장을 위한 설비교체 비용으로 7,000억 원을 투입해도 10년 운전하면 이익이 되는 것으로 분석되었다(실제 설계교체 비용은 5,640억 원). 그러나 2014년과 2018년 보고서에는 이미 매몰비용으로 처리된 설비개선비용을 포함하지 않아도 적자인 것으로 평가되었다. 2018년 경제성 평가에서 60% 이용률에 224억 원 이익으로 평가된 것은 실제 이익이 아니라 즉시정지와 계속운전 시의 손실 차이를 말하는 것으로 즉시정지하거나 계속운전해도 모두 손실이라는 것이다. 실제로 월성1호기의 경영실적은 2013년부터 2017년까지 5년간 총 −5,272억 원으로 연평균 1,000억 원이 넘는 적자를 기록한 것으로 나타났다. 2015년에는 이용률이 95.8%에 달했으나 경영실적은 -455억 원으로 적자를 면치 못했고, 2016년에는 계획예방정비와 2차례의 불시정지로 이용률은 53.3%에 불과해 −634억 원의 적자를 보았다. 2017년 이용률은 40.6%로 떨어져 −1,445억 원의 적자를 기록한 것으로 보고되었다.(에너지전환포럼 보도자료, 2020. 4. 14.)

려하면 매년 1조 2,000억 원 정도는 적립되어야 한다"며 "실제 적립금이 이보다 부족하고 운영비까지 가산하면 원전은 액화천연가스(LNG) 발전보다도 비싸진다"고 분석했다.(경향신문, 2021. 3. 17.) 환경운동연합도 현재까지 확보된 방폐물관리기금으로는 최종처분까지 비용을 충당하기 어렵다는 입장이다. 여기에 사용후핵연료 처리문제로 인한 사회적 비용을 감안하면 원전은 결코 값싼 에너지원이 아니라는 것이다.(환경운동연합 보도자료, 2016. 5. 25.)

원자력환경공단이 산정한 사용후핵연료 관리비용은 미래세대에 더 많은 부담을 주고 있다는 것도 문제점으로 지적되고 있다. 사용후핵연료 처분을 위해 2008년 제정된 방사성폐기물관리법 제15조에는 원전사업자에게 사용후핵연료 관리부담금을 부과 · 징수하도록 되어있다. 이 법에 근거한 산업통상자원부 고시(제2015-132호)에는 원자력발전량 당 처분단가는 1.62원/kWh(경수로 1.36원/kWh, 중수로 6.67원/kWh)이다. 그러나 2016년 정부입법으로 발의된 「고준위방사성폐기물 관리시설 부지선정절차 및 유치지역지원에 관한 법률안」에 따르면 처분비용은 3.77원/kWh(경수로 3.36원/kWh, 중수로 11.78원/kWh)으로 추산되어있다. 이는 사용후핵연료 처분을 위해 미래세대가 부담해야 할 비용이 현재 처분단가의 2.3배에 달한다는 의미이다. 사용후핵연료 관리원칙인 '현세대 부담원칙'에 위배된다고 할 수 있다.(유재국, 2017)[150]

---

150 국회 예산정책처는 2014년 '원자력발전비용의 쟁점과 과제' 보고서에서 사고위험 비용, 안전규제 비용, 입지갈등 비용 등 발전 회사가 부담하지 않는 부분이 계산에서 제외되어 발전비용이 과소 추계되는 문제가 있다고 지적했다. 우리나라는 원전 발전비용을 계산할 때 건설비, 운영비, 원료비 등 직접 비용과 사고 시 발전사업자의 책임범위인 5,000억 원에 대한 보험료만 비용에 산정하고 있다.(한겨레신문, 2021. 8. 5.)

탈원전과 전기요금 인상

문재인 정부의 탈원전정책은 전기요금 인상 논쟁으로 이어졌다. 정부는 2020년 12월 제9차 전력수급기본계획(2020~2034)을 확정하고 '2050 탄소중립' 국가 장기비전 채택, 전기요금체계 개편 등 에너지정책의 근간을 획기적으로 전환하는 국가전략을 발표했다. 9차 전력수급기본계획에 따르면 발전원별 설비 비중은 원전은 2020년 18.2%에서 2034년 10.1%로 감소하고, 석탄(28.1% → 15.0%)과 LNG(32.3% → 30.6%)의 비중도 축소된다. 반면, 신재생에너지는 2020년 15.8%(20.1GW)에서 2034년에는 40.3%(77.8GW)로 대폭 증가하게 된다. 원전은 가동 중인 24기 가운데 설계수명이 완료되는 11기는 폐쇄되고, 신고리 5·6호기와 신한울 1·2호기 등 4기가 준공되어 2034년에는 총 17기가 가동된다. 이에 따라 원전 설비용량은 2020년 23.3GW에서 2034년에는 19.4GW로 축소될 전망이다.

전기요금체계를 개편한 것에 대해 '탈원전 비용을 시민에게 떠넘긴다'는 비판이 강하게 제기되었다. 산업계도 전기요금 인상으로 기업 채산성이 떨어진다며 우려를 표명했다. 이에 대해 정부는 탄소중립 목표를 달성하기 위해서는 전기요금체계 개편이 불가피하다는 입장이다. 개편안의 핵심은 연료비 연동제를 도입해 유가등락에 따라 전기요금을 조정하자는 것인데, 우리나라는 OECD 국가 중 가정용 및 산업용 전기요금 수준이 매우 낮고, 전기사용량도 증가하는 것은 요금이 고정되어있기 때문이라는 분석이다. 따라서 전기요금 현실화를 통해 합리적인 전력소비를 유도할 필요가 있고, 기후환경 요금도 전기요금에서 분리 청구해 온실가스 배출권거래제 및 재생에너지 확대에 따른 비용 내역을 투명하게 제공할 필요가 있다는 것이다.(경향신문,

2020. 12. 27.)

원자력계에서는 탈원전으로 원자력발전량은 감소하는 대신, LNG(액화천연가스) 발전량이 늘어나고 연료비 연동제까지 추가되면 전기요금이 급등할 것으로 전망했다. 실제로 한국전력은 2021년 10월부터 전기요금을 ㎾h당 3원 인상했다. 전기요금 인상은 2013년 이후 8년 만에 단행되었다. 이에 따라 4인 가구(평균 사용량 350㎾h)의 경우 매달 1,050원씩 전기요금을 더 내야 한다. 한국전력은 "유연탄과 LNG의 가격 상승추세를 반영하면 ㎾h당 13.8원을 인상해야 하지만 분기당 요금변동 제한 폭(±3원)까지만 올렸다"고 설명했다.(조선일보, 2021. 9. 24.)

전기요금이 인상되자 문재인 정부의 탈원전정책 때문이라는 지적이 터져 나왔다. 중앙일보(2021. 9. 24.) 는 '전기료 인상… 날아들기 시작한 탈원전 고지서'라는 사설에서 "정부가 탈원전의 모델로 삼은 독일은 전기료가 우리나라의 세 배에 달할 만큼 비싸다"며 "과학이 아니라 정치적 판단에서 시작된 탈원전을 지금이라도 멈추지 않으면 어마어마한 비용 청구서가 미래세대에게 날아들 것"이라고 경고했다. 조선일보(2021. 9. 24.) 도 '8년 만의 전기료 인상, 탈원전정책 아래선 이제 시작일 뿐'이라는 제목의 사설에서 "전기료 인상은 단기적으로는 연료비 부담 증가에 따른 것이지만, 현 정부 출범 후 탈원전정책이 전기료를 더 이상 억제할 수 없는 상황으로 몰아온 것이 사실"이라고 비판했다.

3) 탄소중립과 소형원자로(SMR) 논쟁

문재인 정부가 발표한 '탄소중립'도 실현방안을 두고 친원전 · 탈원전 진영 간의 대립과 갈등이 점화되고 있다. 친원전 진영에서는 탄소중립을 달성하기 위해서는 원전 개발이 필수적이라는 입장을 제기하고 있고, 탈원전 진영에서는 원전은 더 이상 지속가능한 녹색기술이 아니며 소형원자로(SMR)도 안전성과 경제성이 검증되지 않았다고 맞서고 있다.

9차 전략수급계획과 '2050 탄소중립'에 대해 친원전 진영에서는 "중국, 일본 등 경쟁국에서는 원전을 늘리는 와중에 우리만 원전을 없애면 전기료 급등으로 이어져 국가경쟁력이 크게 훼손될 것"이라며 "온실가스 배출이 없고 저렴한 발전원인 원전을 탄소중립으로 가는 징검다리로 활용해야 한다"고 촉구했다. 여기에 국가기후환경회의도 "탈원전을 고정불변의 것으로 놓고 2050 탄소중립을 이야기하기는 어렵다"는 입장을 내놓았다. 온실가스 감축에 가장 효과가 큰 원전을 축소하면서 탄소중립을 추진하는 것이 비현실적이라는 것이다.(조선일보, 2020. 12. 8. ; 2020. 12. 11.)

2021년 7월 열린 국회 공청회에서 에너지 전문가들은 탈원전과 태양광 · 풍력 확대를 골자로 한 '2050 탄소중립 방안'에 대해 "실현 불가능한 희망 사항이며, 정부가 해괴한 정책들을 쏟아내고 있다"고 지적했다. 공청회에 참석한 P교수는 "탈원전과 탄소중립은 결코 조화될 수 없는 모순적 정책"이라며 "독일을 제외한 선진국 가운데 탄소중립 방안으로 원전을 포기한 나라는 없으며 날씨에 좌우되는 재생에너지의 간헐성을 감안할 때 현재 수준에서 안정적 에너지 공급은 기술적 · 경제적으로 불가능하다"고 비판했다.(조선일보, 2021. 7. 21.)

탈핵진영에서는 원전은 화력발전에 비해 탄소를 배출하지 않지만, 사고가 날 경우 회복이 불가능할 정도로 매우 치명적이고 사용후핵연료는 수만 년 동안 저장해야 하는 위험성 때문에 탄소중립의 대안에너지가 되지 못한다고 주장하고 있다. 사고 위험비용과 사용후핵연료 처분비용 등을 감안하면 원전 원가가 훨씬 높다는 것이다. 산업부 장관도 2021년 3월 국회 산업통상자원중소벤처기업위원회 전체 회의에 출석해 "원자력발전이 온실가스 감축에 효과적이지만 한국은 좁은 국토 안에 다수 호기가 집중돼 사고 시 피해가 클 수 있고, 사용후핵연료 문제점도 있기 때문에 지속가능한 대안이 아니다"고 밝혔다.(연합뉴스, 2021. 3. 8.)

원전은 저탄소 기술이지만 기후변화에 대응할 수 있는 녹색기술이 아니라는 점에서 더 이상 지속가능한 에너지원이 되기 어렵다는 견해도 있다. 김대경(2020)은 에너지 부문은 기후변화 문제를 해결하기 위한 핵심 부문 중의 하나이지만 원전은 사회적 수용성, 경제성, 투명성 차원에서 경쟁력이 없다고 평가했다. 원전이 어려움에 빠진 원인 가운데 하나로 불투명한 거버넌스를 지적했다. 원전 발전원가는 원전 종사자조차 제대로 파악하기 어렵고, 정확한 규모를 알 수도 없는 보조금, 중대한 고장의 잦은 은폐, 원전 정보의 비공개 등으로 지속가능성을 이미 상실했다는 것이다. 기후변화에 대응하는 혁신적인 변화를 위해서는 에너지 시스템을 탈탄소 및 분산화로 전환할 것을 강조하고 있다.(김대경, 2020)

2050 탄소중립(Net-zero)

'2050 탄소중립'은 2050년까지 온실가스(이산화탄소) 배출량을 최소한으로 줄이고 불가피하게 발생한 양에 대해서는 산림조성과 탄소 포집 등으로 흡수해 실질적으로 이산화탄소 배출량을 '제로(0)'로 만들겠다는 전략이다.

문재인 대통령은 2020년 10월 국회 시정연설에서 '2050 탄소중립'을 선언하고 12월 15일 국무회의에서 국가 장기비전으로 채택했다.

탄소중립은 2015년 체결된 파리기후협정에서 '2100년까지 지구 기온 상승치를 산업혁명 전과 비교해 2°C보다 상당히 낮게(well below 2°C), 가능하면 1.5°C 아래로 억제한다'는 목표에서 비롯되었다. 이에 따라 기후변화정부간패널(IPCC)은 2018년 10월 "1.5°C 이내 상승 억제 목표를 달성하기 위해서는 2030년까지 탄소 배출량을 2010년 대비 45% 감축하고, 2050년까지는 탄소중립을 이루어야 한다"는 내용의 '지구온난화 1.5°C 특별보고서'를 발표했다.

탄소중립을 위해 가장 적극적으로 뛰고 있는 곳은 유럽연합(EU)이다. EU는 2019년 12월 2050 탄소중립 목표를 담은 '유럽 그린딜'을 발표했다. 독일, 프랑스, 덴마크는 2050년, 스웨덴 2045년, 핀란드는 2035년까지 탄소중립을 실현하겠다고 밝혔다. 한국과 일본은 2050년, 중국은 2060년까지 탄소중립을 목표로 했으며, 2020년 현재 70여 개국이 탄소중립을 선언했다. 미국도 바이든 대통령이 2021년 1월 취임식 직후 곧바로 파리기후변화협약에 복귀하는 행정명령에 서명하고 2035년 친환경 에너지 100% 전환, 2050년 탄소중립 선언 등 기후변화 대응을 주요 정책으로 발표하였다.

문재인 정부는 탄소중립을 위한 구체적인 실행계획을 마련하기 위해 2021년 5월 기후 · 에너지 · 환경 · 산업 부문을 망라한 전문가 95명으로 구성된 탄소중립위원회를 발족했다. 그러나 민간위원으로 참여했던 종교위원 4인은 2021년 9월 "정부가 산업계 이해를 지나치게 의식해 탄소중립이라는 목적에 충분치 않은 안을 만들고 있다"며 사퇴하는 등 진통을 겪었다.

소형원자로(SMR)가 대안인가?

탄소중립이라는 목표를 달성하기 위해서는 태양광, 풍력 등 신재생에너지로는 불가능하다며 소형원자로(SMR) 등 차세대 원전이 반드시 필요하다는 주장이 힘을 얻고 있다.[151] 바이든 미국 대통령과 빌 게이츠가 SMR 개발에 역점을 둔 것으로 알려지면서 국내에서도 열기를 더하고 있다. 탈원전을 내건 문재인 정부에서도 SMR 개발에 대한 논의가 진행되고 있다. 2020년 12월 국무총리 주재로 열린 제9차 원자력진흥위원회에서 '혁신형 SMR' 개발이 정부 차원에서 제기된 이후 2021년 4월 국회와 정부, 원자력산업계 관계자들이 참여한 '혁신형 SMR 국회포럼'이 출범하였다.

더불어민주당 대표가 2021년 6월 국회 교섭단체 대표 연설에서 에너지 정책과 관련해 "재생에너지만으로는 완전한 탄소중립을 이루는 데 한계가 있기 때문에 상당 기간 수소 · 원자력 등을 종합적으로 활용한 에너지 믹스가 불가피하다"며 "북핵 문제 해결을 전제로 소형모듈원자로(SMR)가 산악지대가 많고 송배전망이 부족한 북한에 에너지를 공급할 유용한 방안이 될 수 있다"고 말했다. 산업부 장관도 2021년 6월 기자간담회에서 "과기부와 함께 가을쯤 3세대 개량형 소형모듈원자로(ISMR) 연구 · 개발에 대한 예비타당성

---

151 '소형모듈원자로'(SMR, small modular reactor)는 원자로와 증기 발생기, 냉각제 펌프 등 주요 기기를 하나의 용기에 일체화시킨 소형 원전을 말한다. 단일 원전 부지 내에 소형원자로를 여러 개 설치할 수 있어 모듈(modular)이라 부르기도 한다. 300MW 규모의 전력을 생산하는 SMR는 대형 원전의 1/150 크기로 설치가 쉽고 건설비용도 1/3 수준에 불과하다. 사고 발생률도 기존 원전의 1/1,000 수준으로 알려져 있다. 국제원자력기구(IAEA)는 2050년까지 전 세계에 약 1,000기의 SMR가 건설될 것으로 예상하고 있으며, 시장 규모도 400조 원에 달할 것으로 추산하고 있다.(한국일보, 2021. 5. 6.)

조사를 신청할 예정"이라고 밝혔다.(조선일보, 2021. 6. 12; 2021. 6. 17.)

원자력계 J교수는 SMR이 주목받고 있는 이유로 3가지를 들고 있다. 첫째, 석탄 · 가스발전소는 대부분 500MW 이하여서 탄소중립을 위해 화력발전을 대체할 수 있는 에너지원으로 적합하다는 것이다. 둘째, SMR은 원자로 출력이 낮아 대형 원전에 비해 안전성이 강화된 것도 장점으로 꼽고 있다. 낮은 열출력으로 자연냉각이 가능하고, 방사성물질 재고량이 적어 극한 사고에도 외부 누출량이 적다는 것이다. 셋째, 전력 수요에 따라 모듈 개수를 조정해 필요한 만큼의 원전 용량을 증설할 수 있고, 대형 원전보다 원자로 용량이 작아 순간 대응에도 유리하다는 것이다.(중앙일보, 2021. 8. 7.)

그러나 소형원자로의 문제점을 지적하는 반론도 만만치 않다. 에너지전환포럼이 2021년 5월 개최한 '중소형원자로(SMR)의 현실과 미래' 세미나에서 원자력안전 전문가 L대표는 "원전산업계에서 탈원전 대응 전략으로 SMR의 안전성과 경제성을 내세우고 있지만 검증되지 않은 일방적 주장"이라고 반박했다. SMR도 고준위 및 중 · 저준위 핵폐기물 양은 원전과 거의 동일한 규모로 발생하는 문제점도 지적했다.(뉴시스, 2021. 5. 24.)

환경운동가 출신 Y의원은 "SMR이 기후위기에 대응한 미래 에너지원이자 원전의 새로운 구원투수가 될 것이라고 생각하지 않는다"며 SMR의 문제점을 네 가지로 정리했다. 첫째, 규모가 작아도 SMR도 위험한 원자력발전소일 뿐이며 사고가 발생하면 생명안전을 위협하는 것은 기존의 대형 원전과 마찬가지이다. 둘째, SMR도 기존 원전과 같이 사용후핵연료를 배출하기 때문에 영구저장시설을 마련하지 않는 이상 기존 원전과 같이 지속가능하지 않다. 셋째, 주민수용성 문제로 SMR이 개발되어도 수용할 지역이 없을 것이다. 넷째, 작은 규모라도 안전설비는 모두 갖추어야 하기 때문에 경제성 확보가 관건이다.(데일리안, 2021. 5. 20.)

탄소중립에 대한 언론보도의 편향성

[#1] 탄소중립에 대해서도 보수언론과 진보언론은 상반된 논조로 대립하였다. 문재인 대통령이 '2050 탄소중립'을 선언하자 조선일보(2020. 12. 11.) 는 논설위원 칼럼을 통해 "온실가스 감축에 가장 효과가 큰 원전을 없애겠다고 하면서 탄소중립을 하겠다고 하니 허망한 얘기로 들릴 수밖에 없다"고 비판했다. 2021년 6월에는 「탄소제로 30년 전쟁」이라는 시리즈 기사를 통해 태양광, 풍력의 문제점을 집중적으로 부각하면서 "탈원전과 탈석탄을 동시 추진해온 정부 정책이 전력 공급부족 우려, 지나치게 높은 전기요금, 송전망 설치 부진 등과 같은 문제에 봉착해 있다"고 비판했다.(조선일보, 2021. 6. 26.)

탄소중립위원회가 2021년 8월 탄소 저감 방안을 담은 시나리오를 발표하자 조선일보(2021. 8. 7.) 는 사설을 통해 "아무리 탈원전 오기를 부리는 대통령 직속위원회라고는 하지만 국가 장기정책을 아니면 말고 식으로 내던질 수 있나. 정책인가, 장난인가"라며 "탈원전 대통령의 비위를 맞추기 위해 과학적 추산 같은 것은 외면한 이 보고서는 대통령 한 사람 보라고 만든 것이나 마찬가지"라며 원색적으로 비난했다.

중앙일보(2021. 2. 16.) 도 '미래 위해 원전 필요, 빌 게이츠 조언 새겨야'라는 제목의 사설을 통해 "과학 학술지 '사이언스'도 온난화를 막으려면 원전이 필요하다고 권고한 바 있다"며 "정부는 도그마에 빠져 탈원전 구호만 외칠 게 아니라 이제라도 게이츠의 과학적 제언을 면밀히 검토하길 바란다"고 주문했다. 2021년 7월에는 「뜬구름 잡는 2050 탄소중립」이라는 주말판 특집 4개 면을 할애해 탈원전정책을 집중적으로 비판했다. '탄소중립 원한다면, 원전 위험하단 비과학적 선동 멈춰라'라는 원자력계 L교수의 인터뷰 기사를 통해 "원전은 충분히 안전하게 관리할 수 있는 에너지"라며 "정부는 탈원전정책을 재고해야 한다"고 요구했다.(중앙일보, 2021. 7. 17.)

한국경제(2021. 7. 19.) 도 '탈원전 고집하면 전력 설비 450조 더 든다'라는 제목의 1면 머리기사를 비롯해 2개면을 할애해 탈원전의 문제점을 집중적으로 조명했다. 「탈원전 폭주 4년」이라는 시리즈 기획물을 통해 '블랙아웃 위험 키운 탈원전… 전력 비상단계, 8년만에 발령 가능성'(5면), '멀쩡한 월성 1호기 경제성 조작해 폐쇄… 새 원전 부지마다 백지화'(4면) 등의 기사를 통해 탈원전을 비판했다.

[#2] 이에 비해 한겨레, 경향 등 진보언론과 전문매체에서는 탄소중립 달성을 위한 정부의 보다 강력한 정책을 주문하고 소형원자로의 문제점을 지적했다. 한겨레신문(2021. 8. 5.) '온실가스 감축 시급하지만, 핵발전은 대안 못 된다'라는 제목의 사설을 통해 "대형 원전에 대한 대안으로 개발 경쟁을 벌이고 있는 소형모듈형원자로(SMR)는 안전성과 경제성을 검증하는 데만 최소 10년은 걸리기 때문에 아직은 아무것도 장담할 수 없다"며 "소형원자로도 사용후핵연료 문제는 해결하지 못한다"고 반박했다. 한겨레신문은 2021년 8월 「탄소중립으로 가는 길, 이것만은 반드시」라는 기획 시리즈를 통해 관련 전문가와 각계각층이 참여하는 분야별 핵심 이정표를 연재하였다.

경향신문(2021. 8. 5.) 도 같은 날 '첫선 보인 탄소중립 시나리오, 더 강력한 계획과 의지 담아야'라는 제목의 사설에서 "정부는 보다 강력한 정책을 세워 석탄발전소 조기 폐지를 적극 추진해야 한다"며 "말로만 탄소중립 목표 상향을 외칠 게 아니라 하루빨리 구체적인 목표를 수립해야 한다"고 주문했다. 또 "그동안 온실가스 감축 목표를 제대로 지키지 않은 '기후 악당' 국가라는 오명을 받고 있는 정부는 비상한 각오로 2050 탄소중립 계획을 세우고 실천해야 기후위기에 대응할 수 있음을 명심해야 한다"고 강조했다.

에너지 전문매체인 이투뉴스(2021. 5. 27.) 는 'SMR, 장밋빛 미래의 실체'라는 제목의 기고에서 "거의 모든 언론이 ISMR(혁신형 소형모듈원자로)이 기존 원전을 대체할 것처럼 장밋빛으로 묘사하고 있지만 안전성, 핵폐기물, 수용성 측면에서 하등의 차이가 없다"며 "소형원자로는 이미 경제성이 없는 것으로 일찌감치 증명되었다. SMR의 미래는 장밋빛이 아니라 원자력계와 국민 모두에게 쓴맛을 안겨줄 것"이라고 진단했다.

3. 정부 신뢰와 주민수용성 제고

1) 정부에 대한 신뢰 제고

사용후핵연료 갈등의 가장 근본적인 원인은 정부에 대한 뿌리 깊은 불신이다. 1986년부터 시작된 방폐장 부지선정의 어두운 역사가 입증하듯이 정부와 지역주민, 시민사회계, 원자력계 사이에 형성된 상호 불신과 갈등은 골이 깊을 대로 깊어져 있다. 특히 원전소재지역과 탈핵 시민사회계의 정부에 대한 불신은 회복하기 어려울 정도이다. 방폐장 부지선정 과정에서 정부당국은 눈앞에 닥친 현안을 해결하기에만 급급해 지역주민들을 기만하거나 정보를 왜곡해 불신을 자초한 사례가 적지 않았다. 이런 상황에서는 상호신뢰와 호혜성(reciprocity)에 기반한 진정한 숙의(authentic deliberation)를 기대하기 어렵다.

박근혜 정부의 사용후핵연료 공론화위원장도 언론 인터뷰에서 "아무리 훌륭한 정책이라도 국민들이 받아들이지 않으면 소용이 없다. 공론화의 전제조건으로 신뢰가 있어야 하는데 지금은 1차적으로 정부에 대한 신뢰가 없다. 그동안 해놓은 약속들은 잘 안 지켰고, 정권이 바뀌면 원점으로 되돌아간다. 이런 게 누적되다 보니 원전 지역에 가보면 정부에 대한 신뢰가 없다. 공론화위원회도 정부가 짜놓은 각본대로 움직이는 조직이라는 생각을 갖고 있다"고 밝혔다.(한겨레신문, 2015. 2. 23.)

사실 우리나라 정부에 대한 신뢰도가 그렇게 나쁜 것은 아니다. OECD(경제협력개발기구)가 2011년부터 2년마다 발표하고 있는 '한눈에 보는 정부'(Government at a Glance) 보고서에 따르면, 우리나라의 2021년도 정부 신뢰도(2020년 조사)는 45%로 37개 회원국 가운데 20위를 차지했다. 직전 조사인 2019년도(39%, 22위)에 비해 6%포인트가 상승한 역대 최고 성적이다. OECD 조사가 처음 시작된 2007년에는 31위(24%)로 하위권이었으나 △2011년 31위(27%) → △2013년 29위(23%) → △2015년 26위(34%) → △2017년 32위(24%) → △2019년 22위(39%) → △2021년 20위(45%)로 2017년부터 상승추세를 타고 있다.

정부에 대한 전반적인 신뢰도와 달리 방폐장 부지선정 과정에서 지난 40

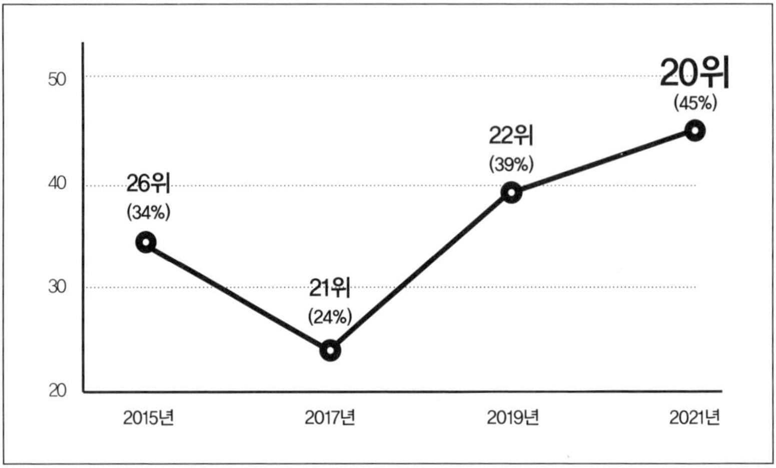

[그림 4-5] 한국 정부의 신뢰도 변화(OECD, World Gallup Poll)
※ 자료출처: 행정안전부 보도자료(2021. 7. 9.)

여 년간 역대 정부가 보여준 행적은 원전소재지역주민은 물론 일반국민에게도 실망을 안겨주었다. 안면도 사태와 부안 사태를 비롯해 중 · 저준위 방폐장 부지확보 과정에서도 신뢰를 얻지 못하였다. 월성원전의 사용후핵연료를 2016년까지 반출하겠다며 지키지도 못할 공수표를 남발했다. 맥스터(임시저장시설) 증설과정에서도 '반쪽 공론화'를 강행해 시민사회계와는 루비콘강을 건너고 말았다. 얽히고 설킨 사용후핵연료 문제의 실타래를 풀기도 어려울 지경으로 꼬이게 만든 가장 큰 책임이 역대 정부에게 있는 이유가 여기에 있다.

정부 신뢰의 학술적 의미

정부 신뢰(trust in government)는 정부에 대한 국민의 기본적인 감정과 평가를 의미하며 신뢰의 대상과 내용에 따라 다양하게 나타난다. 정부에 대한 국민의 신뢰는 정책과정에서 국민의 순응과 협력을 확보해 정부가 성공적으로 국정을 운영할 수 있도록 돕는 중요한 원동력이다. 따라서 정부 신뢰는 국민의 순응을 유도하여 정책과정의 안정성과 정당성을 확보하는데 기여한다는 점에서 성공적인 국정운영을 위한 핵심 요소라고 할 수 있다.(Miller, 1974; Sears & Cirtin, 1982; Levi, 1998)

정부 신뢰는 정책 효과 또는 성과에도 큰 영향을 미친다. 정부에 대한 신뢰가 낮거나 결여될 경우에는 정책집행 과정에서 순응을 저해할 뿐만 아니라, 정부가 수행하는 정책 또는 국정 전반에 대한 저항으로 이어질 수도 있다. 반면, 정부에 대한 신뢰가 높으면 정부가 수행하는 정책에 대한 태도가 긍정적이며 정책에 대한 선호와 지지를 끌어낼 수 있다.(Hetherington, 2005; Rudolph & Evans, 2005)

정부 신뢰는 특히 지역주민들에게 피해를 줄 수 있는 핵폐기장이나 쓰레기매립장과 같은 위험 · 기피시설 입지에서도 공동체 전체의 이익을 위한 희생을 가능케 하는 요인으로 작동할 수 있다. 위험시설 입지결정 사례연구에서도 정부와 주민 간 신뢰관계 형성이 입지선정의 중요한 성공조건으로 분석되고 있다. 정부 신뢰는 사회통합에도 도움이 되는 것으로 설명되고 있다. 높은 수준의 정부 신뢰는 사회적 갈등과 긴장을 완화하고 협력을 증진시켜 장기적으로 사회통합의 기반이 된다는 것이다.(Maloney et al. 2000; Warren, 2006; 김정숙 · 조윤직, 2020)

정부에 대한 국민의 신뢰수준은 신뢰 주체로서 국민의 개인적 특성, 신뢰 대상으로서 정부의 특성, 그리고 국민과 정부가 처해 있는 사회문화적 환경의 특성에 따라 달라질 수 있다. 최근 부동산정책을 포함해 정부가 추진하는 중점정책의 연이은 실패에서부터 각종 고위공직자 비리 사건에 이르기까지 정부의 무능과 부도덕을 드러내는 사건들이 반복적으로 발생한 상황을 고려하면, 한국 사회 전반에 자리 잡은 정부에 대한 불신은 국민의 개인적 특성이나 사회문화적 환경보다는 신뢰 대상인 정부의 책임이 크다고 할 수 있다.(이하영 · 강혜진, 2020)

정부 신뢰 제고 방안

사용후핵연료 갈등의 해법으로 제시한 정부에 대한 신뢰를 제고하기 위해서는 원전 및 사용후핵연료와 관련한 정보의 투명하고 신속한 공개가 첫 걸음이다. 역대 정부와 한수원, 원안위 등 관련기관은 원자력안전과 관련된 정보를 왜곡하거나 축소해 원전소재지역주민은 물론 일반국민의 불안과 불신을 야기해 왔다. 원전 관련 정보는 감출수록 위험한 것으로 받아들이게 되어 불신의 원인으로 작용하였다. 위험에 대한 소통으로 신뢰를 구축해야 해결책을 마련할 수 있다.

정부 신뢰와 위험정보 공개 차원에서 보면, 월성원전의 삼중수소 누출사고는 아직도 가야할 길이 멀다는 것을 알게 한다. 2021년 1월 삼중수소 누출이 언론에 보도되자 당시 한수원 사장은 "극소수 (환경)운동가가 주장한 무책임한 내용이며, 삼중수소의 외부 유출은 전혀 없었다"고 반박했다. 심지어 한수원 노조는 "여당이 검찰의 월성원전 수사를 피하기 위해 정치적 물타기를 하는 것으로 의심된다"고 주장했다.(조선일보, 2021. 1. 13.)

그러나 원안위는 2021년 9월 "민간조사단과 현안소통협의회가 6개월 동안 현장조사를 진행한 결과 월성원전 부지 내 사용후핵연료 저장조(SFB) 주변 시료에서 삼중수소와 감마핵종 등 방사성물질이 검출되었다"고 확인했다. 환경운동연합은 이에 대해 "그동안 국내 원전의 안전이 얼마나 부실하게 관리되고 있는지를 보여주는 단적인 사례"라며 "원전의 안전과 국민의 안위를 최우선으로 고려해야 하는 한수원과 원안위의 직무유기이며, 문제가 발생할 때마다 '문제 없다'는 식의 안일한 태도로 일관해 온 한수원과 원안위의 명백한 과실"이라고 성토했다.(한겨레신문, 2021. 9. 10.)

해외 사례에서 핀란드와 스웨덴이 영구처분장 부지를 확보할 수 있었던 주요한 요인으로 정부당국과 원자력규제기관, 방폐물관리기구에 대한 높은 신뢰를 들고 있다. OECD가 발표한 2021년도 정부 신뢰도에서 핀란드와 스웨덴은 각각 3위(81%)와 7위(67%)를 차지해 우리나라(20위, 45%)보다도 월등하게 높은 수준이었다.

핀란드의 원자력규제기관(STUK)은 고용경제부 산하기관이지만 정부로부터 독립된 중립적인 운영으로 신뢰도가 높았고, 방폐물사업자(POSIVA)도 환경영향평가 보고서를 5개국 언어로 번역해 배포하는 등 적극적인 정보공개와 정기적인 교류활동으로 신뢰를 유지하였다.(전홍찬, 2019) 스웨덴이 공공협의(public consultation)를 위해 고안한 'RISCOM Model'은 원자력 투명성 증진 프로그램으로 공론화 과정의 모든 자료를 방폐물관리기관(SKB)이 매년 묶어서 발행할 정도로 투명한 정보공개와 소통으로 영구처분장 입지지역주민과 지방정부로부터 신뢰를 얻었다는 점은 우리에게 시사하는 바가 크다고 하겠다. 정부신뢰는 투명한 정보공개로부터 시작된다는 사실을 염두에 두어야 한다.

2) 주민수용성 제고

사용후핵연료 문제를 풀기 위해서는 주민수용성이 가장 난이도가 높은 관문이라고 할 수 있다. 유치지역주민들이 동의하지 않으면 어떤 처분시설도 건설할 수 없기 때문이다. 그렇다고 정부가 일방적으로 밀어붙이는 DAD 방식은 이미 유통기한이 지난 지 오래다. 부지선정과 관리정책결정과정에 이해당사자인 지역주민과 지자체는 물론, 일반국민의 참여를 제도적으로 반영하는 논의구조를 설계해야 한다. 숙의적 공론화 기법과 다양한 의견수렴 방안을 고안해 결정과정에 지역주민과 일반국민이 참여해 의견을 개진할 수 있는 체계를 구축해야 한다.

「사용후핵연료 딜레마」(2014)와 「원자력 트릴레마」(2013)를 집필한 과학계 원로는 언론 인터뷰에서 "(영구처분장 부지선정은) 해당 시설이 들어서는 지역사회의 합의를 어떻게 얻어내는가가 가장 중요하다"면서 지역주민을 '설득의 대상'으로 봐서는 안 된다고 강조했다. 그는 "팩트에 대해 투명하고 치우치지 않은 객관적인 정보를 제공하되 선택은 주민들에게 맡긴다는 것이 IAEA와 모든 선진국의 가이드라인"이라고 조언했다.(연합뉴스, 2013. 5. 27.)

주민수용성에 영향을 미치는 요인은?

학자들은 사용후핵연료 처분시설에 대한 주민수용성의 영향요인을 다양한 차원에서 제시하고 있다.[152] Sjöberg(2004)는 고준위 방사성폐기물 처

152 주민수용성에 대한 이론적 논의는 정정화(2015) 참조.

리장에 대한 주민수용성 결정요인에 대한 연구에서 원자력에 대한 태도, 인식된 위험의 속성, 신뢰가 유의미한 영향을 미친다고 밝혔다. Flynn et al.(1992)는 고준위 방사성폐기물 처리장에 대한 인식된 위험, 위험관리에 대한 신뢰, 처리장의 경제적 효과, 낙인효과(stigma effect) 등의 요인과 수용성의 관계를 구조방정식모형을 통해 분석한 결과, 인식된 위험과 낙인효과가 수용성에 영향을 미친 것으로 나타났다.

Petts & Eduljee(1994)는 원자력에 대한 주민들의 반대는 건강과 안전에 대한 위협보다는 정부에 대한 신뢰 부족, 집단이 공유하는 태도나 믿음, 부족하고 불확실한 정보, 주민들을 배제한 입지선정 과정 등이 수용성에 미치는 영향요인이라고 강조했다. 같은 맥락에서 Mazmanian & Morell(1993)도 정부 및 운영기관에 대한 신뢰, 지역주민의 인식 수준의 발달, 건강에 대한 위협, 불공정성 등이 원자력 정책의 수용성에 긴밀하게 작용한다고 보았다. Chung & Kim(2009)은 경제적 혜택이 방사성폐기물 처리장의 수용성에 가장 큰 영향을 미치는 요인이라고 밝혔다.

또 Tanaka(1995/2004)는 일반적인 상황에서 원자력에 대한 대중의 수용성에 직접적인 영향을 미치는 심리적 요인으로 인식된 위험, 인식된 혜택, 기관에 대한 신뢰 등 세 가지 요인을 제시하였다. 원자력시설의 입지에 인식된 위험이 시설에 대한 수용성에 영향을 미치는 중요한 변수로 밝혀졌으나 인식된 혜택은 유의미하지 않은 것으로 나타났다. Slovic(1987/2000)도 미국과 프랑스에 대한 비교연구를 통해 인식된 위험, 인식된 혜택, 신뢰가 대중의 원

자력 수용성에 영향을 미치는 중요한 요인으로 제시하였다.[153]

학자들의 이 같은 연구결과를 정리해보면, 사용후핵연료 처분시설에 대한 주민수용성 영향요인으로 위험 인식, 경제적 혜택에 관한 인식, 정부나 원전 운영기관에 대한 신뢰 등 세 가지 요인이 공통요인임을 알 수 있다. 세 가지 요인 외에도 학자들은 투명성, 효용성, 지식, 정보, 커뮤니케이션 등도 영향을 미치는 요인으로 보고 있다. 따라서 주민수용성을 제고하기 위해서는 학자들의 연구결과와 해외사례 등을 통해 종합적으로 접근할 필요가 있다.

주민수용성 제고 방안

첫째, 사용후핵연료 처분시설에 대한 주민수용성을 제고하기 위해서는 앞서 언급한 대로 정부와 관련기관에 대한 신뢰 확보가 관건이라고 할 수 있다. 국내외 사례연구에서도 주민수용성에 영향을 미치는 요인은 원전에 대한 위험 인식이나 경제적 편익보다는 정부(기관)에 대한 신뢰 여부가 핵심 요인인 것으로 밝혀졌다.(정정화, 2015) 신뢰도 제고를 위해서는 관리정책결정 과정에 폭넓은 주민 의견수렴과 공정하고 객관적인 부지선정 절차, 지자체의 거부권 보장 등이 필요하다.

둘째, 원전 안전과 사용후핵연료 처분에 대한 객관적이고 균형있는 정보제

153 Slovic(1987)에 따르면 위험 인식은 위험에 대한 이해와 위험 배분의 공평성, 위험 통제의 가능성, 위험 감수의 자발성 등에 따라 차이가 난다. 위험에 대한 이해가 높을수록(정보가 많을수록), 위험이 공평하게 배분될수록, 위험을 스스로 통제할 수 있다고 믿을수록, 위험을 자발적으로 감수할수록 위험을 덜 느낀다는 것이다.

공이 선행되어야 한다. 지나치게 경제적 편익만을 강조하는 홍보전략은 단기적으로는 처분시설에 대한 위험 인식을 저하시킬 수 있지만, 궁극적으로 정부당국과 방폐물관리기관에 대한 신뢰를 저하시키는 요인으로 작용할 수 있다. 해외사례에서 일본과 영국이 유치 희망지역에 경제적 보상을 확대하는 방안을 강구하고 있으나 여전히 후보지를 찾지 못하고 있다는 사실을 유념해야 한다.

셋째, 처분시설 부지선정은 지자체의 유치신청 단계에서부터 실질적인 주민참여를 보장하고 최종결정은 주민투표를 명문화하고 관련 절차는 법제화하는 것이 바람직하다. 더불어민주당 김성환 국회의원이 2021년 9월 발의한 「고준위 방사성폐기물 관리에 관한 특별법」은 부지선정 과정에서 주민수용성을 대폭 강화한 것이 20대 국회에서 발의된 3개 법률안과의 차이점이다. 동 법률안에 따르면 후보부지가 다른 지자체와 인접한 경우에는 인접 지자체장과도 협의를 거쳐야 하며, 주민투표에도 인접 지자체가 참여할 수 있도록 규정하고 있다.

해외 사례에서 영국은 유치공모에 참여한 지자체에게 철회권(right of withdrawal)을 부여해 자율성을 담보하고 있다. 스웨덴도 부지선정 과정에 지방정부의 거부권(veto power)을 인정하고 있다. 중앙정부가 영구처분시설에 대한 최종 인허가 승인을 하기 전에는 유치지역에서 처분사업을 거부할 수 있는 권한을 부여함으로써 지방정부의 자율적 참여와 함께 주민수용성을 제고하는 요인으로 작용하였다. 우리나라도 21대 국회에서는 이해관계자들과의 긴밀한 소통과 열린 협의를 통해 주민수용성을 확보하기 위한 법안이 마련되어야 할 것이다.

4. 국민적 공감대와 언론의 공론장 역할

1) 사용후핵연료 문제에 대한 국민적 공감대 형성

사용후핵연료 문제는 지역주민, 시민사회계, 원자력계 등 주요 이해당사자뿐만 아니라 국민적 관심과 공감대가 전제되어야 한다. 그동안 원전으로 혜택을 입은 일반국민은 원전 가동으로 발생한 사용후핵연료에 대해서도 책임이 있기 때문이다. 만일 '탈원전'으로 전기요금 인상 등 불이익과 불편이 발생한다면, 이를 감내하고 책임을 분담해야 할 주체이기도 하다. 국민적 동의와 고통 분담이 전제되어야 범국가적 이슈에 대한 해법을 모색할 수 있다. 독일이 대표적인 사례이다.

특히 한국사회에서 원전 이슈는 단순히 에너지 문제가 아니라 이념적 · 정치적 대립과 원자력산업계의 존망이 걸린 첨예한 이해관계가 얽혀 있기 때문에 이해당사자들 간의 합의와 대화로 풀기 어려운 측면이 있다. 국민적 공감대 형성과 사회적 합의가 필요한 이유이다. 이를 위해서는 사용후핵연료 문제의 심각성과 정보가 공유되어야 한다. 정부당국의 진솔한 현안 설명과 국민과의 대화, 다양한 매체를 통한 정보의 공유와 확산, PSE(public and stakeholder engagement) 프로그램을 통한 교육과 토론 등으로 사용후핵연료에 대한 일반국민의 인식을 높여야 한다.

공론화 과정에 직접 참여하는 이해관계자나 시민참여단뿐만 아니라 전 국민을 대상으로 숙의학습 분위기를 조성할 수 있는 다양한 홍보 · 숙의 프로그램이 필요하다. TV토론회, 정책설명회(브리핑) 등 대국민 소통방안을 마련해 토론과정 참여자들만의 숙의가 아니라, 일반국민이 사용후핵연료 문제에 대해 숙의해 볼 수 있는 기회를 갖는 것이 사회적 수용성 제고를 위해서도 매우 중요하다.

숙의민주주의를 연구하는 학자들은 공론화 과정에 '시민의 광범위한 참여'(Weeks, 2000)와 '대중적 참여'(Fishkin, 2009), '의사결정으로부터 영향을 받는 모든 사람들의 접근가능성'(Gutmann & Thompson, 2004) 등을 공론화의 기본원칙으로 제시하고 있다. 공론화에 직접 참여하는 소수의 그룹과 시민들만이 아니라 사회 전체가 문제를 공유하고 인식해야 사회적 합의에 도달할 수 있기 때문이다.

영국의 CoRWM이 수행한 PSE 프로그램과 캐나다 NWMO가 실시한 4단계 공론화는 보다 많은 시민의 참여를 위해 다양한 의사소통 방법이 활용되었다. 캐나다의 PSE 1단계에서는 사용후핵연료 관리방안에 대한 일반국민의 기대와 목표를 파악하기 위해 대면조사, 편지, 이메일, 전화 설문조사, 워크숍, 토론회 등을 통해 광범위한 의견을 수렴한 결과 '적응적 · 단계적 관리'(APM)라는 새로운 대안이 도출되었다. 이러한 해외 사례에 비해 그동안 우리나라의 공론화는 이해관계자들 중심으로 접근해 왔다는 문제점이 있다.

우리나라 공론화의 한계

신고리 5 · 6호기 공론화에서는 시민참여단을 대상으로 하는 기본 프로그램 이외에 일반국민을 대상으로 하는 지역순회 공개토론회(7회), TV토론회(5회), 미래세대 토론회 등을 개최하였다. 대국민 홍보를 위해 라디오 광고, 포털사이트 및 전광판 홍보, 온라인 소통창구 등을 운영하였다. 전 국민이 공론화 과정에서 논의되는 주요 사안들을 이해하고 결과를 최대한 수용할 수 있도록 다양한 대국민 숙의 프로그램을 운영한 결과, 국민적 관심 제고와 함께 공론화 결과에 대한 국민 수용성을 높이는 계기가 되었다.(신고리 5 · 6호기 공론화위원회, 2017a)

재검토위원회에서도 일반국민을 대상으로 다양한 홍보프로그램과 시민참여형조사와 병행해 일반국민 4,000명을 대상으로 3회에 걸쳐 여론조사를 실시할 계획이었다. TV토론회와 팩트체크 앱 개설, 다양한 미디어 이벤트 등이 고안되었지만 예산 부족과 코로나19 등을 이유로 추진되지 못하였다. 일반국민 여론조사도 당초 3회에서 1회만 실시되었다. 사용후핵연료에 대한 공론화가 진행되는지조차 모르는 국민이 대부분이었다. 언론에서는 '99% 국민이 모르는 골방 공론화'라는 비판이 쏟아졌다.(오마이뉴스, 2020. 5. 23; 한겨레신문, 2020. 10. 30.)

탈핵단체들은 산업부가 재검토위원회의 공론화를 월성원전 맥스터(임시저장시설) 증설을 위한 정당화 수단으로 활용하고, 주요 의제는 차기 정부로 '폭탄 돌리기'를 하고 있다며 비판했다. 환경운동연합 Y국장은 2020년 12월 서울대학교에서 개최된 정책&지식 포럼에서 "정부가 형식적인 공론화와 무책임으로 일관하고 있다"며 "원전 가동만을 위한 단기처방과 낮은 발전비용 산정, 부실한 안전대책과 원전소재지역에 책임전가, 위험성과 문제점에 대한 소극적인 홍보 등을 통해 근본적인 문제해결을 미뤄왔다"고 지적했다. 정부가 사용후핵연료 문제를 해결하겠다는 진정성 없이 '무의사결정(non-decision making)'[154]으로 시간을 끌면서 결정을 회피하고 있다는 것이다.(이

154 '무의사결정(non-decision making)'은 정책과정에서 지배엘리트의 이해관계에 일치하는 사회문제만

원회, 2020) 이제부터는 정부가 감당하기 어려운 난제임을 인정하고, 국민들과 함께 문제를 풀어가겠다는 근본적인 인식의 전환이 필요하다.

2) 공론장에서 언론보도의 공정성과 객관성

사회적 이슈에 대한 공론화에 일반국민이 관심을 갖고 참여하기 위해서는 언론의 역할이 매우 중요하다. 공정하고 균형있는 공론장(public sphere)을 형성하기 위해서도 언론의 중립적이고 공정한 보도와 논평은 필수적인 요소이다. 공론화 과정에서 언론의 중립적이고 균형 있는 보도는 대국민 숙의효과를 제고함으로써 합의결과(권고안)에 대한 수용성 증대는 물론, 사회적 합의형성의 토대가 될 수 있다.

Rosen(1992)은 "공론화를 위해서는 국민들이 자신의 선호와 가치관을 표명하고, 자신의 관점이 초래할 결과를 평가할 수 있는 정치적 경험의 과정이 필요하기 때문에 공론화 과정에서 언론의 보도기능과 평론이 중요하다"고 강조했다. 언론이 공론 형성에 기여하기 위해서는 전문가의 견해를 단순 전달하는 정보제공 차원이 아니라, 공론화 과정에서 국민의 생각이 논쟁을 통해서 어떻게 변화하고 있는지를 추적하는 역할도 필요하다. 그러나 이 과정에서 언론이 특정 관점이나 쟁점을 부각시키는 편향성을 드러낼 경우 '높

정책의제화되고, 엘리트의 이익에 방해되거나 잠재적 도전이 되는 문제는 거론되지 못하도록 억압하고 방해하는 현상을 설명하는 정책결정이론이다. 한마디로 '문제를 해결하지 않기로 결정하는 것'을 의미한다. 당면한 현안을 해결하겠다고 나서는 순간, 더 복잡한 문제가 야기될 것으로 우려되거나 마땅한 해결 방안이 없다고 판단할 경우에 그냥 덮어두자는 결정이다. 외교 현안 해결방식으로 종종 활용되기도 한다.

은 수준의 공론(highly developed public opinion)'이 아니라 조작되거나 잘못된 공론이 형성될 수도 있다.(Rosen, 1992; 김대영, 2004)

신고리 5 · 6호기 공론화 사례에서 언론은 공사재개에 대한 찬반진영 간 갈등 프레임으로 접근해 국민들에게 객관적이고 공정한 정보를 제공하는 역할이 부족했다는 평가를 받았다. 대부분의 신문 · 방송사는 공론화 과정을 찬반 승패의 이분법적 관점에서 보도함으로써 공론화의 의미를 국민들에게 충분히 전달하지 못하였다.(신고리 5 · 6호기 공론화위원회, 2017b: 109)

재검토위원회 사례에서는 언론의 이념적 편향성은 더욱 두드러져 보수 · 진보언론간의 보도태도가 극명한 대조를 보였다. 탈원전에 반대하는 보수언론은 월성원전 임시저장시설(맥스터)의 확충 필요성을 집중적으로 보도함으로써 공론장(public sphere)에서 '기울어진 운동장'을 조성하는 부정적인 역할을 한 것으로 평가된다. 신고리 5 · 6호기 사례에서 공론화위원회의 언론 대응이 매우 적극적이었던 것에 비해,[155] 재검토위원회는 대변인이 산업부 기자실에서 몇 차례 브리핑을 하거나 지원단이 언론보도에 대해 해명하는 수준에 불과했다.

해외 사례에서 일본 언론은 후쿠시마 사고 이후 사용후핵연료 문제를 사회적 이슈로 확산한 기폭제 역할을 하였다. 고준위 폐기물의 실태를 가장

---

155 신고리 5 · 6호기 공론화는 위원회 차원의 공식적인 브리핑 외에도 10차례 언론 인터뷰가 실시되었다. 한국프레스센터 외신지원센터에서 외신기자 간담회를 개최할 정도로 공론화 과정을 국내외에 신속하고 투명하게 전달하기 위해 다각적인 방법으로 소통하였다. 시민참여단 오리엔테이션(2017. 9. 16.)과 종합토론회(2017. 10. 13. ~10. 15.) 에는 국내 40여 개의 방송 · 신문사가 집중보도할 정도로 취재 열기도 뜨거웠다.(신고리 5 · 6호기 공론화위원회, 2017a: 44-46)

적극적으로 보도한 매체는 공영방송인 NHK와 TV아사히였다.[156] NHK는 2012년 10월 심층처분의 지질학적 문제점을 다양한 각도에서 조명해 지진과 화산활동이 활발한 일본에서 안정된 지층을 발견하는 것은 사실상 불가능하다고 진단했다. TV아사히, TBS, 간사이TV, 마이니치방송(每日放送) 등도 핀란드, 스웨덴, 프랑스 등 영구처분장 부지를 확보한 해외 현장을 취재해 사용후핵연료 처분이 기술적으로 얼마나 어려운 문제인지를 추적해 일본 국민이 문제의 심각성을 인식하고 공감하는 계기가 되었다.(정현숙, 2015)

이에 비해 한국 언론은 사용후핵연료에 대한 관심이 상대적으로 떨어지고, 보수 · 진보 매체 간 이념적 편향성이 강해 공론장(public sphere)의 역할을 제대로 수행하지 못하고 있다.[157] 한국 언론에 대한 신뢰도가 낮다는 것도 문제점으로 지적되고 있다. 재검토위원회가 전국 공론화 시민참여단(451명)을 대상으로 실시한 정보신뢰도 조사에서도 언론매체에 대한 신뢰도는 6개 집단 가운데 5위(34.8%)로 매우 낮은 수준이었다. 지역 공론화에 참여한 시민참여단(145명)의 정보신뢰도 조사에서 언론매체는 6개 집단 가운데 가장

---

156 일본 언론도 우리나라와 마찬가지로 보수 · 진보 진영으로 나뉘어져 고준위 폐기물에 대한 논조와 보도 빈도의 편차가 매우 큰 것으로 나타났다. 아사히신문, 도쿄신문, 마이니치신문 등은 탈원전 관점에서 사용후핵연료 문제를 적극적으로 보도한 반면, 원전에 우호적인 일본경제신문(니혼게이자이신문), 산케이신문, 요미우리신문 등은 고준위 폐기물 문제를 중요한 이슈로 다루지 않았다.(정현숙, 2015)

157 우리나라에서도 언론사가 주관한 토론회와 방송프로그램이 없지 않았다. 한겨레신문사가 2014년 11월 개최한 '사용후핵연료, 무엇을 어떻게 어디에 저장할 것인가'라는 토론회에는 원자력계와 탈핵진영 전문가들이 참여해 열띤 토론을 벌였다. KBS의 '사용후핵연료, 1만 5천 톤의 경고'(명견만리, 2016. 10. 7.)는 사용후핵연료 문제를 집중적으로 조명하였다. 그러나 한국 언론의 전반적인 보도경향은 특정 진영의 주장과 논리에 치우쳐 공론장(public sphere)으로서의 역할은 부족한 것으로 평가된다.

낮은 것으로 나타났다.[158]

한국 언론의 신뢰도

영국 옥스퍼드대 부설 로이터저널리즘연구소가 발표한 '디지털 뉴스리포트 2020'에 따르면 한국의 언론 신뢰도는 21%로 조사대상 40개국 중 가장 낮은 순위를 기록했다. 공동 1위를 차지한 핀란드 · 포르투갈(56%)의 절반에도 못 미치는 수준이다. 우리나라는 2019년 조사에서도 22%로 최하위였다. 로이터저널리즘연구소의 조사대상에 포함된 2016년 이후 한국은 매년 최하위를 기록하고 있다.

글로벌 컨설팅 기업인 에델만이 발표하는 언론 신뢰도 지수에서도 우리나라는 언론 불신 국가로 나타났다. 에델만이 매년 발표하는 한국인의 언론 신뢰도 변화 추이를 보면, 최근 10년간 '언론을 믿는다'는 응답에 비해 '믿지 못한다'는 응답이 더 많은 것으로 나타났다. 2020년 조사에서 '언론을 신뢰한다'는 응답은 43%로 조사 대상국 가운데 중하위권에 속했다.

불신의 원인에 대해 한 언론학자는 "미디어 난립, 공정성 위기, 상업주의,

---

158 재검토위원회 전국 공론화에서 시민참여단의 사용후핵연료 관리정책과 관련한 정보신뢰도의 순위는 ①원자력전문가(84.7%) → ②정부(69.5%) → ③시민단체(55.0%) → ④원자력발전사업자(48.7%) → ⑤언론매체(34.8%) → ⑥인터넷상의 정보(34.1%) 순이었다. 지역 공론화에 참여한 시민참여단(145명)의 정보신뢰도 순위는 ①원자력전문가/과학자(83.4%) → ②원자력발전사업자(77.2%) → ③정부(58.6%) → ④인터넷상의 정보(55.2%) → ⑤시민단체(51.7%) → ⑥언론매체(51.0%) 순이었다.(재검토위원회 권고안, 2021) 공론화 과정에서 언론매체에 대한 정보신뢰도가 낮다는 것은 공론장 형성에 언론의 역할이 부정적이고 기여도가 미미하다는 것을 의미한다.

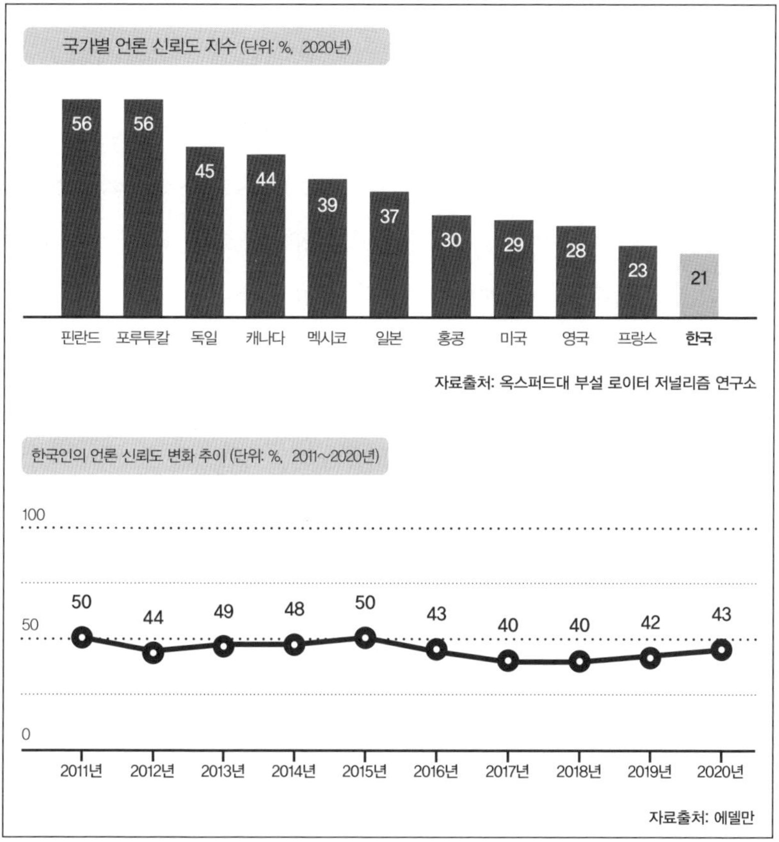

[그림 4-6] 국가별 언론 신뢰도 지수
※ 자료출처: 중앙일보(2020. 12. 14)

당파적 보도 등이 원인으로 볼 수 있다"며 "언론 자유도는 높아졌지만 언론에 대한 신뢰가 낮은 것은 언론을 둘러싼 이해당사자들이 언론 자유의 의미를 아전인수로 해석하거나, 힘을 가진 측이 언론과 여론을 관리하려고 하기 때문"이라고 분석했다.(중앙일보, 2020. 12. 14.)

로이터저널리즘연구소는 “한국의 뉴스 신뢰도는 지속적으로 최하위권에 속한다”며 “JTBC, MBC, YTN과 같은 TV뉴스 브랜드가 높은 신뢰를 받는 경향이 있으며, 대중적이고 영향력 있는 신문들은 가장 신뢰받지 못하는 경향이 있다”고 분석했다. 2020년 조사에서 매체별 뉴스 불신도는 △조선일보 1위(42%), △TV조선 2위(41%), △중앙일보 3위(36%), △동아일보 4위(35%), △채널A 5위(34%)로 나타났다.(미디어오늘, 2020. 6. 17.)

로이터저널리즘연구소의 이 같은 평가에 대해 중앙일보(2021. 2. 16.) 는 ‘한국 언론, 신뢰도 꼴찌란 가짜뉴스’라는 논설위원 칼럼에서 “이념적 편 가르기가 심한 한국에서 보수든 진보든 이들 눈에는 대척점에 선 언론의 편파 보도가 난무하는데 어떻게 뉴스를 믿을 수 있다고 답하겠는가”라고 반문하면서 “‘한국 언론의 신뢰도가 세계 꼴찌’라는 주장은 가짜뉴스”라고 반박했다. 이 칼럼니스트는 로이터저널리즘연구소의 질문이 “‘당신은 거의 항상 대부분의 뉴스를 믿을 수 있나’가 아니라, ‘당신이 보는 뉴스를 믿는가’라고 물었다면 완전히 다른 결과가 나왔을 것”이라고 주장했다.

3) 원전 이슈에 대한 언론보도의 편향성

한국 언론은 조 · 중 · 동으로 일컫는 보수언론과 한겨레 · 경향 · 오마이뉴스로 대표되는 진보언론 간에 이념적 · 정치적 편향성이 매우 강한 것이 특징이다. 온라인 매체와 유튜브 등 뉴미디어와 소셜미디어(SNS)에서는 이러한 편향성이 더욱 두드러진다. 뉴스 보도의 편향성은 개별 언론매체가 지향하는 편집 · 편성방침에 따라 미국, 영국, 일본 등 선진국에서도 유사한 행태를 보이기 때문에 정치적 · 이념적 편향성 그 자체만으로 시비를 따질 수는 없다.

오히려 언론의 자유와 보도의 다양성은 민주주의의 필수불가결한 요소로 꼽힌다. 다만, 공론 형성과정에서 특정 언론매체의 특정 프레임에 집중적으로 노출될 경우, 정보의 불균형과 왜곡으로 인해 균형잡힌 시각을 견지하기 어렵다는 점이 문제라고 할 수 있다. 특히 한국 언론시장의 상당 부분을 점유하고 있는 주류 보수언론은 문재인 정부 출범 초기부터 탈원전정책에 대해 집중적으로 비판하였다는 점에서 '기울어진 공론장'이라는 우려가 제기되었다. 사용후핵연료의 위험성에 대해서도 매우 상반된 시각 차이를 보이고 있다.

위험성에 대한 언론의 편향된 보도 사례

[#1] 사용후핵연료 임시저장시설인 캐니스터와 맥스터의 안전성에 대해 조선일보(2019. 7. 11.) 는 논설위원 칼럼에서 "벌거벗은 상태에서 설비 표면에 1년 내내 몸을 대고 있으면 캐니스터에선 의료CT 10장, 맥스터는 20장을 찍는 수준의 방사선을 쬐게 된다. 1m 두께 콘크리트로 둘러싼 2층 높이 설비의 안전성을 문제 삼는다는 것은 별 설득력이 없어 보였다"며 "환경단체들은 사용후핵연료 시설을 물고 늘어져 원자력 논란에 더 불을 붙이고 궁극에는 원전들을 멈춰 세워야 하거나 더 짓지 못하는 상황으로 몰고 가자는 생각일 것"이라고 비판했다.

중앙일보(2020. 6. 16.) 도 '사용후핵연료 시설 방사선량 서울 은평구보다 적어'라는 제목의 논설위원 칼럼을 통해 "권력의 힘으로 탈원전을 성역화한 문재인 대통령과 환경 근본주의자들은 후쿠시마 사고를 교리의 근본으로 삼고 있다"며 "환경을 종교로 모시는 사람들의 인식 오류는 교정되기는커녕

4 · 15총선 이후 문 대통령의 권력 강화로 더 기승을 부리고 있다"고 지적했다. 칼럼니스트는 사용후핵연료를 연탄재에 비유하면서 "탈원전의 사제들은 연탄재가 위험하니 아예 연탄을 때지 말자고 설교하고 있다"고 원색적으로 비난했다.

월성원전에서 삼중수소가 검출된 것과 관련해서도 조선일보(2021. 1. 27.)는 논설위원 칼럼에서 "월성원전 인근 지역주민의 삼중수소 1년 피폭량은 가장 많은 경우가 바나나 6개, 또는 멸치 1g 먹을 때와 같다"는 원자력계 J교수의 설명을 인용하면서 방사선에 대한 과잉 공포를 지적했다. 중앙일보(2021. 2. 4.) 도 '멸치 1g, 바나나 6개 통렬한 비교가 괴담 진압했다'는 제목의 칼럼을 통해 "공포를 부추기는 호들갑스러운 공세가 웃음거리가 되는 순간이었다"며 "공포를 자양분으로 삼는 가짜뉴스와 괴담"을 유포하는 탈원전 단체는 '비전문가 프레임'으로, 과학적 증거에 기반한 원자력계는 '전문가 프레임'으로 보도했다.

[#2] 이에 비해 한겨레, 경향 등 진보언론은 위험 인식에 대한 상반된 시각을 드러냈다. 한겨레신문(2021. 1. 12.)은 '월성원전 삼중수소 유출, 철저한 진상규명을'이라는 제하의 사설을 통해 "친원전 전문가들과 일부 언론 등은 검출된 삼중수소가 잘못 유출된 것이 아니라고 주장하지만 한수원이 왜 시설교체와 보수 등의 대책을 추진해왔는지 묻지 않을 수 없다"고 반박했다. 또 "불량 부품 납품과 뇌물수수 같은 한수원의 과거 행태를 떠올리면 환경단체들의 요구대로 민관합동조사를 실시해야 한다"고 촉구했다. 경향신문(2019. 2. 19.)의 「녹색세상」 칼럼에는 "임시저장소는 고준위 핵폐기물에 요구되는

안전성이 전혀 확보되지 않는 위험한 공간"이라며 "핵폐기물은 답이 없고, 핵폐기물을 배출하는 핵발전도 답이 없다"고 주장했다.

삼중수소 누출을 바나나 6개와 멸치 1g과 비교한 것에 대해 한겨레신문(2021. 1. 17.)은 「팩트체크」에서 "자연상태의 칼륨은 몸 밖으로 쉽게 빠져나가지만, 삼중수소는 대사 과정을 통해 탄수화물 등으로 바뀌면서 몸 속 조직과 결합돼 지속적으로 체내 손상을 일으킨다"고 반박했다. 또 '후쿠시마 핵사고 10주년: 국내 원전은 안전하가'라는 제목의 기고(2021. 3. 11.)에서는 사용후핵연료 저장조 화재사고로 인한 방사능누출 피해를 줄이기 위해 "밀집저장 방식을 일반저장 방식으로 변경하고, 5년 이상 냉각한 사용후핵연료는 금속콘크리트 건식저장시설로 옮겨 저장하는 방안이 필요하다"며 대안을 제시했다.

경향신문(2021. 1. 13.)도 사설을 통해 "원전 방사성물질 유출은 국민 안전이 달린 엄중한 사안"이라며 "한수원과 보수야당은 유출된 양이 적다고 주장하지만, 수십 년간 낮은 수준으로 삼중수소에 노출됐을 때 나타날 문제를 예측한 과학적 자료가 부족한데도 불구하고 위험하지 않다고 단정짓는 것도 섣부르다"고 지적했다. 또 월성원전의 안전성 문제를 제기한 기고(2020. 1. 31.)를 통해 "월성 2 · 3 · 4호기 원자로 내진설계는 최대 지반가속도 0.2g을 기준으로 건설되었지만 경주지진을 통해 0.2g 이상의 지진동이 올 수 있다는 사실이 확인되었다"며 "지진으로 인한 위험 때문에라도 월성 2 · 3 · 4호기는 가동을 중단해야 한다"고 촉구했다.

5. 거버넌스 체계 개편: 독립행정기관 신설

1) 현행 관리정책결정체계의 문제점

사용후핵연료 문제를 다루는 정책결정체계는 산업통상자원부와 원자력진흥위원회 중심으로 짜여져 있다. 원자력산업 진흥과 관련된 관료조직과 위원회가 결정권을 행사하는 구조로 되어있다. 지금까지 사용후핵연료 문제가 해법을 찾지 못한 채 파행을 거듭하면서 표류하고 있는 결정적인 이유가 여기에 숨어 있다. 관리정책결정과정에 이해관계자들이 참여해 의견을 개진할 수 있는 통로가 차단된 채 관료조직이 일방적으로 결정해왔기 때문이었다.

주무부처인 산업통상자원부는 원자력발전정책을 수립하는 핵심 이해당사자이고, 심의 · 의결기관인 원자력진흥위원회는 명칭 그대로 원자력 진흥을 위해 설립된 조직이다.[159] 사용후핵연료는 범국가적 차원에서 장기적인 관리가 필요하고, '안전'이 최우선적으로 고려되어야 함에도 불구하고 원자력산업을 위한 관료조직이 결정하고 집행하는 구조로는 해법을 찾기 어렵다.[160] 사회적 수용성을 확보하기 위해 거버넌스 체계를 개편해야 하는 이유이다.

---

159 원자력진흥법에서는 국무총리 소속의 원자력진흥위원회를 두고 이 위원회에서 방사성폐기물 관리 기본계획에 관한 사항과 사용후핵연료의 처리 · 처분에 관한 사항을 심의 · 의결하도록 하고 규정하고 있다(동법 제4조 6호, 7호).

160 지금까지 사용후핵연료 관리정책은 원활한 원전 진흥정책 추진을 위한 보조적 수단에 가깝다는 비판도 제기되었다. 1~2차 에너지기본계획과 1~6차 전력수급기본계획 수립과정을 보면, 산업부가 추구하는 정책목표는 지속적인 원전 운영을 통한 안정적인 전력 수급이며, 사용후핵연료 저장시설의 포화는 이를 위협하는 장애요인으로 간주되었다는 것이다.(이원희, 2020)

사용후핵연료는 관리정책을 입안하는 산업통상자원부뿐만 아니라 과학기술정보통신부에서 파이로프로세싱(pyroprocessing) 연구개발사업을 주관하고 있고, 한 · 미 원자력협정과도 관련되어있어서 외교부와도 협의해야 하는 범부처 현안이다. 관리정책 수립의 근간이라고 할 수 있는 재처리 여부는 과기부 소관으로 되어있다. 사용후핵연료 주무부처는 초기에는 과학기술처 소관이었으나 산업부로 이관되었다. 1986년 과학기술처가 처분장 부지확보에 나선 이후 40년 가까이 해결하지 못한 국가적 난제를 산업부가 단독으로 해결하기에는 너무 벅찬 과제이기 때문에 관리정책결정체계를 시민참여형 거버넌스로 전환할 때가 되었다고 판단된다.

공론화위원회도 「방사성폐기물 관리법」에 따라 산업부가 구성하도록 되어있다. 산업부 장관이 '사용후핵연료 관리 및 사회소통에 관한 학식과 경험이 있는 사람' 중에서 공론화 위원을 위촉하고, 위원회의 기능 및 활동기한도 산업부 장관이 정하도록 되어있다.[161] 이러한 구성 방식에 대해 박근혜 정부

---

161 「방사성폐기물 관리법」 제6조의2(공론화 등) ①산업통상자원부장관은 기본계획 수립과정에서 사용후핵연료 관리 등 사회적 갈등이 예상되는 사항에 대하여 이해관계인 · 일반시민 또는 전문가 등으로부터 광범위한 의견수렴 절차를 거칠 수 있다. ②산업통상자원부장관은 공론화를 위하여 한시적으로 운영되는 공론화위원회를 설치할 수 있다. 이 경우 위원회의 기능 및 활동기한은 산업통상자원부장관이 정한다. ③위원회는 위원장 1명을 포함한 15명 이내의 위원으로 구성한다. ④위원회의 위원은 사용후핵연료 관리 및 사회소통에 관한 학식과 경험이 있는 사람 중에서 산업통상자원부장관이 위촉하고, 위원장은 위원 중에서 호선한다. ⑤위원회는 활동기한이 종료되는 경우 의결을 거쳐 산업통상자원부장관 및 「원자력진흥법」 제3조의 원자력진흥위원회에 권고안을 제출할 수 있다. 이 경우 산업통상자원부장관 및 원자력위원회는 권고안을 최대한 존중하여야 한다. ⑥산업통상자원부장관은 위원회 활동에 필요한 행정적 · 재정적 지원을 할 수 있다. ⑦그 밖에 위원회의 운영 등에 관하여 필요한 사항은 위원회의 의결로 정한다.

당시에도 문제점으로 지적되었다. 시민단체는 "원자력산업 진흥을 목적으로 하는 산업부가 공론화를 주관할 경우 사용후핵연료 저장공간 확충과 핵 확장정책을 위한 정당성 확보 수단으로 전락할 것이 명백하다"며 범부처 차원의 독립기구에서 추진할 것을 주장했다.

갈등관리 전문가들도 공론화 주관기구를 △국무총리실 산하에 설치해 운영하거나, △(당시)국민대통합위원회에서 주관하는 방법, △시민사회단체가 '원자력정책 국민토론추진단'(가칭)을 구성해 주관하는 방법 등을 제안하였다. 이에 대해 산업부는 방사성폐기물법(제6조의2)에 따라 주무부처가 주관하는 것이 타당하다는 입장을 굽히지 않았고, 총리실도 원자력진흥위원회(위원장, 국무총리)와의 역할 혼선과 법 개정에 따른 시간적 제약 등을 이유로 난색을 표명해 공론화위원회는 산업부 자문기구로 발족되었다.(정정화, 2015)

박근혜 정부의 공론화위원회는 비록 산업부의 자문기구로 출범하였지만, 범정부 차원에서 공론화를 지원하기 위해 2014년 3월 국무조정실 제2차장을 의장으로 산업통상자원부, 미래창조과학부, 환경부, 외교부, 안전행정부, 원자력안전위원회의 실장급이 위원으로 참여하는 범부처 협의체가 구성되었다. 공론화 지원단에도 환경부 등 다양한 부처의 실무자들이 파견되었다. 이에 비해 문재인 정부의 재검토위원회는 산업부의 원전 국장과 담당 서기관이 위원회의 실무를 총괄하는 지원단장과 부단장을 맡는 등 산업부의 영향력이 일방적으로 작동되는 구조였다.

해외 사례

원전을 운영하고 있는 해외 국가들도 사용후핵연료 관련 기관의 독립성을 강화하는 방향으로 조직을 개편하고 있다. 첫째, 영국은 1990년대 중반까지는 관료조직 중심으로 폐쇄적이고 권위주의적인 방식으로 사용후핵연료 관리정책을 추진하였지만, 1990년대 말부터 전문가뿐만 아니라 일반인과 이해관계자들의 참여를 중시하는 방식으로 전환하였다. 1997년 셀라필드 지하암반시설(RCF) 설치가 백지화되면서 2003년 다양한 이해관계자들이 참여한 방사성폐기물관리위원회(CoRWM)가 발족되었다. 주무부처도 초기에는 원자력에너지청(UKAEA)이 방폐물 관리업무를 맡았으나 지역주민들의 거센 반발로 부지선정이 번번이 무산되자 환경부(DOE)로 변경되었다. 정부조직 개편으로 환경농림부(DEFRA)가 주무부처가 되어 2001년 「방폐물의 안전한 관리」(MRWS)에 관한 보고서를 발표한 이후 2003년 11월 독립기구인 CoRWM이 설립되었다.

둘째, 미국의 방폐물 관리정책과 부지선정은 연방 에너지부(DOE)에서 담당하였으나 영구처분장 건설을 위한 유카 마운틴(Yucca Mountain) 프로젝트가 무산된 이후 2015년 제정된 방폐물관리법(NWAA)에 따라 방사성폐기물관리국(NWA)이 독립기구로 설립되면서 업무가 이관되었다. NWA는 에너지부(DOE)에서 담당하던 처분시설 입지선정 및 건설, 추가시설 운영, 시험 및 평가 등의 업무를 맡고 있다. 통합중간저장시설(CISF) 건설도 방폐물관리국(NWA) 소관이다.

셋째, 독일은 1977년부터 고어레벤(Gorleben)에 영구처분장 건설을 추진했으나 번번이 무산되자 36년만인 2013년 「고준위 폐기물 처분장 부지선정법」(RSSA)을 제정해 원점에서 다시 논의하고 있다. 이 법에 따라 2031년까지 최종처분장 부지를 선정하기 위해 '고준위 방사성폐기물 처분위원회'(EndKo)가 발족되었고, 부지조사 및 건설 전담기관(BfS)과 감독기구(BfE)도 설립되었다. 연방하원에 소속된 EndKo의 위원은 과학계 8명, 시민사회계 8명(환경단체 · 노조 · 교회 · 산업계 각 2명), 연방 상 · 하원 각 8명 등 총 33명으로 구성되었다.[162] EndKo의 권고에 따라 독일 정부는 2016년 12월 참여적 거버넌스를 위한 국가시민사회위원회(NBG)를 설립해 부지선정 과정에 대한 감시 역할을 맡고 있다.

넷째, 프랑스의 방폐물관리기관(ANDRA)은 원래 원자력청(CEA) 부속 기관이었으나 1991년 CEA로부터 분리되어 독립 행정청(agency)으로 승격되었다. ANDRA는 2006년 방폐물관리법이 제정되면서 심지층처분 연구개발과 처분장 건설 및 운영을 담당하는 기관으로 지정되었다. 이후 ANDRA는 뷔흐(Bure) 지역을 심지층처분시설(CIGÉO) 부지로 확정하고 2015년 인허가를 신청해 이르면 2022년 착공할 예정이다. 이밖에 캐나다는 원자력공사(AECL)가 1978년부터 추진하던 심지층처분방안을 1998년 중단하고, 2000년 고준위폐기물법(NFWA)을 제정해 2002년 방폐물관리기구(NWMO)를 설립하였다. NWMO는 4단계에 걸친 공론화를 토대로 '적응적 · 단계적 관리'(APM)라는 새로운 방식을 채택해 부지선정 작업을 추진하고 있다.

---

162 독일의 '고준위 방사성폐기물 처분위원회'(EndKo)는 연방하원 소속이라는 점이 특징이다. 위원장과 위원들은 연방하원과 연방참사원(Bundesrat)의 동의를 거쳐 선출된다. 처분위원회(EndKo)는 연방하원의 관할위원회에 설치되며 사무국도 연방하원 산하에 두었다.(문병효, 2017)

2) 거버넌스 체계 개편 대안

관리정책결정체계 개편에 대해서는 산업부는 물론, 전문가와 일반국민들 사이에서도 필요성에 대한 공감대가 형성된 것으로 보인다. 재검토위원회의 전문가검토그룹 논의과정에서도 사용후핵연료 관리정책은 수용성이 관건이므로 정책결정 과정에 국민 또는 주민참여를 제도적으로 반영할 필요가 있다며 의견일치를 보았다. 이를 위해 공청회, 설명회와 더불어 의사결정과정에 직접 참여하여 의견을 개진할 수 있는 체계를 마련할 것을 주문하였다. 구체적인 거버넌스 체계에 대해서는 독립성, 신뢰성, 효율성 등의 측면에서 세 가지 대안이 제시되었다.(전문가검토그룹 논의결과 보고서, 2020)

첫째, 원자력진흥위원회와 별도로 국무총리 산하에 동일한 위상의 자문위원회를 신설하는 방안이다. 원자력진흥위원회는 원자력 진흥분야에 대해서만 심의 · 의결 기능을 행사하고, 사용후핵연료 관리분야는 신설되는 '사용후핵연료 관리위원회'(가칭)가 맡는 방안이다. 사업추진은 독임제 행정기관에서 담당하는 것이 효율적이므로 주무부처인 산업부에서 주관하는 현행 체계를 유지하는 방안이다. 단점은 자문기구여서 독립성과 집행력이 부족하고, 산업부가 주무부처로 정책결정에 미치는 영향력이 여전하다는 점이다.

둘째, 사용후핵연료 정책결정 및 관리 · 감독을 위한 독립적인 합의제 행정기관을 신설하는 방안이다. 현재 정책결정체계의 문제점을 근본적으로 개선하는 대안으로 관리정책결정과 이행 여부를 관리 · 감독하는 제3의 행정위원회를 신설하여 새로운 거버넌스를 구축하자는 것이다. 대통령 또는 국무총리 소속으로 설치하되 책임성과 전문성을 담보하기 위해 원자력안전위원회와 마찬가지로 권한이 강화된 '사용후핵연료 관리위원회'(가칭)를 발족

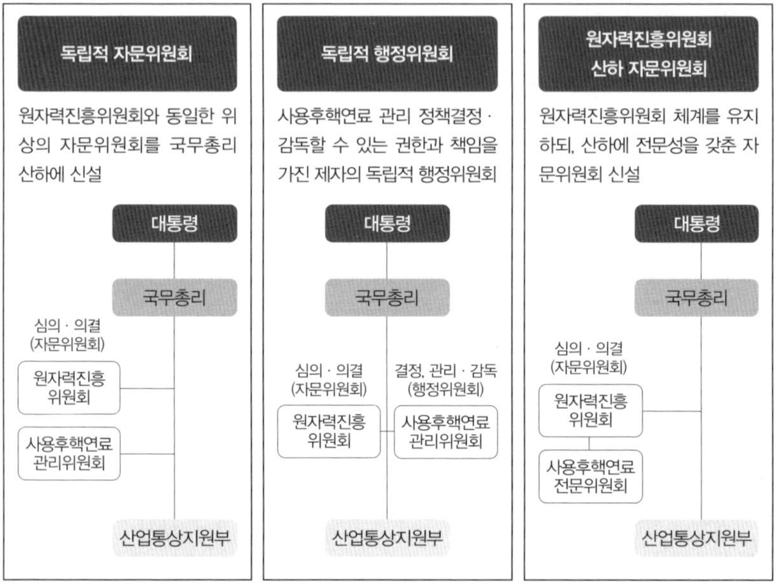

[그림 4-7] 사용후핵연료 관리정책결정체계 개편 대안

※ 자료출처: 재검토위원회 전국의견수렴 결과설명회 자료집(2020)

하는 방안이다. 단점은 새로운 정부조직 신설에 따른 행 · 재정적 부담과 기존 조직의 반발이 우려된다는 점이다.[163]

---

163 재검토위원회 전문가검토그룹 논의과정에서는 독립적인 행정위원회의 역할과 관리범위는 사용후핵연료뿐만 아니라 중저준위 방폐물, 원전 해체를 포함한 '원전 사후처리사업' 전체로 확대할 필요가 있다는 의견도 개진되었다. 여기에 기술개발과 관련된 과기부의 R&D 기능도 이관해야 한다는 주장도 있었다. 관련 법체계도 현재의 「방사성폐기물관리법」에 따른 기본계획 성격에서 벗어나, 미국의 방폐물정책법(nuclear waste policy act)과 같이 각 부처 및 관계기관의 역할을 구체적으로 명시한 정책법으로 전환하거나 특별법 제정이 필요하다는 의견도 개진되었다. 반면, 원전산업계 추천 일부 전문가는 "방사성폐기물을 관리하는 원자력환경공단(KORAD)이 설립되어있기 때문에 별도의 관리기구를 설치하는 것은 비효율적이므로 현행대로 산업부에서 주관하는 방안이 바람직하다"는 입장을 제시하였다.(전문가검토

셋째, 원자력진흥위원회 산하에 별도의 전문위원회를 추가로 설치하는 방안이다. 산업부가 관리정책을 마련하고 원자력진흥위원회의 심의 · 의결을 거쳐 확정하는 현행 체계를 유지하되, 원자력진흥위원회 산하에 '사용후핵연료 전문위원회'(가칭)를 신설해 전문성을 보완하는 방안이다. 단점은 독립성과 집행력이 모두 미흡한 자문위원회에 불과해 현행 체계와 별반 다르지 않다는 것이다.

재검토위원회의 전국 공론화 4차 설문조사(2020. 8. 2.)에서는 '사용후핵연료 관리위원회' 신설에 대해서는 91.9%가 찬성하였고, 구성 형태는 독립적인 행정위원회가 바람직하다는 의견이 75.5%로 나타났다. 관리정책결정과정에는 '전문가들의 의견 수용'(35.8%)보다는 '국민의 적극적인 참여가 우선되어야 한다'는 의견이 63.8%로 두 배 가까이 높았다. 재검토위원회가 4개 전문기관에 의뢰한 법령정비 자문의견에도 현재의 정책결정체계를 개선해 사용후핵연료 관련 정책을 전담하는 '독립적 행정위원회' 신설이 필요하다는 것이 공통의견이었다.(재검토위원회 권고안, 2020)[164]

그룹 논의결과 보고서, 2020)

164 국회 입법조사처도 '2020 국정감사 이슈 분석' 보고서에서 "사용후핵연료와 같이 기술적으로 복잡하고 중 · 장기적 불확실성이 존재하는 사안은 종합적이고 체계적으로 관리할 수 있는 조직이 필요하다"며 "지금처럼 임시조직(재검토위원회)이 운영하는 구조에서는 부실한 검토가 이뤄질 수 있다"고 지적했다. 입법조사처는 대안으로 "산업부 산하 기구가 아니라 독립적인 위원회나 대통령 또는 국무총리 산하 조직으로 재편해 폐쇄적이고 일방적인 의사결정체계에서 벗어날 필요가 있다"고 분석했다.(국제신문, 2020. 8. 17.)

더불어민주당 김성환 의원이 2021년 9월 발의한 「고준위 방사성폐기물 관리에 관한 특별법」에도 국무총리 소속의 중앙행정기관으로 독립적 행정위원회인 '고준위 방사성폐기물 관리위원회' 설치를 규정하고 있다. 동 법률안에 따르면 관리위원회는 현재 산업부가 맡고 있는 고준위 방사성폐기물 관리 기본 및 시행계획을 수립하게 된다. 또 사용후핵연료에 대한 처분 · 결정 권한과 함께 고준위 방폐물 정책에 대한 공론화, 관리시설 부지선정, 고준위 방폐물 처분을 위한 기술개발과 인력양성 등 고준위 폐기물 관리업무 전반에 대한 권한을 갖는 것으로 설계되어있다.

3) 에너지 관련 정부조직 개편

[그림 4-7]에서 사용후핵연료 관리정책결정체계에 대한 3가지 대안의 공통점은 산업부가 여전히 주무부처로 정책 입안을 담당하고 있다는 점이다. 3가지 대안에서 산업부는 '골치 아픈' 사용후핵연료 문제를 관리위원회에 권한을 대폭 넘기는 대신, 에너지 관련 조직과 업무는 그대로 유지하게 된다.[165] 그러나 기후위기에 대응하기 위한 탄소중립이 전 세계적인 과제로 부각된 상황에서 현 정부조직체계로는 목표달성에 한계가 있다는 지적이 대두하고 있다.

---

165 2016년 정부가 발의한 「고준위방사성폐기물 관리시설 부지선정절차 및 유치지역지원에 관한 법률안」 제4조는 관리시설 부지선정위원회를 산업통상자원부 산하에 설치하도록 규정하고 있다. 원자력진흥위원회와 원자력안전위원회가 국무총리 소속으로 설치된 것과 달리 부지선정위원회를 산업통상자원부 산하에 둔 것은 원자력안전보다는 원자력진흥에 중점을 두고 추진하겠다는 의도라는 비판을 받았다.(문병효, 2017)

현재 기후변화에 대응하기 위한 온실가스 감축은 환경부가 맡고 있지만, 온실가스 배출의 대부분을 차지하고 있는 발전소와 철강 · 화학 · 시멘트 · 석유화학 등 산업은 산업통상자원부 소관이다. 그동안 산업통상자원부는 안정적인 에너지 공급을 통해 각종 산업을 육성하고 지원하는 것이 주된 역할이었다. 하지만 기후위기 시대의 에너지정책은 단순히 에너지원을 공급하는 것에 그치지 않고, 에너지 효율을 높이고 탈탄소 사회를 건설하는 방향으로 전환되어야 한다. 이를 위해서는 에너지 부문도 기후변화에 대응하기 위한 조직체계로 개편할 필요가 있다.

산업부의 에너지 부문과 환경부의 기후변화 업무를 떼어내 '기후에너지부'를 신설하자는 정부조직 개편안은 19대 대선에서도 제기되었고, 문재인 정부 출범 당시에도 논의되었으나 무산되었다.[166] 대신 문재인 정부는 2021년 5월 대통령 직속기구로 탄소중립위원회를 설치하고, 산업부에 에너지 전담 차관을 신설하였다.[167] 그러나 산업부의 에너지 차관으로는 탄소중립은

166 기후에너지부 신설은 이명박 정부에서도 논의되었고, 2017년 대선에서도 기후변화와 에너지 문제를 총괄하는 독립 부처 신설 방안이 제기되었다. 그러나 영국의 경우 2016년 에너지기후변화부(DECC)와 기업혁신기술부(BIS)가 에너지기업전략부(BEIS)로 통합되었고, 독일에서도 기후에너지부 대신에 경제에너지부가 신설된 것을 이유로 산업부가 가장 반대하였다. 산업계에서도 입장이 갈려 신재생에너지와 에너지신산업, 가스화력업계는 기후에너지부 신설에 찬성하였지만, 석탄화력과 원자력산업계는 반대함에 따라 절충안으로 환경기후에너지위원회 신설이 고려되었다.(박광국, 2021)

167 2021년 8월에 단행된 산업부 에너지 분야 조직개편은 에너지 전담 차관(제2차관)을 비롯해 2관 4과가 신설되었다. 탄소중립 목표달성을 위한 효과적인 에너지정책 수행을 위해 에너지자원실을 에너지산업실로 개편하였고, 한시조직인 신재생에너지정책단은 재생에너지정책관으로 변경되었다. 기존의 자원산업정책관과 원전산업정책관은 각각 자원산업정책국과 원전산업정책국으로 개편되었다. 또 과단위에서는 전력계통혁신과, 재생에너지보급과, 수소산업과, 원전지역협력과 등 4개과가 신설되었다.

물론 부처 간 역할 조율도 어려울 것이라는 전망이 유력하다.

20대 대선을 앞두고 여당 주자들이 '기후에너지부' 신설을 공약하면서 논의가 구체화되고 있다. 환경단체들은 "산업통상자원부는 기본적으로 산업 경쟁력 강화와 수출 확대를 통한 산업 · 경제발전을 상위목표로 추구하는 부처이기 때문에 기후변화 · 미세먼지 대응을 위해 새로운 에너지정책을 추진하는 데는 한계가 있을 수밖에 없다"며 기후에너지부를 부총리급으로 격상하는 방안을 제시하고 있다.

한 걸음 더 나아가 '환경기후에너지부'를 설립하자는 방안도 제시되었다. 산업부의 에너지 업무, 환경부의 기후변화 업무, 과학기술부의 원자력 진흥 업무, 국토부와 해양수산부의 건물 및 교통의 에너지 효율규제, 외교부의 기후변화 협상 업무 등을 통합해 거대 부처인 '환경기후에너지부'를 설치해야 효과적이라는 것이다. 선진국에서도 탄소세와 탄소국경세를 도입하는 등 친환경에너지에 대한 관심이 고조되고 있기 때문에 차제에 환경기후에너지부를 신설해 보다 적극적으로 탄소중립사회로 이행하겠다는 의지를 전 세계에 천명하는 것이 '기후악당 국가'라는 오명을 벗는 데 도움이 될 것이라는 분석이다.(박광국, 2021)

해외에서는 덴마크, 호주, 캐나다 등에서 에너지와 기후변화를 통합한 부처를 운영하고 있다. 덴마크의 '에너지공공사업기후부'는 화석연료 의존도를 낮춤으로써 지속가능한 사회 조성을 목표로 삼고 있다. 호주의 '에너지환경부'는 온실가스 배출저감 펀드운영, 국가 기후변화 적응전략 수립, 신재생에너지 목표 수립 · 관리 등 기후변화 대응 업무를 수행하고 있다. 캐나다의 '환경기후변화부'는 과학기술연구 및 환경정책 개발을 통해 지속가능한 발전을 도모하고 있다. 영국의 에너지기후변화부(DECC)는 2016년 에너지기업전략부(BEIS)로 통합되었다.

한편, 환경 담당 부처가 기후변화 업무와 에너지 분야 업무를 함께 맡고 있는 국가도 있다. 독일 연방환경부(FEB)는 환경 분야와 기후 · 에너지, 원자력안전, 탄소배출권 등 기후변화 분야도 담당하고 있다. 일본은 후쿠시마 사고 이후 2012년 9월 환경청 산하에 원자력규제위원회가 신설되었다. 미국 환경보호청(EPA)은 연료 경제, 방사선 방호 등 에너지 분야의 환경보호프로그램을 시행하고 있다. 이제 우리나라도 전통적인 산업육성 중심의 정부조직을 기후위기에 대응하는 조직체계로 전환할 때가 되었다.

3장

법률적 · 정책적 과제

1. 임시저장시설의 법적 성격

1) 관계시설인가? 관련시설인가?

사용후핵연료를 보관하기 위해 원전 부지에 건설된 임시저장시설의 법적 성격에 대한 논쟁은 오래전부터 제기되어왔다. 사용후핵연료는 원전 안에 설치되어있는 저장수조에서 5년 이상 열과 방사능이 감소할 때까지 보관하는 과정을 거쳐야 한다. 문제는 원자로 격납건물 안에 설치된 습식저장조가 아니라, 원전 부지에 별도로 건설된 건식저장시설이 '관계시설'인지 '관련시설'인지에 대한 법령 정비가 필요하다.

원자력안전법(제2조 10호)에는 원자로의 안전에 관계되는 시설을 '관계시설'로 규정하고 있고, 원자력안전법 시행령(제9조 4호)에 '원자력발전소 안에 위치한 방사성폐기물의 처리시설 · 배출시설 및 저장시설'은 관계시설로 분류하고 있다.[168] 이 같은 규정에 근거해 임시저장시설은 원자로의 안전에 관

168 원자력안전법 시행령 제9조에 따르면 관계시설은 ①원자로냉각계통 시설, ②계측제어계통 시설, ③핵연

계되는 '관계시설'이라는 것이 법제처의 유권해석이다. 원전 부지 내에 있는 건식(임시)저장시설은 원전 운영에 필수적인 '관계시설'로 원전과 별개로 분리할 수 없다는 입장이다.

이에 대해 시민사회계와 지역주민들은 임시저장시설은 「중 · 저준위 방사성폐기물 처분시설의 유치지역지원에 관한 특별법」(방폐물유치지역법) 제18조에 따라 '유치지역에 건설이 금지된 사용후핵연료 관련시설'로 해석해 법령 위반이라고 주장하고 있다.[169] 원자력안전법에 규정된 '원자로의 안전에 관계되는 시설'은 원자로(reactors) 격납건물 안의 습식저장시설을 말하며, 격납건물 외부에 건설된 건식저장시설은 '관련시설'이라는 입장이다. 따라서 이들은 월성원전의 임시저장시설은 '소내 분산저장' 형태의 중간저장시설로 규정하고 있다.

산업부는 2005년 방폐물유치지역법이 제정될 당시에도 월성원전에는 건식저장시설이 운영되고 있었기 때문에, 맥스터는 중간저장시설이 아니라 원전의 운영상 보관을 목적으로 한 '관계시설'이며 '임시저장시설'라는 입장이다. 원자력안전위원회가 임시저장시설에 대한 인허가 결정을 내린 것을 근거로 들고 있다. 또 '관련시설'은 방사성폐기물 관리사업자(원자력환경공단)

료물질의 취급시설 및 저장시설, ④원자력발전소 안에 위치한 방사성폐기물의 처리시설 · 배출시설 및 저장시설, ⑤방사선관리시설, ⑥원자로격납시설, ⑦원자로안전계통 시설, ⑧그 밖에 원자로의 안전에 관계되는 시설로서 위원회가 정하는 시설이라고 규정하고 있다.

169 「중 · 저준위 방사성폐기물 처분시설의 유치지역지원에 관한 특별법」 제18조(사용후핵연료 관련시설의 건설 제한)는 "원자력안전법 제2조제5호에 따른 사용후핵연료의 관련시설은 유치지역에 건설하여서는 아니된다"고 명시되어있다.

가 발생자(한수원)로부터 사용후핵연료를 인수해 중간저장 또는 영구처분하는 관리시설 등을 의미하기 때문에 맥스터는 명백히 '관계시설'이라는 설명이다.

산업부는 '관계시설과 관련시설'을 둘러싼 이 같은 혼란을 방지하기 위해 2016년 8월 「고준위방사성폐기물 관리절차에 관한 법률안」을 국회에 제출하면서 '관련시설'을 중간저장시설 · 영구처분시설 · 지하실험시설로 한정하였다. 이에 대해서도 시민사회계는 원전 부지 내 건식저장시설을 해외에서는 '소내 중간저장'으로 분류하고 있다는 점을 들어 맥스터(건식저장시설)는 관련시설이면서 중간저장시설이라는 입장을 굽히지 않고 있다.(이원희, 2020)

임시저장시설을 둘러싼 이러한 논쟁과 갈등은 「중 · 저준위 방사성폐기물 처분시설의 유치지역지원에 관한 특별법」에서 언급된 '관련시설'에 대한 정의 및 대상이 명확하지 않기 때문이다. 원자력안전법 시행령 제10조에는 관련시설이 아니라 '원자력 이용시설'을 언급하고 있을 뿐이다.[170] 원자력 이용시설에는 '원자로 및 관계시설'도 포함되어있기 때문에 이 규정으로는 두 시설의 개념과 대상을 확정할 수 없다.[171]

---

170 원자력안전법 시행령 제10조에는 원자력 이용시설로 ①원자로 및 관계시설, ②핵연료주기시설, ③핵물질의 사용시설, ④방사성동위원소의 생산시설 · 사용시설 · 분배시설 · 저장시설 · 보관시설 · 처리시설 및 배출시설, ⑤방사선발생장치 및 그 부대시설, ⑥사용후핵연료 중간저장시설, ⑦방사성폐기물의 영구처분시설, ⑧방사성폐기물의 처리시설 및 저장시설을 나열하고 있다.

171 재검토위원회가 임시저장시설의 법적 성격에 대해 4개 전문기관에 법령정비 자문의견을 요청한 결과에서도 상반된 견해가 제시되었다. 방폐물학회와 정책분석평가학회는 임시저장시설이 '관계시설에 해당'

'관계시설과 관련시설'의 구분은 건식저장시설(맥스터) 건설에 대한 의견 수렴 범위와도 관련이 있다. 「원자력사업자의 방사선비상대책에 관한 규정」 [별표1]에 따르면, '발전용 원자로 및 관계시설'의 긴급보호조치구역은 반경 20~30㎞이지만, 사용후핵연료 저장 · 처분 · 처리시설의 긴급보호조치구역은 반경 1.5㎞로 되어있다. 건식저장시설이 관계시설이라는 정부의 유권해석대로라면 임시저장시설 확충 여부에 대한 지역 공론화의 범위는 반경 30㎞를 기준으로 해야 한다. 하지만 의견수렴 범위를 반경 30㎞로 확대하면, 현재 발주법에 근거해 반경 5㎞ 이내 원전소재지역에 대한 정부의 지원대상 범위도 달라지게 된다. 의견수렴 범위에 따라 지원사업의 배분을 둘러싼 지역 내 갈등과 인근 지자체 간 대립, 민간환경감시기구의 재편 등 매우 복잡한 문제가 얽혀 있다.

2) 임시저장인가? 중간저장인가?

사용후핵연료 관리는 '수조 내 보관' → (임시저장) → 중간저장 → 영구처분 등 3~4단계로 구분할 수 있다. 국제적으로는 임시저장과 중간저장을 구분하지 않고 있지만, 우리나라는 관리주체에 따라 구분하고 있기 때문에 4단계가 되는 셈이다. 중간저장은 기술적으로 습식저장(spent fuel pools)과 건식저장(dry cask storage)으로 분류되고, 공간적으로는 '소내 분산저장'과 '소

한다는 의견을 제시한 반면, 행정학회와 행정연구원은 관계시설도 될 수 있고 관련시설도 될 수 있다는 의견을 제출하였다.(재검토위원회 권고안, 2021)

외 집중저장'으로 구분하고 있다.[172]

원자력안전법 시행령(제2조 10호)에는 중간저장을 "원자로의 연료로 사용된 핵연료물질이나 그 밖의 방법으로 핵분열시킨 핵연료물질을 발생자로부터 인수하여 처리 또는 영구처분하기 전까지 일정 기간 안전하게 저장하는 것"이라고 규정하고 있다. 따라서 우리나라에서는 방사성폐기물관리자(원자력환경공단)가 발생자(한수원)로부터 사용후핵연료를 인수해야 그때부터 중간저장이 된다. 공간적으로는 원전 부지 내에서 한수원이 관리하면 '임시저장'이고, 외부로 반출되어 원자력환경공단이 관리하면 '중간저장'이 된다.

'임시저장'은 법적 용어는 아니며 실무적으로 사용되고 있다. 일반적으로는 "중간저장시설이 건설될 때까지 각 원전 내에서 수조 또는 건식저장시설에서 임시로 저장하는 것"을 의미한다. 원자력발전 백서에도 1994년까지는 '발전소 내에서 저장'이라는 용어를 사용하였지만, 1995년부터 '발전소 내 임시저장'이라는 용어가 등장하였다. 2007년 구성된 사용후핵연료 TF는 임시저장을 습식저장 개념으로 보았으나, 이후에 건식저장시설까지 포함하는 개념으로 확장되었다. 박근혜 정부의 사용후핵연료 공론화위원회가 2015년 발표한 최종권고안에는 임시저장이라는 용어 대신 '단기저장'이라고 표현하였다.(이원희, 2020)[173]

---

172 중간저장 시설 운영기간은 국가별로 조금씩 차이가 있지만 일반적으로 50~60년 정도 운영되고 있다. 미국 원자력규제위원회(NRC)는 사용후핵연료를 최소 120년간 안전하게 (중간)저장할 수 있다고 밝히고 있으며, 300년 장기저장 기술을 개발 중이다.(원자력환경공단, 2016)

173 김종천(2016)도 임시저장시설을 단기저장시설(소내 독립저장시설)이라고 규정하고, "처분 전 보관시설

IAEA와 OECD의 NEA(Nuclear Energy Agency), 미국, 캐나다. 일본 등 주요 원전운영 국가에서는 임시저장(temporary storage)이라는 용어를 사용하지 않고 있다. IAEA는 "사용후핵연료는 심지층처분이나 최종관리에 대한 결정을 기다리는 중간저장(interim storage) 상태"라고 규정하고 있다. NEA는 중간저장을 "사이트(소내)와 중앙 집중식 저장시설에서 일정기간 동안 저장한 사용후핵연료를 냉각시키고 방사선량을 감소시킨 다음 최종처분시설로 이동시키기 이전 단계"로 정의하고 있다. NEA는 또 "중간저장은 임시방편의 수단으로 방사성폐기물의 장기처분(영구처분)과 대조되는 단기(short term)저장이라고 지칭하는 것이 적절하다"고 밝혔다.

미국 원자력에너지법(Automic Energy Act)도 영구처분 전까지 사용후핵연료를 중간저장시설에서 저장한다고 명시하고 있다. 캐나다 방폐물법(Nuclear Fuel Waste Act)은 최종처분과 저장의 개념으로 구분하고 있으며, 처분 전 장기 관리(long-term management) 관점에서 (중간)저장하고 있다. 원자로에서 사용후핵연료를 인출하면 그때부터 방사성폐기물로 분류해 (소내) 습식저장 → (소내) 건식저장 → (소외) 집중저장을 거쳐 영구처분시설로 이동하게 된다. 캐나다에서는 소내 분산저장과 소외 집중저장을 임시저장과 중간저장으로 구분하지 않고 '사용후핵연료 저장'(storage of spent fuel)의 범주에 포함하고 있다.[174]

(중간저장시설)로 옮기기 전까지 일시적으로 보관하는 것이 위험의 발생확률과 영향 범위를 최소화할 수 있는 방안"이라고 주장했다.

174 재검토위원회의 지역 공론화 과정에서 논란이 된 월성원전의 맥스터(MACSTOR, Moudular Air Cooled

이처럼 국제적으로는 임시저장과 중간저장을 구분하지 않고, 원자로에서 인출된 이후 영구처분 전까지 이루어지는 모든 과정을 중간저장(interim storage) 또는 사용후연료 저장(storage of spent fuel)이라는 개념을 사용하고 있다. 그러나 우리나라의 원자력환경공단과 한수원은 해외 주요 원전운영국들이 소내에서 습식 및 건식저장 시설을 운영하는 경우를 '임시저장'으로 구분하고, 소외 집중저장 시설을 중간저장으로 규정하고 있다. 이 같은 기준은 우리나라의 「방사성폐기물관리법」에 따른 것으로 국제적으로 사용되는 일반적인 분류방식과는 다르다고 할 수 있다.(이원희, 2020)

2. 관리정책의 근본적 재검토

1) '소내 중간저장' 개념 도입

사용후핵연료 문제를 해결하기 위해서는 더 많은 숙고의 시간과 기술개발이 필요하다. 임시방편으로 원전 부지에 임시저장시설을 확충하는 땜질식 처방으로는 근본적인 해법을 찾을 수 없다. 다음 정권으로 책임을 미루는 '폭탄 돌리기'에 불과할 뿐이다.[175] 전 국토에 대한 기본적인 지질 개요조사(활

Storage)는 캐나다에서 중간저장을 위해 설계된 시설이다. 캐나다는 영구처분 기술과 부지를 확보할 때까지 최대 300년 동안 장기관리(중간저장)하는 방안을 확정하였다.(이헌석, 2020b)

175 '폭탄 돌리기'를 학술적으로는 '무의사결정(non-decision making)'이라고 한다. 정책결정 과정에서 지배엘리트의 이해관계에 일치하는 사회문제만 정책 의제화되고, 엘리트의 이익에 방해가 되거나 잠재적

성단층지도)도 완료하지 못한 상태에서, 조만간 영구처분장을 확보할 수 있는 것처럼 호도해서는 안 된다. '임시저장'이라는 '희망고문'은 더 큰 불신과 무사안일주의 정책결정 행태의 반복으로 이어질 수밖에 없다.

사용후핵연료 문제를 풀 현실적인 대안은 '소내 중간저장' 개념을 도입해 관리정책을 근본적으로 재검토해야 한다. '소내 중간저장'에 대해서는 탈원전 진영은 물론이고, 원전소재지역에서도 불가피한 현실로 받아들이고 있다.(한겨레신문, 2014. 11. 10; KBS, 2020. 11. 15; 국민일보, 2021. 3. 23.) 원자력계에서는 오래전부터 '소내 중간저장'을 강조해왔고, 해외 사례도 이 같은 방법으로 해결책을 모색하고 있다. 임시저장이 아니라 각 원전별로 부지 내 중간저장이 불가피하다는 현실을 직시하고 국민적 합의를 얻는 '진짜 공론화'가 필요하다.

그러나 '진짜 공론화'에 앞서 정부당국은 그동안 반복된 정책실패에 대한 진솔한 반성과 지역주민에 대한 사과가 선행되어야 한다. 이와 함께 원전소재 및 인근 지역에 대한 지원 및 보상방안에 대한 전면적인 수정이 불가피하다. 임시저장에서 '소내 중간저장'으로 관리정책을 전환하기 위해서는 국회 차원에서 이해관계자 협의체를 구성해 관련법률 개정작업에 착수해야 한다. 정부 단독으로는 해결하기 어려운 난제가 너무 많기 때문이다.

도전이 되는 문제는 거론조차 못하게 억압하고 방해하는 '현상유지적 비결정'을 무의사결정이라고 한다(네이버 지식백과). 해결할 방법이 없거나 문제가 더 복잡해질 경우에 정부가 결정을 미뤄두는 것이다. 사용후핵연료 문제는 정부가 해결하려고 할수록 더 꼬일 수밖에 없는 갈등구조를 띠고 있기 때문에 그냥 덮어두는 전략이다. 사용후핵연료 관리정책결정과정에 나타난 정부의 무의사결정 행태에 대해서는 이원희(2020) 참조.

'소내 중간저장'의 당면과제

'소내 중간저장'을 위해서는 넘어야 할 산이 만만치 않다. 가장 큰 문제점은 영구처분 및 중간저장시설이 확보되지 않으면 '소내 중간저장'이 자칫 영구처분이 될 수 있기 때문이다. 단순한 우려가 아니라 2021년 3월 재검토위원회의 공론화가 끝난 뒤 21대 국회에서 이러한 내용의 법률안이 발의되자 탈핵단체들이 거세게 반발하고 있다.

더불어민주당 김성환 의원이 2021년 9월 대표발의한 「고준위방사성폐기물 관리에 관한 특별법」은 사용후핵연료와 고준위방사성폐기물 문제를 해결하기 위한 독립된 행정위원회 설립과 부지선정 절차를 담고 있다. 동 법률안 32조에 규정된 '부지 내 저장시설'이 '소내 중간저장'을 의미하는 데 운영기간도 명시되지 않았다. 이에 대해 탈핵울산시민공동행동은 성명서를 내고 "고준위 핵폐기물 중간저장시설과 영구처분장 부지선정이 불투명한 상황에서 원전지역을 사실상 '고준위 핵폐기장화'하는 법안"이라며 "'부지 내 저장'을 허용한 고준위 방폐물 특별법안을 전면 폐기하라"고 촉구했다.(울산제일일보, 2021. 9. 16.)

'소내 중간저장'이 가능하려면 현실적으로는 경주 월성원전 문제부터 해결해야 한다. 2005년 「중 · 저준위 방사성폐기물 처분시설의 유치지역지원에 관한 법률」을 제정하면서 중 · 저준위 방폐장을 유치한 지역(경주)에는 중간저장시설 등 사용후핵연료 '관련시설'을 건설하지 못하도록 규정하였다. 당시에는 중 · 저준위 방폐장을 확보하기 위한 궁여지책이었지만, 동 법률을 개정하지 않는 한 경주에는 중간저장시설(관련시설)을 건설할 수 없도록 되어있다. 또한 당시 산업부는 월성원전에 임시저장 중인 사용후핵연료를 2016년까지 외부로 반출하기로 약속했기 때문에 경주에 중간저장시설을 설치하는 것은 현실적으로 매우 어려운 과제이다. 그렇다고 월성원전의 사용후핵연료를 인근 원전지역으로 이송하는 것도 불가능하다.

또한 현행 법체계는 사용후핵연료의 발생(한수원)과 관리주체(원자력환경공단)가 분리되어있기 때문에 원전 부지에 중간저장시설을 마련하는 것은, 관리주체 문제를 해결하기 위해 부지를 분할한다고 해도 발전소와 중간저장시설의 제한구역 중첩 등으로 인한 안전 문제도 해결해야 한다. '소내 중간저장'은 관계시설이 아니라 관련시설이기 때문에 「원자력안전법」 제20조에 따라 관계시설에 대한 운영변경허가를 거쳐 관계시설로서의 운영도 종료시켜야 한다. 이와 함께 '발전용 원자로 및 관계시설'의 방사선비상계획구역은 반경 20~30㎞지만, 관련시설이 되면 반경 1.5㎞로 재설정해야 하는 문제도 있다.

하지만 소내 중간저장이 시급한 가장 큰 이유는 고리1호기의 사용후핵연료 처리 때문이다. 고리1호기 해체작업이 진행되려면 현재 저장수조에 보관 중인 사용후핵연료를 꺼내 소내 중간저장시설 또는 다른 지역으로 이송해야 한다. 이미 폐로된 고리1호기의 사용후핵연료 저장시설은 원전 운영과 무관한 '관련시설'이므로 법적으로 중간저장시설로 전환되어야 하기 때문이다. 이러한 문제를 해결하기 위해서는 관련법률 정비와 함께 사용후핵연료 관리정책에 대한 근본적인 재검토가 불가피하다.

2) 자원인가? 폐기물인가?

원자력을 이용하는 국가에서 사용후핵연료는 에너지 자원으로서의 측면과 위험물질인 고준위 방사성폐기물이라는 두 가지 측면을 동시에 지니고 있다. 각국의 관리정책은 사용후핵연료를 재처리하여 연료로 재사용하고, 이후의 방사성폐기물을 최종 처분하거나(재처리), 한번 사용한 뒤 인간의 생활권으로부터 영구히 격리해 최종처분하는 방식(직접처분)으로 대별된다. 재처리는 핵무기 제조가 가능한 플루토늄을 추출할 수 있기 때문에 국제조약에 따라 영국, 프랑스, 러시아, 중국, 일본 등 일부 국가에만 허용되고 있다.[176]

현재 세계 32개 원전 국가 중에서 10여 개 국가만 관리정책을 확정하였고, 나머지 국가들은 미결정 상태인 관망정책(wait & see policy)을 택하고 있다. 관망정책은 최종관리 방안을 결정하기 전에 원전 내 · 외부에 사용후핵연료를 중간저장하면서 기술발전 등을 고려해 추후에 결정하겠다는 것이다. 중간저장은 사용후핵연료를 격납용기에 담아 지하 또는 지상에 보관하고 있지만, 현실적으로는 영구처분장 부지를 확보하지 못해 중간저장하고 있는 국가들이 대부분이다.

우리나라는 한 · 미 원자력협정에 따라 사용후핵연료의 재처리 자체가 불가능하기 때문에 직접처분 국가로 분류되고 있다. 그러나 법적으로는 사용후핵연료를 고준위 방사성폐기물로 확정하지 않아 관리정책이 모호한 상

---

176 원자력안전법 제2조제14호에 "사용후핵연료 처리란 원자로의 연료로써 사용된 핵연료물질 또는 그 밖의 방법으로 원자핵분열을 시킨 핵연료물질을 연구 또는 시험을 목적으로 취급하거나, 물리적 · 화학적 방법으로 처리하여 핵연료물질과 그 밖의 물질로 분리하는 것"으로 정의하고 있다.

태이다. 원자력진흥위원회가 심의 · 의결을 거쳐 폐기하기로 결정한 사용후핵연료가 없기 때문에 현행 법체계에서는 고준위 방사성폐기물은 존재하지 않는다.[177] 사용후핵연료라는 중립적인 용어를 사용하고 있는 이유는 아직 관리정책이 확정되지 않았다는 의미이지만, 일각에서는 재처리를 염두에 둔 용어라는 시각도 있다.(경향신문, 2018. 11. 8.)

현실적으로 우리나라는 사용후핵연료를 재처리하기 어렵기 때문에 고준위 방사성폐기물과 동일한 개념으로 다루고 있지만, 이로 인한 용어의 혼선과 정책표류 현상이 지속되고 있다. 공론화위원회의 명칭과 법률안에서도 다른 용어를 사용하고 있고, 재처리기술인 파이로프로세싱(pyro-processing)을 둘러싼 정책표류와 갈등도 심각하다. 장기적인 관점에서 사용후핵연료 관리정책을 수립하려면 재처리 또는 폐기처분에 대한 결정이 선행되어야 하는 이유이다.

용어의 혼란과 정책표류

정부당국도 사용후핵연료와 고준위 방사성폐기물이라는 용어를 곳곳에

---

177 사용후핵연료에 대한 근거 법률은 「방사성폐기물관리법」이며, 동법 제2조제1호에 "방사성폐기물이란 원자력안전법 제2조제18호에 따른 방사성폐기물을 말한다"고 규정하고 있다. 「원자력안전법」 제2조제18호에는 "방사성폐기물이란 방사성물질 또는 그에 따라 오염된 물질로서 폐기 대상이 되는 물질(제35조제4항에 따라 폐기하기로 결정한 사용후핵연료를 포함한다)을 말한다"고 되어있다. 동법 제35조제4항에는 "사용후핵연료의 처리 · 처분에 관하여 필요한 사항은 과학기술정보통신부장관과 산업통상자원부장관이 위원회 및 관계 부처의 장과 협의하여 「원자력 진흥법」 제3조에 따른 원자력진흥위원회의 심의 · 의결을 거쳐 결정한다"고 규정되어있다.

서 혼용하는 등 방향을 잡지 못하고 있다. 용어의 혼란은 공론화위원회의 명칭과 산업부의 1차 관리 기본계획(2016), 그리고 법률안에서도 고스란히 드러난다. 박근혜 정부는 '사용후핵연료 공론화위원회'의 권고안을 바탕으로 2016년 7월 '고준위방사성폐기물 관리 기본계획'을 발표하였다. 공론화위원회는 '사용후핵연료' 관리방안에 대한 의견을 수렴하였지만, 산업부는 이를 토대로 '고준위 방사성폐기물'에 대한 기본계획을 수립한 것이다.

2016년 8월에 정부입법으로 국회에 상정한 법률안의 명칭은 「고준위방사성폐기물 관리절차에 관한 법률(안)」이었다. 동 법률안은 20대 국회 임기만료로 폐기되었지만, 당시 법률안에는 "사용후핵연료를 방사성폐기물에 준하여 관리한다"고 명시하였다. 문재인 정부가 박근혜 정부의 공론화를 보완하기 위해 2018년 5월 구성한 사전 준비기구의 명칭은 '고준위방사성폐기물 관리정책 재검토준비단'이었다. 그러나 2019년 6월 출범한 위원회의 명칭은 '사용후핵연료 관리정책 재검토위원회'로 변경되었다. 더불어민주당 김성환 국회의원이 2021년 9월 발의한 법안의 명칭은 「고준위방사성폐기물 관리에 관한 특별법」으로 되어있다.

사용후핵연료 관리정책이 확정되지 않은 상태에서 파이로프로세싱(pyro-processing)과 같은 연구개발(R&D)에 대한 정책표류와 갈등도 불거지고 있다. 2008년 12월 제255차 원자력위원회에서는 핵비확산성 파이로프로세싱 건식처리 및 이와 연계한 소듐냉각고속로(SFR) 개발을 의결하였다. 그러나 '탈원전'을 천명한 문재인 정부가 출범하면서 연구개발(R&D)도 지지부진해지자 원자력계에서는 "원전산업 생태계가 위태롭게 되었다"며 정부와 날을 세우고 있다. 사용후핵연료 재처리기술인 파이로프로세싱은 관리정책에 따라 연구 방향이 달라질 수밖에 없다. 사용후핵연료를 '자원으로 볼 것인가, 폐기물로 볼 것인가'의 문제는 공론화를 통해 논의하기에는 너무 복잡한 영역이 얽혀있기 때문에 재검토준비단에서도 의제에서 제외하였다.[178]

파이로프로세싱과 한 · 미 원자력협정

사용후핵연료의 재처리 여부는 한 · 미 원자력협정을 통해 미국과 협의를 거쳐야 하기 때문에 우리나라가 독자적으로 결정할 수 없는 영역이다. 한 · 미 원자력협정은 한 · 미 양자간 핵물질 · 기술 · 시설 · 부품 · 장비 · 인력교류 등에 대한 상호협력의 범주와 원칙 등에 대한 내용을 담고 있다. 동 협정은 1972년 발전용 원자로 도입을 계기로 체결되었으며 정식명칭은 '원자력의 민간 이용에 관한 대한민국 정부와 미합중국 정부간의 협력을 위한 협정'이다. 1차 협정은 1974년 6월 발효되어 2014년 3월 만료될 예정이었으나 개정을 위한 협상 지연으로 2016년 3월로 연기되었다. 2015년 4월 개정에 합의해 그해 11월부터 41년 만에 새 협정으로 대체되었다.

한 · 미 원자력협정이 중요한 이유는 우리나라 원전의 16기 이상에 미국산 원료 또는 장비가 포함되어있어 한국의 원자력 활용에 절대적인 영향력을 미치고 있기 때문이다. 사용후핵연료와 관련해 종전에는 국내 저장 이외

---

178 재검토준비단의 정책건의서(2018. 11.) 에 제시된 27개 공론화 의제 가운데 ③1 '사용후핵연료는 자원으로 볼 것인가? 또는 폐기물로 볼 것인가?'는 재검토위원회의 공론화 의제에서 제외하고 추후 별도로 논의하는 것이 바람직하다고 밝혔다. 사용후핵연료의 성격에 대해서는 원자력진흥위원회에서 심의 · 의결하도록 규정되어있고, 재처리 여부는 한 · 미 원자력협정과도 관련된 사안이어서 일반국민을 대상으로 하는 공론화 의제로는 너무 민감한 이슈라는 점이 고려된 것으로 보인다.

에 다른 방법을 모색하기 어려웠으나 협정 개정으로 다각적인 처리 방안을 강구할 수 있게 되었다. 첫째, 우리나라가 추진하고 있는 사용후핵연료 건식 재처리방식(파이로프로세싱)의 전반부 공정에 대한 장기동의(포괄적 사전승인)를 얻어낸 것은 가시적인 성과라고 할 수 있다. 사용후핵연료 재처리 관련 연구를 국내에서 실시할 수 있게 되었기 때문이다. 둘째, 사용후핵연료 관리방안의 하나로 미국산 사용후핵연료를 한 · 미 양국이 합의하는 제3국에 보내 상업적 위탁 재처리를 할 수 있도록 허용된 것도 큰 변화라고 할 수 있다.(유웅조, 2015)[179]

협정 개정으로 특히 주목을 끄는 분야는 파이로프로세싱(pyro-processing)이다. 사용후핵연료를 압축하여 부피를 크게 줄일 수 있는 재처리방식인 파이로프로세싱은 우리나라 원자력계에서 적극적으로 요청해온 분야이다. 그러나 재처리 과정에서 핵무기를 만들 수 있는 플루토늄을 추출할 수 있고, 안전성과 경제성이 검증되지 않아 2017년 이후 연구가 중단된 상태이다. 우리나라 원자력계는 파이로프로세싱은 습식 재처리방식(PUREX, Plutonium-Uranium Extraction)과 달리 핵무기 개발로 연결되지 않는다고 강조하고 있지만, 미국 측과 탈핵진영에서는 여전히 의구심을 감추지 않고

---

179 2015년 한 · 미 원자력협정 개정으로 이른바 '골드 스탠더드 조항'으로 알려진 핵연료 농축 · 재처리 금지 조항이 삭제되고, 미국의 별도 동의 없이 사용후핵연료 처리기술과 관련한 연구를 자율적으로 추진할 수 있게 되었다는 것은 큰 진전이라고 할 수 있다. 그러나 연구실험도 조사후실험과 전해환원이라는 두 단계에 대해서만 장기동의를 확보한 것은 근본적인 한계라고 할 수 있다. 또 사용후핵연료를 한 · 미가 합의하는 제3국으로 보낼 수 있는 길을 열어놓았지만, 원전을 운영하는 32개국 가운데 사용후핵연료의 위탁 재처리 방침을 정한 국가는 네덜란드와 이란 2개국에 불과해 실현가능성은 희박하다고 할 수 있다.

있다.[180] 미국 · 중국 · 인도 등과 달리 프랑스 · 일본 등에서는 연구 프로젝트를 중단하는 등 활용가능성에 대한 부정적인 입장도 적지 않다.

우리나라는 1997년부터 2017년까지 파이로프로세싱과 소듐냉각고속로(SFR) 연구에 7,000억 원을 투입했으나 2017년 국회 예산심의 과정에서 기술적 타당성 등에 대한 문제 제기로 중단된 이후 2020년에 다시 논의하기로 하였다. 과학기술정보통신부는 2021년 9월 발표된 한 · 미 공동연구(JFCS) 결과 등을 바탕으로 사용후핵연료 처리기술 연구개발(R&D) 사업에 대한 전문가 검토를 거쳐 2021년 12월쯤 R&D 재개 여부를 결정할 계획이다.

3. 국가공론화위원회 설립

1) 공론화 주관기구의 독립성과 중립성 보장

사용후핵연료 문제에 대한 해법을 찾기 위해 박근혜 · 문재인 정부에서 두 차례나 공론화를 실시했지만 오히려 갈등만 증폭시킨 가장 큰 이유는, 산

---

180 원자력환경공단(2016)은 파이로프로세싱pyro-processing)은 재처리(reprocessing)가 아니라 재활용(recycling)이라고 강조하고 있다. 재처리는 핵무기를 제조할 수 있는 순수 플루토늄을 추출할 수 있지만, 파이로프로세싱 공법은 순수 플루토늄만 뽑아낼 수 없기 때문에 핵확산 우려가 없는 '재활용'이라는 것이다. 재처리(reprocessing)는 사용후핵연료를 질산에 녹여 수용액 상태로 만든 다음 플루토늄과 우라늄을 분리하는 습식공법(PUREX)이 가장 많이 사용되고 있다. 이 공법으로 핵무기 제조가 가능한 플루토늄을 추출할 수 있기 때문에 국제조약에 따라 영국, 프랑스, 러시아, 중국, 일본 등 일부 국가에만 재처리가 허용되고 있다.

업부 산하에 설치된 공론화위원회의 독립성과 중립성 문제로 사회적 수용성을 확보하지 못하였기 때문이다. 핵심 이해당사자인 시민사회계를 배제한 채 '반쪽 공론화'를 강행한 것도 공론화 기구에 대한 불신을 가중시켰다.

공론화위원회의 독립성과 중립성은 공론화 성패를 좌우하는 가장 핵심적인 요인으로 꼽힌다.(박재근 외, 2014) 여기서 '중립성'이라고 함은 공론화 의제에 대한 상반된 입장으로 갈등이 심한 사안에서 위원회가 한쪽에 치우치지 않고 중립적으로 공론화 과정 진행하는 것을 말한다. '독립성'은 공론화 위원회가 국가 권력기관 또는 이해관계자들의 영향으로부터 독립성을 유지하는 것을 의미한다.

공론화 주관기구가 운영과정에서 독립성과 중립성을 잃게 되면, 공론화 결과에 대한 사회적 수용성을 담보할 수 없게 된다. 공론화는 다양한 이해관계자들의 포괄적인 참여를 전제로 하기 때문에 이들로부터 정치적 · 재정적으로 독립성을 갖는 주체가 운영하는 것이 바람직하다. 영국의 CoRWM이 제시한 사용후핵연료 8대 관리원칙 가운데에도 공론화 주관기구의 독립성이 포함되어있다.[181]

공론화위원회가 독립성을 확보하지 못하면 정부기관 또는 특정 이해집단에 편향되거나, 정부정책에 정당성을 부여하는 통로 또는 책임회피 수단

181 이명박 정부에서 활동했던 사용후핵연료 공론화TF(2008)도 영국의 CoRWM과 유사하게 주관기구의 독립성을 공론화의 8대 기본원칙 가운데 하나로 제시하였다. 신고리 5 · 6호기 공론화위원회(2017a)도 공론화 주관기구의 독립성과 중립성을 공론화의 기본원칙으로 밝히고 있다. 정정화(2018), 채종헌(2017) 등 국내 학자들도 주관기구의 독립성과 중립성을 공론화의 성공조건으로 제시하고 있다.

으로 전락할 수 있다.[182] 공론화 의제선정과 운영방식 결정 등에서 자율성을 확보하지 못하거나, 공론화 절차를 공정하게 관리하지 못할 경우에는 중립성을 잃게 된다. Rosen(1992)은 공론화 주관기구가 객관적이고 중립적인 절차설계와 기본원칙(ground rule)을 결정할 수 있어야 '높은 수준의 공론'에 도달할 수 있다고 강조했다.[183] 공론화 주관기구의 독립성과 중립성이 담보되지 않으면 조작된 공론이나 잘못된 공론에 도달할 수도 있다고 지적했다.[184] 안타깝게도 우리나라에서 실시된 두 차례의 사용후핵연료 공론화는 부정적인 평가에서 자유롭지 못하다.

2) 국가공론화위원회의 필요성

최근 우후죽순처럼 등장한 국내 공론화는 주로 중앙정부나 지자체에서 공론화의 필요성이 제기되면, 정부당국이 공론화 의제를 지정해 위원회를

182 프랑스에서도 CNDP가 주관하는 공공토론에 대해 행정부가 이미 결정한 사안을 공론화를 통해 정당성을 획득하려는 정치커뮤니케이션에 불과하며, 행정의 집행속도만 저하시킨다는 비판도 제기되고 있다. 또 전문성이 결여된 대중의 의견이나 권고는 피상적일 수밖에 없으며 공공토론이 여론을 관리하려는 정부의 홍보수단으로 전락할 우려가 있다는 부정적인 평가도 있었다.(은재호, 2010)

183 Rosen(1992)은 공론화를 '높은 수준의 공론 상태(the state of highly developed public opinion)'에 도달하기 위한 과정으로 설명한다. 그에 의하면, '높은 수준의 공론'은 "국민들이 공공토론에 참여해 모든 방면의 쟁점을 고찰한 뒤 그로부터 도출되는 선택 가능한 방법들을 이해하고, 자신들이 선택한 결과를 완전히 수용하는 것"을 의미한다.(김대영, 2004)

184 공론화의 결론이 공정하고 폭넓은 의견수렴에 따라 도출된 결과라면 이에 기반한 정책결정이 정당성을 확보하는 것은 당연한 귀결이라고 할 수 있다. 그러나 정책의 정당성과 수용성은 다른 차원이며, 합리적이고 공정한 정책결정이라고 하더라도 이해관계자들이 수용하지 않을 경우, 정책집행의 순응성(수용성)을 확보하기 어렵기 때문에 정부당국은 정책에 대한 수용성 제고방안도 고려해야 한다.

꾸려 실시하는 사례가 대부분이었다. 정부가 공공정책이나 사업을 추진하면서 공론의 장을 마련하고, 시민의 의견을 수렴하여 반영하는 것은 매우 바람직한 현상이다. 그러나 갈등이 이미 첨예하게 대립하거나 공론화를 저해할 만한 상황요인이 발생한 경우에는 공론화가 또 다른 갈등을 야기할 가능성도 적지 않다. 해당 이슈가 공론화 대상 의제로 적합한지, 공론화 설계 절차와 방식 등에 대한 객관적이고 중립적인 판단도 필요하다. 최근에 각 지자체마다 공론화를 유행처럼 시행하고 있는 상황에서 다양한 공론화 기법과 절차설계 등 전문성을 보완할 수 있는 국가적 차원의 공론화 기구의 설립이 절실한 시점이라고 할 수 있다.

신고리 5 · 6호기 사례에서도 총리 훈령으로 설치된 공론화위원회의 법적 근거에 대한 논란이 제기되었다.[185] '탈원전'을 천명한 정부가 공론화위원회를 발족함으로써 의제선정 등 위원회 운영의 독립성과 객관성 문제가 쟁점으로 부각되기도 했다. 이러한 연유 등으로 신고리 5 · 6호기 공론화위원회(2017a)와 검증위원회(2017)는 향후 중립적이고 독립적인 공론화 기구의 설립이 필요하다고 제언하였다.

더구나 현재 우리나라에는 공공갈등을 중립적인 위치에서 조정 · 해결할

---

185 20대 국회는 2017회계연도 결산에서 예비비로 운영된 신고리 5 · 6호기 공론화위원회가 총리 훈령으로 설치되어 법적 근거가 미약하고, 위원 선정의 타당성이 떨어지며 훈령이 정한 공론화위원회의 권한 범위를 넘는 권고를 하는 등 위원회 운영이 부적절하였다고 지적했다. 20대 국회는 또 "국무조정실은 총리 훈령을 통한 공론화위원회 설립을 지양하고, 훈령이 규정한 권한 범위를 넘는 권고를 제시하는 등의 문제점이 노정되어있는 공론화위원회의 설치 · 운영을 신중히 검토할 것"을 시정요구하였다.(국회 정무위원회, 2021)

수 있는 기구가 존재하지 않는 것도 문제이다. 환경 · 금융 · 노동 등 각 분야별 분쟁조정위원회는 정부부처 산하에 설치되어 독립성이 미약하고 그나마 사후해결기제여서 갈등예방기능이 취약하다. 특히 정부가 강한 의지로 추진하는 국책사업의 경우 자발적인 갈등예방 활동을 기대하기 어렵고, 갈등의 직간접적 이해당사자인 정부가 나서서 갈등을 해결하겠다는 것은 공정성과 신뢰성을 담보하기 어렵기 때문에 한계에 봉착할 수밖에 없다.

문재인 대통령의 탈원전정책과 이명박 대통령의 4대강 사업이 여실히 말해 주듯이, 대선 공약으로 확정된 주요 국정과제나 대규모 국책사업을 정부가 일방적으로 추진하는 과정에서 찬반진영 간의 극단적인 대결로 국론분열과 사회적 혼란을 야기한 사례가 적지 않았다. 정부 관료들은 대선 공약으로 제시된 국정과제나 공공사업에 대해서는 국민적 동의를 얻은 것으로 간주하고 예비타당성조사를 소홀히 하는 등 사업을 강행한 경우도 있었다. 그러나 국민들이 대선 공약에 모두 동의했다고 보기도 어려울 것이며, 대통령에게도 자신의 공약에 발목이 잡히지 않도록 '출구전략'이 필요할 수도 있을 것이다.

이처럼 사회적 합의 부재로 인한 갈등을 해결하기 위해서는 정부 주도가 아닌 공정하고 중립적인 기구를 통해 합의를 도출할 수 있는 제도적 장치가 마련되어야 한다. 프랑스의 국가공공토론위원회(CNDP)와 같은 독립적인 공론화 기구를 설립하자는 논의에는 이러한 상황인식이 내재되어있다.(정정화, 2012)

국가공론화위원회 설립에 대해서는 19대, 20대 국회에서도 여러 차례 관런 법안이 발의되었으나 큰 관심을 끌지 못하였다.[186] 21대 국회에서 정부안으로 2020년 12월 발의된 「갈등관리기본법 제정법률안」에는 국무총리 소속의 공론화대상선정위원회(4장)와 공론화위원회(5장) 설치를 규정하고 있다.[187] 동 법률안에 따르면, 필자가 언급한 국가공론화위원회에 해당하는 '공론화대상선정위원회'는 특정사안에 대한 공론화 실시 여부와 공론화위원회 구성 등의 역할을 하게 되며, 위원은 11~15인으로 임기 2년이며 국무총리가 위촉하도록 되어있다(법률안 제25조, 제25조). 프랑스의 CPDP와 유사하게 설계된 동 법률안의 '공론화위원회'는 특정 의제별 공론화 방식, 의제별 공론화 진행, 이해관계자 의견수렴 활동 등을 심의 · 의결하는 한시기구로 6~10인의 민간위원으로 구성된다. 공론화 기간은 6개월이며 1회에 한하여 6개월 이내에서 연장할 수 있도록 하였다.[188]

송재호 의원이 대표 발의한 「갈등관리기본법안」(2020. 8. 21.) 에도 국가

---

186 19대 국회에서 발의된 공론화 주관기구 설립과 관련된 법률안(대표 발의자)은 「국가공론위원회법안」(김동완 의원, 2012. 8. 29.), 「국책사업 국민토론위원회의 설립 및 운영에 관한 법률안」(부좌현 의원, 2013. 2. 4.) 이 있다. 20대 국회에서는 「국책사업 갈등조정토론위원회의 설립 및 운영에 관한 법률안」(박정 의원, 2017. 2. 3.), 「국가공론위원회의 설립 및 예방에 관한 법률안」(전해철 의원, 2017. 11. 15.) 등이 있었으나 임기만료로 모두 폐기되었다.(국회 정무위원회, 2021)

187 정부안은 프랑스의 CNDP와 CPDP를 모델로 한 것으로 공공갈등을 해결하기 위한 국가갈등조정기구로서의 역할을 강조하고 있다. 현재 대통령령으로 실시하고 있는 갈등영향분석, 갈등관리심의위원회 및 갈등조정협의회 구성 · 운영, 갈등관리지원센터의 지정 · 운영 등을 법제화한 것으로 중앙행정기관의 공공갈등 예방과 해결에 대한 역할과 책무를 강화한 것으로 볼 수 있다.

188 정부안 제39조(여론조사를 위한 휴대전화 가상번호 제공)에는 공론화 의제에 관한 국민 의견을 수렴하기 위한 여론조사 과정에서 업무의 효율성 제고 및 예산 절감 등을 위해 휴대전화 가상번호를 활용할 수 있도록 규정한 것이 특징이다.(국회 정무위원회, 2021)

공론위원회의 설치를 규정하고 있다. 동 법률안 제23조(국가공론위원회의 설치)는 "국방, 외교, 안보 등 국가안보와 관련된 공공정책을 제외하고 대통령령으로 정하는 국가정책과 사업에 대한 사회적 합의를 도모하기 위해 국무총리 소속의 공론화위원회를 둘 수 있다"고 명시하고 있다. 이밖에 용혜인 의원이 대표 발의한 「기본소득공론화위원회 설치 및 운영에 관한 법률안」(2020. 12. 22.)은 기본소득이라는 특정 의제만을 대상으로 하고 있다.

3) 국가공론화위원회의 구성 및 지위

공론화 주관기구의 설치 및 법적 지위는 △독립행정기관, △국회 산하기구, △대통령 직속기구, △국무총리 소속 등의 방안을 검토할 수 있다.(은재호 2010; 정정화, 2012) 첫째, 독립행정기관은 정부나 국회 등 권력기관으로부터 독립성을 강화하기 위해 별도의 독립적인 행정기구로 설치하는 방안이다. 프랑스의 국가공공토론위원회(CNDP)와 영국의 방폐물관리위원회(CoRWM)가 대표적인 모델이다.[189] 20대 국회에서 박정 의원이 대표 발의한 「국책사업 갈등조정토론위원회의 설립 및 운영에 관한 법률안」(2017. 2. 3.) 도 별도의 소속기관 없이 독립적으로 수행할 수 있도록 규정하였다(법률안 제5조 2항). 해외 사례나 박정 의원안처럼 독립위원회 설치가 가장 바람직한 방안이지만, 정부조직 신설에 대한 정치적 · 행정적 부담과 각계각층의 이해조정 기

---

189 프랑스의 CNDP는 1997년 환경개발부 산하 조직으로 설치된 이후 2002년 「풀뿌리 민주주의 관련법」에 의해 독립 행정기구로 승격되었다. 이 같은 조직개편은 행정부처로부터의 독립성 확보뿐만 아니라 입법부, 사업부, 이해관계자 등으로부터도 완전히 독립된 입지를 보장한다는 의미이다.

능을 총괄하고 있는 국회의 위상 문제와 관련해서 정치권의 반대가 예상된다.

둘째, 국회 산하기구로 설치하는 방안은 행정부에 대한 견제 역할과 국민의 대표성을 확보하고 있다는 것이 장점이다. 독일 연방하원에 설치된 '고준위 방사성폐기물 처분위원회'(EndKo)가 대표적인 모델이다. 이 방안은 국회에서 정치적 이해관계의 대립으로 인한 갈등으로 원활한 운영이 어려울 수 있고, 특정 이슈를 놓고 국회와 행정부 간의 대립양상으로 비춰질 수도 있다는 것이 단점이다. 이러한 문제점을 고려해 독일의 처분위원회(EndKo)는 위원으로 참여한 연방상원 및 하원의원에 대해서는 의결권을 부여하지 않았다.

셋째, 대통령 직속기구로 설치하는 방안은 정부부처 간 영역 다툼에서 벗어나 갈등조정이 용이하고, 대통령의 의지에 따라 위원회의 위상 제고와 원활한 운영을 담보할 수 있다는 것이 장점이다. 현실적으로 독립 행정기구 또는 국회 소속으로 설치하는 방안이 어려울 경우에 차선책으로 대통령 직속기구로 설치하는 방안이 독립성과 중립성 확보에 유리할 것으로 판단된다. 그러나 대통령의 선거공약으로 추진된 사업에 대해서는 여전히 중립성과 공정성 문제가 제기될 수 있다.

넷째, 국무총리 소속의 자문기구 형태로 설치하는 방안은 21대 국회에 계류 중인 정부안과 송재호 의원안이 동일한 입장을 취하고 있다. 20대 국회에서 전해철 의원이 대표 발의한 「국가공론위원회의 설립 및 예방에 관한 법률안」(2017. 11. 15.) 도 국무총리 소속으로 규정하되 그 권한에 속하는 업무를 독립적으로 수행한다고 명시하였다(법률안 제4조). 국무총리 소속은 실현가능성이 가장 높은 대안이지만, 정부부처의 영향으로부터 독립성과 중립성 확보가 미진하다는 것이 단점이다. 원자력진흥위원회와 원자력안전위원회,

신설이 논의되고 있는 '사용후핵연료 관리위원회'(가칭) 등 원자력 관련 기구가 모두 국무총리 소속이라는 점도 부담요소라고 할 수 있다.[190]

사용후핵연료 문제만을 다루는 공론화위원회를 설치할 경우에는 앞서 언급한 '사용후핵연료 관리위원회'(가칭) 산하의 임시조직으로 구성하는 방안도 가능하다. 사용후핵연료 관리정책을 심의 · 의결하는 위원회는 영국의 CoRWM이나 프랑스의 CNDP와 같이 전문가와 이해관계자 중심으로 구성하고, 관리위원회 산하에 공론화위원회를 구성해 역할을 분담하는 방안이다. 이와 함께 관리위원회 산하에 기술전문위원회(가칭)를 두어 전문성을 보완하는 방안도 필요할 것으로 보인다.

공론화위원회 위원 구성

위원 선정에 대해서는 21대 국회에 계류 중인 법률안에는 자격요건만 언급하고 추천기관 등에 대해서는 구체적으로 명시하지 않고 있다. 정부안은 공론화대상선정위원회 위원은 "공무원이 아닌 사람으로서 갈등관리 및 공론화에 관한 학식과 경험이 풍부하고, 선정위원회의 업무를 공정하고 중립적으로 수행할 수 있다고 인정되는 사람 중에서 국무총리가 위촉한다"고 규정하고 있다(법률안 제26조).

송재호 의원안도 국가공론위원회 구성에 대해 제24조에서 "갈등관리에

---

190 동일한 행정기관인 국무총리 소속하에 원자력안전과 진흥을 담당하는 기관이 설치되어있다는 문제점과 함께 원자력안전에 대한 중요성을 인식해 문재인 정부에는 원자력안전위원회의 지위를 대통령 소속으로 변경하는 방안이 국정과제로 추진되었으나 무산되었다.

풍부한 경험이 있고 위원회의 업무를 공정하고 중립적으로 수행할 수 있다고 인정되는 사람 중에서 국무총리가 위촉하고, 민간위원이 전체 위원의 과반수가 되도록 하여야 한다"고 규정하고 있다. 동 법률안은 국가공론위원회에서 의결한 사안별 공론화위원회의 구성 및 운영 등에 대해서는 대통령령으로 위임하였다(법률안 제28조).

공론화 주관기구의 독립성과 중립성을 확보하기 위해서는 해외 사례에서처럼 행정부, 국회, 대한민국시도지사협의회 등 다양한 주체가 선정위원을 추천할 수 있도록 보완이 필요하다. 정부안과 송재호 의원안에 비해 20대 국회에서 발의된 박정 의원안(2017. 2. 3.)에서는 △대통령 지명 3명, △국회 선출 4명, △대법원장 지명 3명으로 위원회를 구성하도록 하였다. 전해철 의원안(2017. 11. 15.)과 19대 국회에서 발의된 김동완 의원의 「국가공론위원회법안」(2012. 8. 29.)은 보다 다양한 주체들의 추천으로 구성하는 방안을 제시하였다. 전해철 · 김동완 의원안의 위원 구성방안은 △국회 선출 3명, △대통령 지명 3명, △대법원장 지명 3명, △지방 4단체 추천 각 1명, △갈등관리전문가 3명, △시민단체 3명으로 되어있다.(국회 정무위원회, 2021)

해외 사례

첫째, 프랑스의 국가공공토론위원회(CNDP)는 다양한 추천기관과 복잡한 임명 기관을 통해 위원을 구성하는 것이 특징이다. CNDP 위원 25명은 대통령이 위원장과 부위원장을 임명하고 추천기관은 △상 · 하원 각 1명, △지방의회 6명, △국참사원 1명, △대법원 1명, △회계감사원 1명, △관련 정부부처 2명, △환경단체 2명, △소비자단체 2명, △노동조합 2명, △기업체 2

명 등 국가기관과 시민사회의 13개 주요 기관들이 망라되어있다. 최종적으로 임명하는 기관도 대통령, 총리, 상 · 하원의장 등 권력기관으로 분산되어 있다. 이를 통해 공론화 주관기구의 독립성과 중립성을 '이중삼중'으로 확보하고 있다.(전홍찬, 2018)

둘째, 영국의 방폐물관리위원회(CoRWM)는 1999년 상원 과학기술위원회가 정부로부터 독립된 기구를 설치해 방사성폐기물 관리정책을 담당하도록 제안하였고, '국가 방사성폐기물 합의회의'(1999. 5.) 도 방사성폐기물 관리와 부지선정을 위한 중립 기구 설립을 정부에 권고함에 따라 2003년 독립기구로 발족되었다. CoRWM은 에너지기업전략부(BEIS)로부터 운영 자금을 지원받지만 프랑스의 CNDP와 같은 독립성을 보장받고 있다. 위원 13명은 사회과학자, 환경단체 인사, 기술적 전문가 등으로 구성되었고 공개모집 과정을 거쳐 선발되었다는 것이 특징이다.

셋째, 독일은 2013년 제정된 「고준위 방사성폐기물 처분장 부지선정법」(RSSA)에 따라 발족한 '고준위 폐기물 처분위원회'(EndKo)의 위원을 다음과 같이 구성하였다. △위원장 1명, △학계 8명, △시민사회계 8명(환경단체 · 종교단체 · 산업계 · 노동조합 각 2명), △연방하원 8명, △연방상원(주정부 대표) 8명 등 총 33명으로 이루어졌다. 위원장과 학계 및 시민사회계 위원은 연방하원과 연방참사원(상원)의 후보자 추천으로 선출하였고 사무국은 연방하원에 설치되었다. 정치권을 대표해 참여한 연방하원의원과 주정부 대표(상원의원)에게는 의결권을 부여하지 않고 의견만 개진할 수 있도록 위원 권한을 제한한 것이 특징이다.(문병효, 2017)

| 참고문헌 |

◇ 국내 방폐장

김경동 · 심익섭(2016), 공공갈등과 방폐장 입지사례연구: IAD를 통한 경주와 부안의 비교사례 분석. 「한국지방자치학회보」, 28(4): 103-127.

김경신 · 윤순진(2014), 중 · 저준위 방사성폐기물 처분장 입지선정과정에 나타난 위험, 이익인식과 입지 수용성 분석: 부안과 경주의 설치, 유치지역을 중심으로". 「한국정책학회보」, 23(1): 313-342.

김길수(2004), 정책집행과정에서 주민저항 사례연구: 부안 방폐장 부지선정을 중심으로". 「한국정책학회보」, 13(5): 159-184.

김대경(2020), 탈원전 논쟁, 제대로 이해하면 필요 없다. 「여시재」, 인사이트/지속가능성.

김도희(2006), 방폐장 입지정책에서 나타난 '주민투표제'의 문제점과 개선방안: 울산시와 경주시의 정책 갈등을 중심으로. 「지방정부연구」, 10(4): 91-111.

김명자 · 김효민(2014), 「사용후핵연료 딜레마」, 서울: 까치.

김상돈 · 정광섭(2004), 위험시설 입지정책의 딜레마 상황구조와 행위에 관한 연구: 안면도와 부안사례의 비교연구. 「한국행정연구」, 13(4): 92-121.

김영종(2005), 방폐장 입지선정과정의 정책네트워크 분석: 경주지역 유치활동을 중심으로. 「한국정책과학학회보」, 9(4): 287-316.

김재광(2020), 고준위방사성폐기물 관리시설 부지선정의 사회적 수용성 제고를 위한 법적 과제. 「서울法學」, 27(4): 415-455.

김종천(2016), 사용후핵연료 관리를 위한 국가의 입법적 과제. 「중앙법학」, 18(2): 7-59.

김철규 · 조성익(2004), 핵폐기장 갈등의 구조와 동학. 「경제와 사회」, 63: 12-38.

김혜정(2011), 후쿠시마 이후의 한국 반핵운동과 시민사회의 역할. 「시민과 세계」, 19:136-150.

노진철(2004), 위험시설 입지정책결정과 위험갈등 : 부안 방사성폐기물 처분장 입지선정을 중심으로. 「ECO」, 6: 188-219.

문병효(2017), 고준위 방사성폐기물 관리시설 부지선정절차 및 유치지역지원에 관한 법률안에 관한 검토. 「환경법연구」, 39(1): 209-239.

민주사회를 위한 변호사 모임(2005), 방폐장 주민투표 불법 · 부정 관권개입 진상조사결과발표 기자회견

자료집.
박순애 · 이지한(2005), 반복된 정책실패: 방사성폐기물 처분장 입지정책의 재조명. 「환경정책」, 13(2): 63-98.
박재묵(1995), 지역반핵운동과 주민참여: 4개 지역 원자력시설 반대운동 비교. 서울대학교 박사학위논문.
서울대학교 인구 및 발전문제연구소(1991), 「방사성폐기물 처분 부지확보 및 지역협력방안 연구」.
서울시립대학교(2001), 「방사성폐기물 처분장 입지선정을 위한 갈등해결방안 연구」. 과학기술부.
오영석 · 왕서정(2016), 고준위방사성폐기물 관리방안의 주민수용성 결정요인 내용분석. 「지방정부연구」, 20(3): 155-172.
유웅조(2015), 한 · 미 원자력협정 개정의 주요 내용과 향후 과제. 국회입법조사처 「이슈와 논점」, 989호.
유재국(2017), 「사용후핵연료 관리정책의 쟁점과 과제」. 국회입법조사처 현안보고서.
유해운 · 오창택(1996), 비선호시설 입지접근방식의 분석: 한국과 일본의 방사성폐기물 처리시설의 입지반발사례를 중심으로. 「지방자치연구」, 8(2).
윤순진(2015), 우리나라 원전 거버넌스의 과제와 방향. 「환경법과 정책」, 14: 1-48.
_____(2006a), 환경정의 관점에서 본 중 · 저준위 방사성폐기물 처분장 입지선정과정. 「ECO」, 10(1): 7-42.
_____(2006b), 2005년 중 · 저준위 방사성폐기물 처분시설 추진과정과 반핵운동: 반핵운동의 환경변화와 반핵담론의 협소화. 「시민사회와 NGO」, 4(1): 277-311.
이상현(2019), 한미 원자력 협력: 원자력 이용개발 협력 이슈와 쟁점. 「국가전략」, 25(4): 67-107.
이상팔(1995), 지역주민의 위험정책수용에 관한 연구: 원자력폐기물 처분장 수용과정에서 나타난 행위자, 제도, 지역공동체의 영향을 중심으로. 고려대학교 박사학위논문.
이수장(2001), 기피시설 입지선정에 있어 합의형성방안: 방사성폐기물 처분장에 주목하면서. 「한국지방자치학회보」, 13(3): 179-204.
이영희(2017), 위험기술의 사회적 관리를 향하여?: 사용후핵연료 공론화위원회 활동의 평가. 「시민사회와 NGO」, 15(1): 153-184.
이원희(2020), 사용후핵연료 관리정책 결정과정에서 무의사결정에 관한 연구, 동국대학교 박사학위논문.
이종렬(1995), 핵폐기물처리장 입지선정과 주민갈등: 울진사례를 중심으로. 「한국행정학보」, 29(2): 379-396.
이헌석(2020a), 후쿠시마 핵발전소 사고 이후 한국 탈핵운동 전개와 과제. 한국탈핵에너지학회 창립기념세미나.
_____(2020b), 또다시 수렁에 빠져버린 사용후핵연료 문제. 「전기저널」, 2020. 8: 22-27.
_____(2014), 바람직한 사용후핵연료 공론화를 위한 시민사회의 제언. 「정부의 사용후핵연료 공론화, 제대로 되고 있나?」. 국회-시민사회 토론회자료집.
장정욱(2016), 「재처리와 고속로: 미래 한국의 과제, 핵폐기물을 말한다」. 경향신문사.
전홍찬(2018), 사용후핵연료 공론화위원회의 운영 개선방안: 프랑스 경험이 주는 교훈을 바탕으로. 「사회과학연구」, 57(2): 259-294.
조 석(2005), 정책홍보 및 커뮤니케이션 전략: 방폐장 부지선정과정을 중심으로. 「정책&지식」 포럼, 227회.
조성경(2005), 핵폐기장 뒤집어보기: 도마(Defended Only My Area) 위에 오른 위험. 삼성경제연구소: SERI 에세이 021.
정일섭(2006), 주민투표제도에 대한 평가. 「한국지방자치학회보」, 18(4): 5-23.
정정화(2020), 사용후핵연료 갈등의 쟁점과 해법. 「정책&지식」 포럼 992회. 서울대학교 행정대학원 한국정책지식센터.
_____(2018), 공론화를 통한 사회적 합의형성의 성공조건. 「한국정책과학학회보」, 22(1): 101-124.
_____(2015), 공공갈등에 대한 국민의식과 정부의 대응방식: 위험시설 입지갈등을 중심으로. 서울행정학회 춘계학술대회 발표논문.
_____(2012a), 주민투표제도의 운영실태와 개선방안. 「한국지방자치학회보」, 24(4):89-113.
_____(2007a), 위험시설 입지정책결정의 합리성: 방폐장 입지선정 사례를 중심으로. 「지방정부연구」, 11(2): 153-174.
_____(2007b), 환경갈등과 언론: 부안 방폐장에 대한 이해집단과 미디어 프레임 비교분석. 「한국정책학회보」, 16(3): 177-208.
정주용(2008), 정책수용성 급반전현상에 관한 연구: 방사성폐기물 처리장 입지정책을 중심으로. 고려대학교 박사학위논문.
정태석(2012), 방폐장 입지과정에서 전문성의 정치와 과학기술적 안전성 담론의 균열. 「경제와 사회」, 93: 72-103.
주성수(2007), '주민투표'는 환경갈등 해결의 대안인가?: 방사성폐기물 처리장 주민투표 평가. 「경제와 사회」, 75: 229-250.
주지은 · 윤미래 · 김수은 · 이태준(2019), 정부정책이 기술개발에 미치는 영향: 사용후핵연료 관리 분야를 중심으로. 한국기술혁신학회 학술대회 자료집.
차성수 · 민은주(2006), 방폐장 부지선정을 둘러싼 갈등과 민주주의. 「ECO」, 10(1): 43-70.
채경석(2003), 지방의 정치화와 지방정부의 집행대응: 원자력발전소 집행사례분석. 「한국지방자치학회보」, 15(4): 155-173.
최미옥(2005), 방폐장 입지선정과 지방정부의 역량: 부안 위도사례를 중심으로. 「한국지방자치학회보」, 17(3): 115-133.
_____(1997), 핵폐기물 처분장 입지선정과정상의 주민반응과 정책수용방안에 관한 경험적 연구: 덕적, 장안 지역을 중심으로. 국민대학교 박사학위논문.
최병호 · 이근재(2015), 사용후핵연료 저장에 대한 과세방안: 지역자원시설세 개편을 중심으로. 「경제연구」, 33(1): 39-73.
최봉기(2006), 중앙정부에 의한 지역간 경쟁적 주민투표제도의 개선과제. 「한국지방자치학회보」, 18(2): 5-26.
최연홍 · 오영민(2004), 정책 수용성의 시간적 변화: 위도 방사성폐기물 처분장 입지갈등사례. 「한국정책학회보」, 13(1): 297-319.
하민철(1998), 조직의 환경설정에 따른 조직의 행동전략의 변화: 공해추방운동연합과 환경운동연합을 중심으로. 고려대학교 석사학위논문
하승수(2004), 부안 주민투표의 경과와 의의, 향후 발전방향.「도시와 빈곤」, 67: 130-159.
하승우(2006), 정부의 주민투표제도 악용과 시민사회의 역할.「시민사회와 NGO」, 4(2): 37-75.
핵폐기장백지화 · 핵발전추방 범부안군민대책위원회(2005),「부안 핵폐기장 관련 경과보고」.
한상진(2005), 환경갈등의 해결을 위한 환경거버넌스 형성과 숙의민주주의의 시도: 울산 북구 음식물자원화시설 입지를 둘러싼 시민배심원제도 도입의 사례.「ECO」, 8: 139-164.
홍두승(2016), 사용후핵연료 공론화의 평가와 과제.「정책&지식」 포럼 820회. 서울대학교 행정대학원 한국정책지식센터.

◇ **해외 방폐장**

고준위핵폐기물전국회의 · 그린피스 · 에너지시민연대(2019), 고준위 핵폐기물 해외 사례와 국내 쟁점 정책토론회.
김민훈(2013), 핀란드의 고준위방사성폐기물 관리법제.「법학연구」, 54(2): 1-26.
김정인(2018), 공론화에 대한 이론적 논의와 적용: 일본의 에너지 · 환경 공론화 사례를 중심으로.「한국거버넌스학회보」, 25(1): 65-93.
김형준(2010), 미국 유카마운틴 프로젝트와 블루리본위원회 활동.「원자력산업」, 30(4): 51-69.
박원재(2006), 사용후핵연료 관리정책과 국제 동향.「방사성폐기물학회지」, 4(3): 285: 299.
박재근 · 장현주 · 은재호(2014), 프랑스 국가공론위원회 설립에 관한 연구: 프랑스 공공토론위원회(CNDP)의 한국 내 도입을 위한 탐색적 연구.「한국비교정부학보」, 18(1): 229-254.
송하중 · 고대유(2018), 사용후핵연료 처분시설의 입지선정과 관련 정책수립에 관한 연구. 한국정책학회 2018년 춘계학술대회.
송하중 · 배광빈 · 문승민(2019), 사회적 자본이 사용후핵연료 처리과정에 미치는 영향에 관한 연구. 미래사회에너지정책연구원.
양의석 · 임지영 · 김아름 · 김비아(2018), 일본 에너지정책 방향 전환 모색과 시사점. 세계 에너지시장 인사이트 18-21: 1-16.
스크립펙, 유르겐(Skrzyppek, Jürgen. 2017), 독일의 사용후핵연료 관리를 위한 국민 수용성 증진 사례, 2017 한국원자력연차대회.
윤혜선(2015), 고준위방사성폐기물 처분을 위한 독일의 혁신적인 방법론 고찰.「강원법학」, 45: 353-392.
은재호(2017), 국가공론위원회 설립 및 운영방안.「ISSUE PAPER」, 통권 56호.
_____(2010), 프랑스 국가공공토론위원회 개관. 국무총리실 보고서.
이대연 · 한지혜 · 김유정 · 김우석(2018), 세계 사용후핵연료 관리현황과 문제점.「세계 원전시장 인사

이트」, 20181130.
이영희(2017), 사용후핵연료 공론화: 해외 사례, 정의당 생태에너지본부 주최 발표자료집.
_____(2013), 고준위 핵폐기물 관리를 위한 사회적 의사결정과 전문성의 정치: 한국과 스웨덴의 비교. 「동향과 전망」, 88: 249-289.
_____(2010), 「핵폐기물 관리체제의 국제비교: 기술관료적 패러다임 대 과학기술사회론적 패러다임. 「경제와 사회」, 85: 67-92.
이종영(2014), 독일 방사성폐기물 영구처분시설 부지의 탐사와 선정에 관한 법률. 「중앙법학」, 16(3): 183-217.
임동진(2016), 원자력 방폐장 입지갈등의 국제비교 및 정책적 시사점: 한국, 스웨덴 및 핀란드 사례를 중심으로. 「한국지방자치학회보」, 28(4): 25-50.
장선영 · 황용수(2014), 해외 사용후핵연료 관리정책 기조. 「환경정책」, 22(3): 167-189.
정현숙(2015), 일본의 핵폐기물 문제 해결을 위한 사회적 공론화. 「비교일본학」, 35: 41-61.
전재완 · 최동원 · 김성진(2014), 「환경 · 에너지 시설의 입지문제 해결방안」. 산업연구원 연구보고서.
전홍찬(2019), 「새로운 공론화 모형의 탐색 및 개발: 미래 사용후핵연료 문제 해결을 중심으로」. 미래사회에너지정책연구원.
정익철(2014), 한국 사용후핵연료 공론화 진단과 전망. 국회-시민사회 토론회.
정지범(2010), 입지정책 분야에서의 갈등과 조정: 경주 방폐장과 스웨덴 방폐장 사례 비교 연구. 「행정논총」, 48(4): 145-169.
진상현(2013), 「해외 원자력발전 및 방사성폐기물 처리관련 규제의 사례 연구」. 국회예산정책처.
최종민(2020), 일본 고준위방사성폐기물 처분장 선정 과정의 문제점: 숫츠쵸(寿都町)의 응모 사례를 중심으로. 한국환경사회학회 학술대회 자료집.
최지영(2018), 참여정책분석의 성공요인에 관한 연구: 영국과 한국의 사용후핵연료 정책사례 분석을 중심으로. 충남대학교 박사학위논문.
타카노 사토시(2017), 사용후핵연료 정책과정에 대한 정책네트워크 분석: 고준위방사성폐기물 관리절차법의 제정을 중심으로. 경북대학교 석사학위논문.
한국원자력산업회의(2018), 2018 세계 원자력발전의 현황과 동향.
_____(2017), 해외 정책 리포트: 고준위 방사성폐기물 대책. 「원자력산업」, 37(7): 98-101.
_____(2016), 해외 정보: 영국의 고준위폐기물 영구처분 계획. 「원자력산업」, 36(5): 61-66.
_____(2015), 일본의 고준위폐기물 처분 프로그램 추진 현황. 「원자력산업」, 35(8): 85-89.
함철훈 · 장용석(2018), 「사용후핵연료론: 정책과 법제」. 고양: 화산미디어.
황용수(2007), 「선진국의 원자력산업 갈등관리 방안 연구」. 한국원자력연구원.
황용수 · 김연옥 · 황주호(2008), 사용후핵연료 관리를 위한 캐나다 공론화 방안. 「방사성폐기물학회지」, 16(3): 179-187.

AkEnd(Arbeitskreis Auswahlverfahren Endlagerstandorte, 2002), Site Selection Procedure for Repository Sites. Recommendations of the AkEnd.

ANDRA(Agence Nationale pour la gestion des Déchets Radioactifs, 2013), High-Level Radioactive Waste Management.

Appel, Detlef(2006), Historical background of decision making for repository projects in Germany: The Gorleben case -example for missing participation of stakeholders, NEA ed., *In Disposal of radioactive waste: Forming a new approach in Germany*. Paris: OECD.

BEIS(Department for Business, Energy & Industrial Strategy, 2018a), CONSULTATION: National Policy Statement For Geological Disposal Infrastructure. Implementing Geological Disposal.

_____(Department for Business, Energy & Industrial Strategy. 2018b), I M P L E M E N T I N G GEOLOGICAL DISPOSAL - WORKING WITH COMMUNITIES: An updated framework for the long-term management of higher activity radioactive waste.

Bergmans, A. ,Sundqvist, G. , Kos, D. , & Simmons, P.(2015), The participatory turn in radioactive waste management deliberation and the social-technical divide. *Journal of risk research*, 18(3): 347~363.

BRC(Blue Ribbon Commission, 2012), The Blue Ribbon Commission on America's Nuclear Future; Report to the Secretary of Energy.

CNDP(Commission Nnationale du Débat Public, 2018), Rapport Annuel 2017.

_____(2010), Brochure in English(Background and Mandate).

CoRWM(Committee on Radioactive Waste Management, 2006), Managing our Radioactive Waste Safely: CoRWM's recommendations to Government.

_____(2007), Implementing a partnership approach to radioactive waste management - Report to Government, April 2007.

DECC(Department of Energy & Climate Change, 2014), Implementing Geological Disposal: A Framework for the long-term management of higher activity radioactive waste. July 2014.

DEFRA(Department for Environment, Food and Rural Affairs. 2008), Managing Radioactive Waste Safely: A Framework for Implementing Geological Disposal.

DOE(Department of Energy, 2013), The Strategy for the Management and Disposal of Used Nuclear Fuel and High-Level Radioactive Waste.

Endres, Danielle(2012), Sacred Land or National Sacrifice Zone: The Role of Values in the Yucca Mountain Participation Process, Environmental Communication A Journal of Nature and Culture, 6(3): 328-345.

Fischer, F.(1990), Technocracy and the Politics of Expertise. London: Sage.

Haury, Heinz Jörg(2006), Overview of the work and recommendations of the recent AkEnd Committee. In Disposal of radioactive waste: Forming a new approach in Germany(ed. NEA). Paris: OECD.

Hocke, P. , Renn, O.(2009), Concerned public and the paralysis of decision-making: nuclear

waste management policy in Germany, Journal of Risk Research, 12(7-8): 921-940.
IAEA(2009), Classification of Radioactive Waste, IAEA Safety Standards for protecting people and the environment, General Safety Guide. No. GSG-1.
Lehtonen, Markku(2010), Opening Up or Closing Down Radioactive Waste Management Policy - Finland, France, and the United Kingdom. Risk, Hazards & Crisis in Public Policy, 1(4): 139-179.
Litmanen, T. , Kojo, M. , & Nurmi, A.(2012), Socio-Technical Challenges of Finland's Nuclear Waste Policy: Discussion of the Techno-Scientific Community on the Geological Disposal of Spent Nuclear Fuel. Risk, Hazards & Crisis in Public Policy, 3(3): 83-103.
Litmanen, T. , Kari, M. , Kojo, M. , & Solomon, B. D.(2017), Is there a Nordic model of final disposal of spent nuclear fuel? Governance insights from Finland and Sweden. Energy research & social science, 25: 19-30.
OECD/NEA(1995), The Environment and Ethical Basis of the Geological Disposal of Long-Lived Radioactive Waste: A Collective Opinion of the Radioactive Waste Management Committee of the OECD Nuclear Energy Agency.

小池拓自(2015), 高レベル放射性廃棄物処分の課題 使用済燃料・ガラス固化体の地層処分. レファレンス, 12: 59-88
西郷貴洋, 小松崎俊作, 堀井秀之(2010), 高知県東洋町における高レベル放射性廃棄物処分地決定に係る紛争の対立要因と解決策, 「社会技術研究論文集」, 7: 87-98.
日本学術会議(2015), 高レベル放射性廃棄物の処分に関する政策提言 - 国民的合意形成に向けた暫定保管. 高レベル放射性廃棄物の処分に関するフォローアップ検討委員会.
_____(2012),「高レベル放射性廃棄物の処分について」.

◇ 정부 · 위원회 간행물

고준위방사성폐기물 관리정책 재검토준비단(2018), 「고준위방사성폐기물 관리정책 재검토의 성공적 추진을 위한 정책건의서」.

국회 정무위원회(2021), 「갈등관리기본법안 검토보고서」. 국회.

사용후핵연료 공론화위원회(2016), 「사용후핵연료 공론화, 609일간의 기록」.

_____(2015a), 「사용후핵연료 관리에 대한 권고안」.

_____(2015b), 「사용후핵연료 관리방안에 대한 공론조사결과」.

_____(2015c), 「주제별 의견수렴 결과 요약」.

_____(2015d), 「사용후핵연료 국민인식조사」. 한국리서치.

_____(2015e), 「공론화 의견수렴 자료집 부록」.

_____(2015f), 「사용후핵연료 공론화 의견수렴 자료집」.

_____(2014a). 「사용후핵연료 공론화 실행계획」.

_____(2014b). 「국외 사용후핵연료 관리시설 탐방보고서」.

사용후핵연료 공론화위원회 전문가검토그룹(2014), 「사용후핵연료 관리방안에 관한 이슈 및 검토의견서」.

사용후핵연료 공론화 TF(2008), 「사용후핵연료 공론화를 위한 권고보고서」.

사용후핵연료 관리정책 재검토위원회(2021), 「사용후핵연료 관리정책에 대한 권고안」.

_____(2020a), 「전문가검토그룹 논의결과보고서」.

_____(2020b), 「숙의자료집」.

사용후핵연료 정책포럼(2012), 「사용후핵연료 관리정책 수립과 공론화를 위한 권고」.

산업통상자원부(2016), 「고준위방사성폐기물 관리 기본계획」.

신고리 5 · 6호기 공론화위원회(2017a), 「숙의와 경청, 그 여정의 기록: 신고리 5 · 6호기 공론화 백서」.

_____(2017b), 「신고리 5 · 6호기 공론화 시민참여형조사 보고서」.

신고리 5·6호기 공론화검증위원회(2017), 「신고리 5·6호기 공론화 검증위원회 검증보고서」.

산업자원부 · 한국수력원자력(2004/2005), 「원자력백서」. 원자력환경관리센터(1992), 「방사성폐기물 관리사업 종합보고서: 1986-1991」. 지식경제부(2012), 사용후핵연료 관리대책 추진계획(안).

한국원자력연구소(2001), 「한국원자력연구소 40년사」. 대전: 한국원자력연구소.

_____(1995), 「방사성폐기물관리시설지구 입지검토보고서」.

한국원자력환경공단(2021/2020/2019), 고준위방폐물 관리사업 해외동향.

_____(2016), 「사용후핵연료 이야기 70」.

◇ 공공갈등 및 공론화

강윤재(2012), 원전사고와 위험커뮤니케이션, 전문성의 정치: 후쿠시마 원전사고를 중심으로. 「공학교육연구」, 15(1): 35-44.

김대영(2004), 공론화를 위한 정치평론의 두 전략: 비판전략과 매개전략. 「한국정치학회보」, 38(2): 117-141.

김명식(2004), 롤즈의 공적 이성과 심의민주주의. 「철학연구」, 65: 261-279.

김 렬 · 고재경(1996), 환경정책결정과정에서의 정치적 합리성: 주민참여 형태와 정부 대응방식을 중심으로. 「한국행정학보」, 30(4): 91-104.

김서용 · 조성은 · 김선희(2006), 위험과 편익 사이에서: 방폐장 수용성의 결정요인에 대한 분석. 「한국행정연구」, 15(3): 297-330.

김정숙 · 조윤직(2020), 신뢰받는 정부의 특징. 「한국행정학보」, 54(4): 199-232.

김주성(2008), 심의민주주의인가, 참여민주주의인가?. 「한국정치학회보」, 42(4): 5-32.

김태일(2016), 적극적 중립: 경제구조 변화에 대한 대응. 「정부학연구」, 22(2): 51-79.

김학린 · 이강원(2017), 갈등해결과 공론화 활용방안: 신고리 5 · 6호기 공론화위원회의 경험과 성찰을 중심으로. 한국갈등학회 공론화기획세미나 발표자료.

김항규(1995), 정책결정과정에서의 정치적 합리성 확보방안에 관한 연구. 「한국행정학보」, 29(3): 681-698.

김환석(2010), 과학기술 민주화의 이론과 실천: 시민참여를 중심으로. 「경제와 사회」, 85: 12-39.

문태현(2010), 심의민주주의적 정책결정의 논리와 한계. 「한국행정논집」, 22(3): 629-650.

박승관(2000), 숙의민주주의와 시민성의 의미. 「한국언론회보」, 45(1): 162-194.

박광국(2021), 차기 정부 조직개편의 방향과 과제. 「정책&지식」 포럼 1011회, 서울대학교 행정대학원 한국정책지식센터.

백완기(1983), 합리성에 관한 소고. 「한국정치학회보」, 17: 395-414.

심은정 · 김위근(2016), 우리나라 원전에 대한 신문보도 프레임 변화 연구: 일본 후쿠시마 원전사고 전후 비교. 「한국언론정보학보」, 76: 124-150.

오현철(2007), 민주주의의 새로운 공간: 한국 공론장의 대안적 발전 모델을 중심으로. 「한국정학회보」, 41(2): 77-98.

_____2006), 토의민주주의 이론의 쟁점. 「한국정치학회보」, 40(5): 43-63.

유재국(2017), 「사용후핵연료 관리정책의 쟁점과 과제」. 국회입법조사처 현안보고서.

윤순진(2005), 공공참여적 에너지 거버넌스의 모색: 전력정책에 대한 시민합의회의 사례에 대한 평가를 바탕으로. 「한국사회와 행정연구」, 15(4): 121-153.

윤영철 · 송현진 · 강기호 · 박민아(2010), 숙의민주주의를 위한 온라인 토론의 조건: 평가지표를 적용한 온라인 토론 비교분석. 「사이버커뮤니케이션학보」, 27(2): 121-172.

은재호(2017), 국가공론위원회 설립 및 운영방안. 한국행정연구원 이슈페이퍼, 통권 56호.

_____(2009), 참여적 의사결정기법의 제약요인 연구. 「한국정책학회보」, 18(2): 97-128.

이종범(2005), 불확실성, 모호성과 딜레마 상황에서 절차적 합리성의 탐색.「행정논총」, 43(4): 1-26.
이민웅(2005), 숙의민주주의 4차원과 언론 역할.「한국언론회보」, 49(6): 342-372.
이영희(2012), 전문성의 정치와 사회운동: 의미와 유형.「경제와 사회」, 93: 13-41.
이하영 · 강혜진(2020). 정부신뢰 제고를 위한 새로운 접근.「한국행정학보」, 54(4): 233-262.
임동진 · 김재일(2010),「중앙정부의 공공갈등관리 실태분석 및 효과적인 갈등관리 방안 연구」. 한국행정연구원.
임의영(2006), 합리성의 행정철학적 논의구조와 H. A. Simon의 합리성 개념.「한국행정논집」, 18(4): 981-1002.
정규호(2005), 심의민주주의적 의사결정논리의 특성과 함의.「시민사회와 NGO」, 3(1): 29-54.
정정길 외(2003),「정책학원론」. 서울: 대명출판사.
정정화(2015), 원전 건설의 주민수용성: 삼척 신규원전 갈등사례를 중심으로.「한국사회와 행정연구」, 26(3): 167-199.
_____(2012b), 공공갈등 예방을 위한 제도적 접근: 공공토론제도의 도입을 중심으로.「한국 정책연구」, 12(2): 311-336.
_____(2011a), 공공갈등과 합의형성: 심의민주주의 방식의 적용과 한계.「한국행정논집」, 23(2): 577-604.
_____(2011b), 한국사회의 갈등구조와 공공갈등: 국책사업 갈등사례를 중심으로.「한국사회와 행정연구」, 22(3): 1-27.
_____(1998), 입지정책결정요인과 과정에 관한 연구: 첨단산업단지를 중심으로. 서울대학교 박사학위논문.
정태석(2012), 방폐장 입지선정에서 전문성의 정치와 과학기술적 안전성 담론의 균열.「경제와 사회」, 93: 72-103.
지속가능발전위원회(2005),「공공갈등관리의 이론과 기법」. 서울: 논형.
진상현(2014), 원자력 전문가와 일반인의 인식 격차 분석.「한국정책과학학회보」, 18(4): 149-173.
참여연대시민과학센터(편)(2002),「과학기술 · 환경 · 시민참여」. 서울: 한울아카데미.
채종헌(2017),「공론화 절차 활성화를 통한 정책수용성 제고 및 사회통합 증진에 관한 연구」. 한국행정연구원.
채종헌 · 정지범 · 서성아 · 이현철(2010),「고준위 방사성 폐기물 처리시설 정책의 공론화와 갈등예방에 관한 연구」. 한국행정연구원.
최상옥(2016), 뉴노멀시대 신공공성 탐색.「정부학연구」, 22(2): 5-25.
최종원(1995), 합리성과 정책연구.「한국정책학회보」, 4(2): 131-160.
하동현(2017), 한국과 일본의 공론조사 사례비교. 한국갈등학회 공론화 기획세미나 발표자료.
하연섭 외(2006), 사회의사결정 구조의 개선: 담론구조와 틀 짓기 개념을 중심으로. 한국행정학회 동계학술대회 발표논문집.

Bachrach, Peter and Baratz, Morton S.(1962), Two Faces of Power. The American Political

Science Review, 56(4): 947-952.

Benhabib, S.(1996), Toward a Deliberative Model of Democratic Legitimacy. In S. Benhabib(ed.), Democracy and Difference: Contesting the Boundaries of Political. Princeton, NJ: Princeton University Press.

Cohen, J.(1997), Deliberation and Democratic Legitimacy. In J. Bohman & W. Rehg(eds.), Deliberative Democracy: Essays on Reason and Politics. Cambridge, MA: MIT Press.

Cunningham, Frank(2002), Theories of Democracy: A Critical Introduction. London and New York, Routledge.

Diesing, Paul(1962), Reason in Society: Five Types of Decisions in their Social Context. Urbana: University of Illinois.

Dryzek, John S. and Goodin, Robert E.(2006), Deliberative Impacts: The Macro-Political Uptake of Mini-Publics. Political and Society, 34(2).

Dryzek, John S.(2000), Deliberative Democracy and Beyond: Liberals, Critics, Contestations. Oxford: Oxford University Press.

Elster, J.(ed.) (1998), Deliberative Democracy. Cambridge: Cambridge University Press.

Felicetti, A.(2017), Deliberative Democracy and Social Movement. New York, NY: Rowman & Littlefield.

Fishkin, J. S.(2009), When the People Speak: Deliberative Democracy and Public Consultation. New York, NY: Oxford University Press.

Fung, Archon & Wright, Erik O.(2001), Deepening Democracy: Institutional Innovations in Empowered Participatory Governance. Politics & Society, 29(1): 5-41.

Gambetta, Diego(1998), Claro!: An Essay on Discursive Machismo. In Jon Elster(ed.), eliberative Democracy. Cambridge: Cambridge University Press.

Gould, Carol C.(1996), Diversity and Democracy: Representing Differences. In S. Benhabib(ed.), Democracy and Difference: Contesting the Boundaries of Political. Princeton, NJ: Princeton University Press.

Gutmann, Amy & Thompson, Dennis(1996), Democracy and Disagreement. Cambridge, MA: Harvard University Press.

_____(2002), Deliberative Democracy Beyond Process. Journal of Political Philosophy, 10(2): 153-174.

_____(2004), Why Deliberative Democracy?. Princeton, NJ: Princeton University Press.

Habermas, Jürgen(1996), Between Facts and Norms: Contributions to a Discourse Theory of Law and Democracy. Cambridge, MA: MIT Press.

_____(2000), 한상진 · 박영도(역), 「사실성과 타당성」. 서울: 나남출판.

Innes, J. E. & Booher, D. E.(1999), Consensus Building and Complex Adaptive Systems: A Framework for Evaluating Collaborative Planning. Journal of American Planning

Association, 65(4): 412-423.
Mendelberg, T. & Oleske, J.(2000), Race and Public Deliberation. Political Communication, 17(2): 169-191.
Nye, Joseph S. , Zelikow, Philip D. & King, David C.(1997), Why People Don't Trust Government. 박준원 역, 「국민은 왜 정부를 믿지 않는가」. 서울: 굿인포메이션.
Poitras, Jean & Renaud, Pierre(1997), Mediation and Reconciliation of Interests in Public Dispures. 박진 · 강버들(역), 「갈등조정의 ABC」. 서울: 굿인포메이션.
Rawls, John(1997), The Idea of Public Reason Revisited. University of Chicago Law Review 94.
Rosen, Jay(1992), "Politics, Vision and the Press: Toward a Public Agenda for Journalism." In Rosen, Jay and Taylor, Paul, The New News v. the Old News: the Press and Politics in the 1990s. USA: the Twentieth Century Fund, Inc.
Schattschenider, Eric Elmer(1975), The Semi-Soverign People. Hinsdale, Illinois: The Dryden press.
Simon, Herbert A.(1976), From Substantive Rationality to Procedural Rationality. In S. J. Latsis(ed.), Method and Appraisal in Economics, 129-148. Cambridge: Cambridge University Press.
Slovic, P.(1987), Perception of Risk. Science, 263: 280-285.
Smith, G.(2003), Deliberation Democracy and the Environment. London: Routledge.
Stokes, Susan C.(1998), Pathologies of Deliberation. In Jon Elster(ed.), Deliberative Democracy. Cambridge: Cambridge University Press.
Sunstein, Cass(2003), The Law of Group Polarization. In James Fishkin and Peter Laslett(eds.), Debating Deliberative Democracy. Blackwell Publishing.
Susskind, Lawrence E. & Field, P.(1996), Dealing with an Angry Public: The Mutual Gains Approach to Resolving Disputes. NY: The Free Press.
Susskind, McKearnan, S. and Thomas-Larmer, J.(eds.) (1999), The Consensus Building Handbook: A Comprehensive Guide to Reaching Agreement. Thousand Oaks, CA: Sage.
Weeks, Edward C.(2000), The Practice of Deliberative Democracy: Results from Four Large-Scale Trials. Public Administration Review. 60(4): 360-372.
Young, I.(1996), Communication and the Other: Beyond Deliberative Democracy. In S. Benhabib(ed.), Democracy and Difference: Contesting the Boundaries of Political. Princeton, NJ: Princeton University Press.
_____(2000), Inclusion and Democracy. Oxford: Oxford University Press.
Wooldridge, J. M.(2002), Econometric Analysis of Cross Section and Panel Data. Cambridge, MA: MIT Press.